清华创新经典丛书

高新技术创业者

MIT的创业经验及其他

Entrepreneurs in High Technology
Lessons from MIT and Beyond

[美] 爱德华·罗伯茨（Edward B. Roberts）◎ 著

陈劲　姜智勇 ◎ 译

清华大学出版社
北京

北京市版权局著作权合同登记号 图字：01-2022-0310

Edward B. Roberts.

Entrepreneurs in High Technology：Lessons from MIT and Beyond

ISBN：978-0195067040

图书在版编目(CIP)数据

高新技术创业者：MIT 的创业经验及其他/(美)爱德华·罗伯茨著；陈劲,姜智勇译.—北京：清华大学出版社,2023.7
(清华创新经典丛书)
书名原文：Entrepreneurs in High Technology：Lessons from MIT and Beyond
ISBN 978-7-302-64223-7

Ⅰ.①高…　Ⅱ.①爱…②陈…③姜…　Ⅲ.①高技术产业-企业管理-研究　Ⅳ.①F276.44

中国国家版本馆 CIP 数据核字(2023)第 154149 号

责任编辑：高晓蔚
封面设计：汉风唐韵
责任校对：宋玉莲
责任印制：曹婉颖

出版发行：清华大学出版社
　　　　网　　　址：http://www.tup.com.cn, http://www.wqbook.com
　　　　地　　　址：北京清华大学学研大厦 A 座　　邮　　编：100084
　　　　社 总 机：010-83470000　　　　　　　　邮　　购：010-62786544
　　　　投稿与读者服务：010-62776969, c-service@tup.tsinghua.edu.cn
　　　　质量反馈：010-62772015, zhiliang@tup.tsinghua.edu.cn
印 装 者：北京嘉实印刷有限公司
经　　销：全国新华书店
开　　本：185mm×245mm　　印　张：21.5　　插　页：1　　字　　数：421 千字
版　　次：2023 年 8 月第 1 版　　　　　　　　　　印　　次：2023 年 8 月第 1 次印刷
定　　价：129.00 元

产品编号：092101-01

当前,创新已成为经济社会发展的主要驱动力,创新能力成为国家竞争力的核心要素,各国纷纷把实现创新驱动发展作为战略选择,并将其列为国家发展战略。我国自2006年提出自主创新的伟大战略,以此掀起了科技创新的发展热潮。党的十八大报告进一步明确提出"科技创新是提高社会生产力和综合国力的战略支撑,必须摆在国家发展全局的核心位置"。习近平总书记在2014年"两院"院士大会上继续强调,要坚持走中国特色的自主创新道路,加快实施创新驱动发展战略。作为创新研究的理论工作者,应积极贡献对创新的理论洞察与政策建议。

国际上,创新研究起源于美籍奥地利经济学家熊彼特,之后逐步为各国经济、管理和政策研究者所重视。北美和欧洲国家拥有一批杰出的创新理论研究者,形成了极为丰硕的学术成果,为创新驱动发展作出了显著的贡献。美国以麻省理工学院斯隆管理学院、哈佛大学商学院和斯坦福大学商学院以及工学院为代表,在创新管理学、创新经济学研究方面处于国际领先地位。欧洲以英国苏塞克斯(Sussex)大学科技政策研究所(SPRU)等为代表,在创新经济学理论和创新政策研究等方面处于领先地位。在亚洲,韩国学者率先在技术学习和技术追赶方面取得了研究优势,日本学者则在知识创新、精益创新等方面颇有建树。近年来,印度学者在创新方面的研究令人瞩目,他们先后提出了原生态创新、朴素式创新、反向创新等新的创新理念,在创新研究方面独树一帜。

我国于20世纪80年代中期即开始启动创新研究,清华大学、浙江大学是其中的先行者,以傅家骥教授、吴贵生教授为学科带头人的清华大学研究团队和以许庆瑞院士为学科带头人的浙江大学研究团队取得了一批研究成果,并对国家决策产生了重要影响,特别是在引进消化吸收再创新、组合创新、全面创新、协同创新等研究方面取得了令人瞩目的进展,我国的创新研究及实践与国外先进国家的差距日益缩小,令人鼓舞。

清华大学一直高度重视技术创新的研究。从1988年开始承担了国家自然科学基金委员会"八五"重大课题"中国技术创新研究"等一系列研究,创造性地提出了"基于中国国情的技术创新理论"。2004年,清华大学技术创新研究中心获教育部批准为人文社会科学重点研究基地。十多年来,无论是在科学研究和人才培养,还是在学术交流、咨询服务以及体制改革等方面都取得了国内外有影响的成果,确立了清华大学在国内外技术创新领域的领先地位。

正值国家积极推动创新驱动发展的大好时机,清华大学技术创新研究中心经中心学术委员会会议讨论制定了"积极探索创新驱动发展指引下中国特色的自主创新理论与方法,引领中国创新学科发展,培养高层次创新研究人才,进一步提高国际知名度,向国际一流迈进"的"十三五"战略目标,力争使清华大学技术创新研究中心成为国家在创新方面的重要智库,以及世界级的创新研究组织。

为实现这一战略目标,我们特组织了本套"清华创新经典丛书",目的是持续译介国外最新的创新理论专著,汇聚清华学者乃至全国创新理论工作者的最新成果,以实现中国学者对中国创新发展和人类创新进步的真诚奉献。

清华大学技术创新研究中心主任
2015 年 2 月于清华园

爱德华·罗伯茨(Edward B. Roberts)
斯隆管理学院大卫·萨尔诺夫管理学讲席教授
美国马萨诸塞州剑桥市,MIT

1. 关于本书。
2. 先前的发现依然有效。
3. MIT 在中国管理教育现代化中发挥的作用。
4. 我与中国和中国创业的个人情缘。

一、关于本书

欣闻清华大学出版社正在翻译和出版旧作《高新技术创业者：MIT 创业经验及其他》(*Entrepreneurs in High Technology*：*Lessons from MIT and Beyond*),我感到不胜荣幸和欣慰。1991 年,另一家声誉卓著的出版社——牛津大学出版社推出了本书的初版。这在当时即被视为一项历史成就,因为它是第一部广泛关注创业,并以近 30 年的实证学术研究为根基的著作——它立足于本人 1963—1990 年的研究。为我提供协助的是研究生科研助理和以此为论文题目的研究生们。实际上,它很可能也是同时关注多个领域的科学技术进步,以及论述这些进步带来的新企业及其成立和发展的第一部著作。从那时起,谈论创业者和他们企业的书籍层出不穷,少说也有几百种。它们大多是由卓越的成功者个人撰写,或者以他们为论述对象的。然而,我们很少见到一部著作通篇探讨成功创业者的管理成果和战略发现,更不用说以大量研究为基础了。这些研究的对象是年轻企业和它们的创始人,研究重点是创业者经历过的不同成长时期和发展阶段、他们克服的问题和挑战,以及他们走过的道路(这些道路大多通向失败,还有些通向引人瞩目的成功)。

当时,牛津大学出版社想第一个吃螃蟹,尝试电子出版。这本书因缘巧合地成了它的第一部推出电子版本的作品。为什么选择我这一本？后来他们告诉我,这是社里投票的结果。牛津大学出版社认为,这次出版无异于冒险,势必出现很多技术问题。而一位来自 MIT 的教授应该能够更好地应对这些问题!结果,整个过程顺风顺水,什么技术问题都没发生。

　　这本书一经面世就受到了广泛的欢迎。它被业内视为先驱之作,同时也对管理学有所贡献。它几乎立刻就获得了美国出版商协会"1991 年杰出管理及商业作品奖"。它还在第二年获得美国图书馆协会"1992 年杰出学术著作奖",这是一种更广泛意义上的肯定。

　　这本书还恰逢其时地推动了 MIT 的全校项目在基于技术与创新的创业领域开展教学、科研和学生活动。就在本书出版的同一年,MIT 管理学院院长批准成立 MIT 创业中心(MIT Entrepreneurship Center)。本人有幸成为这个中心的唯一一位创始人和主任,直至今日。学院的历任领导团队都大力支持了这项行动,把创业当作 MIT 管理学院的根本组成部分加以推进(MIT 创业中心后来改名为 MIT 马丁·特拉斯特创业中心(Martin Trust Center for MIT Entrepreneurship),仍由本人担任主任)。历史上第一次学生创业大赛——MIT 1 万美元大奖赛(MIT $ 10K Award Competition)——也在同一年展开。这项赛事走在了全球同类学生活动的最前沿,如今已经升级为 10 万美元大奖赛。

　　感谢清华大学出版社同时翻译和出版本人最近的创业著作《创业精英:MIT 如何培养高科技创业家》(*Celebrating Entrepreneurs:How MIT Nurtured Pioneering Entrepreneurs Who Built Great Companies*)。该书深入洞察 MIT 50 年以来在建设创业事业方面的种种努力。同时,它从四大领域出发,呈现了 MIT 行业拓荒者们的个人视角,讲述了重要企业的故事,还提到了更多新近成立的企业。这两本书首尾呼应,讲述了MIT 技术创业的完整故事。

二、先前的发现依然有效

　　这本书呈现的主体是我从 20 世纪 60 年代到 90 年代的研究。为了准备这部旧作的翻译和再版工作,我把原始版本逐页重读了一遍。我发现,这一段研究至今发生了以下三大变化。

　　1. 在过去的 40 多年间,投资与成本的美元量级发生了巨大的变化。1975 年(本书数据收集期的中间年份)的 1 美元相等于现在的 5 美元。我也可以相当肯定地说,工程和熟练技术人员的工资增长会更快。

　　2. 风险资本市场的规模带来了更近更大的投资,即使是对一家初创企业来说,这一增长量级也不是区区 5 倍就能够满足的!虽然我的数据基本限于在美国成立的企业,但是这些成本和投资的量级变化是遍及全球的,中国当然也不例外。

　　3. 投身早期创业活动的人数急剧增长,仅就 MIT 而论,这一数量就达到了 20～40

倍。由于我们当时的数据极大地倾斜于技术型企业，主要关注走出 MIT 各个实验室和大波士顿地区大型企业的工程创始人，所以我们的样本中几乎没有女性（本书附录的创业者名单中只有一位女性：玛格丽特·汉密尔顿（Margaret Hamilton）。顺便提一句，由于她创办的 Higher Order 软件公司在美国"阿波罗 11 号"登月任务中发挥的领导作用，汉密尔顿在 2016 年获得了美国总统自由勋章。）

还有一些次级数据没有在这些早期研究中得到很好的体现，这主要因为它们当时还没有在美国的实验室、行业和创业企业中形成足够数量，不足以形成分析的价值。比如说，我们没有收集创业者的种族特征，也没有收集那些移民创业者的来源国信息。所以有些数据没有得到反映。比如说，我们不知道这些创业者中有多少中国移民或者他们的后代！

尽管如此，对我启发极大的一点在于，在如今这个创业极大发展的时代，我从这些早年经验中学到的一切看上去依然有效和适用。这些先前孕育了成功创业者的因素发现并发表于 1991 年，它们如今仍然站得稳、靠得住。这一点让我感到极大的欣慰。我强烈地相信这一点，下面试举几例，证明这些早期发现今天依然有效——至少在美国如此。这些例子及更多的例子，都会在本书第十二章，也就是书尾概要中得到很好的总结。

1. 在过去的 50 年里，首次创业者呈现出的趋势：从平均 40 岁左右稳步下降到了30 岁，并且仍在年轻化。我们如今在 MIT 看到相当数量的本科生创业，还有更多数量的年轻研究生创业。这说明创业已经成为一种年轻人争取独立与成功的现象。这一点应该说是全球皆知的。

2. 绝大多数创新型企业的根本基础仍然主要来自开发，而不是研究；主要来自工程，而不是科学。尽管生物和材料科学近年取得了令人惊叹的全球大发展，带来了科学型新企业和技术型新企业在比例上的转变，也带来了研究与开发比例的变化，但是这一点仍然成立。

3. 绝大多数科技型企业早期遇到的问题仍是初期市场焦点的相对缺失。如果新企业完全由缺乏经验的技术型创业者创办，如果这些人不具备市场营销和销售经验，这一点会体现得尤为明显。

4. 多人团队联合创业比个体创业的成功概率高得多。在多位创始人组成的团队中，3 人团队在统计学意义上要比 2 人团队表现更好，而且这一趋势似乎正在向 4 人创办的企业扩展。其中的原因并不是算术这么简单，实际上，成功率反映的是创始团队的和而不同，是创始成员们在技能和经验方面的互补性。正如第三点强调过的，如果至少一位创始人拥有销售和/或市场营销经验，那么企业的成功概率就会得到相当大的提高。

5. 经验的重大影响还表现在关键创始人(一位或多位)之前的创业经历上。之前创办过企业的创始人比首次创业者表现好得多。我们的数据显示,之前创办过 2 家或多家企业的人们表现最好。创始人先前的经验会反映在企业创办与发展的方方面面,从创始团队的组建,到必要的初始资金的轻松获得,再到规避那些新手创业者经常遇到的问题,等等。我们最近的研究甚至表明,如果在非常年轻的企业中工作过,即使不是它的创始人,依然可以获得极为有用的经验,用于后续创业,带来成功的结果。

6. 我们的早期研究表明,只有一项创业者的主要个人特征能够用来预测企业未来的成功。它就是创业者的"成就动机"(achievement motivation)。那些时不我待、充满紧迫感的企业创始人们实现目标的可能性要高得多。这一点至少在西方国家是完全成立的,只要他们最终的追求不会沦为对公司控制权的操纵和玩弄。

7. 还有一项重要的研究发现依然有效,它就是我们所说的"战略焦点"(strategic focus)。它指企业立足于基本的核心技术、面向明确的核心市场、保持清晰的聚焦点。在企业的整个生命周期中,最有效的增长策略就是逐步扩大技术基础、稳步实现市场扩张、实现市场主导地位。偏离这条路线的最危险做法就是同时应对太多不同的市场,或者太快地进入太多市场,甚至在技术尚未达到应用阶段就匆忙上马。

8. 我们的研究还记录了另一种经常发生在创业新手身上的问题。那就是外部投资人的财务目标和对时机的把握也许与创始团队大相径庭。这往往会造成董事会级别的重大冲突,最后经常造成创始人 CEO 的黯然退场。公司也许会成功实现投资人的财务回报,甚至是对创始人的回报,但是创始人最初的个人理想就无从谈起了。

值得注意的是,生物技术企业如今独领风骚——这些百花齐放、敢想敢干的公司似乎主导着今天的创业版图——而我早在 1991 年的这本著作中就提到了它们。它们很多就坐落在 MIT 周边。我通过已经发表的研究强调了它们与其他类型初创企业的不同。这些企业的创业之路通常开始于研发阶段,由于生物技术企业需要更长的时间准备、进入市场,所以它们需要的初始资金和后续投资都要多得多。

就这一点而言,有一个强有力的例子可以证明本书观点在今天的适用性——尽管它的基础是 20 世纪 60 年代中期至 90 年代的研究。请注意我在本书第十二章末尾着重提出的那位"未来创业家"典范:努巴·阿费扬(Noubar Afeyan)。在本书初版上市时,努巴还是一位 29 岁的美国小伙子。他在孩童时代随家人逃离了战火纷飞的黎巴嫩,先是移居加拿大,后来定居美国。本书出版时,努巴刚刚取得 MIT 博士学位,他的第一家生物科技公司刚刚成立 3 年,只有 26 名员工。当然,你今天可能通过不计其数的关于莫德纳(Moderna)公司的电视采访熟悉他。这家公司是努巴合作创办并担任董事长的众多公司之一,也是他的旗舰先锋风险投资(Flagship Pioneering Ventures)公司的衍生企业之一。目前,全球有能力提供信使核糖核酸(Messenger RNA)新冠疫苗的领军企业只有两家,莫德纳就是其中之一。

三、MIT 在中国管理教育现代化中发挥的作用①

1987 年,刚刚成为 MIT 斯隆管理学院院长的莱斯特·瑟罗(Lester Thurow)为学院树立了新愿景和新项目。瑟罗提出,学院应该与中国建立一个重大项目,以此作为 MIT 投身全球管理教育大局的开始。他高瞻远瞩地看到,现代管理教育可以为全球华人奠定一种共同的基础,即以 MIT 斯隆管理学院的做法为标杆,更多地合作、更好地推进经济发展。结果,学院只用了很短的时间就在这些地区建起了各种重要项目。其中,中国内地 MIT 创业教育的根基尤为深厚②。

在这些项目中,最重要的也是持续时间最长的要数"中国管理教育项目"(China Management Education Project)。该项目成立于 1996 年,由北京的清华大学和上海的复旦大学作为 MIT 最早的合作伙伴。我们与这两所大学之间的紧密关系由此延续到现在③。后来更多院校陆续加入进来,包括广州的中山大学岭南学院、昆明的云南大学工商管理与旅游管理学院、西安交通大学等。这个项目的宗旨是为这些院校的相关教师和课程发展提供帮助,为它们的 MBA(工商管理硕士)教育提供更好的国际管理机会。项目邀请中国教师来到 MIT,在 MIT 教师的指导下学习一个学期。这些中国教师可以走进他们感兴趣的 MBA 课堂,可以与 MIT 导师讨论如何因地制宜地把 MIT 斯隆管理学院的材料用于本校,他们还可以参加 MIT 关于教学和课堂管理的研讨会等。这些年来,MIT 斯隆管理学院访问项目大约接待了 325 位中国教师。返回中国之后,这些教师在中国的国际 MBA(IMBA)项目建设中发挥了关键作用。当然,中国 IMBA 的建设也得到了书籍、材料和 250 多次 MIT 斯隆管理学院教师来访,以及更多学生和职员来访的进一步帮助。

不止如此,从 2014 年起,大批 MIT 斯隆管理学院的教师来到中国,讲授各自专长的课题,包括创业战略、市场营销创新、管理会计、组织行为和战略管理等。新型冠状病毒感染疫情期间,MIT 斯隆管理学院的教师大量地在线上为清华大学、复旦大学和中山大学岭南学院的学生授课。很多年来,这些学校每年都会派国际 MBA 学生团队到 MIT 完成各类项目。

---

① 本序言的第 3 部分和接下来第 4 部分中的很大篇幅都包含在拙著《创业精英:MIT 如何培养高科技创业家》一书的中文版序中。该书亦由清华大学出版社出版。

② 拙著《创业精英:MIT 如何培养高科技创业家》第七章"把 MIT 创业事业推向全球"描述了这些工作的一些方面,包括这四大地理区域的各种活动。

③ 在此感谢 Eleanor Chin 老师为我提供了 MIT 和多所中国大学在这些项目中的具体工作细节。从项目最初启动到现在,她一直在具体管理工作中扮演着幕后英雄的角色。

从 2008 年开始,这些合作促成了"中国实验室"(China Lab)项目的诞生。在这个项目中,MIT 斯隆管理学院的学生组成小组,与中国学生小组结成对子,共同在一家中国初创企业里完成一个实习项目,为期 3 个月,具体地点包括北京、上海、广州和云南等。这些"实干"(hands-on)项目为身在其中的众多企业带来了重要影响,同时也深刻影响了参与项目的 MIT 学生和中国学生。

来自清华大学经济管理学院的杨德林教授是 IFF(International Faculty Fellows)项目的来访教师之一。他还在我的主持下成为 MIT 斯隆管理学院的富布莱特学者(Fulbright Scholar)。我和杨德林老师,加上查尔斯·埃斯利(Charles Eesley,他当时还是我的博士研究生)共同发起了一个重要的中国创业研究项目。我会在本序的末尾详细介绍这个项目。

四、我与中国和中国创业的个人情缘

家庭背景

我对中国、中国古代技术和如今的创业事业深感兴趣。这种兴趣是通过一种不同寻常的方式产生的。1959 年,我和妻子南希在欧洲度蜜月,我们不经意间买到了一个小盘子。那个古董盘子有着青绿色的背景,漂亮得很。不过我们和售货员都不太懂,只是觉得它漂亮。3 年后,我们又在匈牙利一家古董商店买到了一个很相似的盘子。这个盘子显然来自中国。回家之后,我开始研究它们,发现这两个瓷盘出自 17 世纪末 18 世纪初的康熙年间。后来,随着对中国古代历史的阅读日益增多,我发现康熙年间是中国古代技术的一个发展高峰。它让当时的中国在瓷器和其他一些商品的全球贸易中占据了主导地位。于是,我们开始收集康熙年间的瓷器。日积月累之下,我如今拥有一屋子的康熙五彩(Famille Verte)大盘和雕像,还有少量唐代和汉代的藏品。

可能是受此影响,我们的小女儿安德莉亚从高中起就开始学习中文,后来在进入哈佛大学之后更是认真地进修了中文。毕业之后,安德莉亚远赴中国台湾地区,在台北语文学院(Taipei Language Institute)学习汉语,并在那里结识了她的未婚夫马柯·福斯特(Marc Foster)。此后,安德莉亚在加利福尼亚大学伯克利分校攻读博士学位,主要研究与日本和中国有关的政治科学。安德莉亚的论文选题是中国创业的快速增长对政府政策的潜在影响。为了完成论文研究,她在中国度过了整整一年的时间。

MIT 斯隆管理学院与中国创新创业的早期关联

许庆瑞。多年以来,MIT 各院系吸引了大批中国学生和教师。其中,一项最早的重要关系来自我们在 20 世纪 70 年代中期举办的系统动力学(System Dynamics)暑期班。来自浙江大学的许庆瑞教授后来参加了这个项目。他当时最感兴趣的是为中国和他刚刚建立的科学管理系带回 MIT 最新的管理思想和方法。他对我在大型研发项目管理中建立的系统动力学模型尤其感兴趣,所以,他参加了我的特设课程"研究、开发与技术创新管理"(Managing Research, Development and Technology-Based Innovation)。这一课程在很大程度上影响了许教授的学术志趣。他利用几个月的学术休假时间深入学习。返回浙江大学时,他的箱箧中装满了我们的著述和教学资料。后来他成了中国公认的技术创新管理专家——从很多方面说,这里也有我的绵薄之力。我和许教授成了要好的朋友,他经常介绍自己的学生和同事访问 MIT,参加我们在斯隆管理学院组织的各种活动。2012 年,在我们推出为期 2 年的应为 MIT REAP 项目("区域创业加速项目",见本书第七章)时,第一支带队参加活动的正是许教授的学生。许教授的很多学生还在清华大学和中国其他顶尖高校担任知名教授。我们两家交往甚密,许教授夫妇会来我们的乡间别墅消夏,我和南希也常到杭州看望他们。

中国斯隆学者项目(Chinese Sloan Fellows)。作为 MIT 斯隆管理学院中国行动计划的延伸,我们开始大量接收来自中国的中层管理者,加入为期一年的职业中期"斯隆学者项目"(Sloan Fellows Program)。我是这个项目的带队教师之一,1991 年,我为这个项目到中国出差,见证了中国经济改革令人欣喜的初步成果。两年之后,我和妻子再次来到中国,见证了这个国家更多的进步。

有几位中国斯隆学者很快把自己在 MIT 学到的美国创业知识——尤其是风险投资知识——带回了中国,大刀阔斧地行动起来。本书的第十一章会详细介绍他们。2005 年,伍伸俊(Sonny Wu)在北京合作创办了金沙江创业投资基金(GSR Ventwes, GSR)。伸俊是斯隆学者 2001 级学生,我是他的论文指导教师。他创办的金沙江创业投资基金是中国非常早的一家技术型风险投资(Vernture Capital, VC)企业。随着金沙江的发展壮大,伸俊还创办了金沙江资本(GSR Capital),作为公司在私募股权领域的延伸。同样在 2005 年,两位更早毕业的 1998 级斯隆学者——邱子磊和李振智在香港创办了崇德资金投资公司(China Renaissance Capital Investment)。2006 级斯隆学者周雄伟(Xiongwei "Joe" Zhou)创办了波士顿天使俱乐部(Boston Angel Club)。这家创投公司由波士顿地区的华人出资,主要投资与中国有关的企业。在 MIT 学习期间,很多来自中国的斯隆学者都会积极参与"中国创新与创业论坛"(Chinese Innovation and Entrepreneurship Forum, MIT-CHIEF)的各种活动。这家大型学生俱乐部每年举办一次中国学生创业竞赛,帮助很多学生结识技术型创业者和风险投资人。尽管这里提到的很多斯隆学者和其他 MIT 校友把美国式的风险投资带入了中国,但真正得风气之先的是帕特里克·麦戈文(Patrick McGovern)(1960 届)。早在 20 世纪 90 年代后期,麦戈文就创办了国际数据集团(International Data Gracp, IDG)风险投资公司。在此 10 年之前,1985 年,作为麦戈文进军中国之前的先声,MIT 的中国三剑客(MIT Chinese Trio)——冯国经、唐裕年和梁家锵——就在香港成立了香港科技投资有限公司(Techno Ventures Hong Kong)。这家公司后来又演变成为汇亚集团(Transpac Capital),在大中华区和东南亚地区广泛投资,取得了很大的成功。

清华校友创业项目(Tsinghua Alumni Entrepreneurship)。在前文的 MIT 斯隆中国管理教育项目中,我提到过清华大学杨德林教授的特别贡献。他在 2006 年来到 MIT,主要做创业研究,我是他的东道主和导师。第一次见面时,我们浏览了可能的研究课题和正在进行的教师科研。快结束时,我提到了自己面向全体 MIT 校友开展的一次创业活动研究。就在这时,我突然想到了一个好点子! 我转身问杨教授,有没有兴趣把我们的校友创业研究复制到清华大学? 我们可以为他提供帮助。杨教授热情洋溢地答应下来。在接下来的那个星期里,他通过电话与清华大学经济管理学院(以下简称清华经管学院)院长、校友工作办公室主任等很多人沟通商讨,并且立即飞回了北京,进一步沟通和推进这个独一无二的合作研究项目。清华大学校长批准了这个方案,随后,他们很快做出了总体方案和研究预算。我打电话给张朝阳。他是搜狐公司的 CEO,也是我在搜狐公司的联合创始人。张朝阳既是清华大学的毕业生,也是 MIT 校友。他同意为这次研究提供资金支持。除了 MIT 以外,清华大学是全世界第一所调研全体校友创业工作、评价其对国家和世界经济具体影响力的大学。

杨教授很快返回了剑桥市,我们修改了 MIT 的研究模版,使它更适应中国截然不同的具体情况。我的两位博士生从一开始就深入参与到这项研究中。他们是王砚波(现在香港大学任战略及创业副教授)和查尔斯·埃斯利(Charles Eesley,现在斯坦福大学担任长聘副教授)。两位同学,尤其是埃斯利,与我和杨德林教授紧密合作,我们一起编写问卷,并把它翻译成中文,印制、发送到清华大学数以千计的校友手上。随着数据的逐步回收,杨教授和埃斯利承担了大部分的分析工作和结果评价工作,我负责总体把关。这项研究不仅报告了清华大学多年以来培养了多少名创业者、评价了他们的影响力,更开启了埃斯利教授、杨德林教授和其他很多人在清华大学和全中国多年以来的不断合作。事实上,埃斯利现在重点研究的正是影响中国现代创业成长与发展的各种因素。同样重要的一点:埃斯利在中国倾注了大量的心血和时间,他的未婚妻就是在中国认识的。

共同创办搜狐公司。其实,创办搜狐的故事本身就可以写成一本书。拙著《创业精英》的第九章互联网记述了我和张朝阳共同创办搜狐公司的故事及公司最初阶段的发展。张朝阳是清华大学的杰出校友,他还获得了 MIT 物理学博士学位。1996年,我们一起把互联网带入了中国。此时距离中美之间发送第一条因特网消息只有

1 年时间①。在刚成立的几年里,搜狐为中国引入了很多新的应用。如今,人们早已习以为常地把这些应用看作中国大型互联网公司的常规服务,如百度、阿里巴巴和腾讯等。搜狐最早推出了新闻业务,很快就迎来了新浪和网易的竞争。我们稳步推进搜索业务,还陆续推出了网络购物、股票交易、视频(包括从美国引进的视频内容和搜狐自制视频内容)、游戏、语言翻译等多项服务。搜狐每进入一个新领域,都是我们在中国的一次拓荒。我们通过这样的方式把美国和西方世界已有的服务传入中国。张朝阳把西方的先进技术引入了亚洲,他被人们看作英雄人物。我是他的共同创始人,也是搜狐的第一位投资人。由于这样紧密的个人关系,张朝阳自豪地告诉我,他经常把我说成"中国互联网的教父"(The Godfather of the Chinese Internet)。虽然这样的夸张让我忍俊不禁,但我确实很珍惜这个小小的标签。到 2016 年时,我已经在搜狐公司董事会当了 20 年的资深董事(我的职务、年龄和年资都很资深),支持张朝阳的领导,帮助公司成长壮大。我在很多年里都是董事会唯一一位非华裔成员。这些年来,我们和清华大学的关系非常密切,也非常重要。这不仅因为搜狐公司招聘的很多清华校友成了公司发展壮大的关键贡献者,而且因为搜狐公司那座高高的办公楼就坐落在清华大学校园东门外的清华科技园,俯瞰清华经管学院;更因为我们出资建立了与清华大学的合作研究中心,共同开发先进的语音识别和翻译软硬件产品。

我会定期访问中国,在一次访问时,张朝阳安排我做了一次演讲,主题是如何把清华大学建设成为"中国的 MIT"。这不仅体现在科学和技术方面,而且体现在创业方面。我列举了各个领域的挑战和变革,阐明了它们会更快地培育出越来越多成功的清华创业者。那天晚上,张朝阳兴致高昂,因为新浪网——搜狐在新闻领域的竞争对手在当晚新闻版面的头条报道了我的演讲。

总而言之。桃李不言,下自成蹊。60 多年以来,我一直在把自己的思想和工作成果带给广大中国人民。这于我不啻是一件赏心乐事。感谢清华大学出版社翻译和出版了我的两本技术创业著作,这对于我来说同样是一件赏心乐事。希望我的读者喜欢这两本书,并能有所收获。

爱德华·罗伯茨

2023 年 2 月

---

① 实际上,为了体现先驱作用的广泛影响,我们为这家公司注册的名称是爱特信(Internet Technologies China, Inc., ITC)。在公司成功地推出搜索引擎之后,我们把它命名为"搜狐"(搜索狐狸)。张朝阳告诉我,在中国人的印象里,狐狸兼具狡黠和矫捷的特点。

波士顿市郊是我从小长大的地方。在我还是个孩子的时候,父母常带我到查尔斯河滨公园观看波士顿交响乐团的室外演奏会。我一次又一次地望着河对岸庞然大物一般的麻省理工学院(Massachusetts Institute of Technology, MIT),被它的威严深深地折服。它的旁边是美国电子公司(Electronics Corporation of America)明亮的蓝色楼顶招牌和公司标识。它们高高在上,让我深感敬畏。美国电子公司是一家早期高新技术企业,坐落在纪念大道(Memorial Drive)上,距离现在的 MIT 斯隆管理学院只有几步之遥。这就是 MIT 最初在我心里留下的深刻印象。它就这样与一种对技术创业的钦慕之情密切交织在一起。只是当时我怎么想得到,MIT 和创业的结合会成为我的毕生事业。

因此,摆在您面前的是一本关于创业者的书。它主要讲述的是一个比较特殊的创业群体。他们都是 MIT 培养的——或者是在 MIT 左近成长起来的,全部受益于第二次世界大战后科学技术的大爆发,受益于这些科技成果的行业应用和由此带来的社会进步。他们都接受过 MIT 各个院系和实验室的培养和训练,或者融入了当地的"128 公路现象"(route 128 phenomenon)这一奇观。他们发挥自身的技术优势和聪明才智,创办了属于自己的新企业。本书会详细介绍这些人,以及他们创办和建设的企业的最初由来,主要关注大波士顿地区数百家高新技术企业形成、发展、成功和失败过程中的人、技术、资金、市场,以及它们之间的相互作用。

本书的基础是一系列的学术研究。这些研究工作开始于 1964 年,并一直持续至 20 世纪 90 年代。我在 MIT 攻读经济学博士学位时,强烈的好奇心驱使我跨校选修了哈佛商学院的"新企业"(New Enterprise)课程。那是当时整个大波士顿地区唯一一门与此相关的课程。1963 年,也就是我开始这些研究的前一年,我邀请杰克·皮尤(Jack Pugh)共同创办了皮尤-罗伯茨联合公司(Pugh-Roberts Associates)。杰克是我在 MIT 系统动力学小组(MIT System Dynamics)的同事,我们的关系非常要好。成立这家公司是我人生中的第一次创业活动。仿佛弹指之间,1/4 个世纪过去了。我走过了一条振奋人心、收获满满的长路。我把关于新企业的研究与行动结合在了一起,它让我的事业变得更加丰满；与此同时，美满的家庭生活让我的人生变得更加完整。

　　这本书把我的工作同很多亲密同事的工作融合在了一起。他们包括我的研究伙伴、担任科研助手的研究生，还有许多为写论文而来的学生。本书从MIT和大波士顿地区的独特环境中汲取了养料，这里的创业群体慷慨无私地分享了他们的经验、教训、挫折和成功。如果没有这样一个朝气蓬勃、自信开放的创业者群体，我的研究将无从谈起。真心希望本书包含的研究发现能为更多的创业者提供些微帮助，支持人们实现梦想，为更多的群体带来希望。

爱德华·罗伯茨

马萨诸塞州，剑桥市

致谢

拙著赖以立足的基础研究和它的出版离不开许多人的帮助。首先,我要隆重感谢多年来的研究伙伴赫伯特·魏纳(Herbert Wainer)。赫布(Herb,即赫伯特·魏纳)是我的第一位研究生科研助理,他在我这里度过了人生中最关键的几年时间。在此期间,我们收集分析了大量数据,构思了研究必须的几个附加阶段。大约40位研究生对这个多阶段的研究项目作出了重要贡献。起步阶段的研究得到了已故的唐纳德·马奎斯(Donald Marquis)的鼓励,他对科研工作的深刻洞见让我们受益匪浅。唐纳德是"MIT 研发管理项目"(MIT Program on the Management of Research and Development)的创始人。他激励人们专注于志向远大的技术研究,认真细致地衡量研究结果。感谢杰伊·弗雷斯特(Jay Forrester)——是他的强大感召力让我走出了电子工程系,在斯隆管理学院找到了自己毕生的事业。弗雷斯特教授是一位先驱者,他不断地用自身的榜样和真知灼见激励着人们的创业思想和行动。

研究成果的书面报告一经问世,我的很多同事提出了大量的深刻意见。尤其是迈克尔·谢勒(F. Michael Scherer)、伊恩·麦克米伦(Ian MacMillan)和安德鲁·范德文(Andrew Van de Ven)。他们对本书涉及的每个方面都作出了详细的评价。拉尔夫·卡茨(Ralph Katz)、马克·迈耶(Marc Meyer)和史蒂文·鲁玛(Steven Ruma)对我的帮助也非常重要。卡尔·维斯珀(Karl Vesper)、杰弗里·蒂蒙斯(Jeffry Timmons)、罗莎贝丝·莫斯·坎特(Rosabeth Moss Kantor)和戴维·莫根塔勒(David Morgenthaler)给了我重要的鼓励,提出了极有价值的意见。当然,还要感谢我的编辑赫伯特·爱迪生(Herbert J. Addison)。他为我带来了深刻的指导,说服我作出了多处重大修改,并在整个出版过程中不断地支持我。

多年以来,我的妻子南希一直动员我把堆积成山的笔记和草稿整理成书——可能这样会让家里整洁得多。当然,她还审读和批阅了这本书的全部手稿。她让我确信自己付出的努力是值得的。南希参与或支持了我所有的个人创业活动,对台前幕后的一切了如指掌,还帮助我复核了很多的细节和观点。她对这本书的面世厥功甚伟。

目 录

第一章　高新技术创业者 ……………………………………………… 1

　1.1　创业者和他们的企业 …………………………………………… 1

　1.2　本书内容预览 …………………………………………………… 24

　1.3　各章节的内容安排 ……………………………………………… 26

第二章　创业环境 ……………………………………………………… 29

　2.1　早期影响："二战"的科学技术遗产 …………………………… 30

　2.2　在光荣的传统之上崛起 ………………………………………… 31

　2.3　周边基础设施 …………………………………………………… 34

　2.4　加速向上：正向反馈 …………………………………………… 37

　2.5　对潜在创业者的其他拉动作用 ………………………………… 38

　2.6　创业的推动因素 ………………………………………………… 42

　2.7　小结 ……………………………………………………………… 43

第三章　创业者的养成 ………………………………………………… 45

　3.1　神秘面纱后面的创业者 ………………………………………… 45

　3.2　新创业者的培养：家庭背景 …………………………………… 50

　3.3　企业家的"成长"：教育与年龄 ………………………………… 56

　3.4　工作经历 ………………………………………………………… 65

　3.5　目标取向、个性和动机 ………………………………………… 77

　3.6　总结与启示 ……………………………………………………… 86

第四章　新企业的技术基础 …………………………………………… 92

　4.1　理论透视 ………………………………………………………… 92

　4.2　初始技术转移的重要性 ………………………………………… 95

4.3 先进技术的来源 ·· 98

4.4 接触程度 ··· 100

4.5 个人能力与态度 ·· 101

4.6 耗散影响 ··· 105

4.7 技术的使用机会 ·· 108

4.8 总结与启示 ·· 110

第五章 新企业的财务基础 ·· 113

5.1 财务成长的各个阶段 ······································· 114

5.2 资金来源 ·· 118

5.3 初始资本 ·· 129

5.4 总结与启示 ·· 141

第六章 朝着产品和市场方向演进 ···································· 147

6.1 仍在延续的传奇 ··· 147

6.2 启程 ·· 149

6.3 宏观变革：公司的重心 ····································· 153

6.4 微观变革：创始人的活动、时间分配和目标方向 ········· 158

6.5 多人创业的影响力 ··· 166

6.6 演进中的运营问题 ··· 167

6.7 总结与启示 ·· 170

第七章 获得更多融资 ·· 173

7.1 第二轮和第三轮融资 ······································· 173

7.2 寻求资金 ·· 179

7.3 商业计划与资金筹措 ······································· 182

7.4 风险投资决策 ··· 189

7.5 总结与启示 ·· 197

第八章 关于上市 ·· 200

8.1 谁在上市 ·· 203

8.2 为什么要上市 ··· 204

8.3 找到承销商 ·· 207

8.4 交易 ·· 211

8.5 结果 ·· 216

8.6 总结与启示：要"滋滋声"还是要"牛排" ·········· 223

第九章 求生还是求胜 ······························ 225

9.1 总体框架 ······································ 225

9.2 衡量成功 ······································ 227

9.3 创业者 ·· 231

9.4 技术基础 ······································ 238

9.5 财务 ·· 242

9.6 市场导向 ······································ 246

9.7 管理导向 ······································ 249

9.8 总结与启示 ···································· 251

第十章 产品策略与企业成功 ························ 257

10.1 关于企业战略的几点看法 ······················ 258

10.2 建立一种框架 ································· 260

10.3 支持聚焦型产品策略的实证证据 ················ 272

10.4 战略结论 ····································· 278

第十一章 持续转型 ······························· 280

11.1 先前的战略研究视角 ·························· 280

11.2 方法论及衡量指标 ···························· 282

11.3 成功=2倍股权收益+增长 ······················ 284

11.4 总结与启示 ··································· 303

第十二章 技术创业：诞生、成长与成功 ·············· 307

12.1 诞生 ··· 307

12.2 转变与成长 ··································· 310

12.3 成功与失败 ··································· 312

第一章

高新技术创业者

在马萨诸塞州剑桥市的一座破旧的厂房里,或者改建过的仓库里,一家崭新的技术公司安家落户了。它的创始团队和 MIT 关系密切,深受创业精神的激励——这寥寥数语为我们勾画出了波士顿地区很多高新技术企业的最初样貌。本书着重介绍的经验就来自我们对几百家这种企业的调查和研究。不过,单凭对一家卓越的研究型大学衍生企业的形成数据作一综合——甚至单凭对这些企业创始人背景信息详尽的、不厌其烦的统计——并不足以描绘一家技术型新企业形成与发展的全貌。单凭一项技术创意和一系列的外部环境是远远不够的,一个组织的创立和生存主要取决于人:他(她)们特立独行、甘冒风险地离开成熟稳定的组织,创办和建设新企业。这一章扼要地叙述了 MIT 早期的创业情况,详细讲述了 4 位创业先驱的故事——尤其是他们创办的技术型企业的故事。本人曾在这 4 家企业中担任过共同创始人、董事或顾问,可谓近水楼台。因此,在每一段故事里,我会把客观的研究同我的亲身经历结合起来。这 4 家企业可谓各有千秋,又共同反映了高新技术创业的多样性。在这 4 段故事之后,本章末尾还列出了整书的各个主题,并对后续章节作一预览。

1.1 创业者和他们的企业

1.1.1 创业之初

在波士顿地区,最早的现代技术企业似乎不可避免地和 MIT 联系在了一起。一些教师眼光独到,他们发现自己应当把身上的技术能力和专业知识推向市场。他们认为这很有必要,甚至是天赐良机——他们成了波士顿地区最早的技术型创业者。比如,EG&G 公司(Edgenton,Germeshausen and Grier,Inc.)就是一家"纯粹的" MIT 早期衍生企业。它的 3 位创始人都与 MIT 关系密切。在公司成立之前,他们都是 MIT 的教师或员工,成立之后依然如此。1931 年,肯尼斯·杰姆斯豪森(Kenneth J. Germeshausen)从 MIT 毕业。当时正值经济大萧条,工作机会少得可怜。于是,他接受了老师哈罗德·埃杰顿(Harold E. "Doc" Edgerton)教授成立一家咨询合伙公司的提议。埃杰顿当时已经先人一步地开发了频闪照相法(stroboscopic photography),并把它写进了自己的博士论文里。于是,埃杰顿和杰姆斯豪森为他们公司定位的起点是使用"频闪"(strobe)技术分析工业技术难题,在此基础上,进一步开发和发明,向其他公司授权技术,帮助它们完成其他领域的商业化探索。2 年之后,MIT 电子工程专业 1993 届毕业生赫伯特·格里尔(Herbert Grier)加入了这家企业,同时继续他在高速摄影机技术方面的工作及与此相关的闪光灯和照相机等方面的工作。

这家公司的办公场所是 MIT 提供的。它要支持学校的一家实验室、购买物资、支付技术人员的报酬及所有现金支出成本。作为使用学校场地的回报,只要 MIT 任何机构和部门遇到这个领域的问题,这家公司都会随叫随到地提供帮助。如果放在今天,这样的安排当然是行不通的。但它恰恰证明了 MIT 鼓励创业活动的悠久传统。为了培育新企业,这所学校甚至愿意让它们在自己的屋檐下工作。随着"二战"的爆发,这家公司的经营被打断。杰姆斯豪森被调入了"MIT 辐射实验室"(MIT Radiation Laboratory)。那是当时美国雷达开发的核心所在。埃杰顿和格里尔也加入了 MIT 别的实验室,从事战时研究工作。1945 年,在 MIT 的介绍下,杰姆斯(即杰姆斯豪森,他的朋友们都喜欢叫他杰姆斯)和一家大型政府机构签订了一份秘密合同。他发现这份新工作几乎用去了他所有的时间。由于 MIT 不愿意过多地介入秘密工作,所以他们重新启用了之前那家合伙公司,通过它来承接这份秘密合同。这个政府项目主要为美国的原子弹提供引爆装置和主要的仪器仪表支持工作。就这样,三位合伙伙伴决定成立"埃杰顿、杰姆斯豪森和格里尔公司"(Edgerton, Germeshausen and Grier, Inc.,后来他们把这个显得过长的名字改成了 EG&G 公司)。这家公司正式注册成立于 1947 年,3 位共同创始人每人出资 5000 美元,享有同等的公司股权。

将近 35 年过去了。和绝大多数创办企业的 MIT 教师一样,埃杰顿选择了留在学校,逐渐淡出了 EG&G 公司的日常经营管理。在杰姆斯豪森的长期领导下,这家公司实现了惊人的发展。这在很大程度上得益于它与美国原子能委员会(U. S. Atomic Energy Commission)的长久合作(该机构后来变成为美国能源研究开发署(Energy Research and Development Administration, ERDA)的一部分,如今归美国能源部管理)。战后不久,伯纳德·奥基夫(Bernard O'Keefe)也加入了这家公司。奥基夫逐步接管了越来越多的管理职责,最后成了 EG&G 公司的总裁和 CEO,领导公司向前迈进了一大步。这主要是通过效益显著的技术并购实现的。到 1990 年时,这家公司的销售收入超过了 15 亿美元——其中包括大量的并购，它们贡献了公司年度增长额的一半以上。而这时，3 位创始人均已作古。

从 MIT 走出过很多类似的学术衍生企业，EG&G 公司的故事只是其中一个。"二战"之前，范内瓦·布什（Vannevar Bush）是一位电子工程学教授，后来还当上了 MIT 的副校长。他在战前与人共同创办了一家企业。这家企业后来成了雷神公司（Raytheon Corporation）最早起家的一部分。战争刚一结束，创业大潮加速高涨。1946 年，约翰·特朗普（John G. Trump）成立了 HighVoltage 工程公司（High Voltage Engineering Corporation），主要制造和安装原子粒子加速器和静电发生器。这些设备是他的 MIT 同事兼共同创始人罗伯特·范德格拉夫（Robert J. Van de Graaff）开发的。丹尼斯·罗宾逊（Denis M. Robinson）是这家初创企业为自己招聘的职业经理人。他后来回忆说："我当时不无疑虑。对一个年近不惑的男人来说，这会不会有点儿太'冒险'（chancy）了？人生能有几回搏？我也说不清楚，但是，40 的男人可能只剩下一回搏了。他（指约翰·特朗普）想制造一种可以发生 X 射线的加速器，用于治疗癌症。我找了这个领域的一些熟人咨询，结果遭到了他们的强烈反对。这些人不仅毫无商量余地，而且表现出了一种极其狭隘的态度。这反而让我横下一条心，决定陪约翰放手一搏。"（*International Science and Technology*，1965）。结果 High Voltage 公司的销售收入达到了 1 亿美元！

1948 年，MIT 物理系教授、MIT 声学实验室（MIT Acoustics Laboratory）主任理查德·博尔德（Richard H. Bold）和 MIT 电子工程教师、MIT 声学实验室技术主任利奥·贝拉尼克（Leo L. Beranek）共同创办了合伙企业博尔德与贝拉尼克（Bolt and Beranek），主要提供声学咨询服务。这家公司的成立主要是为了响应当时正在建造联合国总部大楼的建筑师们的呼吁和请求。1950 年，他们又招募了一位建筑学专业的研究生罗伯特·纽曼（Robert B. Newman），作为公司的完全合伙人。这家公司的名字也相应地变成了博尔德、贝拉尼克与纽曼（Bolt Beranek and Newman，BBN）。30 年以来，公司的重心逐渐从声学和噪声控制转向了信号处理与计算。BBN 公司 1989 年的销售收入达到了 2.92 亿美元。

上述以教师为主体的创业企业说明了将先进技术直接推向商品市场的重要意义。不过，尽管这些教授和他们的新企业很快就变得家喻户晓，但是，在大波士顿地区瞬息万变的技术领域，大多数企业的形成和发展并不是来自教师，而是来自工程师——特别是那些走出 MIT 重点实验室或者行业实验室的工程师们。下面提出第一个详细的例子——数字设备公司（Digital Equipment Corporation）。它是由两位来自 MIT 林肯实验室（Lincoln Laboratory）的员工创办的。这是一家由美国政府资助的重要 MIT 研发机构，成立于 20 世纪 40 年代后期，主要研究和攻关美国的防空安全问题。DEC 和那些由教授创办的企业一样,非常重视先进技术向初创企业原始产品线的转化。我们还从这家公司身上看到了另一项极其关键的贡献:高度纯熟的专业人才从人际关系紧密的大学持续不断地流入飞速发展的、振奋人心的企业,成就企业的"腾飞"。

1.1.2　肯尼斯·奥尔森和 DEC 公司

1926 年,肯尼斯·奥尔森(Kenneth Harry Olsen)出生在康涅狄格州布里奇波特(Bridgeport)。因为家里的地下室全是工具,所以肯和他的弟弟斯坦(Stan Olsen)从小就会摆弄各种物件,善于发明创造。这既表现在机械方面,也表现在电子方面。"二战"临近尾声时,肯从斯特拉特福德中学(Stratford High School)直接加入了美国海军。他成了一名电子技术员,并在军队里接受了进一步的培训。再后来,他进入 MIT 深造,主修电子工程专业。

1950 年 7 月,奥尔森本科毕业,随即加入了杰伊·弗雷斯特(Jay W. Forrester)的"MIT 数字计算机实验室"(MIT Digital Computer Laboratory)小组,成为一名科研助理。当时恰逢福瑞斯特的团队开始攻关 MIT"旋风计算机"(Whirlwind Computer)的升级问题。这台实时前沿计算机的升级至关重要,它将成为半自动地面防空系统(semi-automatic ground environment,SAGE)的基础。SAGE 是美国第一套覆盖全洲的防空系统。为此,MIT 当时刚刚成立了林肯实验室,作为与美国空军的主要签约方,承接这一重大项目。奥尔森的工作职责迅速提高。他承担起了第一款存储检测计算机(memory test computer,MTC)项目工程师的重担。MTC 是为福瑞斯特和他的助理们开发的磁芯存储器服务的。与此同时,奥尔森还要攻读 MIT 的硕士学位,完成各项学业任务。后来,IBM 公司获得了空军的合同,为 SAGE 提供 AN/FSQ-7 计算机。为此,奥尔森和他的妻子奥利基(Aulikki)带着幼小的孩子奔赴纽约州的波基普西(Poughkeepsie),作为 MIT 的现场联络人,配合 IBM 开发和生产团队的工作。在 1 年多的时间里,奥尔森日复一日地和 IBM 打交道,这让他熟悉了大型科层组织的方方面面。这些方面大多不合奥尔森的胃口,因为这位年轻人是在 MIT 成长起来的,那是个天高任鸟飞的世界,所有的一切都自由得多。不过,他也在这家组织良好的企业里体会到了纪律的益处。回到林肯实验室后,奥尔森开始领导 TX2 计算机开发项目。TX2 是一种带有试验性质的小型计算机,它的设计立足于当时最新的晶体管电路,速度快得多。

1956 年年末,有几位工程师接触过奥尔森,邀请他一起创办一家新公司。肯还记得"他们的思路很模糊——他们根本没想好做什么产品,只是一味地希望杀入市场"。虽然这些人的邀请失败了,但他们在奥尔森的心里种下了一颗种子:有朝一日,他要自己做点儿什么。虽然奥尔森当时已经当上了部门主管,但是林肯实验室的工作和挑战还是让他身心俱疲。他觉得自己该换个工作了。1957 年的春天,奥尔森和哈伦·安德森(Harlan Anderson)有过几次讨论。安德森在1952年加入林肯实验室,成为一名工程师,曾在奥尔森早期的MTC项目小组工作过。两人的讨论内容逐渐变成了一套成立新公司的基本想法。他们希望设计和建造的产品反映"旋风计算机"和TX2式的实时交互工作方式,足以与IBM公司和通用自动计算机(universal automatic computer, UNIVAC)已经在市场上销售的那种用于密集数据运算的大型计算机分庭抗礼。

1957年夏天,在没有太多融资选择的情况下,奥尔森和安德森联系了ARD (American Research and Development)公司,为他们即将成立的新公司(拟称"数字计算机公司"Digital Computer Corporation)寻求融资(本书第五章会详细阐述ARD公司在风险投资领域里发挥的先驱作用)。奥尔森后来在1987年MIT毕业典礼上担任演讲嘉宾。他在演讲中回忆:"ARD告诉我们,当时并不是开办公司的恰当时机……(ARD的人)给了我们3条建议:不要在公司名称中使用'计算机'(computer)的字眼,因为《财富》杂志(Fortune)说过,没人能在计算机生意里赚到钱……我们在宣讲中承诺的5%的销售利润率太低了,要往高里写……(于是)我们把它改成了10%……还要承诺快速实现业绩……因为(ARD)董事会的大部分成员都已经年过八旬了。所以我们承诺1年之内实现盈利。"(Olsen,1987,p.8)一方面,投资人直言不讳地提出了自己的成见;另一方面,奥尔森和安德森全盘接受并修改了自己的商业计划。于是,ARD董事会批准向DEC公司(Digital Equipment Corporation,即"数字设备公司",请注意,公司名中原定的"计算机"一词被换成了"设备"一词)投资7万美元,占核定股份的70%。ARD公司一方面对这两位年轻技术专家和他们提出的目标非常着迷,另一方面也因为他们缺少管理方面的训练和经验而深感担忧,所以,ARD公司的董事会成员坚持保留他们的股权,直到这家初创公司为自己找到一位经验老到的管理者为止。可是,理想的人选一直没有找到,这让ARD公司最后持有了DEC全部发行股权的78%。这笔投资"成全了"ARD公司的投资组合,为它带来了多年的成功。它甚至成了风险投资史上最成功的一笔投资。奥尔森经常挂在嘴边的一句评价是:"7万美元的好处在于,你可以一张张地把它们端详一遍。"他经常称赞自己的投资人们,对他们的长远眼光和从不干扰DEC工作的做法赞不绝口。

1957年8月28日,DEC正式注册成立。创建这家公司的是两对年轻夫妇——肯尼斯·奥尔森和奥利基·奥尔森(Eeva-Liisa Aulikki Olsen)、哈伦·安德森和洛伊斯·安德森(Lois Jean Anderson)。从某种程度上来说,他们代表着美国创业者最初起步的经典原型。但是他们在随后30年里取得的成就堪称无与伦比,足以让大多数创业者望洋兴叹。公司成立时,奥尔森31岁,安德森只有28岁。他们离开了林肯实验室,搬进了马萨诸塞州梅纳德(Maynard)的一间老旧的纺织厂里。那里的环境谈不上优美,但是非常便宜。这一点显然更重要(每平方英尺的年租金只有25美分,还包括门房服务和采暖费!)虽然那里属于乡村地带,但是距离他们之前在 MIT 实验室工作的地方并不远。在他们搬进纺织厂的第一天,斯坦·奥尔森才加入了 DEC。他是肯尼斯的弟弟,毕业于波士顿的东北大学(Northeastern University),之前是林肯实验室的一名技术人员。斯坦是奥尔森家族唯一一位在 DEC 工作过的成员。在一开始的几年中,这 3 个人承担了 DEC 大部分的领导职责,其中,肯尼斯负责工程技术,安德森主管财务,斯坦主要抓生产。

他们最早开发的是一种高速晶体管电路模块。它和他们在林肯实验室为 TX-0 计算机和 TX-2 计算机开发的模块很相似,但是经过了重新设计,以便匹配当时市面上最新的晶体管。奥尔森说,他在实验室工作时就看到了市场对这些封装模块的需求,他相信 DEC 能开发出更好的产品线——比当时市面上所有的产品都要好。林肯实验室的顶级电路设计师迪克·贝斯特(Dick Best)也加入了 DEC,成为公司的 5 号员工,把这个项目推向前进。这些产品很快被命名为"DEC 模块"(DEC blocks),受到了产业界和学术界数字系统开发者的欢迎,公司的销售业绩开始腾飞。泰德·约翰逊(Ted Johnson)原来也是林肯实验室的工程师,后来取得了哈佛商学院的 MBA 学位。他被 DEC 聘为第一位模块销售人员。泰德后来掌管了这家公司的市场营销和销售工作,时间长达 20 年。

除了初期来自 MIT 和林肯实验室的技术和关键人才之外,奥尔森还开始着手帮助公司建立与 MIT 其他方面的紧密关系。杰伊·弗雷斯特(Jay Forrester)曾负责 SAGE 项目的计算机和系统工作。他在 1956 年成为 MIT 工业管理学院教授(该学院现称 MIT 斯隆管理学院,即 MIT Alfred P. Sloan School of Management)。奥尔森感觉自己从弗雷斯特管理"数字计算机实验室"和 SAGE 项目的方法中学到了很多重要的组织技能。其中的一大"法宝"就是弗雷斯特的"脉冲式管理"(pulsed management)。他会定期深入聚焦组织的某个部分并把它翻个底朝天,直至取得实质性的改善和提高为止。随后,弗雷斯特又会去"脉冲"的另一部分工作。在奥尔森的盛情邀请下,弗雷斯特加入了 DEC 的董事会,开始激发奥尔森对另一个全新领域的兴趣,那就是弗雷斯特当时正在打造的工业系统动力学建模。1959 年夏天,奥尔森暂时放下了第一个整年的产品销售工作,到 MIT 参加了一项紧锣密鼓的夏季课程。这项课程为期 2 周,主讲系统动力学(system dynamics)。截至当年 7 月 1 日,DEC 第一年的销售收入达到了 75.6 万美元,税后利润为 11.24 万美元,远远超过了奥尔森和安德森当初向 ARD 公司承诺的 10%。我当时是弗雷斯特的研究助理。1959 年和奥尔森的第一次会面让我至今记忆犹新。他对我们为企业架构和业绩的建模方式充满了好奇,但是有些羞于提问。很明显,奥尔森可以直接上手技术模拟建模工作,还可以搞懂很多其他方面的工作。他更像一位出色的年轻工程师,就像他曾经的样子,而不是一位公司总裁——尽管他的新公司表现出极强的早期成功迹象。在那个 16 人的小班里，还有一位令人至今难忘的学员：文森特·利尔森(Vincent Learson)。他当时是 IBM 主管军队业务的副总裁。后来他很快升任 IBM 的 CEO，制定和落实了 IBM 360 的开发工作。这项重大而充满风险的决定把 IBM 送上了巅峰，把竞争对手远远甩在了身后。1966 年，利尔森从 IBM 退休，《财富》杂志对 IBM 360 决策作出了这样的事后评断："(利尔森)最近跑到 MIT，和一群计算机专家上了一门特别课程，一门关于工业动力学的课程。他后来回忆说，课堂的大部分讨论他都不大明白。但是，听了同学们的讨论之后，他带着一种笃定的信念离开了那里：计算机应用很快就会迅猛发展、大行其道……"(Wise, 1966)相比之下，尽管奥尔森没有利尔森那般高高在上的职位，但他显然更加理解这些计算机行业的新动向，并且早已下定决心引领这些变革。

随着 DEC 的成长壮大，这家公司与 MIT 的联系也在不断发展。公司的第二条产品线是内存检测器(memory tester)，它反映了奥尔森本人管理 MTC 项目的经历。DEC 的第三条产品线终于轮到了计算机。这也是奥尔森和安德森从一开始就想制造的产品。同样来自林肯实验室的本·格利(Ben Gurley)为 DEC 设计了程控数据处理机 1 号(programmed data processor-1, PDP-1)。格利对这款产品的成功贡献极大。1960 年 11 月，首批 PDP-1 产品交付 BBN 公司，我们在上文提到过这家公司，它也是 MIT 的衍生企业。这台机器的知识来源明显是 MIT 林肯实验室。它的概念来源于林肯实验室的 TX-0 计算机和 TX-2 计算机。然而 MIT 并没有向 DEC 追索 PDP-1 相关"知识产权"的归属问题。这无疑反映了 MIT 的一贯态度：鼓励技术衍生，把 MIT 的技术推向商业领域和政府领域。它同时反映了这样一个事实：MIT 从未将明确具体的设备或设计转让给过 DEC。就在 PDP-1 上市之后不久，DEC 又招聘了一位 MIT 电子工程专业的毕业生。他极大地影响了这家公司的技术发展和令人叹为观止的辉煌业务——他就是戈登·贝尔(Gordon Bell)。贝尔被这家只有短短 3 年历史的企业深深吸引了，1960 年，他放弃了 MIT 的博士学业，毅然决然地加入了 DEC。他的加入为 DEC 计算机产品的设计和开发工作带来了深远影响。

尽管 DEC 的技术可以追溯到 MIT 在军方资助下开展的研发工作，但是奥尔森从一开始就明确了一点：DEC 不会承接政府合约。它为自己确定的原则是：自力更生，独立开发。然而，面向政府市场的产品销售从一开始就清晰可见，而且，从本质上来说，政府市场和其他市场并没有什么不同。在 DEC 的第一个 10 年里，政府市场大约贡献了公司总业务的 30%。在正式开展计算机业务之后，公司的销售收入开始加速增长，第 5 年的销售收入达到了 990 万美元，利润达到了 120 万美元，始终领先于公司最初制定的各项目标。

奥尔森还从 MIT 寻求管理方面的帮助。1966 年，奥尔森从斯隆管理学院的"组织研究小组"(Organization Studies Group)聘请了埃德加·沙因(Edgar Schein)教授担任顾问,与公司的重要高管合作。这一合作关系变得日益紧密,并在接下来 20 多年的时间里不断延续,直到现在。这一点,连同其他因素一起,让 DEC 在沙因的著作《组织文化与领导力》(*Organizational Culture and Leadership*)(1985)中成了显而易见的"行动性公司"(action company)典范。多年以来,DEC 形成并表达了自身独特的理念和风格,沙因教授在其中发挥了至关重要的作用。

DEC 与 MIT 斯隆管理学院之间的联系让很多教师与 DEC 的人员和问题建立起了密切的联系,很多 MIT 管理专业的毕业生和 MIT 的工程师们一道,稳定地流向了这家充满吸引力的、蓬勃发展的公司。温·欣德尔(Win Hindle)是杰伊·弗雷斯特推荐到 DEC 的 MIT 早期毕业生之一。欣德尔的成长速度非常快,很快就成了 DEC 的重要高管,并且多年屹立不倒,顺利度过了公司很多次重大组织变革。早年间,欣德尔分管人事部门,曾经组织过多次中层干部培训讲座。我第一次在 DEC 举办培训班时,距离 3 位 DEC 重要工程师离职创办数据通用公司(Data General Corporation)只有短短 3 周时间。对于这种公然的"不义之举",DEC 的高管表现出了出奇一致的深恶痛绝。他们对这种欺骗行为的反应非常激烈。不过,令人惊讶的是,参加培训的中层管理人员关注的主要问题是新企业的创办、融资和成功。他们几乎完全没有理会我提出的其他主题,如工程项目的组织与管理等。尽管他们对创业型衍生企业的兴趣如此强烈,但是后来几乎没有人离开 DEC 创办新企业。只有 Data General 公司成了 DEC 有力的竞争对手。此外,还有一家新企业的创始团队中包含 DEC 人士,它就是医疗信息技术公司(Medical Information Technology, Inc., Meditech),我们会在本章后半部分谈到这家公司。

奥尔森长期领导下的 DEC 始终处于一种管理困境之中。从管理理念上来说,它似乎总是同时属于后进者和先锋者。这样的境地令人尴尬。20 世纪 60 年代末,我帮助 DEC 组织和管理了一个关于技术管理开发的高管培训项目。这个项目一共进行了 5 年时间,在我和 MIT 斯隆管理学院教师同事的帮助下,几百位 DEC 的管理人员完成了多次系列课程。每次 9 天,课时安排得非常紧凑。这些接触为我带来了源源不断的机会,让我能够近距离观察 DEC 和它的关键人才的成长。这太令人激动了。在开课仪式上,奥尔森的开场发言既充满鼓动性又不失严谨。他告诫学员们:"应当记住,我们就是一群工程师,不要把问题搞得太复杂。"不过主管工程的副总裁戈登·贝尔(Gordon Bell)非常高明。他和很多同事后来打造了 VAX 架构,为 DEC 随后多年的增长奠定了产品基础。他非常乐于捕捉新思想,并把它们变成自己与"工程师大军"("his troops")智识沟通的工具。这样一来,来自斯隆管理学院的思想很快就荡漾在 DEC 的上上下下了,如"技术桥梁人物"(technological gatekeepers)、"关键创新职能"

（critical innovation functions）、"矩阵组织架构"内部创业等。

20 世纪 70 年代初，MIT 斯隆管理学院的教师帮助 DEC 的 80 位管理者制定了企业发展规划。在那次课程的前几天，我们主要讨论这一规划。这时候，奥尔森对商学院思想和方法的抵触表现得非常直白。他的管理风格与正规的规划方法相去甚远。他的决策更多地来自"技术上的点球大战"（technical shootouts）；他喜欢通过内部争斗达成最后的一致意见。而且这些态度已经到了根深蒂固的程度。奥尔森说，就连 DEC 最初的商业计划书都曾明确提出，公司不会成立统一的规划小组——商业计划书甚至通常不会提到这一类事情。沙因对行动性公司行为作出了这样的解释："这支创始团队出身于工程背景，他们在导向方面表现出了极其务实的实用主义，建立了一种强有力的、忠诚的'家族'精神。这帮助他们在发生对立和冲突的时候不至于损失团队成员。他们明确地相信，'真理'（truth）并不存在于智慧的昭示或者权威的昭彰之中，而在于'什么行得通'（what works）这一点既体现在技术层面，又体现在市场层面。"（Schein，1985，p. 10）。不知出于什么原因，即使在今天，肯仍然借着很多发言的机会对商学院大肆批评。似乎他非常痛恨商学院的种种做法，或者痛恨商学院在他心目中"代表"的一切。有些观察者不禁好奇：他是不是在表达对"多里奥特将军"（General Doriot）埋藏已久的怨恨？多里奥特是奥尔森在 ARD 的导师，也是哈佛商学院的教授。奥尔森总是对他充满了溢美之词。也有人怀疑，奥尔森是在表达对弗雷斯特的不满。奥尔森单方面地把这位林肯实验室的领导和 DEC 早期董事会成员奉为偶像。而这位偶像是 MIT 的管理学教授。还有一些人的猜测更玄，他们认为奥尔森的做法是在效仿这两位教授。因为教授们自己也对本单位和其他商学院批评有加，所以，奥尔森对商学院的调侃实际上是为了提高它们的办学水平。

事实上，奥尔森的很多价值理念和管理风格看上去很像杰伊·弗雷斯特。他们基本上都是才智过人、勇猛精进的工程师；他们都对自发自主的工作成果投入全副身心；他们都脚踏实地，并提出大胆的理论来解释自身的行为；他们都对个人诚信和产品品质深信不疑。奥尔森曾经指出："人们极大地希望遵循道德行事，希望为遵守道德的企业工作……如果人们知道，自己的公司对不道德获利毫无兴趣的话，他们就会对供应商和顾客采用诚实无欺的态度。"（Olsen，1987，p. 9）肯曾经告诉我，他在 DEC 最大的痛苦就是偶尔会出现质量低劣的产品。

弗雷斯特和奥尔森都反复强调过组织内部创业的重要意义。然而，无论是个人智力还是辩才，他们达到的高度都令人望而生畏。他们经常会让不那么自信、没那么能干的下属们灰头土脸、唯命是从。回望公司的漫长历程，奥尔森证明，DEC 曾在重要关头努力解决这个问题："我们必须面对的问题是，怎样在整个公司引入创业精神。我们干得还不错……但是我们只有掌管公司的那么一位创业者。"（Olsen，1987，p. 9）。

弗雷斯特早已提出了应对之策。在《新企业设计》(*A New Corporate Design*)(Forrester，1965)中，弗雷斯特教授提出："抛弃专制主义的管控……可以极大地鼓舞士气、加强创新、提高人才的成长和满足感……非专制主义的组织架构意味着对资源配置的内部竞争……每个人都希望能把大型组织的稳定性和力量与小企业带给创始人—管理者的挑战与机遇结合起来……组织中利润中心的概念能为企业带来同自由企业一样的盈利动机。我们认为，对资本主义经济来说，这样的盈利动机是必不可少的。"奥尔森显然听进了自己导师关于内部创业的高论。DEC 把弗雷斯特的思想和公司上下很多讨论结合起来，解决了奥尔森的担忧："为了解决这个问题，我们把整个公司分解成多条创业型产品线。每条产品线的经理全权负责自己的业务细分市场，其他人听从经理的调度。这种做法没有取得成功。每个人都觉得自己被降职了。很多人离开了公司；连一些董事会成员都辞职不干了。但是它带来的成果让人喜出望外。不到 1 年，我们的利润就翻了一番，而且这是在我们没有补充人手的情况下实现的。在接下来的很多年里，我们以每年 20%、30%、40% 的速度加速发展，利润大增。"(Olsen，1981，p. 9)但是，一个真正的创业型环境既要能够创造成功，也要有能力接受失败：一些关键人物离开了 DEC，包括共同创始人哈伦·安德森。很显然，安德森当时(1966 年)觉得自己是被排挤出公司的。不过大多数的"老伙计"们(old guards)都留了下来，继续建设 DEC。20 世纪 80 年代初，许多资深员工离开了公司，包括肯的弟弟斯坦。

　　纵观美国历史，奥尔森在 DEC 创下的骄人业绩是无与伦比的。30 多年以来，他推动和领导这家自己一手创办的企业，并在 1990 年超过了 130 亿美元的收入大关，成为小型计算机市场上当仁不让的领袖。就整个计算机市场而论，DEC 仅排在第二位，而且距离第一位的 IBM 公司差距不小。尽管如此，随着 DEC 的 VAX 9000 进入大型机市场，这家公司俨然已经开始在 IBM 公司家门口耍起了把式。1986 年，奥尔森被《财富》杂志评为"美国最成功的创业家"(America's most successful entrepreneur)，当时 DEC 的销售收入比现在的一半略高一点。《财富》杂志指出："即使扣除了通胀因素，如今的 DEC 也要大于亨利·福特(Henry Ford)谢世时的福特汽车公司、安德鲁·卡内基(Andrew Carnegie)出手时的美国钢铁公司，也大于约翰·洛克菲勒(John D. Rockefeller)退休时的标准石油公司。"(Petre，1986)奥尔森成立了一家名叫"Stratford Foundation"的慈善基金会(意为"斯特拉特福德基金会")，并为这家基金会捐出了他1/3 的 DEC 股份。即使如此，他持有的 DEC 股票价值仍然超过了 2 亿美元。肯曾经这样评论成功带给自己的两难境地："这是一道难题，鱼肉和熊掌不可兼得……一个人不可能既变得豪富，又得到社会的赞誉。"不过奥尔森始终保持着朴素的生活作风，他们夫妇还住在 DEC 刚刚成立时的那间房子里。作为管理者，奥尔森是个争议颇多的人，那本未经奥尔森授权的传记《终极创业家》(*The Ultimate Entrepreneur*)(Rifkin and Harrar,1988)全篇都在证明这些争议的存在。尽管如此,奥尔森的领导带来了巨大的成功,这一点依旧是不可否认的。

肯尼斯·奥尔森说过,DEC 带给他最大的满足感在于亲眼见证自我的成长。最后一次在 MIT 毕业典礼上发言时,他也提到过类似的说法:"有一天,当我离开这个世界时,我希望人们记得我,记得我曾经挑战过他们,曾经影响过他们,帮助他们变得更富有创造力、在工作中发现乐趣,并且长久地享受生活。这就是我的人生目标。"

DEC 不仅是最成功的 MIT 衍生企业,从很多方面来说,它还体现了很多直接来自 MIT 的"拿来主义"。两位创始人和所有早期关键员工统统来自 MIT。他们先前主要的工作经验——很多情况下是唯一的工作经验——全部来自 MIT。早期工程师的一般技能、总体知识和技术构成了 DEC 前三条产品线的基础。这些知识、技能和技术全部来自 MIT 林肯实验室。DEC 的管理知识同样来自 MIT,这不仅体现在公司成立初期,甚至在后来成为一种惯例。杰伊·弗雷斯特的思想似乎为 DEC 带来了关键的早期影响。随后,埃德加·沙因参与公司顶层管理决策,并留下了长达几十年的影响。在超过 25 年的长期研究中,我从未见过哪一家公司如此强烈地受到过 MIT 传统的深刻影响。

1.1.3 阿瑟·罗森伯格和泰科实验室

虽然泰科实验室(Tyco Laboratories)也和林肯实验室存在关联,但是它的历史证明了技术型企业同时也是金融的产物。泰科实验室就是创造性利用资本的生动例子。这既包括这家大型多元技术企业的创建,也包括它后来的建设和发展。它的创始人阿瑟·罗森伯格(Arthur Rosenberg)出生于波士顿一个中产之家,他是家里的二儿子。他的父亲在孩提时代离开了英国,来到了美国,并在 MIT 深造,成为一名土木工程师。阿瑟的哥哥在物理学方面具有极佳的禀赋,才 16 岁就破格考进了大学。阿瑟决心成为一名科学家,这并非出自什么特别的、自觉的原因。他现在经常说,虽然他当时非常崇拜自己的哥哥,而且从未想过和他一争高下,但他当时总是觉得自己走不出哥哥的影子。罗森伯格在高中时成绩中等,一度对医学颇感兴趣,还考进了一所拥有很好医学研究生院的大学。一个学期之后,他参军离开了这所学校,一年后又回到了那里,继续攻读生物学。他在 21 岁时大学毕业,不过,那时他早已放弃了进入医学院的念头。

阿瑟的父亲是一位职业工程师,不过他始终怀抱着自主创业的梦想。在阿瑟还是个少年时,父亲进入了建筑行业。不过他的创业不太成功,后来陷入了精神崩溃,没过多久就去世了。虽然罗森伯格和父亲的关系谈不上亲密,但他后来总结说,父亲对他的影响,尤其是那段创业经历对他的影响是至深至远的。他的母亲个性严厉,在家里操持家务,是家里说一不二的权威。

　　本科毕业后,罗森博格考入哈佛大学研究生院,攻读物理学。他觉得自己并没有为哈佛的学业做好充足的准备,但他要征服自己人生中遇到过的最大的挑战。他认为自己不具备从事学业的能力,但他把获得哈佛大学博士学位看作自己的巨大成就。阿瑟确信,就算没有哈佛大学的经历,他最后也会成为另一种类型的创业者。但是,哈佛大学的训练帮助他做好了必要的准备,最终他成了泰科实验室的总裁。

　　有了博士学位在手,罗森伯格顺利加入了新泽西州的一家大型化工企业,当上了一名研究物理学家。从一进入公司时起,他就开始"兴风作浪",所以,用他自己的话来说,罗森伯格很快就变得"臭名远扬"。回首往事,他认为,这份工作让他第一次发现了大型组织里的工作可能带来怎样的挫败感。带着这样的新认识,他开始寻觅下一份工作,但是他发现,人们似乎从一开始就把他视为麻烦制造者。他想回到波士顿,也许在哈佛大学附近落脚。与此同时,他也被迅猛发展的半导体领域吸引。阴差阳错之间,他由于一次误解错过了一个极富吸引力的工作机会,最终加入了 MIT 林肯实验室。一开始,他一再错过升职机会,因为人们认定他不是做管理者的好材料。他也认为这是一种诚恳的评价,因为他缺少对人的敏感性。就这样,阿瑟想要成为管理者的愿望和尝试都没有成功,他也没把这些放在心上。在离开实验室之前的那几年里,他开始参加一些外部科学团体的活动,这主要因为他发现自己不可能永远在这所实验室里工作下去。到他离开 MIT 时,阿瑟已经在本地科学圈子里建立起很好的声誉了。这为他找到下一份工作打下了极好的基础。

　　罗森伯格决定加入 128 号公路(Route 128)上的一家初创公司。128 号公路是一条围绕波士顿的环城高速公路,因为聚集了大量的高新技术企业而闻名遐迩。他加入了这家公司,得到了一个关键的技术—管理岗位,还得到了这家年轻企业 5% 的股权。这家公司最早的目标是依托前沿技术打造附属企业。就像"国家研究公司"(National Research Corporation,NRC)之前在波士顿地区做过的那样。NRC 的创始人是 MIT 校友理查德·莫尔斯(Richard Morse),他后来成了 MIT 斯隆管理学院的教师,主讲创业。但是,这家公司早期在开发和制造领域的一些创业都不太成功。罗森伯格当时是公司合约研究中心的负责人。他拿下了几项政府合同,主要面向材料领域。但是,有一项合同未能顺利完成,这引起了公司创始人们的极大焦虑,也从一开始就在罗森博格和创始人团队之间种下了嫌隙。

　　罗森伯格看到了母公司接连不断的麻烦,对比自己领导的合约研究中心的成功,再加上他想要单干的愿望,他决定从集团中分离出来,成立一家独立组织。他这时已经可以确信,总公司必将走向失败,而他的研究部门有能力自力更生地活下来。

　　在 L. M. Rosenthal and Co.,(一家年轻而富有冲劲的纽约承销企业)的帮助下,罗森伯格为自己的衍生研究中心制订了一套融资计划。他本人出资 1 万美元,并且出让一部分股权给另外几个人。就这样，新公司泰科实验室(Tyco Laboratories, Inc.)成立了。由 Rosenthal 承销的 IPO(首次公开募股)规模并不算大，但是比较成功。它为这家公司带来了几百万美元的融资。IPO 的一部分收益被用来买断了母公司对泰科实验室的绝大部分原始权益，但是罗森伯格和原管理层一些人之间的老问题仍然没有解决，主要是新公司的所有权和管理职责问题。因此，泰科实验室成了我们现在熟知的"管理层收购"(management buy-out, MBO)的一个非常早期的实例。

虽然罗森伯格充满了管理他人的愿望，但他最有信心的还是自己在材料领域做好研究工作的能力和自己的直觉能力。在最早加入这个后来成为泰科实验室的部门时，他并不是为了成为一名创业者，而是尝试成为一名科研主管。创业的想法和成为创业者的感受其实来得很晚，那是在他当上这家公司的领导者之后才来的，还有部分原因是罗森伯格因此与母公司几位创始人之间发生了矛盾冲突。罗森伯格表示，虽然他的想法足够成为一位科研负责人，但他当时并没有意识到，管理一个合约研究机构在很大程度上等于成为一名大销售人员。也就是说，他已经把创业工作和销售工作结合在一起了。

在泰科实验室最初成立的几年里，罗森伯格并没有预见到公司实际上拥有生产能力。他把这家公司仅仅看作一家研究组织，认为它只会作为研究型组织不断发展壮大。当时这家公司充满了一种内部压力，与此同时，获得和维系外部合同与客户的工作也带来了重重压力。罗森伯格有能力招聘很多优秀的人才，建设这家研究型企业，但他同时也表示，如果有必要，他也有能力解雇他们。他认为这是一个成功创业者的重要特征。

成立初期，泰科实验室仅仅是合约研究领域里一家拼搏求生的小公司。在接连获得几个很好的基础材料研究合同之后，这家公司的发展局限性开始显现出来了。这主要是因为它没有从事过硬件开发，也没有做过产品销售。就在此时，收购制造型企业的想法应运而生。大约 1 年之后，罗森伯格接触了第一家目标企业。这一步他走得相当不情愿，因为刚刚见证了前同事在收购中遭遇失败，罗森伯格不知道怎样操作这件事。尽管如此，作为一家上市公司，为公众股东创造收入的基本责任要求泰科实验室必须对自己纯粹的基础研究性质作出改变。在我加入泰科实验室的董事会时，正值这家公司批准第一项收购。被收购的是 Mule Battery 公司——一家小型工业电池厂商，技术含量不算高。作为亲历者，我见证了这家公司早期的大发展。股票市场看好这次收购，把它看作美好商业前景的明显"预期"，所以泰科实验室的股价开始大涨。这也提高了罗森伯格的胃口。他更加游刃有余地收购了几家企业，成交价格也控制得很低。通过罗森伯格的几次成功收购，泰科实验室进入了制造领域，销售收入也增加了好几百万美元。在两年多时间里，这家公司共计完成了 12 次收购，股票价格一路飞涨、气贯长虹。罗森伯格指出,他开始把平摊风险的能力看作一种竞争优势,而且这种优势只属于大型企业,而不是小型企业。他说自己更多地把泰科实验室看作一种"管理试验",而不是一家控股企业。

然而,这些收购也给泰科实验室的所有权带来了剧烈变化。被收购企业的创始人们拥有大量股份,他们要求在泰科实验室的经营管理中发挥积极作用。而罗森伯格的目标是建成一家数十亿美元的巨无霸企业,他自顾自地坚持收购路线,而且他的胆子越来越大,胃口日益膨胀。每向前一步,就要冒更大的风险,包括罗森伯格本人的风险。

公司的收入终于达到了 1 亿美元,不过它更多地来自新近收购企业的销售收入。随着运营问题日复一日地加重,公司终于爆发了"宫廷政变"(palace coup)。当时所有的董事会成员都是罗森伯格一手选拔的,不过其中包括几位被收购企业的创始人,而且我那时已经不再担任泰科实验室的董事。就这样,董事会投票驱逐了罗森伯格,罢免了他的总裁和 CEO 职务。有趣的是,经过短暂的整顿之后,外部招聘的新 CEO 走的还是罗森伯格的老路,一路把泰科实验室发展到了今天超过 20 亿美元的规模。

罗森伯格本人更关心公司的发展机制,较少关心公司的内部运营问题。他更多地把自己看作内部运营问题中的仲裁人。他非常看重判断力,而且对自己的判断力拥有十足的自信。他的最高原则是"不做空头理论家"。这位遭到驱逐的总裁如今早已释然,并且作出了充满理性的总结:如果一位创业者在公司里失去了内部可见性(internal visibility),就很有可能失去自己创办的企业。他指出:"泰科实验室发展得太快了。在一个体系的建设过程中,不同组成部分之间的良性互动是非常重要的。"他正着力于寻求新技术,并感到决不能忽视人际关系问题,特别是在一个收入超过 1 亿美元的多元企业里,尤其是在公司内部同时存在着多种权力来源的情况下。

谈到创业的满足感,罗森伯格声称,他在泰科实验室得到了"自我能力得到充分发挥"的成就感,而且这个环境是他为自己打造的。他从未追求"变得非常非常富有",尽管他说过,除了要"处境优渥"之外,他还希望自己的收入能更多地与自己的工作活动分离开来。他也从未在公开场合说过自己对公众的认可抱有兴趣。和之前很多成功的创业家一样,罗森伯格现在的时间主要用于投资和建设别人投资的企业。他更多地把自己看作初期技术型企业的"票友"(dabbler),而不是"真正的"创业者。

罗森伯格的一大遗憾是没有太多时间陪伴家人。但是他自己也承认,这主要是因为他总是把工作看得比什么都重要,而且他很享受创业者没完没了的长时间工作。在他眼里,这个问题不是创业者的专属,而是各行各业很多人和他们的家人都在面对的难题。

1.1.4 塞缪尔·莫里斯和 Transducer 设备公司①

很多创业者都创办过多家企业,而且第二次创业通常远比第一次成功得多。雷蒙德·斯泰塔(Raymond Stata)和马修·洛伯(Matthew Lorber)共同创办了固态仪器公司(Solid State Instruments)。这家公司业绩平平,几年之后被卖给了科尔摩根集团(Kollmorgen Corporation)。随后,他们又创办了亚德诺(Analog Devices)公司。在斯泰塔的长期领导之下,亚德诺取得了辉煌的成功。如今的销售收入已经接近 5 亿美元。1970 年,洛伯离开了亚德诺,创办了 Printer 技术公司(Printer Technology),不过这家公司很快就遭遇了失败。他又在 1983 年创办了科普雷控制(Copley Controls)公司,目前业绩还不清晰。也有些创始人第一次创业就取得了巨大的成功,菲利普·维勒斯(Philippe Villers)就是个例子。他创办的 Computer Vision 公司取得了极好的业绩,并且顺利上市。最终在 1988 年被 Prime Computer 公司收购,成交价 4.35 亿美元。不过他的第二家公司 Automatix 表现非常一般。没有了维勒斯掌舵,这家公司目前正处于挣扎求存的境地。第三家公司 Cognition 更不成功。这家公司已经关闭,由 Automatix 收拾残局。还有一些创业者经历过一次又一次的尝试,屡败屡战,屡战屡败,从未尝到过成功的滋味。下面这家公司的历史就是这样的例子。

提到 Transducer 设备公司(Transducer Devices),尽管它进一步证明了创业领域的多样性,但是在我看来,这家公司最重要的特征是它不断地尝试"技术拉动"(technology pull)策略,而不是"市场推动"(market push)策略。而市场导向的缺失最终造成了这家公司的覆灭。这家公司的故事要从它的共同创始人兼总裁塞缪尔·莫里斯(Samuel Morris)的早年生活讲起(在 Transducer 公司之前,塞缪尔还创办过几家别的企业)。

山姆·莫里斯(Sam Morris,即塞缪尔·莫里斯)的父母是俄罗斯移民。他是家里的第三个孩子,他对自己的描述是"聪慧的少年"和"有点儿自由散漫"。他从小在(纽约)布朗克斯区和曼哈顿长大,当时家里生活拮据,由于付不起房租,他们经常被迫搬家。山姆的童年主要在犹太人群中度过,他们对学业标准的要求比较高,也比较迫切。所以山姆在很小的时候就显露出了发明方面的天赋。年仅 10 岁时,他就自己动手造成了一架摩天轮。

他对自己父母的描述是"工作勤恳、为人诚实、性情温和",而且对他寄予厚望。他的父亲曾在欧洲接受过皮革加工方面的训练。来到美国之后,父亲同时从事好几项工

① 应当事人要求,为了保密起见,此节的创始人姓名、企业名和其他一些细节已做处理。但历史事实基本未作改动。

作,每天夜以继日地辛勤工作。因为母亲要协助父亲的工作,所以山姆经常要自己管理自己。他的哥哥查理很小就开始自立门户地做起生意来。山姆认为,查理对他的生活影响极大,也为他带来了最初的商业启蒙——尽管这一切也许都是在潜移默化中发生的。与此同时,山姆对科学方面的兴趣也非常浓厚。

后来,山姆进入了一所人才济济的重点高中,几年之后,他考入了城市学院(City College)。他一边进修工程课程,一边在周末开出租车,维持自己的学业。他曾在纽约市交通局工作过一段时间,那间没有空调的办公室促使他建造了一台体型小巧的空调机。结果他很快就收到了朋友们的订单。这项工作最早是在他父母的公寓里完成的,当时他们正在外地消夏旅行。后来,空调订单飞速增加,他只好租了一间阁楼,还雇了一个人帮他组装。莫里斯觉得卖空调可以赚到更多的钱,于是辞掉了工作,联系百货商场。他确实收到了几家商场的原型机订单,但是一些商场要求提供技术安全措施和实验室检验结果,这可难住了他。莫里斯后来说,他当时一直处于捉襟见肘的境地,从未有过资金宽裕的时候(起步的 500 美元是他自己的积蓄)。由于接二连三地出现问题,他最后被迫停止了这桩买卖。他后来说,虽然他获得的收益远远抵不上投入的时间,但是这一段持续半年的小插曲成了他非常难忘的经历。

受到这段创业经历的影响,山姆开始学习一些管理学课程。他还去哥哥的干洗店里工作,主要为查理提供一些咨询方面的帮助。他尝试引入计件工资制,但是遭到了工会的阻止:工会认为这样的做法是不可接受的。山姆还发明了一种特殊的衣架,并且取得了专利权。他之后开设了一家工厂来生产这种衣架的制造设备。但是其他的衣架公司拿降价来威胁他,于是,摩尔斯又一次失败了。这一次他连产品都没来得及生产出来。

接下来,他又来到了一家"车身制造"企业,当上了一名咨询工程师。这家公司把他租借给了另外几家单位,其中包括一家 MIT 的实验室。莫里斯这时已经是 2 个孩子的父亲。他发现自己之前的教育已经过时,所以他在 MIT 仪器实验室(MIT Instrumentation Laboratory)谋了一份全职工作,同时在那里进修电子工程课程。他还在波士顿大学(Boston University,BU)进修投资分析课程,并且进入了股市。

他对股市的兴趣部分来源于一笔额外的收入。在作咨询工程师时,他利用业余时间开发出了一种机器,这为他带来了一笔 3 万美元的现金收入。他把这次开发工作称为"自己第一次真正赚到钱"的创业。这笔钱在股票市场的投资相当成功,为他赚到了一笔不小的财富。这促使他贸然作出决定,再次踏上了创业之路。山姆在股市中顺风顺水,他把炒股看作一种令人着迷的游戏。

山姆·莫里斯最早的创业哲学是:接手一家既有企业,在此基础上加以建设。哥哥干洗店生意的成功和他本人股票投资的成功为兄弟俩带来了并购企业的资本。不过,他很快开发出了一种用于先进军事用途的模拟数字转换器(analog-to-digital conversion device),加上两位 MIT 实验室同事的浓厚兴趣,他最终决定以这款设备为基础,创办一家新公司。他们的想法是再开发至少一种新产品,创造足够的收入,让公司有能力开发更多的产品,最终成为融开发和制造于一体的综合企业。这一"理念"(philosophy)贯穿了 Transducer 公司的整个发展历程,实际上却从未做到过。

莫里斯说,公司刚刚成立时,他曾经天真地认为自己能打造出另一个 IBM。他当时只有 35 岁,意气风发。他相信自己用不了几年就能赚到 100 万美元。几位创始人首先遇到的问题是怎样为公司找到资金? 以怎样的规模运转? 虽然有几位目标投资人临阵退缩了,但是他们还是在 MIT 附近租下了一间小办公室。他们很快就造出了第一台设备的工作模型(working model)。结果,这家兼职经营的、只有 3 名创始人和 2 名员工的小企业几乎立刻就收到了一家大型电子企业 13 万美元的订单。创始人们决定向几位个人投资者出售私募发行的公司股票,用公司的很小一部分股权和额外期权筹得了 20 万美元。但是没过多久,由于政府削减了一部分先进开发工作,这个项目被迫终止。创始人们决定继续开发这台设备,但是合同的终止延长了这项业务的时间。而且莫里斯和他的联合创始人们只能一边兼职推进这项业务,一边在 MIT 仪器实验室里"全职"工作。

和 EG&G 的情况一样,这家公司的所有权从一开始就是平均分配的。所有者包括 3 位 MIT 科学家/工程师和莫里斯的哥哥——这家公司几乎所有的资本都是莫里斯哥哥投入的。他们的律师也得到了一些股份,作为他代表公司奔忙的回报。后来,3 位创始人离开了 MIT,开始全职创业。他们对各自在公司里的分工产生了争执,造成了一些紧张情绪。3 个人的性格和工作风格截然不同,后来的事实证明,因此形成的分工安排无法做到相互兼容。最后,一位创始人离开了公司。山姆坐稳了公司总裁的位子,另一位创始人继续担任公司的总工程师。

这家公司没有产品手册,所以在市场销售方面遇到了一些问题。事实上,Transducer 公司的产品就是它的技术,工程师们应该努力迎合客户的需求,而不是反过来。同时,公司还要维持标准价格。在公司推出支持性产品之后,销售收入开始攀升。但是,没过多久就出现了延迟交货的问题。造成延误的原因不止一种:一方面,政府提高了采购检验的要求;另一方面,该领域各个系统中一直存在着潜在的缺陷。此外,供应商方面也出现了一些问题。

Transducer 公司最大的问题,也是最旷日持久的问题,是资金的流失和对额外资本的需要。公司的运行主要依靠供应商的赊销、银行贷款、查理·莫里斯的追加投入,以及最早个人投资者介绍的投资,等等。这家公司过着拆东墙补西墙的日子。先是一家银行抛弃了它,紧接着,另一家银行又给了它有限的信用额度。尽管山姆的哥哥始终对这家公司抱有信心,在必要的时候,他还会为公司提供更多的支持,但是,缺少充足资金的影响是多方面的。

作为公司总裁,莫里斯主管市场营销、内部政策、行政管理和客户联系工作。刚当上总裁时,他每个星期工作 60~70 个小时。他说,虽然他的夫人一开始很佩服他的敬业精神,后来还是对他终日埋头工作感到忍无可忍。

Transducer 公司的销售和利润记录见表 1-1。假如创始人们为自己支付了更高工资,亏损会严重得多。公司成立 7 年之后,莫里斯和他的共同创始人们赚到的钱丝毫不比当初离开 MIT 仪器实验室时的工资多。

表 1-1　Transducer 公司的销售和利润情况

财 政 年 度	销售收入/千美元	利润/千美元
1	0	-66.2
2	118	-77.4
3	260	-170.0
4	260	-194.0
5	456	+26.0
6	1118	+37.0
7	1110	-220.0

随着亏损的日益增大,查理为公司提供资金的能力和意愿逐渐下降。到了下一年,Transducer 公司被迫出售,成交金额低于这家公司的债务总额。塞缪尔·莫里斯在一家发明与开发企业找到了一份工作,担任总工程师。和之前的总裁一职比起来,这也算更贴近他"真爱"的工作了。

莫里斯认为,公司里有太多真正优秀的人才没有用武之地,也没有得到有效的管理。他还觉得,假如能更加充分地发挥几条产品线的力量,公司的销售额就可以高很多。他承认公司犯了错误。在他看来,影响最严重的错误包括:缺乏足够的资金,对时间表的遵守不够严格,3 位创始人之间无法兼容。用莫里斯自己的话来形容:"平等意味着脆弱不堪。"他现在认为,假如他当初选择和自己的哥哥合伙,按照最早的计划来创业,公司后来遇到的种种人事纠葛就可以完全避免。

山姆·莫里斯似乎在很小的时候就立志成为一名技术型创业者。最初创业尝试的失败更加激发了他加倍的努力。他期待更成功的未来,这样的期许似乎从未消退。同样保持不变的还有他哥哥对他的信心和资金支持。莫里斯表现出了对建立较大企业和获得重大财务回报的兴趣。他对发明创造的爱好始终未改;他对公司的技术工作偏爱有加。这些也许和他的创业本能不无冲突。每当为客户解决了罕见的技术难题时,他都能从中获得无与伦比的快乐。正如他后来意识到的那样,如果能更充分地、进一步地发挥公司几条产品线的力量,而不是无限延伸一条产品线,试图满足所有顾客的种种具体需求,也许公司就可以获得更高的收益。

莫里斯说,他的夫人非常支持他的创业工作,给过他很多鼓励,但是她并不支持莫里斯全职进入股票市场。尽管这样可能让他现在变得富有得多。夫妇两人对山姆现在的新工作非常满意,因为山姆现在的工作时间短多了。他有机会发挥自己在技术方面的创造力,还会有新的致富机会。

顺便提一句,在新管理团队的领导下,Transducer 公司正在取得缓慢而稳定的发展。1990 年的销售收入超过了 500 万美元,而且公司开始盈利了。

1.1.5　尼尔·帕帕拉多和医疗信息技术公司

如果要描绘现代高新技术企业创业者的画像,至少也要包括一位计算机软件创业者。从 MIT 各个院系和实验室走出的软件衍生企业几乎达到了数不胜数的程度:Charles Adam and Associates、General Computer、Gold Hill Computer、Index Technology、Interactive Data Corporation、Intermetric、Logo Computer Systems、莲花公司(Lotus Development Corporation)和 SofTech 等——这些只是冰山一角,仅仅出现在我各个研究中的 MIT 衍生软件企业至少就有 100 多家。这里只讲述一位软件创业者和他创办的企业。我本人和这家企业的关系也相当密切,它就是医疗信息技术公司。毫无疑问,这家公司今天的成功要在很大程度上归功于它的技术领导地位。但是,同 Transducer 之类的公司比起来,Meditech 的发展更多地来自以市场为导向的洞察力、专注力,以及对客户服务和质量的坚定执着。这些都对建成一家卓越企业至关重要。

尼尔·帕帕拉多(Neil Pappalardo)在纽约州的罗彻斯特市(Rochester)长大。当他还是个孩子时,他就从父亲的法律工作中见识了各种各样的商业活动。不仅如此,他的学习渠道还包括叔叔伯伯、表兄表姐们的小本买卖。他们都属于同一个"西西里大家庭"(Sicilian extended family)。尼尔的妈妈在家里只手遮天。她不仅当家做主,还掌握着家里的财政大权。她的投资比较保守,一般只投资国内的蓝筹股,如伊士曼柯达(Eastman Kodak)和 IBM 等。不过,她还拿出一部分资金投资了一家罗彻斯特本地的小公司,名叫哈罗依德(Haloid Corporation),也就是今天的施乐公司(Xerox)。也许是因为受益于这样的家庭环境,尼尔说他从未操心过钱财问题,无论是赚钱还是攒钱,他都没有真正关心过。

到了报考大学的年纪,尼尔知道自己想做一名工程师。于是他只报考了一所学校——MIT。不过,和别人不大一样的是,他在很小时就流露出了将来要自主创业自信心。他对技术充满了兴趣,但是他对 MIT 课程兴趣不高。尼尔后来说,他和兄弟会的朋友们打桥牌的时间远远大于学习时间,甚至大于上课的时间。不过他最后拿到了 C+的平均成绩,顺利毕业了。

尼尔回忆说:"当我还在 MIT 读电子工程本科时,我就发现自己将来想创办自己的公司。但是我一点儿都不着急。"他的毕业论文内容是关于彼得·本特·布莱根医院(Peter Bent Brigham Hospital)用来监测各种心脏病的计算机系统。这让他在 1964 年大学毕业时收到了一份工作邀请,并且第一次接触了编程工作,后来,他还在麻省总医院(Massachusetts General Hospital,MGH)刚刚成立的计算机科学实验室(Laboratory of Computer Science)担任编程团队的负责人。这家医院充满试验性质的信息系统项目成本高昂、进展缓慢,这让尼尔充满了挫败感。这种挫败感促使他找到了一条"终南捷径":他在一台 DEC 生产 PDP-7 计算机上构思和开发出了一套集成式数据库和分时操作系统。当时帮助他的是另一位 MIT 毕业生柯蒂斯·马布尔(Curtis Marble)。他们还为这套系统起了一个纯正的技术宅男风格的名字:麻省总医院公用多程序系统(MGH Utility Multi-Programming System,MUMPS)。这套系统最终为医疗数据处理工作带来了彻底的革命。任务完成了,MUMPS 在 MGH 运行良好。1968 年,尼尔觉得是时候离开 MGH,成立自己的公司了。他通知自己的上司,未尽事宜一旦结束——如归档、招聘继任者等——他会立即离职创业。尽管他当时关于新公司的想法还非常模糊。

我就是在这段过渡时期开始和尼尔接触和讨论的。我当时也决心成立一家医疗计算企业,这主要是因为我在教学、研究及对医学院及医院的咨询工作中明显感受到了这方面的市场需求。我正在寻找一位全职合伙人,因为我不想也不愿意离开 MIT。当我遇到尼尔时,他即将离开 MGH。他的同事柯蒂斯·马布尔很有可能加入他,但是马布尔要先处理好手头上的一些事。还有一位 MIT 毕业生准备兼职加入他们,他就是杰罗姆·格罗斯曼(Jerome Grossman)博士。格罗斯曼在宾夕法尼亚大学取得了医学博士学位,当时正在和尼尔与马布尔一起开发计算机医疗应用。我们 4 个人一拍即合,从此每周开一次晚间会议,商讨创业细节,并开始尝试筹措资金。我们一致认为,团队还需要一位强有力的营销好手。于是,我们请来了莫顿·鲁德尔曼(Morton Ruderman)。莫顿原来是 DEC"实验用设备计算机"(Laboratory Instrument Computer,LINC)(顺便说一句,从这个名字我们不难看出,这又是一项 MIT 林肯实验室授权的开发项目)的产品线经理,后来成了 DEC 的生物医疗市场营销负责人。他成了我们的共同创始人,担任公司的首任总裁。由于我们 5 位共同创始人中有 4 位来自 MIT,所以我们决定把这家公司命名为 Medical Information Technology,Inc.(它的首字母缩略词是关键所在——也是 MIT,译者注),简称 Meditech。

我们一边筹划,一边进展缓慢地筹措资金,几个月就这样过去了。作为"领衔主创"的尼尔早已离开了 MGH。迫不及待地从 DEC 订购了第一台 PDP-9 计算机,还在 MIT 后面的东剑桥区租下了一块 5000 平方英尺的办公场地。他签下了 5 年的租期,还用自己的个人股票投资作为担保。因为有 5 位共同创始人,所以,在筹划阶段,每每会产生很多枝节问题。尼尔想拉一位表亲加入创始人团队,此人非常支持尼尔的想法,而且家财丰厚,我们当时非常需要资金。除此之外,这个人还拥有工商管理的本科学位,据说,他在经商方面比我们每个人都要务实。我们最后说服尼尔放弃了这个想法。另外有 2 位 MIT 校友正在筹备成立一家名叫 Cyber 的公司,我们 5 个人都认识他们。Cyber 公司同样是一家面向医疗行业的软件企业,主要从事接单编程、开发多相健康普查系统。在两家公司正式注册成立之前,我们认真商讨过合并的可能性,最后还是决定各行其道。结果 Cyber 公司没过几年就关门了。

最难的问题是莫顿·鲁德尔曼提出来的。出于对 DEC 的忠诚,他一再坚持,Meditech 公司应该为 DEC 提供机会,邀请 DEC 成为我们的"企业赞助人"(corporate sponsor)。在此之前,我们不能作出任何财务方面的承诺。虽然我们都觉得很有必要先筹得 50 万美元的风险投资,但是我们还是一致同意:如果肯尼斯·奥尔森接受我们的方案,公司可以用 20%~40% 的股份交换一台 DEC 计算机和一笔数额很低的资金。当时是我们寻找资金的敏感时期,而且我们错误地以为,公司即将在一群投资人的支持下获得我们急需的资金。莫顿就在这时找到了 DEC,提出了我们的方案。当时是 1969 年,我们当时的方案现在通常被称为"战略联盟"(strategic alliance)。结果,DEC 的高管们对莫顿说,他们不可能鼓励这种"变节"行为(defection)。奥尔森祝愿莫顿一切顺利,他还对莫顿说,如果 Meditech 经营得不好,DEC 随时欢迎他回归。根据《终极创业家》(Rifkin and Harrar,1988)一书的说法,奥尔森对莫顿的善意可谓难得,因为他几乎从未对离开 DEC 的别人抛出过这样的橄榄枝。

渡过了这些前期难关之后,转机终于来了。那年夏天,我在讲授一门公开课时遇到了 2 位来自 EG&G 公司的学员。EG&G 公司也是一家 MIT 衍生企业,规模大得多,我们在前文提到过它。这 2 位学员当时正在帮助公司寻找投资机会。令人难以置信的是,只用了不到 10 天的时间,EG&G 公司的董事长肯尼斯·杰姆斯豪森和总裁伯纳德·奥基夫就决定向 Meditech 投资 50 万美元。作为回报,EG&G 公司将得到 Meditech 公司 30% 的股份。从此以后,两家公司之间,以及公司领导之间就建立了硕果累累的紧密关系,并且一直延续到现在。5 位共同创始人一共投入了 1.4 万美元。1969 年 8 月 4 日,Meditech 公司正式注册成立。简·帕帕拉多(Jane Pappalardo)那天恰好为尼尔生下了第四个孩子。当时尼尔只有 27 岁,我最年长,也只有 33 岁。顺便提一句,截至公司成立的那天,尼尔已经离开 MGH 9 个月了,也就是说,他已经 9 个月没有收入了。

　　Meditech 开始面向医院客户开发和销售应用软件产品,同时帮助它们开发操作系统和程序语言。这些工作一直延续到了现在。尼尔和马布尔立即着手升级 MUMPS,把它重新命名为"Meditech 解译信息系统"(Meditech Interpretive Information System, MIIS),后来再次升级为 MIIS 标准系统(MIIS Standard)和如今的 MAGIC 系统。从实际应用的角度来说,当时大多数医院最主要的数据处理需求集中在财务方面,如薪资管理和结算等。Meditech 把医院的注意力转向了医护服务供应方面,最初专注临床检验模块,在检验室仪器和 Meditech 远程访问的分时计算机之间搭建接口。只要向 Meditech 支付一个月的租金,就可以"先试后买",对中小型医院来说,这样的能力无疑是一种关键的卖点,可以帮助它们用上最先进的技术。这也成了这家蓬勃兴起的新企业最有效的市场营销手段。但是,远程分时操作的通信成本居高不下,Meditech 不得不在全国各地建立区域销售和/或计算机服务中心,包括纽约、华盛顿特区、圣路易斯、凤凰城和旧金山等。后来,由于计算机硬件技术的巨大变革,加上计算机和长途通信成本的急剧下降,公司又把所有分支机构和计算机重新集中在了马萨诸塞州。几乎所有的医院都转向了独立运行的计算机,不再使用分时系统了。

　　1973 年,尼尔接任公司 CEO。当时 Meditech 已经相当成熟稳定,但是规模尚小,利润率也很低。公司的技术方向相对稳定,但是产品和市场路径还需要进一步的调整。尼尔决定大幅削减面向单体医院客户的软件定制服务,转而把应用产品打造得更强大、更标准化。他和公司高管及董事会很快决定开展必要的投资,拓宽产品的应用领域,把医院运营中的财务部分也包括进来,逐步开发出完全集成化(但仍然保持模块化)的现代医院信息系统。这些决定成了 Meditech 过去 15 年里不断发展和盈利的关键,顺利产生了高于 20% 的年复合销售增长率和更高的净收入润增长率。1990 年,Meditech 的销售收入将近 7000 万美元,税后利润达到了 1900 万美元。

　　拉里·波利梅诺(Larry Polimeno)是 Meditech 的 1 号员工。他来自 BBN 公司的计算机分时运营部门。他在那里和 Meditech 几位来自 MGH 的创始人建立了良好的工作关系。刚加入 Meditech 时,拉里担任运营主管,后来成了总经理、执行副总裁和首席运营官。罗兰·德里斯科尔(Roland Driscoll)也是在公司刚刚成立时加入的。他主要负责财务管理工作,后来成了公司分管财务工作的高级副总裁。尼尔在接任公司总裁之后,立即和拉里还有罗兰组成了一支三人领导小组。这个非正式的"总裁班子"(office of the president)配合紧密,负责处理公司所有的重大事宜,同时突出尼尔的核心地位。从很多方面来看,Meditech 的价值观体系从一开始就足以与 DEC 媲美,甚至有过之而无不及。在与客户打交道方面,公司明确提出了完全诚信(total integrity)的原则。"不轻诺、诺必果"(deliver what you promise)几乎成了 Meditech 的执念。这家公司甚至为此几年不推出新产品，直到它们完全成熟稳定，在一两家试点单位取得令人满意的运行效果为止。

我把 Meditech 的用人原则称为"社团式管理"（mafioso management），当然，这一说法显然需要更加仔细的说明。尼尔的解释很好地印证了这一点："我们把公司看作一个大家庭。无论是软件岗位还是销售岗位，我们只招聘初级员工。所有的管理人员都是在内部选拔的，从来不会从外部直接招聘。我们喜欢招聘年轻人，并用我们的文化培训他们。他们一开始不必有太多的工作经验，但必须是可造之才，还要善于快速学习。"

尼尔继续说："Meditech 的组织本质在于，我们关心自己人、照顾自己人。我们培训员工，坚定不移地支持他们，想方设法地帮助他们成长。有的时候，我们的支持也许有些过度，但是从长远来看，这项政策的效果非常好。我们奖励员工的方式是让公司持续不断地发展壮大，为他们支付高人一等的报酬，帮助他们积累财富。反过来，我们希望员工能对公司回报以坚定的忠诚、对企业价值的尊重和良好的工作业绩。现在看来，员工对公司的回报已经超过了我们的预期。我们不能说，来到这里的每一位员工都会爱上自己的工作。但是，无论是谁，只要在这里工作满 3 年，就再也不想去其他地方工作了。"在人才流动性极强的软件行业里，Meditech 是员工流转率最低的企业之一。它每年的离职率只有 12% 左右。

由于三人领导小组的个人风格偏于稳健，所以 Meditech 的财务管理非常保守。只有在签署了合同，并且收到 10% 的定金之后，公司才会接受新的订单。公司最早的几座办公室大楼是用现金购买的。近期的房产是通过 5 年期商业贷款购买的，而不是传统的 30 年按揭抵押贷款。而且这些贷款都是通过 Meditech 投资组合中的优先股全额抵押的。财务杠杆被视为不合时宜的事物。公司希望现有股东完全承担公司的运营成本，而不是积累债务包袱，再由未来的股东来清偿。上市或者出售公司是根本不可能的，对尼尔来说尤其如此，因为这两种做法势必会破坏 Meditech 大家庭式的公司文化。

但是，如果说到技术，Meditech 毫无保守可言。这家公司总是争当技术最前沿的领跑者。这一切几乎完全出自尼尔一人的手笔。早在大型机批处理（batch processing）主导医院信息系统（hospital information system, HIS）行业的时候，Meditech 已经开始在小型机上推出交互式分时系统了；早在大多数人还在使用旧标准（如 Fortran 和 Cobol）之下的编译代码（compiled code）时，Meditech 的软件已经在使用水平很高的解释语言了。尼尔亲自推动操作系统的改版、直接管理系统软件团队，所以 Meditech 公司不断地推出更新软件，不断地淘汰自家的软件。为了提供最好的服务，这家公司不断地承担着重写所有应用程序的高昂费用。它的接口广泛兼容最多类型的客户硬件，包括计算机系统、各种实验室设备和各种医院数据生成设备。Meditech 提供真正的联网能力,开发和引入了全色系的专用终端设备。无论是在医院信息系统供应商范围,还是在新型精简指令集计算机(reduced instruction set computer,RISC)架构刚刚推出的几个月之内,Meditech 都展现出了良好的兼容能力。幸运的是,对 Meditech 来说,这些变革都不是"我拿青春赌明天"(bet your company)式的投资。反而,假如没有作出这些变革,也许才是真正地"赌上了"公司的未来。谈到未来,尼尔表示:"把现在的各项工作做得更好一些,这就够了。"一语道出了"术业有专攻"(stick to your knitting)的真谛(Peters and Waterman,1982)。

1.2　本书内容预览

这是一本什么样的书?

以上 4 组创始人和他们企业的例子告诉我们,一系列深入的历史洞察本身无法成为归纳和概括高新技术创业者及其企业缘起与形成的有效基础。更重要的是,几组例证也许能够描绘出这些企业成功或者失败的原因,但是它们本身无法决定这些原因。想要达到归纳和阐释的目的,一定离不开数据——来自大量技术型企业的数据。这些数据必须包括对这些企业及其创始人关键方面的描述和衡量。这些衡量方法又必须经过严格的分析。要检验可能存在的各种关系,才能阐明技术型创业者的来源和他们的成功。

有些读者可能对背景历史、总体路径和研究内容很感兴趣。我强烈建议这部分读者,在开始第二章之前先读读本书的附录。它是本书的实证基础,我的这个研究项目开始于 1964 年,一直到本书写成时,未曾间断。在研究生科研助理和硕士生、博士生的帮助下,我目前一共开展过 40 多个研究项目,涉及技术创业的多个方面。我把它们罗列在本书的附录中,一共分为 5 个"研究方向",或者叫"研究轨道"。对这些数据的汇总分析涉及几百家高新技术企业的形成、转变、发展、成功和失败。在这些企业中,很多是直接从 MIT 各个院系或者实验室走出来的,它们最早几乎都是在大波士顿地区成立的。表1-2 的研究大纲列出了 5 个研究方向的主题和结果数据分析。

表 1-2　研 究 大 纲

研 究 方 向	研 究 重 点	数 据 分 析
1	综合研究:MIT 教职员工创办的衍生企业(创始人来自 MIT 四大实验室和五大工程院系)	156 家公司

续表

研究方向	研究重点	数据分析
2	综合研究：来自四种非 MIT"源组织"的衍生企业。具体包括：MITRE 公司、空军剑桥研究实验室（Air Force Cambridge Research Lab）和另两家重点工业企业	82 家公司
3	聚焦 11 个独立样本新企业的研究。它们来自不同的高新技术领域；加上 1 个低技术含量的样本，它是一家面向消费者的生产型企业	196 家公司
4	6 项重点研究：研究技术型创业者的个人特征和发展前景；对 2 家 MIT 重点实验室的工程师和科学工作者开展对照研究；还包括 2 项针对 MIT 技术教师的研究	129 名创业者 299 名工程师和科学家 73 名教师
5	15 项重点研究，覆盖高新技术创业融资的多个方面，包括商业计划调查、资本筹措、上市流程、风险投资人的投资决策、银行贷款决策、承销决策、机构投资者的态度和风险投资基金业绩等	99 家公司 106 家金融机构

　　我的研究发现贯穿本书，它们的重点在于创业公司和创始人的来源，以及影响这些企业成败的主要决定因素。部分结论如下。

- 如果父亲是个体经营者，孩子很有可能走上创业之路。不过，在这些孩子中，长子成为高新技术创业者的概率不如其同胞高。
- 同样是佼佼者，开发人员远比研究人员更多地成为技术型创业者。
- 创业者并非千人一面。他们的个性、动机和创办企业的目的往往各不相同。
- 用来创办新公司的关键技术通常来自创业者在前一家雇主单位负责的开发项目。
- 初始资本通常较少，多来自创业者的个人积蓄。拥有多位共同创业者的初创企业通常拥有较多的初始资本。
- 具体的方案和最早的产品有助于企业筹集到更多的初始资金。
- 商业计划和团队构成的诸多缺陷会损害新企业筹措"外部"资本的能力。
- 较晚上市的企业，融资相对容易得多，融资成本也低得多。
- 家庭背景对创业成功没有影响。因为成功的创业者不是先天生就的，而是后天造就的！
- 先前担任主管或经理的管理经验，尤其是与市场和销售有关的经验，对创业者的成功大有裨益。

- 成就需求强烈的创业者更容易成功。
- 通常而言,合作创业的业绩要远远好于单人创业。一般来说,合作创始人越多,成功的可能性就越大。
- 拥有产品的初创企业,其绩效远远好于那些从事咨询或者合约研发的企业。
- 一开始取自"源组织"(source organization)的技术转让越多,最终成功的机会就越大。
- 一开始就具备市场导向,或者刚起步就培养起市场导向的初创企业更有可能成功。
- 聚焦于核心技术与市场的企业业绩往往比兼顾多项技术和多个市场的企业业绩好很多。
- "创始人痼疾"(founder's disease)比较常见,但它算不上普遍问题。在技术型企业中,有 2/3 的创始人早在企业获得"超级成功"(super-success)之前就已经遭到废黜了。
- 高新技术创业的未来一片光明。这一前景不仅体现在美国,还越来越多地体现在全球范围。

1.3   各章节的内容安排

本书的章节分为紧密相连的 3 个部分——企业的诞生,转型与发展,成功或失败。所有章节全部源于我对自身研究所得广泛数据的深入分析,来自我本人 25 年以来作为多家企业创始人、董事会成员和风险投资人的多重视角。其中,研究数据是各章信息的立足之本,而我的个人经验常常会影响我对这些信息的理解和解释。

第二章到第五章主要论述高新技术企业的创建问题。它们依次阐述了创始人、技术基础、初始资本等多个方面。第二章从大波士顿地区的环境,尤其是 MIT,对创办新企业的影响谈起,讨论的范围比较宽泛。第三章是细致深入的对比:一边的样本是大量走出实验室的高新技术企业创办者,另一边的样本是留在实验室里作员工的工程师和科学家们。谈到技术型创业者的独特"造就"(making),这种比对研究可以为我们带来可靠性更强的结论基础。第四章主要探讨创业者从先前重要雇主单位取得技术、用来创办新企业的程度,并评估它为转让者带来的影响。第五章主要讨论高新技术企业在整个生命周期的典型财务需求;检视各种类型投资人和金融机构的总体偏好;呈现了几百家技术型企业初始融资经验,并且分析了这些初始融资的根本原因。

第六章到第八章研究了技术型企业的早期过渡与发展。其中,第六章记述的是创始人及其企业的原始市场、产品方向,以及它们在业务目标、管理实践分配及运营等方面的早期演变。第七章探究了高新技术企业的额外融资需求,以及创始人为筹措资金而完成的、费时费力的诸多工作。第八章评价了部分技术型企业的上市决策和它们寻找承销商的努力。这一章还包括对承销商决策形成的分析,以及上市过程及上市本身对创始人及企业的影响等方面的数据。

第九到第十一章从 3 个不同的视角深入评价了高新技术企业成功与失败的关键因素。其中,第九章是对广泛数据基础的全面统计分析。这些数据的焦点是企业与创业成功之间的重要联系。这一章包括多个小节,分别研究各种潜在的联系,如创业者本人的背景和性格特征、初创企业的技术基础、融资和一般管理方式等。这一章将会揭示很多创业成功或失败的关键联系。第十章审视了高新技术企业的产品策略及其与创业成功之间的联系。这一章通过一组独立的研究追溯了几家计算机企业制定并推行的完全多产品策略带来的影响。我在第十一章里尝试着总结了企业成功的决定因素,检视了一组特别的企业集群。它们都是来自马萨诸塞州的成功的高新技术企业。我们会在这个精英人群中找出"超级成功"的因素,并突出强调战略管理中的几个维度。

最后一章总结了全书关于高新技术企业诞生、发展与成功的知识和心得。它不仅突出强调了我们所得的知识,而且提出了额外的、可取的发现。我还在这一章结尾处列出了最新趋势的几种例证,以及我对美国和全球技术创业未来的个人看法。可以确信无疑的是,尽管未来始终无法确定,尽管技术型企业的某些领域黑云压城,但是高新技术创业始终是美国的梦想与现实的重要组成部分,它会变得日益重要,而且正在全世界范围扩展。

参 考 文 献

International Science and Technology. "The Business of Science", August 1965, 52-53.

J. W. Forrester. "A New Corporate Design", *Industrial Management Review* (now published as *Sloan Management Review*), Fall 1965.

K. H. Olsen. "The Spirit of Entrepreneurship", Technology Review, August/September 1987, MIT 8-10.

T. J. Peters and R. H. Waterman. *In Search of Excellence* (New York: Harper and Row, 1982).

P. Petre. "America's Most Successful Entrepreneur", *Fortune*, October 27, 1986, 24-32.

G. Rifkin and G. Harrar, *The Ultimate Entrepreneur: The Story of Ken Olsen and Digital Equipment*

Corporation(Chicago：Contemporary Books,1988).

E. H. Schein. *Organizational Culture and Leadership*(San Francisco：Jossey-Bass Publishers,1985).

J. A. Timmons. *New Venture Creation*：*A Guide to Entrepreneurship*,second edition (Homewood,IL：Richard D. Irwin Inc. ,1985).

T. A. Wise. "I. B. M.'s &5,000,000 Gamble",*Fortune*,September 1966.

第二章

创 业 环 境

　　在过去的 10 年间,全球都在追逐以技术为基础的产业大发展。大波士顿地区的 128 号公路和加利福尼亚州的硅谷成了其他国和地区梦想未来的标杆。关于"科技城"(Technopolis) 的研究和著作(Dorfman,1983；Miller,1985；Rogers and Larsen,1984；Segal Quince Wickstead,1985；Smilor,et al.,1989；Tatsuno,1986)纷纷发表,伴随而来的是美国与欧洲各个国家州和城市开展的各种行动。这些行动往往以新建的大学孵化器和新成立的风险投资企业为立足点。在亚洲,日本政府投入了大量资金,戮力打造"科学城市"网络(超出了"筑波研究学园都市"的范围)；中国台湾地区也推出了各种补贴和税收激励措施,助力科技园区的建设；新加坡则把精心设计的本地产业发展规划同政府资助的、对海外初创企业的风险投资结合起来,吸引和创造更多的高新技术机会。即使是苏联,也与美国和日本公司建立了一家合资企业,推动建立一个全新的、基于高新科技的工业中心。

　　而大波士顿地区高新技术产业的发展并非得益于上述种种政府项目。那么,究竟是什么引发了美国式"技术社会"的最早发展？是什么力量持续不断地鼓励本地年轻的科学工作者和工程师们走上创业道路,并且一直持续至今？库珀(Cooper,1986)在他对创业决策的研究中总结出了 6 种不同的潜在环境影响因素：经济条件、风险资本的获取、创业行为的先例示范、临时咨询的机会、支持人员及服务的可用性、客户的获取。本章将循着大波士顿地区高新技术社群的演进历程,逐一为库珀提出的每个变量提出支持性论据。同时,我还会提出更多的方面,包括文化和观念等方面的因素——它们共同打造了一种本地环境,孕育了创业精神。

2.1   早期影响:"二战"的科学技术遗产

原子弹、惯性制导导弹、潜艇、以计算机为基础的北美防御系统、登月竞赛,以及波士顿 128 号公路旁星罗棋布的高新技术企业,这些都是"二战"之后日益显著的独特现象。那是一个以科学技术的盛大进步为标志的时代。第二次世界大战让人们意识到,技术是国家兴衰存亡的关键因素。这场战争让深居简出的科学家们走出了实验室,获得了政府最高层领导者们的器重。战后至今,科学工作者们的力量,以及他们制造的产品和副产品开始塑造我们的社会、经济和产业格局。

那么,这一切是怎样开始的? 20 世纪 40 年代初,战时科研的紧急需求把很多类似MIT 的大学转变成了高级研究和开发中心。它们动员了全国最顶尖的科学和技术精英人才,开发各种实用设备,目的只有一个:打赢这场战争。各所大学完全实现了工作转向,从纯粹的科学探究转向了关键问题的攻关工作。虽然很多科学工作者不得不为了与战争相关的创新暂时搁置先前的研究工作,但是科学工作者群体并没有遭到忽视。科学和科学衍生出的技术成了整个国家的财富,突然变得与每个人的生活息息相关。除了高校科研的紧急扩充和重新定位,战争还让研究机构的重组和新合作关系的建立变得势在必行,包括科学家与工程师的联合、技术工作者与政府工作人员的合作、高校与产业界的协同合作等。这些变化在 MIT 体现得尤为明显。战争期间,MIT 成了(美国)开展重大技术项目的大本营。"MIT 辐射实验室"就是个很好的例子。它完成了很多军用雷达技术的重大开发工作。战争结束之后,这座实验室逐渐演变成了 MIT "电子研究实验室"(Research Laboratory of Electronics,RLE)。又如,MIT 的"伺服系统实验室"(The Servomechanisms Laboratory),它为自动控制系统带来了很多进步。在"二战"临近尾声时,这所实验室的研发项目产生了后来的"旋风计算机"(Whirlwind Computer)。1951 年,"伺服系统实验室"还创造了数控铣床,为"MIT 林肯实验室"(MIT Lincoln Laboratory)的建立奠定了知识基础。战争结束后,"伺服系统实验室"率先更名为"电子系统实验室"(Electronic Systems Laboratory,ESL),后来又改名为现在的"信息与决策系统实验室"(Laboratory for Information and Decision Systems)。林肯实验室最初专注于打造一种以计算机为基础的防空系统,该系统名为 SAGE,用来对付苏联咄咄逼人的威胁。在 SAGE 系统即将投入使用之际,为了避免对生产和运行过程持续不断的介入,MIT 专门从林肯实验室抽调了一支团队,成立了非营利企业 MITRE。这家专门机构主要负责协助 SAGE 系统的后期工作,帮助政府完成系统分析工作。林肯实验室后来重新确定了自己的研发重点：计算机、通信、雷达和相关技术，主要服务于美国国防部（United States Department of Defense, DoD）。由查尔斯·斯塔克·德雷帕（Charles Stark Draper）博士创办和领导的仪器实验室在战争期间主要研究射击瞄准具。这家实验室在战后继续研发工作，主要为飞机、潜艇和导弹研究和开发惯性制导系统。再后来，仪器实验室为"阿波罗 11 号"开发了制导系统和星光导航系统，为美国赢得登月竞赛立下了汗马功劳。如今，仪器实验室冠以"德雷帕"的名字，从MIT 分离出来，成了一家非盈利机构。德雷帕本人证明了这些项目的范畴："我们的项目涵盖了所有的关键阶段，从想象构思到理论分析，从工程到生产记录，从小批量生产的监督到最后的应用和运行状况的监测……这为我带来了最大程度的个人成就感。"（Draper, 1970, p.9）在我的创业研究（研究项目列表可参考本书附录）中，所有这些 MIT 实验室都被归入重要潜在"源组织"的范畴。它们都诞生在一个特殊的历史时期，当时，面对国家的安危，大家都明白一所大学应尽的职责是什么。它们不仅成功地完成了自己的使命，而且为先进技术项目和人才打下了底子。这些项目和人才还会在其他方面为社会作出贡献。

2.2　在光荣的传统之上崛起

MIT 在"二战"期间的贡献，以及战后立即投身重大国家安全问题的努力都是建立在年代久远的学校传统之上的。1861 年，威廉·巴顿·罗杰斯（William Barton Rogers）着手创办一所"崇尚有益工作之尊严"（respect the dignity of useful work）的学校，并明确提出了该校的校训"Menset Manus"，也就是拉丁文的"心与手"（译者注：含义切近"知行合一"）。这一校训表明，这所学校把理论学术和实用技能放在了同等重要的位置上。"实际上，在相当长一段时间里……MIT 是唯一一所崇尚密切联系产业界的大学，而不是刻意回避它。"（The Economist, 1987, p.7）。从创立之日起，MIT 就与技术型实业家群体建立起了密切的联系，如托马斯·爱迪生（Thomas Edison）和亚历山大·贝尔（Alexander Graham Bell）等，后来又与杰出的校友阿尔弗雷德·斯隆（Alfred P. Sloan）建立了紧密联系。斯隆当时正在执掌通用汽车公司，开辟一条先驱之路。另外，学校还与当时蓬勃发展的石油产业建立了紧密的联系。20 世纪 30 年代，MIT 推出了"技术计划"（The Technology Plan），推动学校与产业界之间的联系，这个计划产生了史上第一个，也是迄今规模最大的产学研合作项目："MIT 产业联盟"（MIT Industrial Liaison Program）。

在"二战"期间，领导 MIT 的是杰出的校长卡尔·泰勒·康普顿（Karl Taylor

Compton)。他加速推进了上述各项工作,让整个学校紧密参与各项战争项目之中。与此同时,他本人也亲赴华盛顿特区,在那里领导和协调全美国的战时研发工作。战争刚一结束,康普顿立即开创了军用开发转向商用的新路。他为此做了很多工作,其中一项就是协助创办了史上第一家机构风险投资基金:"ARD 公司"。"从某种意义上来说,ARD 是时任 MIT 校长康普顿的智慧结晶。在和梅里尔·格里斯沃尔德(Merrill Griswold)——时任马萨诸塞州投资信托基金董事长和拉尔夫·弗兰德斯(Ralph Flanders)——现任佛蒙特州参议员、时任波士顿联邦储备银行行长的讨论中,康普顿指出,原子弹的某些技术拥有重要的行业应用价值,可它们已经被封存 4 年之久。同时,格里斯沃尔德和弗兰德斯清楚地看到,整个新英格兰地区的大部分财富集中在保险公司和信托企业手中。它们苦于找不到投资出口,是因为市面上缺少充满创造力的企业。1946 年 6 月,格里斯沃尔德和弗兰德斯组建了 ARD 公司,为新英格兰地区的创业者提供新型创业资金。康普顿加入了 ARD 董事会,MIT 成了初始投资人之一。公司还成立了科学顾问委员会。这个委员会包括 3 位 MIT 的院系主任在内。乔治斯·多里奥特(Georges Donot)当时在哈佛大学担任工业管理教授。他后来接受邀请,成了 ARD 公司的总裁。"(Ziegler,1982,p. 152)ARD 公司的前几笔投资都投向了 MIT 开发的技术,它投资的一些新兴企业最早都是在 MIT 诞生和成长的。即使在今天,对绝大多数大学来说,这样的做法也势必会招致争议,甚至可能造成利益冲突。接替康普顿担任 MIT 校长的詹姆斯·基里安(James R. Killian)进一步鼓励 MIT 教师职员的创业努力,同时与产业界和政府建立了紧密的联系。基里安多次加入通用汽车公司和 IBM 公司的董事会,还担任过艾森豪威尔(Dwight David Eisenhower)总统的科学顾问。

　　MIT 密切联系产业界的传统由来已久,这所学校从很早以前就明文准许教师每个星期拿出 1 天左右的时间,积极从事产业咨询活动,更令人印象深刻的是,学校还准许教师利用业余时间创办自己的企业。即使放在现在,这样的做法仍会在很多大学遭受质疑。多年以来,尽管教师创业的开展不断伴随着一些人关于利益冲突的保留意见,甚至偶尔引发关注,但是它仍然广泛地扩展到了研究人员群体中。他们得以一边在 MIT 各个实验室和院系里"全职"工作,一边利用晚上的时间"光天化月"(moonlight)地从事创业活动。结果是,大约一半的 MIT 衍生企业,其中包括所有教师创办的企业和很多职员创办的企业,是通过兼职形式成立的。这也让许许多多的创业者在全身心走上高新技术创业道路之前有机会"一试深浅"(test the waters)。这些公司是大多数实验室技术直接走向更广阔市场的显然选择,假如 MIT 没有这样做的话。值得一提的是,几乎没有教师创始人为了创业而辞职,他们会选择保留教职,如博士公司(Bose Corporation)的创始人阿玛尔·博士(Amar Bose)和 EG&G 公司的共同创始人哈罗德·埃杰顿(Harold Edgerton)等人。他们都把公司的全职管理工作交给了自己带过的研究生或者实验室同事。当然也有极少数的教师选择离开 MIT,全身心地追求创业梦想。例如热力电子公司的创始人乔治·哈索普洛斯(George Hatsopoulos);杰伊·巴里耶(Jay Barger),他和另一位教师同事共同创办了 Dynatech 公司;还有 Amicon 公司的共同创始人阿兰·迈克尔斯(Alan Michaels)。这 3 位创始人都取得了巨大的成功。

尽管现在全世界有很多国家和地区政府都在模仿大波士顿地区的技术创业模式,但是在早年间,MIT 各项传统向其他组织的传播还是非常缓慢的。弗雷德里克·特曼(Frederick Terman)是早期传播者中的代表人物。在获得 MIT 的博士学位之后,特曼拒绝了留校任教的邀请,把自己在剑桥小城取得的经验带到了斯坦福大学。在他的带领下,斯坦福大学终于成了技术领域里的佼佼者。特曼亲眼见证了MIT 和产业界之间的紧密联系,使这一切变得更重要的是,他在 MIT 的导师是万尼瓦尔·布什(Vannevar Bush)教授。布什教授后来成为 MIT 工程学院院长,再后来升任 MIT 副校长,并参与创办了雷神公司。特曼用他在 MIT 培养形成的观念鼓励和指导自己的学生创办高新技术企业,如威廉·休利特(William Hewlett)和戴维·帕卡德(David Packard),还有瓦里安兄弟(Varian Brothers)等。这些企业最终都落户在斯坦福研究园区(Stanford Research Park),紧邻斯坦福大学而居(Rogers and Larsen,1984,p.31)。尽管这些工作显然造就了后来举世闻名的"硅谷"(Silicon Valley),但是硅谷地区随之而来的繁荣其实来自众多其他企业的派生;硅谷并没有复制大波士顿地区的主导模式,即 MIT 各个院系和实验室直接培育新公司的模式。也许部分出自斯坦福大学缺少重大政府资助实验室的原因,在我们调查所及的 243 家帕洛阿尔托地区高新技术新企业中,只有 8 家来自这所大学(Cooper,1971)。令人称奇的是,尽管加利福尼亚北部远离母校,反倒是 MIT 校友在那里创办了超过 175 家新企业,为硅谷的制造行业创造了 21% 的就业机会(Chase Manhattan Corporation,1990)。非常相似的是,MIT 对北美和欧洲地区重点技术区域的研究(Sirbu et al.,1976)确信,没有证据可以证明北卡罗来纳州的"三角研究园"(Research Triangle Park)与本地的创业活动之间存在联系,该地区的 3 所重点大学同样与本地创业没有联系。1989 年,记录在案的德州大学奥斯汀分校(UT-Austin)"衍生企业"只有区区 23 家,这个数字既包括教师、员工、学生创办的企业,也包括其他创业者通过转让学校技术成立的企业在内(Smilor et al.,1989)。在费泽和威拉德(Feeser and Willard,1989)的 108 个计算机相关创始人的全国样本中,大学衍生企业的数量更少,只有 1 家。人们广泛认为,英国的剑桥大学对所在地区几百家高新技术企业的发展意义重大,但是,"只有 17%"新企业的创始人直接来自这所大学(或者在大学期间创办)(Wickstead,1985,p.32)。因此,从区域创业对一所重点学术机构的依赖程度来说,"MIT-128 号公路模式"直到今天仍是不同寻常的。其他地区想要实现技术行业的发展,或许需要摸索其他模式(Cooper,1985)。

2.3　周边基础设施

在过去的数十年间,波士顿的高新技术社区获得了长足的发展。它从 128 号公路向外延展,覆盖了更新的 495 号公路。这一切当然不是 MIT 一家的功劳。东北大学(Northeastern University)是一所大型市立大学,工程学科的录取比例很高,并且建有非常活跃的合作办学项目。它培养了很多充满抱负的工程师。他们在这片日益扩大的创业热土上创办企业,或者加入初创企业,成为重要的人才。温特沃斯理工学院(Wentworth Institute)培养了很多技术型人才,为大学实验室和衍生企业的开发工作提供了急需的技术支持人员。波士顿大学(Boston University)和塔夫茨大学(Tufts University)都拥有非常强大的科学与工程师资力量,同样发挥了极为重要的作用。即使是规模较小的文科院校,如布兰戴斯大学(Brandeis University),也不甘落后。1961年,该校的奥利·弗里德曼(Orrie Friedman)教授首开风气之先,创办了先驱企业Collaborative Research 公司。直到多年以后,大波士顿地区轰轰烈烈的生物科技浪潮才随之而来。

哈佛大学反而没有在创业浪潮中发挥重要作用,这种情况直到近年生物科技革命兴起之后才有所改观。这可能会让大波士顿地区以外的大学大惑不解。多年以来,哈佛大学一直对查尔斯河下游几英里外的邻居 MIT 嗤之以鼻。哈佛大学始终以“经典名校”(classics)自居,看不起以技术见长的 MIT,对后者“粗鄙的商业主义”(crass commercialism)抱着鄙夷不屑的态度。曾在哈佛大学计算实验室(Harvard Computation Laboratory)工作过的王安是哈佛大学这一传统最突出的例外。但是,无论如何,鼓励创业的变革是大势所趋,哈佛大学做不到置身事外。哈佛大学化学系和生物系不断涌现杰出的研究成果和发现,与化学系和生物系隔着一条查尔斯河的哈佛大学医学院同样如此,这让哈佛大学的教职员工在近年来的创业活动中变得越来越积极,成功创办了不少新企业——尽管这一切伴随着明显的勉强,并在哈佛大学校园里引发了公开的争议。实际上,哈佛大学在政策上作出了剧烈的革新。1979 年,哈佛大学委派生物化学教授马克·普塔什尼(Mark Ptashne)创办了“遗传学研究所”(Genetics Institute)。校方原计划持有这家公司 15% ~ 20% 的股份,然而,批评人士担心这些所有权可能造成不利的影响,他们的抗议最终让哈佛大学放弃了原来的计划。普塔什尼教授一边推进并成立了这家公司,一边继续留在哈佛大学任教(*Boston Business Journal*,1987)。1989 年,哈佛大学医学院迈出了影响深远的一步,成立了一家风险投资基金,主要投资与哈佛医学院有关的初创企业。这在某些方面很像是模仿 MIT 很早以前在 ARD 公司开展的举措。尽管如此,这仍是学术机构中深具先驱意义的一步。实际上,一项关于生物科学教师的最新研究(Louis et al.,1989)揭示了"在销售基于自身研究的产品或服务的企业中,教师所持股份的情况"。在这项研究中,哈佛大学以 26% 的比例排在全美第 10 名。在同一项调查中,MIT 的生命科学教师以 44% 的比例雄踞榜首,包括联合创办 Repligen Corporation 的亚力克斯·里奇(Alex Rich)教授和保罗·舒密尔(Paul Schimmel)教授等。有些生物技术公司同时拥有 MIT 和哈佛大学教师的参与,如渤健公司(Biogen)。这家公司是由哈佛大学的沃尔特·吉尔伯特(Walter Gilbert)和 MIT 的菲利普·夏普(Phillip Sharp)共同创办的。

哈佛商学院成立于 1951 年。它与主校区隔查尔斯河相望,受哈佛大学的风气影响相对较小。毫无疑问,在多里奥特教授这位模范风险投资人榜样的感召下,哈佛商学院的毕业生很早就加入了 MIT 斯隆管理学院校友的队伍,在创业浪潮的早期发展中找到了自己的用武之地。一开始,这些商学院毕业生主要在初创企业里担任行政管理人员和销售人员。近年来,他们越来越多地成了企业主要创始人。比如,亚伦·克莱纳(Aaron Kleiner),他和自己的室友、MIT 计算机科学专业本科生雷蒙德·库兹韦尔(Raymond Kurzweil)一同创办了 3 家高新技术企业。又如,罗伯特·梅特卡夫(Robert Metcalfe),在正式创办 3Com 公司之前,他同时完成了 MIT 工程专业和管理专业的教育。大波士顿地区完全成了创业者的温床,即使是每一家本地管理学院都有的常规课堂作业——与本地企业打交道的学生项目——都产生了数量众多的新企业。多里奥特教授在哈佛商学院讲过一门著名的课程《制造》(*Manufacturing*)。据传说,这个课堂的可行性研究还产生过好几家新企业。《公司》杂志(*INC.*)的创始人伯纳德·哥德赫许(Bernard Goldhirsch)极力赞许 MIT 斯隆管理学院的一门市场营销课程。哥德赫许称,正是这门课程让他确信,一本面向创业者和小企业管理者的杂志一定拥有巨大的市场潜力(*INC.*,1990,pp. 39-40)。

波士顿的创业者们还受益于懂行的银行家和个人投资者。这两个群体后来都成了全美其他地区人们争先效仿的典范。早在 20 世纪 50 年代,波士顿第一国民银行(The First National Bank of Boston,现为波士顿银行,即 Bank of Boston)就已经开始为早期阶段的初创企业提供贷款。仅凭与政府签订的研发合同和应收账款,这些公司就可以取得贷款。这在当时被视为极具风险的做法。新英格兰商业银行(New England Merchants Bank,现为新英格兰银行,即 Bank of New England)商业贷款部主任阿瑟·斯奈德(Arthur Snyder)会定期在《波士顿环球报》(*The Boston Globe*)刊登整版广告。斯奈德会出现在这些广告里,他手里拿着飞机模型或者导弹模型,号召高新技术企业与他见面,谈谈它们的资金需求。斯奈德甚至在这家银行里成立了一个风险投资部门,专门对他已经放出贷款的高新技术企业作出小规模股权投资。从最早阶段开始,波士顿地区几大传统望族的子弟就亲身投入风险投资领域了。例如,1946 年,威廉·柯立芝(William Coolidge)曾经帮助 Tracerlab——MIT 第一家面向核领域的衍生企业完成了融资工作,并把 Tracerlab 的威廉·巴伯(William Barbour)推荐给了 ARD 公司。ARD 公司最终为 Tracerlab 提供了急需的资金(Ziegler,1982,p. 151)。柯立芝还投资了 NRC。它是 MIT 校友理查德·莫尔斯创办的一家企业,主要致力于探索低温物理领域的发展。NRC 的实验室后来派生出多家公司。NRC 持有着这些公司的部分股份,其中最广为人知的一家是美汁源公司(Minute Maid)。NRC 之前的总部大楼就坐落在剑桥市的纪念大道上,与 MIT 比肩而立,如今是 MIT 斯隆管理学院的教学楼。顺便提一句,早在 128 号公路建成之前很久,多家早期高新技术企业都集中在 MIT 隔壁的这块宝地,包括 NRC、理特咨询公司(Arthur D. Little Inc.)和美国电子公司等,纪念大道因此一度被称为“百万美元研究大道”(Multi-Million Dollar Research Row)。波士顿学术界与金融界之间的联系日益紧密、融洽,这为美国东部豪富家族对波士顿地区的投资搭建了桥梁。洛克菲勒家族(the Rockefellers)、惠特尼家族(the Whitneys)和梅隆家族(the Mellons)等都投资过波士顿地区的初创企业。

20 世纪 40 年代末,波士顿和剑桥内城有限的空间开始限制新兴高新技术产业基地的不断发展。马萨诸塞州高速公路部门开始动工修建 128 号公路。这是一条环绕波士顿城的环形高速公路(欧洲人可能会叫它“环路”,即 Ring Road)。这条公路当时穿过的都是养猪场和小村庄,它让郊野生活变得更加触手可及,也为人们带来了价格低廉的大片可用土地。1951 年,MIT 在小镇康科德(Concord)建成了林肯实验室。这里是 1776 年莱克星顿-康科德战争(Lexington-Concord Revolutionary War)的抗英遗址,著名的“莱克星顿的枪声”在这里响彻整个世界(the shot heard round the world)。它还是梭罗(Thoreau)笔下瓦尔登湖(Walden Pond)的所在地。林肯实验室把最先进的技术带到了波士顿郊区。128 号公路先是被马萨诸塞州人民自豪地称为“美国的高新技术公路”(America's Technology Highway),后被称为“美国的高新技术区域”(America's Technology Region)。它像一位沉默不语的见证人,折射出了电子产业和计算机产业 40 余年以来日积月累的发展进步。来自其他国家的发展规划官员往往大惑不解,他们简直不敢相信咨询顾问和/或州政府官员告诉他们的话,不敢相信这条曾经无比便捷、如今拥挤不堪的 128 号公路事实上引发了大波士顿地区的高新技术大发展。其实,128 号公路本身充其量只能算是这个高新技术区域发展的一个中等促进因素而已。人们津津乐道的“128 号公路现象”实际上更有可能受益于上文论述过的几种因素,是它们发展和影响的结果。

2.4 加速向上：正向反馈

影响大波士顿地区创业的一大关键因素是早期创业楷模及其成功带来的"正反馈"(positive feedback)效应。已有的创业，尤其是成功的创业，一定会带来更多的创业。熊彼特(Jose Schumpeter)曾经得出过这样的观察结论："成功创办新企业的人越多，创业难度就会变得越低。和所有其他领域一样，这个领域里的成功同样取决于经验。前人留下的成功经验越多，后人就会越受益。"(1936, p. 198)这一点当然也适用于MIT。这里最早的教师创始人是MIT声学实验室的埃杰顿和他的同事博尔德、贝拉尼克和纽曼，他们创办了用自己名字命名的公司(即BBN公司)。还有约翰·特朗普和他的高压工程公司。在创业时，他们都是在各自领域拥有极高学术声誉的资深教师。他们在创业领域开天辟地的作为向MIT其他教师和周围的人们证明了，技术创业是人间正道，是康庄大道，是优秀的技术专家和领导者的用武之地。卡尔·康普顿在ARD公司创办过程中的独特作用进一步加强了这一形象，尤其是在MIT教师努力把各种早期开发项目推向ARD、引起其注意的过程当中。很显然，"如果他们能做到，那么我也能做到"，这也许成了当时很多初级教师、职员和本地大型企业工程师们的战斗口号。我们曾做过瑞典和马萨诸塞州技术创业者的对比研究。这项研究发现，美国的创业者平均可以说出大约10家其他新企业的名字，其中3~4家来自大致相同的高新技术业务领域。反观瑞典的创业者，他们能说出一两家相近企业的人都很少(Utterback et al.,1988)。如果能看到很多与自己类似的人，未来的创业者会觉得更加心安理得。如果本地的创业者达到了临界数量，这种效果会体现得更加明显。它会让那些脱离传统就业轨道的人们不再感觉危机重重。

蓬勃向上的早期发展也激励了大胆的投资者们，还让更多资金雄厚的个人也加入进来。即使是在早期阶段，同样不乏新企业盘旋发展的好例子。Ziegler(1982)研究发现了13家核领域相关企业的蓬勃发展。从1946年Tracerlab成立算起，15年之内，这些企业通过不断的"裂变"而产生，包括Industrial Nucleonics(如今的安科锐公司，即Accuray)、TechOps和新英格兰核能(New England Nuclear，现在是杜邦公司的一个部门)。40余年的努力形成了一个关于新公司成立的正反馈环路。尽管一开始的增长率并不算高，但它足以产生重要的成果。20世纪60年代中期，借助衍生企业的极大发展繁荣，飞兆半导体公司(Fairchild Semiconductor，它的创始人是MIT校友罗伯特·诺伊斯，即Robert Noyce)为硅谷的半导体产业带来了类似的、快速发展的正反馈(Rogers and Larsen,1984)。在得克萨斯州的奥斯汀市，特拉科公司(Tracor)似乎也在为新公司的创办带来类似的促进作用,目前已经形成了 16 家新企业(Smilor et al. ,1989)。从 20 世纪 70 年代早期和中期开始的指数型增长已为英国剑桥地区的高新技术社群增加了几百家新企业(Wickstead,1985,p. 24)。

这一发展还带来了附带的好处,而且这种好处又反过来促进着发展。它就是支持性基础设施的发展,包括技术、法律、会计、银行和房地产在内的很多方面,它们都更好地理解了如何满足年轻技术型企业的各项需求。在一项针对波士顿地区发展经济影响的评估中,Nancy Dorfman(1983)观察指出:"有一群经常更换工作内容的人,他们组成的网络专门接单定制电路板、精密机械、金属零件和小组件,还有电子元器件,等等。所有这一切都对开发原型产品的新初创企业,以及为小型市场制造定制设备的厂商至关重要。除此之外,这个地区就算没有几百家,至少也有几十家专门从事硬件和软件咨询的企业,为新老企业服务。"当然,这个庞大的网络本身就是由许许多多的创业企业组成的。我曾对它们做过专门的调查。在波士顿地区的这些基础设施当中,还出现了一些新的"社交"组织,如"MIT 创业论坛"(MIT Enterprise Forum,下文会详细介绍它)和"128 风险投资集团"(128 Venture Group)。它们每个月把创业者、投资人及创业圈子里的其他人士聚集在一起,共同创造更多的正反馈环路增益(Nohria,1990)。

这种正反馈效应当然也发生在整个大波士顿地区,同样,正如 Tracerlab 的例子说明的那样,它还发生在单个组织的层面。当一个个体或者一支团队离开一所实验室或公司,创办新公司时,这种现象很有可能得到广泛的复制,它可能长久地埋藏在那些师法衍生企业、立志离开的人们心里。有的时候,当一组潜在创业者认为,他们比先前的雇主单位更适合某种创业或者技术的开发工作时,可能会引起另一组潜在创业者的迅速跟进。也许正是因为这样的原因,MIT 仪器实验室一共派生出了 4 家生产"焊接模块"(Welded Module)电路的企业。这项技术本来是仪器实验室北极星(Polaris)制导系统的一部分。还记得第一章提到的肯尼斯·奥尔森吗?当人们找到他,商议创办一家公司时,他才第一次回想起自己曾经的创业梦想。如果"外部环境"变得对更多新企业的诞生更加有利,那么它会对这个诞生过程有所帮助。尤其是风险投资人群体,一旦他们从一家源组织的早期衍生企业身上取得了更多认识,很可能会想方设法地鼓励更多的衍生企业从这个组织中走出来。20 世纪 80 年代,MIT 和哈佛大学各个院系涌现出大批生物科技企业,当然离不开风险投资因素的重要作用。

2.5 对潜在创业者的其他拉动作用

谈到大波士顿地区的技术创业,除了普遍的环境激励之外,还有具体的"拉动"在发挥作用。它们作用于一部分人,让创业成为引人入胜的奋斗目标。这种影响可能就存在于某个组织的总体氛围里,对新公司的衍生过程大有助益。最近过世的斯塔克·德雷帕就是个很好的例子。他是 MIT 仪器控制实验室(现为"德雷帕实验室",即 Draper Lab)远见卓识的关键领导者,热心地鼓励每一位找他寻求帮助的人。无怪乎(美国)国家工程院(National Engineering Academy)要用他的名字设立"德雷帕奖"(Draper Prize)。这个奖项的地位相当于科学界的诺贝尔奖。多年前的一个晚上,我从洛杉矶乘飞机前往东海岸。就在那次"红眼航班"上,我非常幸运地偶遇了德雷帕,了解他关于年轻技术人才培养的独特观念:"我会尽量委派那些为工作做好了准备,但是有点儿不好意思争取的人做项目经理。这样一来,工作一旦开始,他们就会表现得非常积极活跃,尽管这样的安排通常会让政府里的官员很想掐死我。""有些团队很成功。只要它们获得了应得的荣誉,我就会立刻解散这些团队。这样一来,大家记住的都是它们的成功,而不是后来可能出现的失败。这样也会让实验室里的每个年轻人身边 100 英尺以内都坐着一位曾经和美国总统握过手的同事。""实验室是年轻人学习本领的地方。之后他们可以到别的地方收获成功。""每次发表演讲时,我都会特别提到那些离开实验室的人们——谁当上了教授,谁在产业界成了主管工程的副总裁,谁创办了自己的公司。只有我们这些无处可去的老家伙们才适合一直留在实验室里!"他所在的环境是一个成就卓著的所在,但是,如果在那里工作的时间过长,难免会有负面的激励。工资水平很快就会被拉平,这会迅速地在离开的人和留下的人之间造成越来越大的收入差距——尽管他们作为工程师的经验都在不断地增加。成功完成项目的工程师会出现明显的断点(breakpoint),这是人们从项目成功中汲取信心、创办衍生企业的绝佳时机。回头来看,斯塔克·德雷帕似乎一直都在自己的实验室里有意地鼓励各式各样的衍生创业。在这一点上,他也许达到了一位学术科学家所能达到的最高水平。

他们是在寻求刺激,而不是寻找一种更符合逻辑的方式来编写软件:他们希望成为又一次重大突破的一分子。毕竟,玛格丽特·汉密尔顿才 32 岁就帮助宇航员登上了月球。她说过,"阿波罗计划改变了我的人生。""这对我们产生了极为深远的影响,有些人始终无法释怀。德雷帕实验室因此产生了不少衍生企业。"汉密尔顿本人随后在德雷帕实验室管理着 100 多名软件工程师,她必须为自己找到一件更大的事来做,似乎她最后找到的答案是成立一家自己的企业。对汉密尔顿来说,"一家苗壮成长的高新技术企业就像一项任务。"有了理论在手,汉密尔顿和塞迪恩·塞尔丁(Saydean Seldin)在 1976 年创办了 HOS(Higher Order Software)公司,在我所有的研究样本里,这是唯一一家由两位女性创办的企业(*Boston Business Journal*, 1984, p. 7)。

如果有员工借用仪器实验室的设备,周末在家里搞研究,不会有人问东问西。有了这种不加掩饰的默许,很多人开始"光天化月"地利用业余时间创业。德雷帕希望实验室保持合理的高流动率,他不断地介绍聪明而热情的年轻人加入实验室。在我追踪研究仪器实验室的 15 年里,它的员工平均年龄始终保持在 33 岁左右,上下浮动不超过半岁。这种年轻化的稳定状态保持了实验室的活力,帮助它不断攻克技术难关。我调查研究的其他 MIT 实验室大多不具备这一特点。

很明显,德雷帕的教学活动同样产生了类似的效果。汤姆·格里蒂(Tom Gerrity)是 Index Systems 公司创始人。这家公司后来还派生并支持了 Index Technology 公司和 Applied Expert Systems 公司。格里蒂指出,是德雷帕的本科生选修课让他认识到:要具备把多种不同技能和学科融合在一起、创造成果的能力,这一点非常重要。格里蒂接受了这种系统视角,获得了 3 个 MIT 学位和斯隆管理学院的短期教职。几年之后,他创办了 Index 公司。

MIT 相比于其他实验室可能规模稍小、名气也不大,但是它们的领导者仍然沿用了类似的模式,鼓励和"赞助"创业。比如说,MIT 航空航天系的"气动弹力与结构实验室"(Aeroelasticand Structures Laboratory)领导者认为,实验室的工作更像是一种实习。他们或多或少地希望每一名员工能在工作一段时间之后作出更好的事业选择。其他实验室的环境看上去同样有利于创业。道格拉斯·罗斯(Douglas Ross)曾在 MIT 电子系统实验室工作。他后来和乔治·罗德里格斯(George Rodrigues)离开了那里,共同创办了 SofTech 公司。罗斯指出:"创业文化绝对是 MIT 的核心。128 号公路式的环境有赖于某种兴趣、动力和活动的组合。它们正是 MIT 本身的生命力。而且这是 MIT 独有的。"(Simon,1985,p. 20)罗斯是 MIT 这一"生命力"品质的一个缩影。SofTech 成立时,MIT 对这家零起点的公司做出了直接股权投资。这一步在当时堪称惊世骇俗。那时候,我们很多人都对道格拉斯·罗斯的未来图景充满信心,学校通过实际行动和我们站在了一起。

实际上,在大多数实验室里,当充满挑战的项目终于完成时,大部分参与者会感到一种心理"落差"(let-down)。很多创业者指出,他们对项目工作投入极深,因此,当项目结束时,他们觉得自己的工作也随之告终。有几位创业者证实,随着手头项目接近尾声,他们对所在实验室的身份认同感也在随之消退。正如玛格丽特·汉密尔顿之前指出的,只有在经受创业的种种挑战时,他们才能重新找回那份激动,才会感觉自己正在做着重要的工作。

除了实验室以外,MIT 多年以来的其他活动同样也在鼓励创业。尽管 MIT 校友会(MIT Alumni Association)并不是学校的核心行政管理机构,但它仍然通过特别的努力,在校友成员中鼓励创业。从 20 世纪 60 年代末开始,校友会发起了一系列的"校友创业讲坛"(Alumni Entrepreneurship Seminars)。这个项目本来是为波士顿地区的 40~50 位年轻校友准备的,结果,第一个周末就有 300 多人报名。主办方于是升级扩大了这个项目。在接下来的 2 年多里,校友会推出了一种周末讲座的模式,面向全国的 MIT 校友开放。最早的全国系列讲座吸引了 2000 多位校友。他们呼吁学校举办更多的后续讲座。这让校友会的指导机构变得雄心勃勃,编写了一本关于如何创办新企业的著作。那是 MIT 校友会和 MIT 出版社联合出版的唯一一本著作,它被广泛地分发到每一位感兴趣的校友手里(Putt,1974)。针对有兴趣创业的校友,校友会还收集整理了他们的通信录,广泛分发,帮助他们结识志同道合的校友,提供初步的介绍服务。正在进行中的月度项目开始扩展到全美国多个城市,包括纽约的 MIT 创业俱乐部和随后在剑桥开设的 MIT 创业论坛。后者至今仍在激励和帮助新企业,提供建立初创团队必需的社交服务,把创业者与潜在的投资人和顾问联系起来。如今,MIT 创业论坛已经在美国 14 个城市建立了分论坛,它甚至在国外 MIT 校友集中的城市成立了分部。

所有这些工作早已遍及全世界,让创业活动变得越来越正式化,并且结出了累累硕果。多年以来,有许许多多的创业者在自我介绍时告诉我,他们都在 MIT 校友创业讲坛上听过我的课。我和尼尔·帕帕拉多就是在 MIT 创业论坛的第一堂课上结识的。多年以后,我还参与了他创办 Meditech(详见第一章)的工作。罗伯特·梅特卡夫是以太网的主要发明人。他后来创办了 3Com 公司,在计算机网络市场上大获成功。梅特卡夫后来说,在参加了一次以创业为主题的 MIT 校友午餐会之后,他辞去了施乐公司帕洛阿尔托研究中心(Palo Alto Research Center)的工作,回到了波士顿,和另外两位工程师创办了属于自己的公司(Richman,1989,p. 37)。与此类似,Applicon 公司的创始人——这家公司如今是斯伦贝谢的 CAD(计算机辅助教才)部门——也是在林肯实验室听完了讲座,了解了这座实验室之前衍生企业创始人种种特征之后,才决定创办自己企业的。

最近,MIT 技术许可办公室(Technology Licensing Office)主任约翰·普雷斯顿(John Preston)牵头制定了一系列新政策,进一步鼓励了 MIT 的创业事业,尤其是教师和研究人员的创业活动。传统的技术转让形式主要面向大型企业,以转让费为目标。这种形式仍在 MIT 技术转让形式中占据着主导地位。除此之外,普雷斯顿还同意向谋求 MIT 技术的新企业转让,换取这些企业的创始人股份。在新政实施的第一年,也就是 1988 年,通过转让 MIT 技术而成立的新企业共有 6 家,第二年有 16 家。Matritech 公司就是其中的一家。它立足于谢尔顿·彭曼(Sheldon Penman)教授和研究员爱德华·费(Edward Fey)开发的新技术,通过施用抗体在细胞中寻找蛋白质,提出了检测某些类型癌症的新方法。Matritech 公司总裁、创业家史蒂夫·丘博(Steve Chubb)取得了 MIT 的技术转让,并且从早期外部风险投资人处筹得了 350 万美元的资金。作为交换,MIT 取得了这家公司的股东权益。

2.6　创业的推动因素

有些影响"准创业者"(would-be entrepreneurs)的环境力量现有雇主单位的"消极"因素,而不是他们自觉"积极"地走上创业道路。重大项目往往要经历波折起伏,其中的不确定性经常带来悲伤的情绪,甚至有时把人们逼上梁山,硬着头皮走上创业道路。有证据表明,稳定的工作环境比动荡不安的工作环境产生的创业型衍生企业少得多。比如说,出自一家大型多元化技术企业的创业者们最多地把"工作安排的变动"归为推动他们创业的头号环境原因,排在第二位的是"工作中的挫败感"。3 年以来,这家企业饱受合同逾期的困扰,裁汰一部分技术人员。在这家公司的所有衍生企业中,有 1/4是在这 3 年里成立的,尽管那些遭到裁员的人们并没有走上创业的道路。这些衍生企业大多提到了"对裁员的担忧"和对母公司深陷困境的忧虑。即使是德雷帕实验室也不例外。在阿波罗计划结束之后,这家实验室的员工由于裁员和自然流失而减少了15%。这也激发了一些新企业的衍生。在 MIT 电子系统实验室的全部衍生企业中,有92%的企业集中成立于 8 年之间。在这段时间里,如果企业的衍生仅仅随着时间随机发生、作为总用工量的一个函数推算的话,这个比例本应在 28% 上下。对于这种新建企业"扎堆涌现"的现象,一个合理的解释是,这家实验室在这 8 年里完成了很大数量的项目。

MIT 各个院系和实验室的非商业环境同样让一些潜在的创业者深感挫败、饱受困扰。我们在上文讲到过玛格丽特·汉密尔顿和她的 HOS 公司。汉密尔顿曾经提出:"德雷帕实验室的非营利章程让人倍感沮丧,尤其当你想做些激动人心的事业时,它会带给你一种'空山不见人'的糟糕感受。"(*Boston Business Journal*,1984,p. 6)很多创业者都有他们希望推向市场的具体产品或者技术,还有很多人的想法里虽然还没有确定的产品,但是他们能够清楚地看到,自己在源组织中掌握的技术或者技能具有进一步开发和应用的光明前景。未来的创业者们通常感到,在 MIT 的实验室里,他们无法充分挖掘这些摆在眼前的可能性,因为 MIT 实验室的任务是集中精力开发新技术,而不是为已有技术寻求各种应用。令人遗憾的是,很多来自产业企业的衍生公司也表达了同样的挫败感。尽管人们认为,作为雇主单位的大型企业至少也应该乐见一部分新创业才对——这样的假设并非不合理。库珀(1986)在另一个地区发现,有 56% 的新企业创始人对自己之前的工作很不满意,饱尝挫败感。但是,工作中的挫败感应该表现为跳槽才对,而不是创办新公司的行为。这才是更加合理的现象。这显然应该归功于大波士顿地区整体环境对创业的促进和推动作用。在其他条件均适宜的情况下,它让创业成了一个热门选择。我们将在下一章详细讨论"其他条件"。我们会把目光聚焦在高新技术创业者身上,同时把他们与那些没有选择创业的技术同僚作对比。

2.7 小　结

虽然我们没有定量的证据支持自己的说法,但是,压倒性数量的个例数据(anecdotal data)告诉我们,大波士顿地区的整体环境对本地的"准创业者"有着极其重要的作用。这个大环境从"二战"之后开始形成,尤其突出地体现在 MIT 的校园氛围里。从 MIT 建校之日起,学校的行政和学术领导人们,如康普顿校长和埃杰顿教授,就通过杰出的工作强调"有用工作"(useful work)的合理地位,并且把它朝着创业的方向不断引导。鼓励教职员工参与产业界的政策和先例层出不穷,更重要的,他们利用业余时间创办新企业、衍生和发展自身创业的做法成了最关键的早期基础。在我看来:MIT 对创业行为的默许甚至在某种程度上使之成为一种常态,为大波士顿地区创业文化的形成作出了巨大的贡献;来自关键个人和机构的激励,如斯塔克·德雷帕和 MIT 创业论坛等,巩固加强了潜在的创业型衍生企业的诞生,它们来自 MIT 实验室和本地产业界种类繁多的先进技术开发项目。这些行动逐渐汇聚形成了一个日益壮大的正向循环,它与投资圈之间建立了充满建设性的互动,最终创造了包括 128 号公路在内的众多成果。

参 考 文 献

Boston Business Journal. August 20-26, 1984.

Boston Business Journal. "Corporate Album: Genetics Institute", March 23, 1987.

Chase Manhattan Corporation. *MIT Entrepreneurship in Silicon Valley* (Privately published, April 1990).

A. C. Cooper. "Spin-offs and Technical Entrepreneurship", *IEEE Transactions on Engineering Management*, EM-18, 1 (1971), 2-6.

A. C. Cooper. "The Role of Incubator Organizations in the Founding of Growth-Oriented Firms", *Journal of Business Venturing*, 1 (1985), 75-86.

A. C. Cooper. "Entrepreneurship and High Technology", in D. L. Sexton & R. W. Smilor (editors), *The Art and Science of Entrepreneurship* (Cambridge, MA: Ballinger Publishing, 1986), 153-167.

Nancy S. Dorfman. "Route 128: The Development of a Regional High Technology Economy", *Research Policy*, 12 (1983), 299-316.

Charles Stark Draper. "Remarks on the Instrumentation Laboratory of the Massachusetts Institute of Technology". Unpublished paper (January 12, 1970).

The Economist. "A Survey of New England: A Concentration of Talent", August 8,1987.

Henry R. Feeser & Gary E. Willard. "Incubators and Performance: A Comparison of High- and Low-Growth High-Tech Firms", *Journal of Business Venturing*, 4,6 (1989),429-442.

Udayan Gupta, "How an Ivory Tower Turns Research Into Start-ups", *The Wall Street Journal*, September 19,1989.

INC. "After the Sale", August 1990,39-50.

Karen Seashore Louis, David Blumenthal, Michael E. Gluck, & Michael A. Stato. "Entrepreneurs in Academe: An Exploration of Behaviors among Life Scientists", *Administrative Science Quarterly*, 34 (1989),110-131.

Roger Miller. "Growing the Next Silicon Valley", *Harvard Business Review*, July-August,1985.

Nitin Nohria. "A Quasi-Market in Technology Based Enterprise: The Case of the 128 Venture Group". Unpublished paper (Boston: Harvard Business School,February 1990).

William D. Putt, Editor. *How to Start Your Own Business* (Cambridge, MA: The MIT Press and the MIT Alumni Association,1974).

Tom Richman. "Who's in Charge Here?" *INC.*,11 (June 1989),36-46.

Everett M. Rogers & Judith K. Larsen. *Silicon Valley Fever* (New York: Basic Books,1984).

Joseph A. Schumpeter. *The Theory of Economic Development* (Cambridge, MA: Harvard University Press, 1936).

Segal Quince Wickstead. *The Cambridge Phenomenon*, second printing (Cambridge,England: Segal Quince Wickstead,November 1985).

Jane Simon. "Route 128", *New England Business*, July 1,1985,15-20.

M. A. Sirbu,R. Treitel,W. Yorsz,& E. B. Roberts. *The Formation of a Technology Oriented Complex: Lessons from North American and European Experience* (Cambridge,MA: MIT Center for Policy Alternatives,CPA 76-8,December 30,1976).

R. W. Smilor,D. V. Gibson,& G. B. Dietrich. "University Spin-out Companies: Technology Start-ups from UT-Austin", in *Proceedings of Vancouver Conference* (Vancouver,British Columbia: College on Innovation Management and Entrepreneurship,The Institute of Management Science,May 1989).

R. W. Smilor,D. V. Gibson,& G. Kozmetsky. "Creating the Technopolis: High-Technology Development in Austin,Texas", *Journal of Business Venturing*,4,1 (1989),49-67.

Sheridan Tatsuno, *The Technopolis Strategy* (New York: Prentice Hall,1986).

J. M. Utterback,M. Meyer,E. Roberts,& G. Reitberger. "Technology and Industrial Innovation in Sweden: A Study of Technology-Based Firms Formed Between 1965 and 1980", *Research Policy*, 17,1 (February 1988),15-26.

Charles A. Ziegler. Looking Glass Houses: *A Study of Fissioning in an Innovative Science-Based Firm.* Unpublished Ph. D. dissertation (Waltham,MA: Brandeis University,1982).

第三章

创业者的养成

　　高新技术创业者的养成并非朝夕之功,而是要受到诸多社会因素的关键影响:家庭的培养和塑造、学校和工作单位的帮助使他们走向成熟、汲取知识和技能,周边社会环境给他们带来了深具影响力的楷模、为他们提供资源。第二章讨论过的周边环境影响大多是无影无形的。在这些影响之外,我还通过 25 年来的研究得到了大量扎实的数据。它们来自几百名走上创业道路的个体(其中绝大多数是男性),涉及个人背景、教育情况和工作经验等多个方面。这一章首先检视创业和技术创业的文献,并对人们成为高新技术创业者的一些主要影响因素提出相应的论证。

3.1　神秘面纱后面的创业者

　　近几年之前,人们几乎只能在霍雷肖·阿尔杰(Horatio Alger)近乎俚俗的文学创作中看到新企业创办者的形象。大量关于著名商人生平的传闻,如 J. P. 摩根、安德鲁·卡内基(Andrew Carnegie)和罗斯柴尔德家族(the Rothchilds),只能让人们模糊地感受到这些资本主义巨头的精神气质。没人认真仔细地探究他们的创业之路,反而为他们蒙上了一层神秘色彩。即使如此,还是有极少数从事实证研究的学者提出了重要的概念,可供我们思考新型高新技术创业的延伸。

3.1.1　经典视角

　　早期涉猎创业研究的学者背景比较广泛,既包括经济学学者,也有心理学学者。其中,约瑟夫·熊彼特是一位伟大的经济学家,他把创业奉为技术变革和经济发展背后的基本驱动力量。戴维·麦克利兰(David McClelland)(1961)主要是一位社会心理学家,他也把创业同经济变革与发展的各种因素联系在了一起,但是他的著作极其强烈地侧重于创业者的心理特征——那些让他们更有可能成为商业创业者的心理特征。柯林斯和摩尔（Collins and Moore, 1964）也探讨过创业的起源和经验问题，不过他们的讨论带有强烈的实证和心理学取向。

　　在熊彼特眼中，创业者是创新的关键，因此也成了经济变革的关键所在："创业者的作用是改革或者革新现有的生产模式。他们做到这一点的途径是：充分发掘新发明，或者更普遍地利用从未尝试过的可能技术来制造新商品，或者通过新方法制造已有产品；打开新的原材料供应源头或者新的产品销售出口；重组整个产业；等等。"（Schumpeter, 1966, p. 132）创业者通过引入创新来刺激经济，他们这样做的出发点是盈利，他们会为此承担风险。管理包括他们自己在内的人们的行动和努力，收获利润或者承担亏损，发现新方法，找到新产品和新市场。但是，在对自己的理论作出解释时，熊彼特并没有提到创业者的特征问题。

　　麦克利兰把创业者看作转化者——他们把自己对个人成就（individual achievement）的需要转化成了经济的发展。在麦克利兰的体系中，创业者是"组织企业（或业务单位）并且/或者提高其生产能力的人"（McClelland, 1961, p. 105）。麦克利兰的基本假设是：创业者需要很高的个人成就感。这一点驱使着他们在各种业务状况下采用某些行为方式。在大多数业务环境下，一项最关键的要素就是面对不确定性时的决策制定，在这种情况下，环境中存在着一定程度的必要风险。在个人成就需求的趋势下，创业者的行动通常反映的是中等风险的特征。他们允执厥中，不会走到风险光谱的任何一个极端上去。这种行为的逻辑依据在于种种与风险相关的决策可能带来的满足感。如果一种情况的结果是完全确定的，那么，这种事先确定的性质本身会让决策者对成就感的需要无从满足。麦克利兰提出，创业者通过对承担自身的成败来获得个人成就感，这正是他们的成长之道。反过来，在纯粹依靠机会的情况下，如彩票中奖，决策者对个人成就感的需要同样无法满足，因为他们的技能无从影响最后的结果。就定义而言，极高的风险当然更有可能带来失败。因此，创业者在这种情况下同样不可能实现自己的目标，他们的个人成就感会再次遭遇挫折。麦克利兰认为，在中等风险的情况下，决策的结果取决于人事和天命的结合。因此，这种情况最适合创业者实现较高的个人成就感。

　　麦克利兰认为，创业者会努力奋斗，他们会采用创新的方法完成工作，而不是固守传统方法。在遭遇困难，或者工作需要创造力时——而不是墨守成规时——他们会更加努力地工作。但是他们离不开形式上的、确实的反馈信息，如生产数量和具体利润等，以此衡量自身工作完成得有多好，或者有多差。创业者在决策中思考得比较长远，因此，他们是面向未来的。最后一点，创业者会协同他人的行动和努力。通常情况下，创业者想要有效地完成自身的创业追求，就必须做到有效地影响他人。

在一项针对 8 岁男孩的研究中,温特伯顿(Winterbottom)发现,个人成就较高的男孩通常拥有不大一样的母亲。她们的不同主要体现在养育孩子的观念方面(McClelland,1961,p.46)。这些母亲希望自己的孩子较早地掌握一些活动技能。例如,熟识城里的道路。她们希望孩子保持活跃的状态和旺盛的精力,独立地尝试自己结交新朋友,并在面对竞争时表现良好。反观个人成就较低的孩子们,他们的母亲往往施加更多的限制。例如,她们不允许自己的儿子与未经家长同意过的孩子一起玩耍,她们也不许孩子独立作出重要决定。很多类似的研究都指出,粗心的家长和一味纵容的家长都不会期望自己的孩子表现优异。种豆得豆,这些家长显然是孩子个人成就较低的原因之一,这很像一种自我应验的预言。不仅如此,与那些在严密控制和刻板权威的环境中长大的孩子相比,在比较宽松自如环境下长大的孩子们通常拥有较高的个人成就感(McClelland,1961,pp.351-352)。

麦克利兰提出,父母的价值观是影响孩子个人成就感的最强因素之一。而父母的价值观又非常强力地体现在他们的宗教取向之中。他的数据和其他研究者的数据共同说明了美国 3 种宗教群体之间在个人成就感方面的不同。麦克利兰在《追求成就的社会》(*The Achieving Society*)一书中得出了以下这样的结论(McClelland,1961,pp.361-365):

(1)首先是较传统的天主教徒。他们的某些价值观念和态度与较低的个人成就需求关系密切。

(2)其他的天主教徒已经与这种降低个人成就需求的传统价值观渐行渐远,至少在美国和德国是这样的。

(3)美国目前的情况表明,平均而言,犹太人对个人成就的需求高于常人。这一点是毫无疑问的。

除了宗教差异之外,麦克利兰还考虑了其他几种影响个人成就感的可能因素。但是它们的影响不如宗教那样直截了当。比如说,有证据表明,"长子长女通常个人成就感较高,这想必是因为一个孩子的父母比多个孩子的父母更有可能树立较高的标准,也会对孩子更多地关爱。"(McClelland,1961,p.374)父母的社会经济地位可能也是后代个人成就感的重要决定因素之一。更具体地说,中产阶层的后代往往比更高阶层和更低阶层的后代拥有更高的个人成就需求(McClelland,1961,p.378)。我把麦克利兰最有趣的一项研究发现称为"创业香火"(entrepreneurial heritage)。他指出了这样一种不太明显的倾向性:在创业者的家庭里,父母在抚养子女的过程中往往会很注重激发孩子更高的个人成就感。从统计意义上来说,这个趋势在针对美国的研究中并不明显,甚至可以说是微不足道。但是,弗雷泽(Fraser)的研究为这一认识找到了强有力的论据:印度创业家庭的后代拥有更强的创业倾向性。

柯林斯和摩尔的著作《不断进取的人们》(*The Enterprising Man*)是对美国创业群

体较为现代的实证调研。作者采用了深度访谈和主题统觉测验(thematic apperception test,TAT,根据受测人对模糊图片的解释和讲述来测试人的性格)来确定创业者行为背后的心理动机。但是,比较遗憾的是,他们涉及的 150 多位创业者几乎不包括技术型创业者,所以对我的用处不大。柯林斯和摩尔发现,创业者通常认同新教伦理(Weber,1956,p. 67)中的关键方面,这套价值体系强调辛勤的工作,敦促人们为尘俗的,即现世的回报而努力奋斗。创业者似乎对提升自身的社会等级不感兴趣,也不追求实现更高的权威地位。他们只是执着地敦促自己更努力地工作,这很像我们常说的"工作狂"(workaholics)。他们容易在企业的各项活动中大包大揽,但是很少真正地喜爱这样的做法。企业目标的完成带来的满足感通常不够持久,创业者会近乎偏执地攻克新问题、开展新的追求。柯林斯和摩尔还发现,创业者会用高人一等的态度对待自己的下属,通常来说,他们会认为自己的下属要么是辛勤工作、充满抱负的,要么是懒惰迟钝、桀骜不驯的。权威是让创业者头疼不已的难题。他们不愿向权威低头,无法和它合作共处,而且很想逃离权威,最好离它远远的。柯林斯和摩尔认为,这来自创业者童年对男性权威人物的感受:他们总是冷冰冰的、很少支持自己,但是拥有令人敬畏的权力。两位作者最后得出结论:创业者之所以与"螺丝钉式"的人(organization man)不同,最重要的因素是他们儿时与成年人物之间的关系,这比所有其他单一因素的作用都要重要。创业者无法轻易接受他人的领导。在一个环境里,如果他们的行为受到他人的控制和操纵,他们通常会选择离开那里。

3.1.2　对技术型创业者的新近研究

这些经典研究为我们描摹了一张创业者的画像,为本书第一章的阅读奠定了基础,让人感到饶有兴趣。我们会在这一章里发现,很多高新技术创业者的个人历史为这些理论提供了活生生的证据。遗漏之处当然也不少。这些早期研究的问题很多,比如说,它们无一专门研究过技术型创业者。幸运的是,现在越来越多的研究正在聚焦于技术型创业者的个人背景。只要细致地检索现有文献,我们就会从《创业研究前沿》(*Frontiers of Entrepreneurship Research*)的年会文集、《国际企业创业期刊》(*Journal of Business Venturing*)的每一期、一部评论著作或一篇评论文章(Hisrich,1990)中找到很多研究创业者个人特征的大作。我们也能见到技术创业者背景情况的实证研究,不过数量较少。1980 年以前的著作构成了很好的基础,它有助于形成技术型新企业各种影响因素的理论化(Cooper,1971;Cooper and Bruno,1977;Roberts,1968;Roberts and Wainer,1971)。人们普遍认为(Cooper,1986),多种因素共同影响着技术型创业者的"形成"(making),包括个人背景方面(如家庭、宗教信仰、教育情况和工作经历等)、动机和其他个人心理方面、环境的影响(包括创业者此前工作过的"孵化组织"、外部经济情况和技术机会等多个方面)等。关于技术型创业者的新近研究著作正是建立在这些观点的基础之上的,并对它们作出了进一步的细化。这一章会在多处引用这些研究的具体发现,并且作出明确的标示。

令人遗憾的是,很多关于技术型创业者的研究大多遗留了 4 个方法问题尚未解决。它们限制了此前结论的可靠程度。

(1) 个别研究的样本量较小。这引发了人们对这些研究结论普遍性的质疑。

(2) 回收率过低,邮寄问卷的回收率尤其低。这引起了人们不断地怀疑那些同意参与调查的人们是否具有足够的代表性。而且,针对未回复对象的跟进研究通常是空白的。

(3) 样本通常限于"存活下来的"企业和"成功"企业。这让人们无从得知,那些未能存活下来的企业是否在特征上相同或者相异。举例来说,研究者在选取小型企业样本时采用了邓白氏(Dun and Bradstreet)的小型企业名录,此举实质上忽略了(根据本人的研究经验可知)大批尚未发展到这一阶段、足以登上邓白氏榜单的小型企业。实际上,当研究者通过"电话黄页"来选取样本企业时,也会发生类似的偏差。

(4) 最严重的方法问题在于,只有两种先前的研究在比较技术型创业者时使用了某种形式的对照组(control group)。

总体而言,先前的研究揭示了技术型创业者的某些剖面特征,但是,它们未能说明这些特征与创业者此前共事过的技术同事的特征是否相同,或者相异。那些选择离开实验室、创办自己公司的人们究竟特别在哪里?麦克奎恩和沃玛克(McQueen and Wallmark,1984)作过一次对比。他们选择了 47 位本科毕业于查尔姆斯理工大学(Chalmers University of Technology)的技术型创业者,把他们的学业成绩与 49 位随机选择的非创业毕业生的成绩作对比。结果发现,两组之间并不存在什么差异。史密斯、布拉克和迈纳(Smith,Bracker,and Miner,1987)对比了 118 位企业创始人和 41 位管理者/科学家的测验数据——他们都是美国国家科学基金会小企业创业研究项目(National Science Foundation Small Business Innovation Research)基金的申请者,结果在多个心理维度上发现了重大差异。而其他的研究,包括我本人的早期研究(Roberts,1968;Roberts and Wainer,1971)在内,都没有作过类似的审视,没有在高新技术创业者和与之对应的、非创业科学工作者和工程师之间作过这样的对比。

加特纳、米切尔和维斯珀(Gartner,Mitchell,and Vesper,1989,p.170)令人信服地提出:"并不存在'通常的'和'典型的'创业者。没有哪个创业者能够完整地代表这个群体。"即使是仅限于高新技术创业者这个范围而论,这个说法无疑也是正确的。不过,本章仍要尽力对高新技术创业者的背景情况提出自己的观察。这里的数据来自我本人的研究项目。我把这些项目的详细清单列在了本书的附录中。

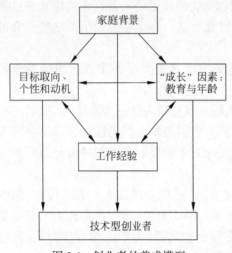

图 3-1　创业者的养成模型

图 3-1 是关于技术型创业者形成的四因素模式，它也是上文提到的研究文献的反映。其中，家庭背景是影响个人的首要因素。毫无疑问，家庭背景会影响到个人发展的方方面面，当然也包括目标取向、个性、动机，以及各种"成长"（growing up）因素，如受教育程度和开始创业的年龄等。成长经历也有可能影响目标、个性和动机。工作经历的性质和范畴无疑也会受到另外三组因素的影响，同时，工作本身也有可能反过来改变目标和动机。它也有可能影响教育。图中所示的 4 个维度各包括若干因素。它们都有可能影响到人们把创办新公司当作自己的"职业选择"（career choice），其具体作用当然是因人而异的。本章的任务是针对每个维度提出具体的研究结论，廓清它们对人们走上创业之路的可能影响。至于每个维度对创业者最终成败的影响，我们留待本书第九章讨论。

3.2　新创业者的培养：家庭背景

想要理解新的技术型创业者，最符合逻辑的起点当然是检视他们的家庭环境或者家庭背景。这些初始影响会塑造未来创业者的个人发展、态度观念和取向。研究文献表明，家庭背景会在 3 个方面影响人们未来走上创业道路的决定。

（1）父母的垂范作用，尤其是，父亲是否从事个体经营或者自由职业。

（2）较小的家庭规模对子女个性的影响，尤其重要的是，创业者是不是家中的长子（令人遗憾的是，我的研究数据中几乎不包含女性，因此无从检验有关女性创业者的假设）。

（3）后天形成的价值观念和获得的启示，它们是内嵌在家庭宗教信仰的大背景之中的。

我对技术型创业者的研究只收集少数几方面的数据：父亲的职业情况；创业者的父亲是否属于自由职业者或者个体经营者；创业者的宗教背景。我和我的研究助理有时也会关注创业者同胞兄弟姐妹的数量和他们在家里的排行。在整个这一章里，为了从更有意义的视角观察创业者的分布，我会尽可能地把他们同对照组的职业科学家和工程师们作对比。作为样本的创业者和作为对照组的科学家、工程师们主要来自 MIT 的两大"创业源组织"：林肯实验室和仪器实验室。前者离开了实验室，走上了创业道路；后者留了下来，继续为实验室工作。此处分析的主要数据样本一共包括 129 家 MIT 衍生企业(详见本书附录)，这两组数据源占了其中的 72 家。

3.2.1 "创业香火"：父亲的职业情况

父亲是专业人士或者管理人员的家庭产生的技术创业者比例最高(59%)。就这一点而言，创业者和作为对照组的 MIT 实验室工作人员之间差别不大。如果加上农业家庭，两组的情况近乎完全相同。但是，仔细观察表 3-1，我们会发现，在专业人士的子女中，走上创业道路的人数是对照样本中成为科学家和工程师人数的 4 倍。这个结果为我们提出了这样一种可能性：专业人士的子女比管理人员的子女更有可能成为创业者。父母的行为垂范会影响自己的子女，鉴于两类父母工作性质的差别，专业人士对子女的影响比管理人员更大，这样的结果完全不足为奇。类似律师或者医生之类的专业人员很少隶属于大型等级组织。即使委身于大型组织(如集团企业、律师事务所、医院等)，专业人士通常拥有一定程度的独立性。这种独立性是管理人员所不具备的，他们几乎永远被束缚在结构化组织中，成为其一部分。孩子从小见证了专家父亲的独立性，他们更有可能对这种职业自由度心生渴慕，希望自己有朝一日也能获得这样的独立性。(此处使用了男性代词"他们"。这是实际观察的结果，而不是大男子主义的体现。毕竟，在这一组技术型创业者的 113 人中，只有 3 位是女性。)在我们的研究中，创业者的父母属于前一代人。在他们的年轻时代，工作养家的人通常只有父亲。当时美国各行各业的工作主要是由男性来承担的。到了现在这一代，随着越来越多的女性走上专业和管理岗位，她们当然会越来越多地成为子女的职业楷模。

表 3-1　父亲的职业情况　　　　　　　　　　　　　　　　　　　　%

父亲的职业情况	技术创业者 ($n=113$)*	职业科学工作者和 工程师(S&E)(对照组)($n=296$)
专业人士	32	8
管理人员	27	44
农民	4	8
办公室人员及销售人员	9	7
熟练工人	18	21
非熟练工人	10	11
总计	100	99[†]

　　* $n=113$ 的含义是，此处的对比采用了 113 位创业者的数据。缺失的数据可能造成最大可能值的变化，从而引起样本总量的变化。这种情况会出现在整个这一章里。

　　[†] 舍入误差。

　　谈到父亲的职业,第二个问题也是至关重要的问题:父亲是不是个体经营者或者自由职业者? 如表 3-2 所示,技术创业者与对照组中科学工作者和工程师之间的差别相当惊人。在父亲从事个体经营的家庭里,子女从事创业的情况表现得极其突出($p = 0.0001$)。他们在这一点上与非创业型技术同事非常不同。这是来自 MIT 各院系和实验室衍生创业者的结果。我对来自其他源组织技术创业者的研究进一步加强了这一结果:很多创业者的父亲从事个体经营——在一家大型电子系统企业里,这样的衍生创业者有 48%;一家大型多元化技术企业,57%;调查所及的生物医学创业者,61%;计算机相关创业者,65%。进一步对比美国人口普查数据,我们会发现,如果纯粹依靠概率的话,个体经营者子女创业的比例只有大约 25%。从统计的角度来看,如果一位科学工作者或者工程师的父亲是个体经营者,那么,他创办企业的可能性会大大提高(0.01。本书所有加括号的计算概率都是概率的简要表达方式。比如说,此处的 0.01 表示,如果纯粹依靠随机因素,在所有分发问卷收到的答复中,每 100 份中只有 1 份指向这一研究结论。关于统计检验问题的详情,请参考本书附录)。我又研究了由 MIT 教师组成的对照组,由此得到的结论更进一步地证实了这一论断。如果父亲从事个体经营,儿子即使当上了大学教授,也会更频繁、更认真地表现从事商业的兴趣(0.05)。所有这些证据都证明了,创业型的父亲会养育创业型的儿子,这种情况的比例出奇的高。它证实了"创业香火"的作用。

表 3-2　父亲是否从事个体经营　　　　　　　　　　　　　　%

父亲从事个体经营	技术型创业者($n = 119$)	职业科学工作者和工程师($n = 296$)
是	51	30
否	49	70
总计	100	100

　　$X^2 = 15.06$,$p = 0.0001$(这些统计数字衡量的是两组数据的相似度,这里指"技术型创业者"和"职业科学工作者和工程师";X^2 说明此处使用了卡方检验法;p 的值说明了,此处显示的数据所表现的巨大不同可能来自纯粹的随机原因。它的概率也许只有 0.0001。关于数据验证的详细信息,可以参阅本书的附录。)

　　之前来自其他地区的研究同样支持这一发现——尽管它们缺少"对照",无法验证数据的唯一性。希斯里奇(Hisrich,1990,p. 212)引用了 5 组研究,无一与技术工作者相关。它们证明了,男性创业者很多拥有从事个体经营的父亲,这种情况非常普遍。他还引用了另外 5 项研究,证明了女性创业者的父亲同样普遍地从事个体经营。库珀(Cooper,1986)罗列的 5 项针对技术型创业者的研究,结果发现,父母拥有自己公司的比例占到了 20% ~ 50%。在 53 个瑞典技术创业者中,有 24 人是个体经营者的子女(Utterback et al. ,1988)。一项最近的研究显示,在 38 位日本企业创始人中(他们父亲的职业都是可归类的），有 20 位高新技术创业者的父亲是个体经营者（Ray and Turpin，1987，p. 565）。

尽管如此，父亲的事业本身与儿子的具体创业活动几乎没有任何关系，很多父亲的事业（或者更宽泛地说，他们所从事的职业），即使它们属于技术性质，依然与儿子的创业活动毫无关联。在绝大部分情况下，父亲们经营的（正如第一章提到的）都是小卖部、农场或者没有技术可言的小型工厂。而很多儿子创业的领域在父亲年轻的时代根本不存在，如计算机软件、电子系统和生物科技等。无论是作为自由职业的专业人士，还是独立的小型企业主，更多的父亲的影响来自他们作为个体经营者的总体形象和榜样作用，而不是具体的技术或者管理知识。实际上，让子女走上创业道路的关键也许就是他们从小对商业环境的熟悉。大人在吃饭时的闲聊会让孩子们熟识商业，提高了他们长大后自主创业的可能性，就这么简单。毫无疑问，帮助父母"打下手"也会增加孩子对经商之道的认识和理解。我现在还清楚地记得小时候听到的大人们在家里的讨论。我从 5 岁起就在爸爸的小店里帮忙，那时的情景现在依然历历在目。它们让我最早认识了什么是价格和竞争，尝到了"二战"期间定量配给的滋味，明白了什么是劳动力短缺，也认识了利润和税收。它们对我的教益至深至远。可以毫无疑问地说，从事个体经营的父母能够很好地帮助孩子与创业这件事"亲密接触"（close encounter）。

3.2.2　家庭规模与排行

有些研究文献认为，小家庭里的孩子可能得到更多的关注，所以会更多地倾向于独立职业，包括创办自己的企业。但是我的数据指出，家庭规模对技术创业发生率并没有直接影响：在我的对比研究中，78% 的创业者来自不多于 3 个孩子的家庭，在对照组的雇员中，有 75% 来自不多于 3 个孩子的家庭。不过，如果把人群按照父母从事的职业区分开来，家庭规模的影响就会显现出来：在父亲从事个体经营的家庭中，有 71% 的创业者来自不多于 3 个孩子的家庭，在对照组中，来自不多于 3 个孩子家庭的职业科学工作者和工程师比例同样也是 71%。再看父亲不属于个体经营者的情况，来自不多于 3 个孩子家庭的创业者有 88%，职业科学工作者和工程师有 76%。这一切都显示出了创业者来自较小型家庭的轻微趋势。

那么，人们经常提到的长子创业效应又该当何论呢？"人们普遍认为，头胎和独子会得到父母特别的关注，因此会形成更多的自信。"（Hisrich，1990，p. 211）这一现象是否适用于技术型创业者？确实如此。55% 的创业者是家中的长子，这似乎足以证明坊间的预判，以及温特伯顿和其他人的研究结论。但是，只要和对照组中的职业科学工作者还有工程师们作对比，我们就能发现，54% 的非创业人士同样也是家中长子。对排行数据进行仔细的再分析，搜寻父母职业模式的可能影响，这些都无法带来新的发现。想要正确地完成这一分析，就要在家庭规模数据的基础之上计算排行分布的预期频率。很多文献在这方面产生了误导作用，它们没有在人口研究中考虑到家庭规模。我的研究结果并没有显示出"长子"效应，至少在高新技术创业者中没有出现这一效应。谈到所谓长子的重要性，很多流行一时的喧嚣也许来自严谨统计对比的缺失，很多人并没有认真地对比过长子和他们的家庭成员。

四海之内，皆有创业者，但是人们似乎格外对新英格兰地区情有独钟，这种严重的偏见反映了研究样本中关于孵化源头的地点选择。值得注意的是，在新成立的高新技术企业的子样本中，有 10%～25% 的创始人出生于美国之外。例如，Thermo Electron 公司的创始人是希腊裔移民乔治·哈特索波罗斯（George Hatsopoulos）。厄特拜克等人（Utterback et al.，1988）同样发现，12% 的瑞典技术型创业者是他国移民。在波士顿地区，技术创业的"大熔炉"（melting pot）性质始终未变，不断地为人们带来个人发展与成长的机会，为这个地区吸引并留住了大量有用的人才。

3.2.3　家庭背景与宗教信仰

如前所述，家庭环境中的文化价值观和启蒙教育被视为主要的影响和塑造力量，让人们在成年之后作出创业的选择。麦克利兰和他的追随者们特别提出，这些目标反映了家庭的宗教背景。姑且不论这些预判，我们并没有在大波士顿地区技术创业者群体和与之对照的职业科学工作者与工程师之间发现清晰可辨的宗教信仰差异。创业者和对照组的情况是一样的：略过半数的人是新教徒，大约 25% 的天主教徒和 20% 多一点的犹太人。初看上去，具备某种宗教背景似乎不会直接增加或是减少一名科学工作者或者工程师成为技术型创业者的可能性。

目前为止，关于个人家庭背景与从事技术型创业之间的联系，我们只发现了一种有用的区别因素：父亲从事的职业。当我们把所有的样本纳入考量时，也就是考虑所有的创业者和对照组成员，无论他们的父亲是否从事个体经营，这一点是成立的。前文提到过，"创业香火"（Entrepreneurial Heritage）的假设可以解释为什么有那么大比例的创业者都有从事个体经营的父亲。但是，还有近一半的创业者并不是个体经营者的后代，他们没有"创业香火"。我们拿什么解释他们的创业活动呢？非常明显的下一步做法是，我们会把样本按照父母职业背景分开，重新检查另一半家庭背景数据。

表 3-3 显示，在父亲从事个体经营的人群中，创业者和对照组中各个宗教背景子集所占的百分比大致相同。然而，表 3-4 显示，在父亲并非个体经营者的人群中，相对于对照组分布（0.01）得出的预期，天主教徒创业者减少了 1/3，犹太人创业者增加了 4 倍。也就是说，在没有"创业香火"的作用下，宗教信仰的差别确实会影响到技术创业的发生。更具体地说，这证实了麦克利兰的预言：在父亲并非个体经营者的前提下，在

多宗教混杂的美国技术人才群体中，会有更多的犹太人和更少的天主教徒走上创业之路。

表 3-3 个体经营者子女的宗教信仰情况

宗教背景	技术型创业者 （$n=51$）（%）	职业科学工作者和工程师 （$n=83$）（%）
新教徒	41	40
天主教徒	27	25
犹太人	31	35
总计	99 *	100

* 舍入误差。

表 3-4 非个体经营者子女的宗教信仰情况

宗教背景	技术型创业者 （$n=50$）（%）	职业科学工作者和工程师 （$n=168$）（%）
新教徒	70	68
天主教徒	20	30
犹太人	10	2
总计	100	100

$X^2=6.33, p=0.01$。

犹太技术创业者的多数优势是否仅仅代表了普遍意义上的"进击的少数"（upward-striving minority）这一效应？比尔斯（Bearse，1984）在其他潜在的"进击的少数"群体中审视了这个问题，证明了在整个美国"劳动力中，就所有非农业创业类型的产生而论，以下前者**大不如**后者：①黑人和西班牙裔；②西班牙裔与亚裔；③少数族裔与非少数族裔；④女性与男性"。因此，麦克利兰对这些发现的解释看上去是说得通的，它立足于主导性文化价值，而不仅仅以少数族裔情况为基础。正在飞速增长的亚裔美国技术创业者反映的也许同样是文化倾向，而不只是民族面貌那么简单。

由此可以得知，就家庭背景而言，真正明显影响技术创业者作出创业决定——而不是继续做一名职业技术工作者——的重要因素只有一个：父亲的职业情况。从事个体经营的父亲（或许还包括从事专业工作的父亲）在工作中拥有高度的独立性和自主权，这为孩子树立了理想的职业榜样。在父亲的角色缺失的情况下，可供考量的主要是家庭的宗教背景带来的启发，它们也有可能影响到对未来创业者的培养。

3.3　企业家的"成长"：教育与年龄

技术型创业者的性质在某种程度上决定了创业者必须受过适宜的良好教育，取得某些技术学科的本科或者硕士学位。对创业来说，取得博士学位似乎有些大材小用，但某些领域除外。比如说，在生物科技行业中，博士学位也许只算是获得技术专业知识竞争力的"敲门砖"而已。同样地，人们认为，技术型创业者会把新型技术带入市场，而不是依靠经验和智慧的逐渐累积。因此，人们还会认为技术型创业者通常比较年轻。接下来，我们会在这一节逐一检验这些假设。

3.3.1　技术型创业者的教育

高新技术创业者的很多个人特征也许适用于所有创业者，但是教育则不然。创业者的受教育程度表现出了极为显著的差异性。柯林斯和摩尔（Collins and Moore，1964）对密歇根州创业者的研究指出，只有 40% 的本地创业者拥有高中以上学历。我对马萨诸塞州消费制品创业者作过类似的研究，同样发现了高中以上学历的比例为 40%。但是，走出 MIT 的技术型创业者与此形成了鲜明对比。他们的中位受教育程度为硕士学位，主要集中于理工学科。在这些高新技术创业者中，只有 1% 的人没有接受过大学教育，只有 9% 的人没有学士及以上学位。不过，表 3-5 中的对比数据告诉我们，就其中位受教育程度（硕士学历）而言，技术型创业者和留在实验室里的"对照组"前同事们没有区别。尽管如此，令人惊讶的是，创业者中的博士比例高于职业群体——至少在此处列出的 MIT 衍生企业中是这样的。我很快还会回到这个问题上来。

表 3-5　受教育程度

受教育程度	技术型创业者 ($n=124$)（%）	累积（%）	职业科学工作者和工程师 ($n=299$)（%）	累积（%）
高中	1	1	1	1
大学肄业	8	9	5	6
大学本科	7	16	8	14
本科加课程进修	20	36	31	45
硕士	18	54	12	57
硕士加课程进修	11	65	21	78
工程专业学位	3	68	2	80
博士	31	99[*]	20	100

[*] 舍入误差。

技术型创业者与职业科学工作者和工程师之间相对缺乏差异性(中位水平都是硕士学历)。这告诉我们,最有可能决定这些创业者教育水平的重要原因在于他们创业之前所在的源实验室的性质,以及他们在那里工作必须具备怎样的训练。来自产业衍生企业和计算机相关新企业的 2 个样本显示,来自这些企业的创业者的平均受教育程度为大学本科,加上一些额外的课程学习(关于这些研究的详细情况,请参阅本书附录),这反映出,产业实验室的教育基础要比 MIT 实验室略低。

表 3-6 是技术型创业者与一般人群、企业领导者和技术创业者父亲的受教育程度对比情况。创业者和企业领导者的教育水平比一般大众和创业者父辈的教育水平高出很多。其中,技术创业者严重地倾向于最高教育学历。关于硕士学位这一中位教育水平,我们还可以找到更多的证据。比如,本人对 29 家生物科技创业者的研究,还有范德文等人(Van de Ven et al.,1984,p.93)对 14 家教育软件初创企业的研究等。蒂奇等人(Teach et al.,1985)发现,有 47.3% 的微机软件创业者取得过高级学位;斯迈勒、吉布森和迪特里希(Smilor,Gibson,and Dietrich,1989)发现,在 23 位从德州大学走出的创业者中,12 位拥有博士学位。

表 3-6　技术创业者与其他群体的教育分布对比

受教育程度	一般大众	技术创业者的父亲	企业[*]领导	技术创业者
高中以下	58	23	4	0
高中未毕业	15	—	10	0
高中毕业	15	53	11	1
大学本科未毕业	5	—	20	9
大学本科毕业	5	25	55	90

[*] Warner and Abegglen,1955,35。

3.3.2　家庭背景与教育

一份针对 MIT 衍生创业者较小子集的详细分析旨在进一步解释这些关于受教育程度的问题。家长的收入也许会影响孩子接受教育的时间和程度,但是,令人遗憾的是,没人收集过有关家长收入的数据。尽管如此,我们可以认为,职业状况水平会大致反映收入差异。创业者的父亲所在的职业分组确实与 MIT 创业者的教育水平存在重要关联(Kendall tau = 0.19,p = 0.06,n = 58)。关于产业电子衍生企业的研究发现(0.02)也确证了这一点。来自较低职业水平家庭的创业者可能没有足够的学费,无法向更高水平家庭的子女一样尽早地接受大学教育,也无法尽可能长时间地、全身心地接受大学教育。为了赚钱交学费,他们不得不工作,至少要兼职工作。事实上,在父母职业水平和作为创业者的子女完成本科(tau = minus.23)或硕士(tau = minus.30)学业的年龄之间,我们看到的是相反的统计关系。职业水平较低的家庭可能收入较低,来自这些家庭的创业者完成本科和硕士学业的年龄可能晚于那些来自职业水平较高家庭的创业者(0.01)。

相同的数据显示,创业者的父亲是否拥有自己的生意与子女的教育水平之间存在着非线性影响。表 3-7 显示的是,对于各个受教育程度的创业者来说,拥有自己生意的父亲的数量和所占比例的情况。统计检验(利用配对组百分比的方法)证实了拥有个体经营者父亲的创业者子女通常至少会取得本科学历,一般不会高于硕士学历加课程学习($p = 0.07$)。这一分布的可能原因是,拥有个体经营者父亲的创业者可能很早就在规划自身的创业之路。因此,他们的教育是目标明确的(这既有可能是有意为之的,也有可能是无意识的)——只要达到足够创办一家技术型企业的适当水平即可,追求高于本科或者硕士的学位是不合时宜的,因为这些生意人的子女们早已树立了创业的确切目标,而不是从事科研、教学或者其他需要更高学历的工作。这里顺便提一句,父亲的学历和从事创业的子女的学历之间不存在相关性。

表 3-7   个体经营者子女创业者的受教育程度($n = 96$)

创业者的受教育程度	各个受教育程度的创业者数量	父亲从事个体经营	
	(n)	n	(%)
不高于高中	1	0	0
大学未获学位	8	3	38
大学本科	2	2	100
大学本科加课程学习	16	8	50
硕士学位	13	8	62
硕士学位加课程学习	10	6	60
工程专业学位	3	1	33
博士及以上	11	4	36
总计	64	32	50

3.3.3   学科与来源院校

对于专业学科方面教育数据的挖掘所得甚少,相比之下,创业者群体似乎与技术职业群体比较接近。约有 2/3 的技术型创业者拥有工程专业学位,30% 的技术型创业者拥有理科学位,还有 3% 的其他专业(不出所料,我对生物医疗创业者的专门研究发现,更多创始人——其中包括几位医学博士在内的初始教育属于自然科学范畴)。

更有趣的是,在一份精心制作的样本中:106 位技术创业者一共获得了 217 个学位,其中只有 3 个管理学位(管理学硕士);在职业科学工作者和工程师群体中,管理学学位的占比大致相同。事实上，即使到了公司成立时，真正上过商业课程的创业者可谓寥寥无几。当然，研究中的一些技术创业者拥有管理学专业的共同创始合伙人。在最近的创业者研究样本中——既包括我的研究，也包括别人的研究——拥有管理学研究生学历的工程师比例日益增长。这反映了 MBA 学位的爆炸式增长，获得这些学位的职业工程师们通常利用晚上的时间完成 MBA 的学习。

毫无疑问，MIT 各院系和实验室作为研究来源的高度集中带来了非常明显的影响，截至目前，在我们的研究中，获得 MIT 学位的技术型创业者占据了最大的比例。尽管如此，在来自非 MIT 源组织衍生企业的研究数据中，MIT 学位持有者仍然占有着同样的优势地位。同样的情况还出现在特定行业相关的新企业中，这些企业应该不存在对于 MIT 背景的偏好。来自大波士顿地区的样本比较集中，这无疑也解释了另一种鲜为人知的现象：为什么那么多的创业者都是东北大学培养出来的？它是一所规模较大的城市学院，拥有全美最多的"私立"工程专业学生。在绝大多数的研究子样本中，尽管大学背景广泛多样，但是东北大学毕业生创办的企业数量要多于哈佛大学毕业生，也多于其他知名地方和全国性教育机构。

3.3.4　教师创业者的教育情况

到目前为止，我们并没有在 MIT 教师创业者和那些来自 MIT 或者其他地方的科研和工程人员创业者之间作过区分。实际上，无论是在家庭背景、父亲的职业还是宗教信仰方面，二者之间并不存在显著差别。首要的差别出现在教育方面：几乎所有的 MIT 教师都拥有博士学位，这也反映了 MIT 的人才招聘和遴选标准。比如说：来自 MIT 机械工程系的 9 位教师创业者全部拥有博士学位（其中 8 人的博士学位来自 MIT）；在来自航空航天工程专业的 7 位教师创业者中，4 位拥有博士学位，其余 3 位情况特殊（年龄或外界条件）。相比之下，在来自航空航天工程专业的非教师（院系职员）创业者中，只有 2 位拥有博士学位，其余 9 位创始人的受教育程度稍低。实际上，在表 3-5 罗列的所有创业者中，绝大多数的博士学位拥有者都是教师创业者：工程专业教师从事创业的比例远远高于普通非教师（实验室雇员）从事创业的比例。

3.3.5　多位创始人对受教育程度的影响

绝大多数的研究聚焦于那些离开特定源组织的创业者本人，或者单纯地关注创始人或一把手。但是，实际上，大部分企业并不是一个人创办的。比如说，图 3-2 显示，在由 118 家企业组成的一个分组中，有 75 家（64%）实际上是多人共同创办的。在第二组样本的 21 家企业中，有 17 家（81%）拥有多位创始人，平均每家企业 3.2 位创始人。在电子系统企业衍生出的 49 家初创企业里，有 24 家（49%）拥有 2 位或者 2 位以上的创始人。与此类似,在 MIT 航空航天系教职工创办的 18 家企业里,有 10 家(56%)是多人联合创办的,其中,教师创办的企业比研究型职工创办的企业拥有更多的共同创始人(0.01)。这种多人创始团队占主体的模式似乎普遍存在于其他的技术创业研究中(Cooper, 1986;Doutriaux, 1984;Feeser and Willard, 1989;Olofsson et al. , 1987;Teach et al. ,1985;Tyebjee and Bruno,1982)。

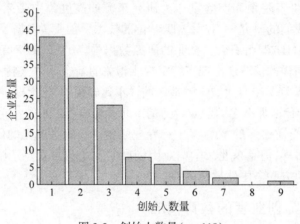

图 3-2　创始人数量($n = 118$)

一项针对 18 家企业的小型研究收集了关于所有共同创始人的详尽数据。它反映的是一个相对受教育程度较高的样本。其中只有 2 家公司的共同创始人是高中学历;1 家企业的 2 位创始人大学辍学,没有取得学位;还有 1 家公司的创始人包括 2 位高中毕业生和 1 位大学辍学生[请注意,大学辍学既不是贬义词,也不是创业失败的预兆。下面的 2 个例子虽然没有包含在具体的样本中,但是足以说明这一点:宝丽来公司大名鼎鼎的创始人埃德温·兰德(Edwin Land)从哈佛大学辍学,未取得本科文凭;Interleaf 公司创始人大卫·布歇(David Boucher)是 MIT 辍学生]。样本中其他所有公司至少拥有 1 位大学毕业的创始人。但是,共同创始人的加入略微拉低了主要创始人的平均学历(如前所述,主要创始人的平均学历为硕士水平)。总体而言,创始人的平均受教育程度变成了略高于本科水平。

3.3.6　技术型创业者的年龄有多大

遍历自己的所有研究,我发现技术型创业者在创办公司时体现出了年龄模式上的相似性,而且几乎没有例外。表 3-8 的数据来自我的 12 项研究,它指出了创业年龄的范围和中位数。该表一共包含 270 家公司,年龄范围在 23~69 岁,总体中位数为 37 岁。"肉眼"可见,走出 MIT 实验室的创业者更年轻,平均中位数为 34 岁,而来自产业界和其他来源的创业者平均为 38 岁。正如第 2 章阐述过的,这可能是由于 MIT 更积极地鼓励衍生企业的成立,同时,MIT 还会为新公司提供更多的机会,获得更先进的技术基础。

表 3-8 技术创业者的年龄分布

	样本量	年龄区间	中位数
MIT 实验室衍生企业研究			
电子系统实验室	11	27~43	35
仪器实验室	27	24~55	33
林肯实验室	47	25~65	34
电子研究实验室	13	29~64	36
其他新企业研究			
多元化技术公司的衍生企业	23	25~54	39
计算机相关企业(2 项研究)	42	24~51	37
新近成立的高新技术企业	18	26~52	39
生物医疗企业	28	—	36
商业计划分析	20	23~48	37
寻求风险投资的过程	21	23~43	35
针对风险投资决策的深入分析	20	23~69	39

让我们把眼光从 MIT 和大波士顿地区转向其他地区。在加拿大的渥太华,14 家高新技术企业创业者在成立公司时的平均年龄为 35.3 岁(Doutriaux,1984)。在厄特拜克和他同事(Utterback et al.,1988)的样本中,60 位瑞典创业者的中位年龄为 34 岁;另一项针对瑞典技术企业的研究发现,"核心"创始人的中位年龄为 38 岁(Olofsson et al.,1987)。库珀(Cooper,1986)通过 7 份研究提出了 37 岁的中位年龄。而加利福尼亚州的技术创业者似乎更成熟些,在一份报告中,他们的中位年龄为 42 岁(Tyebjee and Bruno,1982),两位研究者的另一份报告指出,近年以来,硅谷的"领衔"创业者平均年龄为 39.7 岁(Bruno and Tyebjee,1984)。德州大学奥斯汀分校衍生技术创业者的年龄与 MIT 创业者的年龄吻合,都是 34 岁(Smilor et al.,1989)。

图 3-3 带来了关于年龄的更多细节。它显示了 119 位 MIT 衍生创业者的年龄分布情况,既包括来自各个院系的创业者,也包括来自各个实验室的创业者(年龄区间:23~65 岁,中位年龄:34 岁)。其中有 2/3 的创业者是在 28~39 岁之间创办公司的;小于 28 岁的创业者只有 7%;大于 48 岁的创业者不到 10%。年龄偏大的创业者通常受教育程度较高(0.04)。实际上,样本中有 2 位 MIT 教师已经 65 岁,正是退休的年龄。但是他们感觉自己还有值得追求的想法和足够的创业精力。从根本上说,创业者

群体特有的年轻想必更多地与心态有关,而不仅仅是生理年龄那么简单——尽管这一点很难证明。

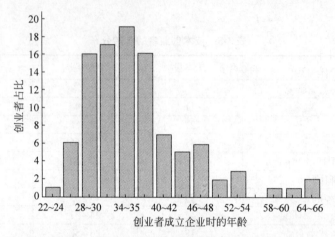

图 3-3　MIT 衍生创业者创办新公司时的年龄分布情况($n = 119$) *

* 舍入误差;调增到 103%。

不过,提到教师创业者,它确实成了我们对 20 世纪 30 年代创业者年龄总体观察所得"定律"的一种例外。单独来看,MIT 教师创办企业的年龄大大晚于他们的职员同事($p = 0.05$)。例如:MIT 航空航天系教师创办企业的年龄区间是 26~65 岁,中位数为 44 岁;同系的非教师同事创办企业的年龄区间是 26~40 岁,中位数为 32 岁。这一差别无疑反映了教师进入初始职业角色需要更长的教育周期(博士的比例异乎寻常的高,$p = 0.10$),在此之后,他们还需要很长时间来稳固自己的教职。一般来说,人们获得终身教职的年龄约为 36 岁。在此之前,很少有人会分散教学和研究方面的注意力。在表 3-8 中列出的 MIT 实验室衍生创业者中,教师创业者的存在略微提高了样本整体的中位年龄。假设移去教师创业者,MIT 实验室衍生创业者的年龄模式还会变得更年轻。

另一个例外的群体是消费品厂商。为了对高新技术创业者作比较,我专门研究了这个群体。这些创业者成立企业时的年龄区间是 28~55 岁,中位年龄为 45 岁。仅就这个方面而言,他们和 MIT 教师创业者非常相似(柯林斯等人关于普通创业者的研究得出的平均年龄为 52 岁)。

尽管绝大多数的技术型企业是由多人团队创办的(我们在上文提到过这一点),但是团队成员的中位年龄仍然与表 3-8 中的个人数字吻合。在一组由 20 家技术型企业构成的样本中,每支创始团队最年轻成员的中位年龄为 30 岁,最年长成员的中位年龄为 41 岁,总体中位年龄为 37 岁。在另一项囊括 20 家企业的研究中,最年轻成员的中位年龄为 34 岁,最年长成员的中位年龄为 43 岁,总体中位年龄为 39 岁。

3.3.7　为什么如此年轻

技术型创业者为何如此年轻?第一个可能的原因在于他们此前供职的技术型组织年龄结果的年轻化。一项关于创业年龄分布的研究考察了 MIT 实验室职业科学工作者和工程师(作为对照组)创办企业时的年龄,发现了大致类似的年龄模式:平均而言,这些创业者要年轻 2~3 岁。技术型组织,如 MIT 各个院系和实验室、空军剑桥研究实验室,以及大波士顿地区和 128 号公路的大型技术产业组织,如雷神公司和 DEC 等,都是孕育新企业的温床。这些组织的年龄基数为创业确立了边界。但是,平均而言,在这些组织中,选择离开并最终创办自己企业的总是那些比较年轻的群体。

第二个影响因素同样与技术型创业者的年轻化关系密切。它就是创业者所用技术的新颖性。新型领域是创业者的训练场,年龄偏大的人们必须首先通过正规的教育和工作的实践来学习和掌握它。就算他们能做到,这仍是一项耗时费力的艰巨任务。年龄偏大的人们习惯了现有技术的现有用途,他们发现新用途的可能性相对较低。与此同时,较年长的技术工作者也许更了解市场需求,更能把技术变革同市场结合起来。技术创业者的年龄下限较低,它几乎是由大学教育的完成时间决定的。技术创业群体几乎普及了大学教育,因为它是获得必要知识、创办技术企业的基本前提(当然,有些特别突出的大学辍学生除外,如前文提到过的宝丽来公司创始人埃德温·兰德)。突破这个年龄下限的例子也不乏其人,如道格拉斯·麦克雷(Douglas Macrae)和他的 2 位共同创始人。他们在 MIT 的本科生宿舍里开发出了《吃豆小姐》(*Ms. PacMan*)这款游戏,成立了通用计算机公司(General Computer Corporation, GCC,现称 GCC 技术公司),实现了这款游戏的商业化(本书第六章还会详细讲述这家公司)。

根据具体研究样本的不同,有 75%~100% 的创业者在创办公司时已经结婚,绝大多数有孩子(平均 2 个孩子)。这意味着技术创业群体年轻化的第三个可能的影响因素。在美国,当孩子年纪还小时,家庭的财务需求通常不高,至少和孩子长大、接近上大学的年龄时相比是如此。同美国昂贵的大学教育相比,免费的中小学教育确实会让情况大不一样。创业意味着放弃一份薪水可观的工程师工作,而创业初期的收入很低,甚至没有收入,这势必为家庭收入带来不小的负担。相对来说,年轻家庭更能承受这样的负担。与年轻人相比,已过不惑之年的潜在创业者家中多半有十几岁的孩子,他们更有可能选择稳健路线,规避风险。创办新公司需要投入大量的时间,十几岁的孩子同样需要家长更多的时间,两者对时间的需要是彼此冲突的。

这些观点也得到了关于员工流动的一般研究结论的支持。一个人年龄越大,更换工作的可能性就变得越小;个人在一个组织里工作的时间越长,更换工作的可能性就越低;一个人的职位越高,跳槽的可能性就越小。总之,年龄、所在单位的存续时间和职位都是密切相关的,同时,每一种因素又会在相同的方向上各自打消人们主动离开一个组织的念头。来自 MIT 两大实验室的对比研究也证明了这些一般性的观察:年龄较大的员工在职时间较长、职位较高($p = 0.001$)。一份未出版的 MIT 研究报告(Marquis and Rubin,1966)在更广泛的行业样本中得出了相同的结论,而样本中的工程项目经理们本身都是潜在的创业者。年龄稍大的人们更容易被退休养老的顾虑牵绊,一旦创业失败,他们不太容易找到新工作,也很难在新工作中开创新局面,因此,他们往往不太愿意作出新的尝试。人的冒险精神终将在岁月的河流里销蚀殆尽。

值得注意的是,很多创业者一生中创办过不止 1 家企业。以威廉·波杜斯卡(William Poduska)为例,他是 Prime Computer 公司的共同创始人,后来陆续创办了阿波罗计算机公司(Apollo Computer)和 Stellar Computer 公司,后者与 Alliant 公司合并,成了现在的 Stardent Computer 公司。还有亨利·克洛斯(Henry Kloss),他在波士顿联合创办了 4 家先驱企业,推出了全新的音响系统,成了高保真音响发烧友心目中的传奇人物。这 4 家企业是:20 世纪 50 年代的 Acoustics Research 公司、20 世纪 60 年代的 KLH 公司、20 世纪 70 年代的 Advent 公司,以及 20 世纪 80 年代后期的 Cambridge Sound Works 公司。雷蒙德·库兹韦尔(Raymond Kurzweil)和亚伦·克莱纳(Aaron Kleiner)联合创办了 3 家公司,进一步开发了雷(即雷蒙德·库兹韦尔)在模式识别和人工智能领域里不断演进的新技术,并不断推进这些技术的商业化:1974 年,他们成立了 Kurzweil Computer Products 公司,当时雷才 25 岁。还有 1982 年的 Kurzweil Music Systems 公司和几年之后的 Kurzweil Applied Intelligence 公司。我们在第一章提到过,菲利普·维勒斯一共创办过 3 家 CAD/CAM 企业:先是 Computer Vision 公司,随后是 Automatix 公司和 Cognition 公司。事实上,MIT 最近一项覆盖 99 位校友创业者的调查发现,这些在马萨诸塞州拥有极度成功企业(不止技术型企业)的超级明星们平均每人创办了 2.9 家公司。其中的一位教师创业者创造了最高纪录:这位老师参与创办了 12 家新企业。前文探讨过的年龄因素会影响人们首次创业的时间。连续创业者的"职业生涯"(career)会变成不断地"创办新企业",直到退休,或者直到半退休。一般来说,很多半退休的创业者会从事投资工作,或者到大学教书。

因此,正如我们猜测的那样,技术型创业者比较明显的主要"成长"(growing up)特征包括:受过前沿的技术教育,受教育程度的中位水平为工科硕士,这一点与他们的非创业同事没什么差别;还有,他们相对比较年轻(35 岁左右),比留在组织里打工的前同事们略微年轻。

3.4　工作经历

研究文献普遍记录了工作经验对技术创业者创办新公司的重要意义。人们普遍认为,在创办自己的企业之前,技术创业者已经从事了多年的工程工作,并且具备一定的管理经验。而我对少数技术型创业者的早期研究强调指出,他们先前的工作更多地侧重于开发,而不是研究。我认为,这个模式同样适用于更大的样本。不过,这一小节对创业者工作经验的讨论远比我之前的研究深入得多。

3.4.1　工作经历的各个阶段

技术型创业者的平均受教育程度(硕士学位水平,一般在 23~24 岁之间取得),加上他们的年龄特征(前文讨论过),顺理成章地带来了这样的逻辑推断:一般来说,创业者在成立自己的企业之前积累了大约 13 年的工作经验。实际上,有一项研究精心调查了 111 位创业者,得出的平均工作年限 12.7 年(这均值方差达到了将近 8 年,这体现了样本中几位 MIT 教师创业者的影响。他们在创办公司时已经 60 多岁了。在有些统计情况下,他们的存在会在统计中平添 40 多年的工作经验)。这个结果和我对生物医疗样本的研究相呼应,该样本的研究结果为 13.2 年。它同样和 60 位瑞典技术创业者 12 年的平均工作经验一致(Utterback et al.,1988)。加利福尼亚州创业者在创办公司之前的工作经验明显更丰富,平均 17 年(Bruno and Tyebjee, 1984)。

图 3-4 显示了工作经验的分布情况,大部分技术创业者(79%)的工作经验在 3~16 年之间;只有 2% 的人工作经验不足 2 年,22% 的人工作经验超过 16 年(相比之下,消费品厂商创业者先前的平均工作经验为 24 年)。

那么,在创办自己的企业之前,创业者们 3~16 年的工作经历是如何度过的呢? 正如教育特征的情况一样,技术创业者的工作经历也和其他类型的创业者不同。柯林斯和摩尔总结了密歇根州创业者的特点:较少地依靠正式教育,较多地依靠"社会大学"的教育(Collins et al.,1964, p. 125)。它更像是一所"硬汉训练营"(school of hard knocks),它的特点是频繁的工作更换。这帮助未来创业者们获得足够的能力,打下成为称职创业者的基础。非常明显,柯林斯等人研究的一般创业者并没有一项关键的工作经验为他们带来创办新企业的缘由和基础。

与此不同的是,我研究的技术创业者具备一项关键工作经验。这为他们带来了创办新企业的机会。他们的新公司通常具备技术优势,至少成立之初如此。不仅如此,

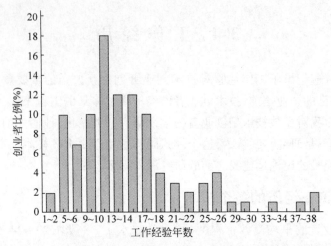

图 3-4　技术创业者在创办新企业之前的工作经验情况($n = 111$)*

*舍人误差；调增到 103%。

大体而言,借助这种技术优势,这一关键工作经验还会帮助他们实现销售和利润的迅猛增长。这又和加州硅谷的情况大不相同。在硅谷:85% 的技术创业者在创办公司之前在至少 5 家企业工作过(Bruno and Tyebjee,1984);工程师/管理人员的年流动率高达 30%(Rogers and Larsen,1984)。我的数据主要来自大波士顿地区的创业者,它并没有显示出类似硅谷的跳槽现象。实际上,他们的先前雇主相对少得多,通常只有 1 个,也是最重要的一个。我把这个雇主单位称作技术源组织。硅谷看上去体现了一种与大波士顿地区截然不同的文化。如果非要从二者中选出一个来代表美国其他地区,应该选哪一个? 我也不知道答案。

　　创业者的全部工作经验可以分解为 3 个部分:技术源组织之前的工作经历(如果有的话),在"萌芽"(seeding)组织期间的工作经历,以及研究涉及的"源组织"与新公司成立之间的工作经历。进入源实验室之前的平均工作年限为 4.26 年(该均值的方差约为 5.59 年)。更加令人惊讶的是,源组织即是第一份工作的技术创业者比例高达 41%。足有 70% 的创业者在进入这些源实验室之前曾在其他地方工作过 5 年或者不足 5 年。

　　那么,技术源组织和创办新企业之间的工作经历又是什么情况呢? 根据研究样本的不同,有 50% ~ 65% 的人在辞去源实验室工作之后(甚至有些人在之前!)直接走上了创业道路。其余的 35% ~ 50% 在离开源实验室之后先找了另一份工作,没有直接创办自己的公司。在他们中间,大约有 50% 的人在源实验室和创办企业之间工作了 5 年或者不到 5 年的时间(我会在第四章讨论这样一个事实:在源实验室和新公司成立之间的时间间隔会对技术转移的程度产生巨大影响,即间隔越长,技术转移的程度越差)。平均而言,源实验室和新公司之间的时间间隔为2.4年。图3-5很好地证明了创业者离开源组织之后创办新公司的比率。

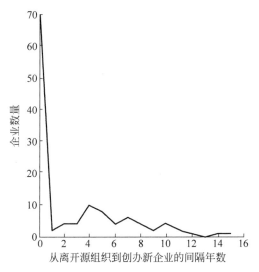

图3-5 新企业的形成与创业者结束源组织工作年数之间的关系($n = 121$)

那么,技术创业者的基本训练、经验和技能从何而来呢?第四章关于技术转移的论述会更加具体地回答这个问题。这里的数据主要反映的是人们从事技术工作的年数。对有些创业者来说,绝大部分的工作经验来自他们进入源组织之前的积累;还有一些人的经验来自他们离开源组织到成立新公司之间的经历。但是,在我们的研究中,绝大部分的技术创业者是在一段关键工作经历中获得的相关经验和训练,也就是在技术源组织工作期间。通常来说,创业者在源组织工作的时间为7.4年(再次说明,因为计入了一部分教师创业者,所以这个数字略微偏大),比人们进入源组织之前的工作时间和离开源组织到创办新企业之间的工作时间分别多出将近3年和5年的时间。有53%的创业者在源组织工作的时间达到或者超过5年。

在创业者总样本中,将近21%的人只在我们所说的技术源组织工作过。不仅MIT衍生企业如此,其他地方也是如此。例如,我们研究的某电子系统企业,它的衍生企业家同样如此。还有37%的人只有进入实验室之前的工作经历和在实验室期间的工作经历。这使得离开源组织之后直接创办企业的人数比例增加到了58%。20%的人在离开源组织到创办新企业之间有过工作经历。只有大约22%的人在进入实验室之前、期间和之后(创办新企业之前)有过工作经历。这些数据的摘要详见表3-9。

表 3-9　创办新企业之前的工作经验

工 作 经 验	技术创业者(%)
仅技术源组织	20.6
在技术源组织期间的工作经验,加上从离开源组织到创办新企业之间的经验	19.6
在源组织工作期间及之前和之后的工作经验	37.4
在技术源组织工作期间及之前取得和之后的工作经验	22.4

3.4.2　生产效率

注意到大波士顿地区的技术型创业者通常拥有一段关键工作经历,并在此基础上创办新企业,我们势必会对这些组织经验的各个要素作出考量。以下 3 种尺度有助于衡量创业者在源组织中的经验特征:在源组织发表的论文数量和获得的专利数量;用于完成各类工作行为的时间比例;把技术工作分级,从基础研究到原型开发工作,创业者具体从事哪一类型。

正如本章上文指出的,我尽可能地把创业者工作经验特征与对照组中来自同一源组织的职业科学工作者与工程师的特征进行对比。结果发现,典型的创业者在技术源组织的工作时间为 7.4 年,相比之下,同一组织的典型非创业人员在数据收集时已经工作了 8.4 年,比创业者整整多出 1 年时间(很显然,典型的非创业者还会在该组织工作更长时间,直至最终离开为止)。因此,在考量某些因素,如在职期间发表论文数量和获得专利的数量时,我们要清楚两个群体之间存在着工作时间长短的偏差,后者在职的时间比前者要长,所以,非创业者发表的论文数量可能多于创业者。即便有这样的偏差存在,表 3-10 清楚地说明了在技术源组织工作期间,平均每位创业者发表的论文数量是对照组成员的将近 3 倍。除此之外,在这些实验室工作期间,至少发表过 1 篇论文的创业者人数是非创业者的 2 倍。创业者显然是与众不同的,但是,按照大型组织对职业科学工作者和工程师们的传统评判方式来衡量,他们的工作是否一定富有成效?至少我此前的研究没有找到这方面的证据。

通过检视人们在源组织获得的专利数量,我们发现了同样的现象。在技术源组织工作期间,创业者平均获得的专利数量是非创业者的 32 倍(这项指数比论文数量更清晰地表明了创业者的商业倾向)。不仅如此,高达 34% 的创业者在实验室工作期间至少获得过 1 项专利,相比之下,对照组中的非创业者这一比例仅为 5%。这些数据都说明了,按照传统的技术生产率衡量,创业者和对照组之间存在着惊人的差距。即使是在对照组的职业科学工作者和工程师群体之内,少数在入职前从事过个体经营或者自由职业的人们所获专利的数量也远远多于那些从未从事过个体经营的同事($p =$

0.001）。很显然，创业者们不仅是新企业的缔造者，早在研发机构工作时，他们就是工作效率最高的技术贡献者。某多元技术集团企业的衍生创业者情况可能进一步证明了这一点：在离开这家企业之前，平均每位创业者获得过1.8项专利、发表过2.4篇论文；生物医疗领域的创业者也是一样，他们的平均数字是1.2项专利和8.1篇论文。这反映了他们在医院和大学工作期间表现出来的明显的研究导向背景。不过它们没有对照数据，无从对比。

表 3-10　论文与专利情况——创业者 VS. 对照组

	技术创业者	职业科学工作者和工程师
在源实验室工作期间人均发表论文数量	6.35	2.2
在实验室工作期间至少发表过1篇论文的人数比例	63%	38%
在源实验室工作期间人均获得专利数量	1.6	0.05
在实验室工作期间至少获得过1项专利的人数比例	34%	5%

同样在一所实验室里工作，为什么创业者的生产效率会远远高于他们的前同事们？二者在教育背景方面的相似性和/或创业者相对稍短的工作经历显然无法解释这种明显的差别。我们可以如下假设此处工作中的因果影响。

（1）某些技术人员更高的生产效率，尤其是在那些可能构成专利授予基础的工作方面，也许会影响：①这些人接触创业机会的可能性；②他们最初的开发工作，带来潜在的外部应用；③他们对自己独立取得成功的信心。以上任何一点都有可能鼓舞衍生创业的发生。

（2）影响这些个人技术生产效率的"创业者行为"（entrepreneurial behavior），无论它是什么、怎样定义，都在影响着人们离开实验室、成为企业创始人的可能性。遗憾的是，现有的数据还无法验证这些假设。

3.4.3　时间分配

创业者在技术源组织工作经验的另一方面是他们在各项工作中投入时间的百分比，如撰写报告和开发工作等。表3-11的数据表明，创业者和对照组在源实验室从事研发工作的时间比例相当，都是大约50%。如果只考虑花在各项活动上的平均时间比例，创业者和对照组似乎没有什么不同。然而，创业者与对照组在平均数标准差上的差别说明了，创业者在各项活动中变异度更高。在这些数据描绘的图景中，我们看到创业者个体在具体活动中投入的时间长短不一。这与对照组形成了鲜明的对比：对后者来说，无论是个体之间还是平均而论，相同活动所需的时间比例并不会发生太大的变化。

表 3-11　用于各项活动的时间　　　　　　　　　　　　　　%

实验室工作涉及的各项活动	技术创业者		科学工作者和工程师对照组	
	平均	标准差	平均	标准差
撰写报告	10.61	15.88	9.59	0.40
行政事务	9.57	12.75	10.43	5.43
开会	8.09	8.62	10.51	5.51
研究	23.78	26.88	20.21	20.21
开发	28.57	27.83	29.99	9.99
人事管理	11.10	13.03	11.11	6.11
其他	8.21	20.24	6.70	48.29
总计*	99.93		98.54	

* 舍入误差。

　　再来看我们研究的某产业实验室,来自这里的创业者们职业年限较长,他们在人事管理中投入的时间同样多得多($p=0.01$),这一点并没有超出我们的预料。它也证实了 MIT 此前一项关于同一家源组织研发管理方面的研究(Rubin et al.,1965)。

　　虽然创业者的职务并没有确切而统一地记录在案,但是,他们很多人都曾在源组织担任过技术管理者。比如,在 MIT 仪器实验室的衍生创业者中,有 40% 在创业前担任过实验室技术主管(而不是一线工程师)。而非创业者的这一比例只有 15%,真是相形见绌。以下几项因素也许可以解释主管们较高的创业离职率:①个人特征,也就是使得他们成为主管的那些个人特征;②有机会接触各种各样的问题,因此也有机会接触各式各样的机会;③作为主管,他们的职位更高,职权更大。他们比普通工程师更多地与供应商和客户打交道。这成了市场信息和人脉关系的宝贵来源。

3.4.4　工作性质

　　除了关于时间分配的简单探讨之外,我们还要在这里更详尽地探究每位创业者及对照组中每位职业科学工作者和工程师所从事的工作,探讨这些工作的技术性质及其特征。这一做法借鉴了 DOD 的一项研究。在这项研究中,DOD 对美国陆军"犊牛犬"(bullpup)导弹项目包含的技术进步来源开展了一次全面彻底的调查。"犊牛犬"研究是"后见之明计划"(Project Hindsight)的组成部分。该计划是对美国军事研发生产力的一次详尽分析(国防研究与工程处处长办公室,1964)。这个计划列出了下面 9 个级别的研发工作,国防部据此广泛验证各项工作的可靠性。"犊牛犬"分类法(bullpup classification)也被人们用来定义个人的工作性质。

（1）纯粹数学和应用数学研究,针对自然现象的理论研究。

（2）对自然现象相关理论及积累数据的实验验证。

（3）对自然现象新领域和未探索领域的理论研究及试验研究的结合。

（4）运用新的或者未经尝试的概念、原理、技术和/或材料,提出并论证完成某些具体基础职能的能力。

（5）按照设计要求,完成材料和/或设备行为特征的理论分析和/或实验测量。

（6）开发新材料,实现某项功能必不可少的性能。

（7）运用已有的概念、原理和/或材料,首次展示具体基础功能的实现能力。

（8）开发新的生产、装配和材料处理工艺。

（9）运用已有概念、原理和材料,率先开发出完整的系统、元器件、设备或者该设备的重要因素——即完成原型开发。

很少有人会对阅读或（和）记住这些分类感兴趣。鉴于此,我们不妨简单地规定（1）是基础研究,（9）是原型开发;在这个从（1）到（9）的区间尺上,越靠近右侧,就越偏重于开发工作。如下所示,我们称之为"犊牛犬"分类法。

（1）（2）（3）（4）（5）（6）（7）（8）（9）

基础研究 ——→越来越偏重开发工作——→ 原型开发

在有些情况下,创业者的分级代码不太容易确定。这主要是因为他们在源技术组织中的工作涉及面很广。但是这一分级法的可信度得到了几种统计关系的支持。比如说,员工的受教育程度越高,就会越多地偏向于"犊牛犬分类法"左侧的,也就是基础研究的一侧。这种倾向体现在各个研究对象之中:林肯实验室（0.001）、另外两家 MIT 实验室（分别为 0.08 和 0.15）及某电子系统公司的衍生企业中（0.02）。归属分类与创业者对自己在开发工作中投入时间的陈述呈正相关关系:MIT 电子研究实验室（0.09）、电子系统实验室（0.05）;同时,它与创业者对自己在研究工作中投入时间的陈述呈负相关关系（这和我们料想的一样）:电子研究实验室（0.007）、电子系统实验室（0.01）,以及某电子系统公司衍生企业（0.003）。除此之外,"犊牛犬"分类法也和这两家实验室主管的工作分类密切相关（分别为 0.007 和 0.13）。这些结论都支持我们对"犊牛犬"分类法的采纳,并把它当作一项有用的工具,衡量创业者在源组织期间的工作性质。

图 3-6 中的数据来自 35 家衍生企业,它们都出自同一家电子系统公司。图 3-6 描绘了创业者们在该公司工作时所从事技术工作的分布情况。尽管每一种"犊牛犬"级别上至少有 1 位创业者,但是,总体而言,他们非常明显地倾向于图中的开发侧。按照我们的预想,这样的情况本来应该出现在以工业系统为中心的组织中。

表 3-12 是一个由 94 位 MIT 衍生创业者组成的子集。根据这些创业者的源组织和

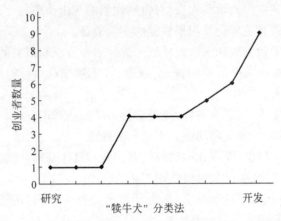

图 3-6　创业者在某电子系统公司工作期间从事的实验室工作性质($n=35$)

他们在源组织中的工作类型,该表对这 94 位创业者进行了分类。总数表明,主要从事基础研究的创业者只有 2 位,而主要从事原型开发的创业者则多达 26 位。这一点并不难理解。一方面,基础研究不会产生太多的技术,不具备立竿见影的实际效用。基础研究本来就不是为此而设的。另一方面,原型开发工作大量涉及实用技术,这正是它的性质所在。因此,创业者理应在很大程度上来自开发类型的工作之中。同时,表 3-12 还为创业者先前工作分类编码原则的可靠性提供了更进一步的支持。与来自MIT 主要实验室的创业者相比($p=0.01$),来自 MIT 各院系的创业者——其中包括很多教师创业者——的工作更多地偏向于研究方向。

表 3-12　MIT 衍生创业者的工作性质($n=94$)

源　组　织	工作类别("犊牛犬"分类法)									
	1	2	3	4	5	6	7	8	9	总计
重点实验室										
电子系统实验室	—	—	—	—	3	—	1	2	4	10
仪器实验室	—	—	—	—	1	—	—	1	7	9
林肯实验室	2	—	6	4	3	1	3	1	12	32
电子研究实验室	—	—	2	1	3	—	4	—	2	12
实验室总计	2		8	5	10	1	8	4	25	63
中位值=7,均值=6.6										
各院系										
航空航天	—	1	3	8	5	—	—	—	—	17
电子工程	—	—	2	—	2	—	1	—	1	6

续表

源 组 织	工作类别("犊牛犬"分类法)									
	1	2	3	4	5	6	7	8	9	总计
材料科学	—	—	4	—	1	1	1	1	—	8
院系总计	—	1	9	8	8	1	2	1	1	31
中位值=4,均值=4.5										
MIT 总计	2	1	17	13	18	2	10	5	26	94

表 3-13 列出的是 MIT 林肯实验室和仪器实验室随机抽样人员(都来自对照研究),以及与之对应的衍生创业者的工作分类情况。我们可以看到,在每一组对比之中,创业者的工作内容都比实验室工作人员更偏向开发导向($p=0.06$,$p=0.13$)。一项关于另外两家 MIT 实验室——电子系统实验室和电子研究实验室——创业者完成工作的主观评价也得到相同的结论(见第四章)。结论非常明确:从事开发工作(而不是研究工作)的人们更容易走上创业道路。这也许是由于潜在创业者追求实际方向、开展实用工作的倾向性。这种倾向会把想法转化为实际的功用,这即是开发工作。或者说,从事开发工作的人们可能看到更多潜在的商业化机会,更有可能走上创业之路。很显然,这两种影响都有可能发挥作用。

表 3-13 源组织员工与衍生创业者的工作性质

抽 样	工作类别("犊牛犬"分类法)									中位值	均值	总计
	1	2	3	4	5	6	7	8	9			
林肯实验室员工 *	9	15	22	16	16	4	11	1	56	5	5.75	150
林肯实验室衍生创业者	2		6	4	3		3	1	12	6	6.06	32
仪器实验室员工 †	3	3	2	18	14	1	6	6	81	9	7.33	134
仪器实验室衍生创业者	—	—	—	—	1	—	—	1	7	9	8.44	9

* 林肯实验室员工和林肯实验室衍生创业者在工作分类方面的差别概率水平为 0.06(依据 Mann-Whitney U 测试得出),具备充分的统计学意义。

† 达到 0.13 的重要水平(依据 Mann-Whitney U 测试)。

3.4.5 源机构本身

更普遍地讲,一个组织完成的工作性质本身可能也会影响员工离开该组织、创办新企业的可能性。我们已经发现,创业者个体更多地拥有偏重开发性质的工作经历(相对于基础研究和应用研究而言),这一点也启示我们,一个组织的工作性质越偏重开发性质,就越有可能产生衍生企业。MIT 每一所实验室的主任都为自己实验室的工作类别作出过"犊牛犬"式(从基础研究到原型开发)的主观评价,同时对实验室整个发展历程中的评级变化作出了说明。这一工作的模糊性使得评级结果颇为令人质疑。尽管如此,该评级仍然说明了,绝大部分后来的创业者都是在这些实验室最偏重开发工作的历史阶段中聘用的,尽管它们在其他历史时期聘用的人数也许多出很多。但是,根据整体开发评级得出的实验室排序与每 100 名员工中产生新企业的频率并不一致。

库珀(Cooper,1986)研究了实验室的第二项特征,获得了并不一致的发现。他主要研究的是源组织的规模对衍生企业形成率的可能影响,虽然他更早的研究曾经指出,规模较小的组织更容易产生技术创业者。与库珀的结论相反,费泽和威拉德(Feeser and Willard,1989)发现,规模较大的源组织衍生的新企业更多,尤其是高速发展的较大型企业。为了验证这种可能的影响,我们把 MIT 的实验室按照资金规模排序,结果发现,按照每 100 万美元资金产生的衍生企业数量计算,确实是较小的 MIT 组织衍生更多的新企业。工作在较小组织里的人们享有更高的独立性和自主权,因此,在扬帆商海、创办自己的企业时,这些人会更少地疑惧。又或者,这里的因果关系也可能反转过来。有志于创业的人们也许发现,规模较小的技术型组织更有吸引力,因此,他们起初就会选择加入这种小型组织。那么,当他们积累了足够的经验,为创业做好准备之后,势必会从这些小型组织中脱离出去。这样可能造成一种错误的印象:较小的源组织产生了较多的创业者。

在学习过程中,在是留是走的决策中,个人态度发挥着至关重要的作用。如果一个人感到自己的工作既充满挑战又乐在其中,那么,他很有可能比别人学得更轻松,培养出更加全面的能力。受访的创业者无一例外地对源技术组织给予里高度评价。比如说,走出 MIT 的创业者通常会说,他们曾经在 MIT 实验室的工作是自己做过的最有趣的事,他们要么处于科学技术的领先位置,要么走在科技探索的最前沿。89% 的 MIT 创业者指出,他们在实验室工作期间掌握了大量的新技术,而不是主要运用自己已经掌握的知识。

在 MIT 创业者中:有 84% 的人指出,他们在源实验室或者院系的工作难度高于平均水平;65% 的人进一步指出,在创办自己的公司之前,他们的任何一份工作的难度都不会超过源组织工作的难度;92% 的人声称,他们在源组织工作中收获的乐趣和满足感高于平均水平;76% 的人感到,实验室的工作经历带来的乐趣相当于或者高于他们成立自身企业之前的任何一份工作。工作的难度与完成这些工作带来的满足感和愉悦感紧密相关(Kendall tau = 0.60,$p = 0.001$),这一点丝毫不足为奇。先前工作的难度与满足感之间的这一关系甚至同样适用于消费品制造行业的创业者(0.04)。

来自某电子系统公司的创业者们有着类似的看法。他们中只有 2 人不喜欢自己工作过的产业实验室,只有 1 人认为,实验室的工作没有任何挑战可言。这些产业衍生创业者整体认为,实验室的工作难度与他们工作过的其他企业的工作难度相当。相比之下,他们更喜欢源实验室的工作。

我们在这些心满意足的评价中看到了一种矛盾:既然非常满意,这些创业者为什么要离开呢? 很显然,是创办自己公司的吸引力压倒了留在令人愉快的、充满挑战的源组织里的吸引力。对很多人来说,就像在第一章中提到的:肯尼斯·奥尔森觉得曾经的挑战早已成了平常事,他们需要树立和征服新高度。

偶尔也会有创业者提到,他们在离开源组织时有过不太愉快的经历。比如,在提供这一信息的 23 家"仪器实验室"的衍生企业中,有 2 家认为,它们的管理者没有在实验室得到过重用(这也许是有意为之,因为这座实验室的政策是鼓励员工流动),还有一家衍生企业的创始人是被请求离职的。但是,消极的看法非常难得一见。与此类似,在圣地亚哥地区 53 位医疗创业者中,只有 6 位提出,他们是因为"不和"(dissonance)而离开原单位的(Mitton,1986)。我们没有这两组研究的对照数据(即留在这两家实验室的职业科学工作者和工程师们的数据),无从得知这些创业者在原来的工作中面对的工作难度是更高还是更低,也不知道他们对原来的工作更满意还是更不满意。

我们在第二章提到过,很多创业者证实,当他们在源组织的重大项目完成时,他们往往会感到自己在那里的工作也告一段落了。他们更多地把自己的身份与具体的项目联系在一起,而不是与实验室本身。在旧项目完成之后、新项目上马之前,势必会有一段令人百无聊赖的空窗期,它给了未来创业者们充足的时间思考自己的目标。有些创业者指出,辞职创办新公司并不比等待开始新项目更令人心焦。但是我们缺少必要的信息,无法针对项目结束的新公司创办的具体影响开展严谨细密的分析。

3.4.6　多位创始人对整体工作经历的影响

如前所述,大多数的衍生企业是由多位创始人创办的,中位数为 2 名。(从一项收集每位创始人详细信息的研究项目中)我们得出的一个明显的结论:联合创始人的数量与整个创始团队先前工作经验的年数之和密切相关(0.01),还与整个创始团队在新公司每个星期工作的总小时数息息相关(0.008)。每位共同创始人会直接奉献出自己的工作经验和当前的努力,这使得初创企业平均具备的创始人工作经验达到了 21.7 年。

只要把多名创始人的整体经历分成不同的背景领域,我们就会得到更有趣的发现。表 3-14 和表 3-15 的数据来自较小的企业样本。它们表明,创始人的数量与销售工作(0.004)和行政工作(0.02)的总体经验密切相关,但与技术工作总体经验的相关性并不明显。不仅如此,求出这些数据的平均值,我们可以得到每位创始人的平均工作年数,从而得出强度指标。随后我们会发现,创始团队人数越多,每位创始人的销售工作年数就会变得越长(0.01),行政工作年数同样如此(0.04)。作为补偿,创始团队人数越多,每位创始人的技术工作年数就会变得越少($p=0.04$)。这些都表明,团队的人数越多,其性质就越接近商业导向,在规模较大的创始团队中,销售和管理方面的工作经验会逐渐取代技术工作经验。只有 1 位创始人的公司缺少销售、财务和管理方面的工作经验,在 10 家单人或二人创办的公司里,有 8 家缺乏销售经验。但是,总的来说,这种经验组合会随着创始团队规模的扩大而发生变化。我们会在后面的章节中看到,人数较多的创始团队还会在公司发展方向上更偏向于产品制造导向,初始融资的规模通常也比较大。库珀等人研究了大量的企业样本,证明了这一结论(Cooper et al. ,1989)。

表 3-14　工作经验结构随创始人数量的变化情况

创始人数量/人	公司数量/人	平均年数/公司		
		销售	技术	财务与管理
1	4	0.0	9.5	0.0
2	6	1.5	21.2	3.7
3	6	3.0	13.3	3.8
4	1	12.0	26.0	11.0
公司平均		2.3	16.1	3.3

表 3-15　业务经验领域随创始人数量的变化情况

创始人数量/人	公司数量/人,其创始人工作经验主要集中于			
	销售、财务/管理	仅销售	仅财务/管理	两者都不是
1	0	0	0	4
2	1	1	2	2
3	3	2	1	0
4	1	0	0	0

因此,关于工作经验,一个典型的技术型创业者平均拥有 13 年的工作经验,其中主要是在源组织的工作经验。也就是我们研究的组织,也是创业者们离开之后直接创办新公司的组织。创业者在源组织主要从事应用开发项目,而不是基础研究工作,而且他们经常肩负着管理职责,需要管理其他的工程师们。按照传统的论文数量及获得专利数量衡量,创业者的工作成果远远大于自己在源组织的同事们。

关键源组织的工作内容各不相同,遍布每个方面,从基础研究到原型开发,无所不包。尽管如此,绝大多数创业者在这些实验室的工作经历都集中在实验室历史上最偏重开发的时期。按照每100万美元资金诞生的新企业数量计算,规模较小的MIT实验室的衍生频率更高。这可能是因为它们为员工提供了更高的自主权和更大的发展空间,也可能相反,因为更富有创业精神的人们一开始就被吸引到了这里工作。在大多数情况下,创业者认为源组织的工作既充满挑战,又能带来成就感;他们之所以离开源组织,是为了实现新的目标;即使他们心里仍然保留着对原单位的美好感受。

3.5　目标取向、个性和动机

技术型创业者并不是单凭父辈的职业和他们本人的教育和工作经历就能描绘清楚的。创业者的目标、个性和工作动力都是创业现象不可或缺的关键组成部分。在描述哪些人们走上创业之路的时候,如果没有提到这些问题,哪怕只是"婉约地"(softly)提到这些问题,那么,这样的描述必定是不完整的。想要清晰地定义这些创业特征,可以求诸3种不同的信息来源:2套心理测试——其中一套旨在明确人们的个性特征和行为偏好;另一套主要关注需求和动机;第三种信息来源是对所有目标创业者的结构化访谈,探明他们创办各自企业的原因。

先前的研究表明,人们普遍认为,技术型创业者都是性格外向的人,他们强烈地渴求成功,极度追求独立自主,始终不渝地寻求新的挑战。

3.5.1　心理类型

著名心理学家荣格(Carl G. Jung)认为,人和人根本不同,这主要体现在人们对行事方式的偏好上面。荣格心理类型的4个维度分别是:外倾/内倾、感觉/直觉、思维/情感和判断/感知。按照这些维度把每种可能的偏好组合起来,可以得到16种可能的原型。迈尔斯-布里格斯类型指标(Myers-Briggs Type Indicator,MBTI)就是按照荣格的类型理论完成测量的。美国教育考试服务中心(Educational Testing Services,ETS)几十年以来的研究(使用MBTI)积累了大量的数据,涉及各类活动从事者的心理特征。可惜的是,我还没有发现MBTI用于技术创业者群体的先例。《公司》杂志(INC.,1988)在一则简短的新闻中提到了一项邮件问卷调查。这项调查使用MBTI调查了159位成功的CEO-创始人,包括未知数量的技术型企业。但是这项调查得出的CEO-创始人性格特征与"大学教授"非常相似,这样的结论很难令人信服。

尽管荣格的各个维度之间存在和细微的差异,但是,如果简单地从关键偏好的角度来看,它的各个原型(archetypes)还是非常容易识别的(Keirsey and Bates,1978)。

"外倾者"（extroverts）喜欢与别人打交道，这会让他们充满力量，或者说"上满发条"（tunedup）；相反地，"内倾者"（introverts）的力量来自对独处式活动的追求。例如，一个人安静地工作、阅读或沉思等。先前的研究指出，75% 的美国人属于"外倾"类型（Bradway，1964）。创业涉及频繁的互动——与同事、下属和顾客等，因此我预想，总的来说，创业者应该是偏向外倾功能的。

偏向"感觉"（sensation）的人们十分"理智"（sensible），他们会牢牢地立足于事实和现实情况。他们会关注过往的经验，把握实际发生的过去和现在。而偏向"直觉"（intuition）的人们勇于创新、面向未来、富于想象力。他们往往会被远景和灵感吸引。尽管我们知道，有 75% 的美国大众偏向"感觉"类型，但是，创始企业家可能更多地把"直觉"作为自己的机能方式。

在荣格的描述中，"思维"（thinking）型个体重视客观的选择基础，他们会依照逻辑、原理和规律作出决策。与之相对的是"情感"（feeling）型个体，他们会更加主观地考虑自己的每一次选择会为自身、他人带来怎样的影响。由于 60% 的"思维"型个体是男性，60% 的"情感"型个体为女性，所以，他们在美国总人口中的分布大致上是平衡的。看上去，思维型和情感型的决策类型都适用于创业者，都说得通。但是，由于受过高等教育的男性占据了技术型创业者的绝对主体地位，所以，思维导向应该在技术创业者中略胜一筹。

同样地，在美国人口中，判断/感知的分立各占半壁江山。"判断"（judging）型个体做事有始有终，注重仪式感，提前谋划、信守期限。他们通常信奉"工作高于一切"或者与此类似的工作理念。而"感知"（perceiving）型个体喜欢保持开放多变的选择，保持灵活性，适应可能发生的一切。创业工作似乎更贴近"判断"类型。

关于荣格的心理维度，我的看法可以总结如下：技术型创业者更加外倾（E），更偏向"直觉"（N）、"思维"（T）和"判断"（J）取向。这样就得出了 ENTJ 类型，或者借用凯尔西和贝茨（Keirsey and Bates，1978，p. 73）热门著作中的名词来说，"统帅"（the field marshall）类型，或许它是对一部分创业者的恰当描述。

3.5.2　技术创业者的性格

为了验证这一假设的性格画像，我们设计了精简版本的 MBTI 测试（包括 31 道问题，大约需要 20 分钟完成）。在一次会议上，我们把测试问卷发给了每一位与会者。那是 MIT 创业论坛和 128 风险投资集团（128 Venture Group）的月度例会，主要关注波士顿地区技术创业活动和风险投资活动。我们对 73 份可用回复作出了数据分析，其中包括 48 人创办过 1 家或者多家企业（共涉及 90 家企业，其中 54 家仍在运营），另外还有 6 人表现出了强烈的创业愿望（Cuming，1984）。86% 的回复者为男性，68% 拥有硕士或者博士学位,这与我们此前对技术创业者受教育程度的描述相当①。

我们把 MIT 创业论坛和 128 风险投资集团 MBTI 测试的可用回复者分为创业者和非创业者两组。在这 73 位总体内向的技术专家中,创业倾向较强的人们明显更加外向(E)($X^2 = 10.60, p = 0.03$)。与其他工程师和科学工作者比较而言,技术创业者的总体特征表现为更高的社交性,更多的互动、外部取向与兴趣,以及人际关系的多样性。同时,即使在这个高度直觉性的群体中,创业者仍然表现出了略胜一筹的更高直觉(N)($X^2 = 5.43, p = 0.25$)。他们依靠直觉行事,喜好推断、放眼未来,会在行动中发挥想象力和独创力。同样地,在这个高度偏向于"思维"类型的人群中,创业者们表现出了更高一筹的"思维"倾向(T)($X^2 = 4.53, p = 0.34$)。他们更努力地做到冷静客观,注重分析;他们的行为严格地遵循各项标准。

只有一项结果是出人意料的,那就是关于荣格判断/感知维度的结果。虽然整体样本偏向判断类型,但是,创业倾向更高的人们明显表现出了更多的感知特征(P)($X^2 = 10.76, p = 0.005$)。也许有些创业者选择"自己当老板"是因为厌倦了没完没了的截止日期(deadlines)和企业里的重重压力,由此体现了他们的"感知倾向"(perceiving preference)。

根据上文提到的统计发现,凯尔西和贝茨引人入胜地描绘了这种 ENTP 性格画像,并把它称为"发明家"(inventor)。这个称呼适合描述多数技术创业者,而不是那些同样受过技术训练但是没有创业的人们。实际上,他们指出:"ENTP 适合成为创业者,他们会灵活地运用手边的材料、调动身边的人,随机应变地解决随时出现的问题,而不是未雨绸缪地提前制定周密的计划。"(Keirsey and Bates, 1978, p. 186)派里(Perry, 1988)也把一组技术创业者归类为"发明者",不过他更多地把他们同创造和积累财富的动机联系在了一起。

3.5.3　技术创业者的动机

正如前文提到的,麦克利兰和柯林斯还有他们的同事们重视和强调创业者的动机,而在我看来,其他一些重要因素也不应该被忽略。这一节主要结合研究样本讨论创业者的动机特征。在此之前,有必要简要谈论一下动机的测量手段。这主要由于,借用麦克利兰的话来说:"心理学家始终对人类动机充满了浓厚的兴趣,然而,由于缺乏足够的测量手段,关于这一问题的系统知识一直未能得到良好的发展。"(Atkinson, 1958, p. 7)在麦克利兰的引导下,我采用了主题统觉测验(thematic apperception test, TAT 根据受测人对模糊图片的口头解释来完成测试)作为动机测量的主要工作。我还

---

① 请参阅本章末尾的注释。

借用了麦克利兰的框架，聚焦于 3 种需求的评价：成就需要（n-Ach）、权力需要（n-Pow）和亲和需要（n-Aff）。

　　总结我之前对麦克利兰观点的评价，可以形成关于"成就需要"（need for achievement）的定义。我们认为，成就需要较高的个体往往会选择承担适中的风险，而不是过高或者过低的风险。而且他们通常能较好地完成风险程度适中的工作。一方面，在他们看来，风险过低和过高的情况都无法带来成就感，因为它们要么来得太容易，要么完全不可能完成。另一方面，风险程度适中的工作可以通过个人的努力以创造性的方式完成。需要更高成就感的人们偏爱这样的工作，并全力以赴地投入其中。而且他们能够通过个人选定的、独树一帜的、创新性的方式完成的工作。也就是说，对成就感的更高需要并不会让人们不加选择地完成所有工作，而是表现更出色。他们期望得到关于自身行动的明确反馈；他们一定要知道，最终的结果中至少有一部分来自他们的努力。这意味着，这里提到的"明确反馈"一定是个人以外的，如业务带来的利润；而不是作为一名出色的管理者带来的个人满足感。正如麦克利兰指出的，高成就需要者对金钱和利润本身并不感兴趣。相反地，"对他们来说，财富只是成功的尺子而已，帮助他们确切地了解自己的努力带来了怎样的结果。而这些努力才是他们真正鞭策自己去努力追求的。"（Atkinson，1958，p. 237）很明显，创业工作的很多内在特征可以满足高成就者的需要。

　　权力需要（need for power）指的是"教人控制影响他人的手段并从中获得满足感的倾向性……只要能起到操控他人的效果，这手段可以是任何事物"（Atkinson，1958，p. 105）。

　　亲和需要（need for affiliation）主要指建立、保持或者修复与他人之间的积极关系。最恰当的描述这种关系的词语是"友谊"（friendship）。对喜爱的表述或者对被喜爱、被接受或者被宽宥的渴望都是这种动机的表现。亲和需要较高的人要求自己拥有被喜爱或被接受的内在感受，必然期望人与人之间的反馈。需要注意，这种反馈与高成就需要者离不开的、关于业绩和成果的反馈类型是不同的。

　　在个人与他人的关系方面，成就需要的行为表现与权力需要和亲和需要的行为表现截然不同。权力需要和亲和需要是以人际关系为导向的。在这二者的定义中暗藏着他人的存在，他们要去影响或控制这些人，或者与这些人成为朋友。相反地，成就需要更加内在化。一个人也许需要他人的帮助，实现自己的成就需要。但是个人与他人之间关系的效力并不是由成就需要本身决定的。成就需要主要是一种影响行为的因素，而不是人际关系因素。它会影响企业的表现（如决策特征、对工作的投入度、意识到计划的必要性），并依靠它产生明显的成果，如利润和销售额等。而权力需要和亲和需要因素主要影响人际行为，由此影响企业的表现（例如，关爱员工,实施专制管理或者家长式管理等)。权力需要和亲和需要都隐含着对企业管理风格的决定性影响。

我们运用 TAT 方法为一个子集的技术创业者($n=51$)的这 3 种需要打分。为了确保结果的可靠性,这项工作是由哈佛大学动机研究小组完成的。(实际上,尽管底层 TAT 数据可能"偏软",我们获得的编码者间平均信度仍然达到了 0.8 的高位区间。)这 51 位创业者的人口统计特征,包括家庭背景、年龄、受教育程度和工作经历在内,都与整个技术创业者群体的相关数据非常吻合。这也支持了我们提出的所选群体具备代表性的说法。3 种需要的相关数据详见表 3-16。

表 3-16 对技术型创业者 3 种需要的测量结果($n=51$)

需 要	平 均 值	中 位 值	范 围
成就需要	5.9	5.0	$-5\sim18$
权力需要	9.7	9.5	$0\sim19$
亲和需要	3.5	3.0	$0\sim16$

表 3-16 最重要的发现是对技术型创业者需要的描述并非易事。每种尺度的测量结果都表现出了大范围的差异。以创业者的成就需要为例,尽管迷思和讹传广泛存在,但事实恰好相反:并非所有创业者都有极高的成就需要。这样的创业者只有一部分。尽管麦克利兰对成就需要动机的论述集中在创业行为上,但我事实上未能从他的著作中找到任何与企业创始人有关的研究和引用。很显然,他对所谓"创业者"的论述更多地依靠商业及其他领域人士的相关数据。这些数据指出,普通技术创业者的成就需要和权力需要都很平常,亲和需要较低。也就是说,典型的技术创业者在一定程度上渴望成功,愿意承担领导责任,也愿意和别人分享控制权;同时对自己与他人的关系要求甚少。尽管如此,在已有的关于技术创业者的数据中,可能还存在着大量的动机"类型"。

这些创业需要并不是彼此独立的。成就需要往往与权力需要正相关($p=0.01$),与亲和需要负相关($p=0.01$);同时,较高的权力需要常常与较低的亲和需要密切相关($p=0.05$)。

我的假设是,这些需要会对创业者的管理行为造成重要影响,因为,我会在第九章讨论这些驱动力是否会影响新建企业的业绩,以及如何影响它们。

3.5.4 为什么要创办一家公司

埃德加·沙因有关"职业锚"(career anchors)的研究中包含数百位研究对象,我们只能找到寥寥无几的创业者。"这些人很早就发现自己有一种超越一切的需要,他们创造属于自己的企业,无论是通过开发新产品或者服务,还是通过财务操作建立新的组织,或者通过并购已有企业,再把它重塑成自己理想的样貌。"(Schein,1987,p. 168)。在我的研究中,很多技术型创业者早在动手创办公司之前很久就开始思考这个问题了,但有了想法立即着手实施的创业者屈指可数。表 3-17 来自一个由 62 位创业者组成的子集,它显示的是从初次产生创业想法到衍生企业实际成立之间间隔的年数情况。只有 21%(13 位)的创业者在实际决定创业的同一年成立了自己的公司;另有 27%(17 位)的创业者在决定创业的 1 年之后、5 年之内成立了自己的企业;再看另一个极端,有 24%(15 位)的创业者琢磨了 10 年以上的时间,才动手创业,如第一章里提到的塞缪尔·莫里斯。另一个数据点来自某多元化技术企业,在这里,思考创业的中位年数为 9 年。

表 3-17　从思考创业到公司成立的间隔年数(n = 62)

	间隔年数/年							
	0	1~2	3~4	5~6	7~8	9~10	11~15	16~10	>20
创业者人数/人	13	7	10	8	5	4	7	7	1

如果换成具体的衍生企业、明确的创业思路,那么,从构思到公司成立的间隔模式就会大为不同。表 3-18 显示的正是这种情况,它一共包含 107 位技术创业者的数据。其中有 50% 以上都在想法成型后几乎立即成立了公司。近 80% 的企业是在具体创意产生之后的 2 年内成立的;除 1 家企业外,所有的公司都是在构思形成之后的 6 年之内成立的。

表 3-18　从构思具体的衍生企业到公司成立的间隔年数(n = 107)

	间隔年数/年						
	0	1	2	3	4	5	>6
创业者人数/人	56	28	10	4	4	4	1

为什么有些人一想到创业就会立即行动,而有些人没有这样做?我们很难为这个问题找到普遍的解释。每种情况各不相同。至于为什么创办衍生企业的想法会如此迅速地变成现实?为什么新公司这般迅速地成立了?所有的解释只能是事后的(也就是说,只有在公司成立之后,我们才能知道,有关这家公司的想法就出现在不久之前)。

成立一家企业的原因取决于众多因素。从传统意义上说,企业的"所有权"是对美国式独立目标的一种表达方式。从经济理论的角度来说,人们会在利润的激励下拥有企业。更明确的事实是,正如本书目前论述过的那样,创办企业及随之而来的各种形式的所有权,实际上受到诸多因素的综合影响,如社区环境、个人的家庭背景、年龄、受教育程度、宗教信仰和工作经历,等等。

遗憾的是,在我的研究记录中,只有 1 个问题与创业者成立企业的动机存在直接关联。

在你创办新公司时,你认为哪些创业特有的益处最具吸引力?(多选。请选择所有适合你的答案,并为所选的答案排序。1 为最重要)。

∨排序

薪水和财富

自己做老板——独立自主

挑战——实现前无古人的成就

挑战——挑起更大的担子

探索新领域的自由

从头到尾把事做成

其他

来自多种类型样本的结果指出,吸引人们的创业特征是相当传统的。表 3-19 显示的是一个子集的情况:对这些 MIT 衍生创业者来说,哪些创业特征最有吸引力。其中,就具体的独立特征而言,"自己做老板"最为突出。它吸引了 25% 的创业者。如果把它作为主要特征和次要特征的情况加在一起,"自己做老板"吸引了 40% 的创业者。比例最高的是各种形式的独立性,达到了 39%。在有些情况下,创业者对自己做老板的需要是通过另一种形式表现出来的:无法接受别人成为自己的老板。亚历克斯·德阿博洛夫(Alex d'Arbeloff)就是个很好的例子。他是泰瑞达(Teradyne)公司的共同创始人兼 CEO。这是一家自动化测试设备企业,价值 5 亿美元。德阿博洛夫说过,从 MIT 毕业之后的 10 年里,他一共换了 5 份工作,其中有 3 次是被解雇的。他强调说:"我能想出特别好的创意,所以会迫不及待地希望这些想法尽快落实。可是人们好像很不上心,我就会越来越急切地催他们,然后他们就把我赶走了。"泰瑞达公司是由德阿博洛夫和尼克·德沃尔夫(Nick DeWolf)共同创办的。由于姓氏字母顺序的原因,他们幸运地在预备役军官训练营(Reserve Officers'Training Grops,ROTC)班级里做了 3 年的同桌。德阿博洛夫一直在追求独立,泰瑞达公司的成立终于满足了他的愿望。

表 3-19　创业对 MIT 衍生创业者的吸引力(n=72)

创业的各项特征*	主要特征	次要特征
金钱		
1. 薪水或财富	9	6

续表

创业的各项特征*	主 要 特 征	次 要 特 征
挑战		
1. 实现前无古人的成就	14	7
2. 挑起更大的担子	8	5
独立		
1. 自己做老板	18	11
2. 探索新领域的自由	7	8
3. 从头到尾把事做成	3	6
其他†	13	6
总计	72	49

* 本组共包括 72 位相关问题的回应者；其中有 49 位还指出了次要特征。

† 大体而言，回答其他吸引力的创业者提出的都是独立、挑战或金钱方面的具体事例。

在这个子集里，把金钱列为首要特征的人不足 15%，即使把次要特征也算在内，比例也只有 20%。有些人认为，技术创业者的动力来源于他们对金钱的贪欲。这些人会发现，即使放眼全天下的技术创业者，符合他们制造的这种刻板印象的人依然是极少数。当然，很多创业者也许从一开始就受到了创业赚钱这种可能性的吸引，只是不愿意承认罢了。在我们的社会里，对财务成功的追求遭到了很多人的质疑，这一因素可能使得人们对这个问题的回答出现偏差。

创办一家新公司充满了挑战。这些挑战吸引了很大一部分创业者，尽管他们大部分已经在源组织里找到了挑战。有 30% 的人指出，挑战包括实现前无古人的成就，或者挑起更大的担子，这是创业工作之所以吸引他们的最重要的特征。在挑战中找到吸引力，这很容易理解。一方面，这些技术创业者普遍受过良好的教育和训练。对他们来说，先前的工作——无论是在源实验室，还是在产业界——都是比较得心应手的。在这样的环境中，有才华的人可以过得非常安逸。另一方面，成立、运营和建设一家新公司的风险要大得多，而公司的成功会成为个人成就的直接反映。公司的成败有赖于创业者的个人成就，并归属于创业者个人。创业的挑战在于，创业者可以在新的环境里衡量自我的"真正价值"。创业的挑战要广泛得多，和他之前遇到的挑战很不一样。正是这一点让创业者与众不同，显露出他们的本色。沙因的论述（Schein，1978，p. 149）同样支持这一说法："……这些人似乎有种高于一切的需要，他们要建立或打造某种完全属于自己的产物。它是他们的自我延伸（self-extension）……是他们成就的一把尺子。"

来自同一个研究项目其他样本的一系列结果都得出了与此高度相似的结论。就像表 3-20 指出的，即使是消费品制造领域的创业者也表现出了和技术创业者同样的动力。在另一组计算机相关创业者的样本中，22 人中的 16 人指出，"自己做老板"是他们最初创业的主要动机；这个与另一组样本的结果不谋而合：在 23 位来自某大型多元化技术企业的衍生创业者中，有 20 人是为了"自己做老板"。生物医疗创业者群体的结果也与此相似。

表 3-20　创业主要吸引力(%)

研究样本	独立(自己做老板)	金钱(薪水或资本增值)	挑战(独有的、更广泛的)
MIT 实验室衍生企业	39	20	30
某电子系统公司衍生企业	38	23	25
某多元技术公司衍生企业	41	35	24
风险投资企业	32	14	32
计算机相关企业	30	30	—
消费品制造厂商	32	27	11

　　尽管多种子样本表现出了高度的一致性，这 3 种最常见的答案也许只是反映了最容易被社会认同的说法，或者"最合时宜"的说辞。毫无疑问，这 3 个答案都隐含着别的、更深层次的动机，而不是它们本身那么简单。比如说，一个自称为了经济获益而创业的人实际上可能在表达自己对权力的需求，或者对更高社会地位的追求。但是，令人遗憾的是，这个方向上的研究和探索并没有深入一步。实际上，针对创业者动机与其他相关因素——如其宗教信仰、受教育程度和父亲的职业状况等——之间关系的统计分析并没有在分析方面带来实质性的影响。

　　唐·瓦伦丁(Don Valentine)是一位成功的硅谷风险投资人。他投资过 175 家公司，包括苹果(Apple)公司、LSI Logic 公司、甲骨文(Oracle)公司、Tandem 和 3Com 等。谈到创业者的动机问题，瓦伦丁的看法非常明确："人们普遍以为，人们之所以离开大公司，在风险投资人的帮助下创办新企业，只是为了赚更多的钱。其实不然。安迪·格鲁夫(Andy Grove)、鲍勃·诺伊斯(Bob Noyce)等人离开仙童半导体(Fairchild Semiconductor)公司，创办了英特尔(Intel)公司，他们并不是为了赚更多的钱，而是为了一款产品离开的。不知道因为什么，仙童半导体公司也许不愿意或者不会制造这款产品，总之它根本没有着手去做它。这就是创业征程的起点：它来自大公司的笨重迟缓……媒体总是对成功创业者的财富津津乐道。但是，如果没有被问起，创业者通常不会提起，他最初决心创办企业的原因是他产生了好的想法、看到了美好的愿景。而他的愿景是不可能在施乐帕洛阿尔托研究中心(Xerox Palo Alto Research Center, Xerox PARC)实现的，也不可能在惠普公司、IBM 公司或者其他任何类似的地方实现。他只能去一个能够实现这个愿景的地方。"(Sheff, 1990)瓦伦丁的观点和上文记录的主导性创业动机——"自己做老板"是一致的。在另外几组研究样本中，有些行业衍生创业者宣称,如果他们的老板允许他们追求自己视若珍宝的想法,本来他们可以继续留在公司的。他们表现出的这种怨怼与挫败的组合似乎也支持了瓦伦丁的上述观点。

因此,关于目标导向、个性和动机的最终发现证实了我们之前假设的外向行为,但是,典型技术创业者的个性特征应该描述为"发明家"更为恰当。不仅如此,一般来说,技术创业者并没有过高的成就需要,他们对成就和个人权力的需要十分温和。技术型创业者的目标包括渴望已久的独立自主和更多的挑战,其中,前者是通过自己做老板实现的,后者指的是实现他人没有做到的成就。和更高的收入与财富相比,独立和挑战为创业者带来的驱动力要大得多、重要得多。

3.6　总结与启示

这一章力图通过实证方式解释技术型创业者的来源。我们把创业者样本同恰当的对照组配对研究。这些对照组主要由 MIT 关键创业源组织里的职业科学工作者和工程师组成。研究的主要结论如下,结论摘要见表 3-21。

表 3-21　成为技术型创业者的典型影响

家庭背景
"创业香火"——个体经营者的子女
成就导向的宗教背景会影响一部分人

受教育程度与年龄
硕士学位,通常为工程学位,与"源组织"的技术型同事们比较类似
35 岁左右创业,比前同事们稍显年轻

工作经历
10 以上工作经验,略少于前同事,以"源机构"工作经验为主
偏重于开发(而不是研究)的工作背景
高产的技术专家,通常担负领导职责
通过了"源机构"工作的挑战,并感到满足

目标导向、性格与动机
"发明家"人格
成就需要和权力需要比较"适中",亲和需要较低
长期渴望拥有自己的企业
强烈向往独立自主,渴望战胜挑战;较少地关心金钱回报

按照本章论述的先后顺序,第一组结论主要涉及家庭背景的影响。它所包含的一系列因素都是未来的创业者无力左右的。谈到早期培养问题,最重要的研究发现也许就是我提出的"创业香火":它表现为一种明显的趋势,即父亲从事个体经营的家庭容易产生创业者,因为父亲的榜样可能会激发子女对独立自主的期望。这一现象涵盖了50%~65%的创业者,是美国大众随机抽样预期结果的至少2倍,显著高于"对照"群体的科学工作者和工程师。

对于那些出身非创业家庭的人来说,家庭宗教背景的浸染会带来一定程度的启发,这也会影响技术型创业的发生。正如麦克利兰著述中提到的,成就驱动与特定的宗教及种族家庭背景紧密相关,相对而言,创办技术型企业的犹太人较多、天主教徒较少。

不过,细致的分析消除了一项长久以来的迷信:长子更多地从事技术型创业。与弟弟妹妹相比,长子成为职业科学工作者和工程师的比例与他们成为衍生创业者的比例大致相当。

在"成长"方面,与之前面向"一般"创业者的研究相比,这里的研究表明,技术型创业者普遍接受良好的教育,中位教育水平为硕士学位,并且更多地集中在工科,而不是理科,攻读其他学科的人很少,包括管理学科在内。但是这种高水平的教育特征并不能把创业者同他们在"孵化"实验室里从事技术工作的前同事们区分开来。

35岁左右是技术创业者的主要年龄区段。多个创业者子样本显示,MIT实验室的衍生创业者略微年轻,而MIT教师创业者的年龄一般高于样本年龄"规律"。平均而言,技术型创业者通常比他们的前同事们年轻2~3岁。

有些方面的家庭背景和成长因素是超出未来创业者控制范围的。他们可以从这些主导关系的"另一面"(flipside)获得安慰。比如说,在最极端的例子里,有2/3的创业者都有从事个体经营的父亲。但是,在每一项研究样本中,同样有1/3或者1/2的创业者并非如此。如果谈到其他家庭背景或者成长因素,"少数派"的比例会变得更大。数据显示,对任何渴望成立自己公司的人来说,眼前都是一马平川的通衢大道。

与青少年岁月相比,胸怀大志的未来创业者能够更多地掌控自己的职业工作经历,包括工作年数和工作性质等。一般来说,技术型创业者的工作年数为13年,其中一半以上的时间是在"源组织"里度过的。也就是培养他成为创业者的技术型组织。有将近2/3的技术创业者从源组织的经验出发,直接创办了自己的企业。

在"源组织"工作期间,按照论文与专利数量的传统产出尺度衡量,创业者的生产效率远远高于他们的技术同行。很多创业者升到了技术主管的位置。实际上,对这些优秀人物来说,创办公司也许只是发挥自身创造能量和知识的另一条道路而已。

他们的工作背景证明,创业者可能更多地来自工科,而不是理科;更加值得注意的是，从研发工作的总谱系来看，创业者更多地出自开发一侧，而不是研究一侧。和基础性的新技术知识创造相比，把技术转化为应用的工作显然更有可能孕育创业者。绝大多数的技术创业者来自充满挑战的工作环境，而且他们对原本的工作环境非常满意，他们之所以选择离开、自主创业，是为了寻求更大的挑战。

就技术创业者的实际情况而论，其目标、性格和动机表现出了极为宽广的多样性。这足以让那些考虑创业的职业技术人员获得宽慰。从性格角度来看，技术型创业者通常比较外向，而他们的技术同行相对比较内向。作为一个群体，技术创业者代表了两个不同的导向极端，既包括直觉性的思考过程，也包括分析性的思考过程。这两个维度在职业科学工作者和工程师群体中表现得同样明显。技术创业者还表现出了感知倾向，由此而来的性格画像被凯尔西和贝茨称为"发明家"，这个标签可以恰如其分地形容很多创业者。

动机研究显示了技术型创业者人群中广泛的基本需求。尽管这些研究的对象全是创业者，但实际上并非所有人都有很高的成就需要。当然，有一部分人是这样的。一般来说，创业者对成就和权力的需求比较温和，对亲和需求比较低。

多数创业者似乎是在通过创办公司来满足自己长久以来的需要（或者至少是抱负），这反映了他们此前至少几年对于创办自己企业的总体思考。但是，当被问到为什么创业时，这些技术创业者主要表达的是面向独立自主的强烈追求，他们想自己做老板，还有的人不断地寻求新的、更加大胆的挑战，反而较少地关注财务收益问题。创业者对金钱的需要远远低于那些先入为主的创业犬儒主义观察者想象的程度。我们会在下一章谈到创业诱发事件的更多细节。

注释

这个样本一共包括 54 位创业者，我们首先把他们的心理画像同美国大众的数据作了对比。在统计上显著的基础之上，技术创业者群体比一般大众更偏内倾（I）（$p=0.10$）、更偏直觉（N）（$p=0.05$）、更具思考倾向（T）（$p=0.05$），但是在判断（J）偏好上并没有什么不同。实际上，凯尔西和贝茨把 INTJ 性格称为"科学家"（scientist）类型（Keirsey and Bates, p.72），同整个美国大众相比，这种倾向性可能更多见于这个受教育程度良好的技术专家群体。这些结论也为简略版本 MBTI 测试的使用增添了可信度。

参 考 文 献

John W. Atkinson. *Motives in Fantasy, Action and Society* (Princeton: D. Van Nostrand Co. ,1958).

P. J. Bearse. "An Econometric Analysis of Black Entrepreneurship", in J. A. Hornaday et al. (editors),

Frontiers of Entrepreneurship Research,1984,(Wellesley,MA：Babson College,1984),212-231.

Katherine Bradway,"Jung's Psychological Types",*Journal of Analytical Psychology*,9(1964),129-135.

A. V. Bruno & T. T. Tyebjee. "The Entrepreneur's Search for Capital",in J. A. Hornaday et al. (editors), *Frontiers of Entrepreneurship Research*,1984,(Wellesley,MA：Babson College,1984),18-31.

O. F. Collins, D. B. Moore with D. B. Unwalla. *The Enterprising Man*(East Lansing,MI：Michigan State University Press,1964).

A. C. Copper. *The Founding of Technologically-Based Firms* (Milwaukee：The Center for Venture Management,1971).

A. C. Cooper. "Spin-offs and Technical Entrepreneurship",*IEEE Transactions on Engineering Management*, EM-18,1(1971),2-6.

A. C. Cooper. "Entrepreneurship and High Technology",in D. L. Sexton & R. W. Smilor(editors),*The Art and Science of Entrepreneurship*(Cambridge,MA：Ballinger Publishing,1986),153-167.

A. C. Cooper & A. V. Bruno. "Success Among High Technology Firms",*Business Horizons*,20,2(1977),16-22.

A. C. Cooper,C. Y. Woo,& W. C. Dunkelberg. "Entrepreneurship and the Initial Size of Firm",*Journal of Business Venturing*,4,5(1989),317-332.

John W. Cuming. *An Investigation of Entrepreneurial Characteristics Based on the Myers-Briggs Type Indicators*. Unpublished S. M. Thesis(Cambridge,MA：MIT Sloan School of Management,1984).

J. Doutriaux. "Evolution of the Characteristics of(High-tech) Entrepreneurial Firms",in J. A. Hornaday et al. (editors),*Frontiers of Entrepreneurship Research*,1984(Wellesley,MA：Babson College,1984),368-386.

Henry R. Feeser & Gary E. Willard. "Incubators and Performance：A Comparison of High- and Low-Growth High-Tech Firms",*Journal of Business Venturing*,4,6(1989),429-442.

William B. Gartner,Terence R. Mitchell & Karl H. Vesper. "A Taxonomy of New Business Ventures", *Journal of Business Venturing*,4,3(1989),169-186.

Robert D. Hisrich. "Entrepreneurship/Intrapreneurship",*American Psychologist*,February 1990,209-222.

INC. "The Entrepreneurial Personality",August 1988,18.

David Keirsey & Marilyn Bates. *Please Understand Me：An Essay on Temperament Styles*(Del Mar,CA：Prometheus Nemesis Books,1978).

D. G. Marquis & I. M. Rubin. "Management Factors in Project Performance" Unpublished paper (Cambridge,MA：MIT Sloan School of Management,1966).

David C. McClelland. *The Achieving Society*(Princeton：D. Van Nostrand Co. ,1961).

D. H. McQueen & J. T. Wallmark. "Innovation Output and Academic Performance",in J. A. Hornaday et al. (editors), *Frontiers of Entrepreneurship Research, 1984* (Wellesley, MA：Babson College, 1984), 175-191.

D. G. Mitton. "The Begatting Begins：Incubation Patterns in the Developing Health Science and Biomedical Industry in the San Diego Area",in R. Ronstadt et al. (editors),*Frontiers of Entrepreneurship Research, 1986*(Wellesley,MA：Babson College,1986),509-525.

Office of the Director of Defense Research and Engineering. *A Trial Study of the Research and Exploratory-Development Origins of a Weapon System···Bullpup.* (Washington, D. C. : 1964).

C. Olofsson, G. Reitberger, P. Tovman, & C. Wahlbin. "Technology-based New Ventures from Swedish Universities: A Survey", in N. C. Churchill et al. (editors), *Frontiers of Entrepreneurship Research, 1987* (Wellesley, MA: Babson College, 1987), 605-616.

L. Perry. "The Capital Connection: How Relationships Between Founders and Venture Capitalists Affect Innovation in New Ventures", *Academy of Management Executive*, 11, 3, (1988) 205-212.

D. M. Ray & D. V. Turpin. "Factors Influencing Entrepreneurial Events in Japanese High Technology Venture Business", in N. C. Churchill et al. (editors), *Frontiers of Entrepreneurship Research, 1987* (Wellesley, MA: Babson College, 1987), 557-572.

Edward B. Roberts. "Entrepreneurship and Technology: A Basic Study of Innovators", *Research Management*, 11, 4(1968), 249-266.

E. B. Roberts & H. A. Wainer. "Some Characteristics of Technical Entrepreneurs", *IEEE Transactions on Engineering Management*, EM-18, 3(1971), 100-109.

Everett M. Rogers & Judith K. Larsen. *Silicon Valley Fever* (New York: Basic Books, 1984).

I. M. Rubin, A. C. Stedry, & R. D. Willits. "Influences Related to Time Allocation of R&D Supervisors", *IEEE Transactions on Engineering Management*, EM-12, 3(September 1965).

David Sheff. "Don Valentine Interview, Part Two", *Upside*, 2, 4(June 1990), 48-54; 72-74.

Edgar H. Schein. *Career Dynamics* (Reading, MA: Addison-Wesley, 1978).

Edgar H. Schein. "Individuals and Careers", in J. W. Lorsch(editor), *Handbook of Organizational Behavior* (Englewood Cliffs, NJ: Prentice-Hall, 1987).

Joseph A. Schumpeter. *Capitalism, Socialism, and Democracy* (New York: Harper & Row, 1966).

D. L. Sexton & R. W. Smilor(editors). *The Art and Science of Entrepreneurship* (Cambridge, MA: Ballinger Publishing, 1986).

R. W. Smilor, D. V. Gibson & G. B. Dietrich. "University Spin-out Companies: Technology Start-ups from UT-Austin", in *Proceedings of Vancouver Conference* (College on Innovation Management and Entrepreneurship, The Institute of Management Science, Vancouver, BC: May 1989).

N. R. Smith, J. S. Bracker, & J. B. Miner. "Correlates of Firm and Entrepreneur Success in Technologically Innovative Companies", in N. C. Churchill et al. (Editors), *Frontiers of Entrepreneurship Research, 1987* (Wellesley, MA: Babson College, 1987), 337-353.

R. D. Teach, F. A. Tarpley, Jr. & R. G. Schwartz. "Who are the Microcomputer Software Entrepreneurs?" in J. A. Hornaday et al. (Editors), *Frontiers of Entrepreneurship Research, 1985* (Wellesley, MA: Babson College, 1985), 435-451.

T. T. Tyebjee & A. V. Bruno. "A Comparative Analysis of California Startups from 1978 to 1980", in K. H. Vesper(Editor), *Frontiers of Entrepreneurship Research*, 1982 (Wellesley, MA: Babson College, 1982), 163-176.

J. M. Utterback, M. Meyer, E. Roberts, & G. Reitberger. "Technology and Industrial Innovation in Sweden: A Study of Technology-based Firms Formed Between 1965 and 1980", *Research Policy*, 17, 1(1988), 15-26.

A. H. Van de Ven, R. Hudson, & D. M. Schroeder. "Designing New Business Startups: Entrepreneurial, Organizational, and Ecological Considerations", Journal of Management, 10(1984) ,87-107.

W. Lloyd Warner & James G. Abegglen. *Big Business Leaders in America*(New York: Harper & Brothers, 1955).

Max Weber. *The Protestant Ethic and the Spirit of Capitalism*(New York: Scribner,1956).

第四章

新企业的技术基础

"二战"后的 40 多年以来,技术进步已经成为我们社会生活不可分割的一部分,形成了军事和工业竞争的关键基础。技术不仅带来了至关重要的贡献,还为海量新企业的形成和发展提供了存在的理由。然而,并非所有潜在的创业者都能把握住技术进步带来的良机。就像第三章描述的,以技术为根基的新企业独树一帜,它们主要是由那些在现有技术中得到良好训练的人们创办的。而新型技术企业的组织也来自类似的技术型组织环境或者来源。

所有的创业者必须具备一定的企业家精神。但是,除此之外,高新技术企业在形成之初还要依赖技术转移和创业者的专业知识。无论这些知识是创业者创造的还是学习到的,它们都来自丰富多样的、孵化性的源头。针对这一孵化过程的研究正在日益增加(Cooper,1984;Cooper and Bruno,1977;Doutriaux,1984;*The Economist*,1983;Feeser and Willard,1990;Roberts,1968;Smilor and Gill,1986)。但是详细聚焦企业成立之初技术基础的人较少(Meyer and Roberts,1988;Olleros,1986;Roberts and Hauptman,1986)。因此,下面的理论框架更多地立足于逻辑,更多地根据经验进行推断,而不是立足于之前的学术研究。这一章主要围绕新企业初始技术基础的各项决定因素,提出这一理论框架和相关的实证证据。

4.1 理论透视

图 4-1 的原理图(或者叫描述性流模型)描述的是技术的个人创造和/或使用可能涉及的各个方面。它在这里发挥新企业立足基础的作用。这一模型的基本问题在于:在什么样的情况下,新企业的创办者会使用先前的专业知识? 也就是他们在"技术源组织"工作时接触或者获取的那些知识? 图中的实线代表技术从一种状态到另一种状

态的假设流动；虚线代表各种力量,它们会影响实线的流动。该图属于封闭系统描述,它描述了各个因素对这种特殊的技术转移形式的影响。为了更好地聚焦于专业知识与技能从组织到组织的转移——此处专指通过个人创业行为完成的转移——此处有意忽略了外部力量的影响,如经济气候和具体的市场机会等。

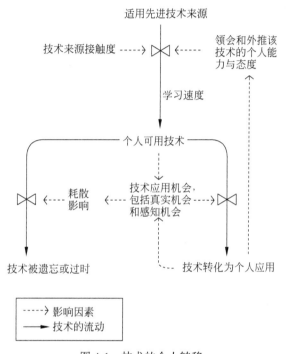

图 4-1　技术的个人转移

图 4-1 首先假设,必定存在某种值得转移的专业技术知识。我们称之为"适用先进技术来源"。它既包括知识,也包括技能;它也许来自多个不同的认知领域,而且这些认知领域可能是共同发挥作用的,也可能是各自独立的(如工作经验、教学项目、期刊内容、朋友的知识等)。它可能是或新或旧的信息,可能是实际工作或者理论基本过程中发展而来的能力,包括狭义的过程和广义的应用过程。在图的过程中每前进一步,都会让技术通过个人转化的形式朝着新公司转移一步,如此而来的每一步都是在此基础之上积累和发展的。第三章告诉我们,创业者通常出自开发背景,而不是研究背景。这就为我们带来了一个可验证的假设:在源组织中,同研究工作比较而言,开发工作能够为新公司带来更高的技术转移度。

接下来,想要实现转移,个人必须在源组织工作期间努力吸收可用的信息。为了掌握这些知识,人们必须至少有一定的"接触技术来源的机会",还要有"领会和外推该技术的个人能力与态度",也许还需要解释和使用这些信息的能力。我的假设是,接触机会越多、个人能力越强,人们从源组织学习到的技术就会越多。接触源技术时间的长短只是众多可能影响学习效果的因素之一。人们在源组织的工作类型,也许还包括他们在完成工作过程中发挥的作用,都有可能影响到学习效果。对只是创造与应用的接触宽度也有可能影响到学习速度。第三章还提醒我们,在这些初创企业中,有相当数量的企业存在这样一种特殊情况:创业者往往同时在原单位和新公司工作,也就是我们所说的"光天化月"(moonlight)的活动和兼职创业活动。这让他们有机会同时接触潜在的源技术和这些先进技术的潜在应用。我的假设是,这样的情况会为新公司带来更高的技术转移度。

这里的个人能力首先应该包括教育准备,它帮助人们学习领会,并在转移过程中发挥作用。对一个没有物理和高等数学等学科基础的门外汉来说,即使恰到好处地接触到这些知识的优质资源,也依然很难获取这些知识。其次,它还应该包括态度准备,也就是汲取新技能、掌握新工具的愿望和兴趣。在我的假设中,这一点也是必不可少的。在同一个组织中:有的人乐在其中地享受学习的挑战和激发;有的人百无聊赖,巴望着收工回家,对组织可能给予的良机视而不见。

这两种影响——对潜在新技术源头的接触程度和掌握这些知识的个人能力和态度——结合形成了一种少为人知的"门函数"(gating function),它会影响科学工作者或工程师对新科学或技术信息的"学习速度"。这一学习增加了人们潜在的"可用技术"储备。但是,想要完成可用技术的转移,仅凭个人能够接触到的技术信息是不够的。耗散影响(dissipative influences)和机会的缺乏都有可能妨碍可用技术信息的有效发挥。比如,一个人掌握了专业技术知识,但是一直没有用武之地,或者缺乏发现机会的能力,无法让这些新知识发挥实际的作用,这无疑会让他最终遗忘这些知识。即使没忘,这些技术也可能变得不再有用,因为它们可以发挥效用的机会已经不复存在了(或者已经变得不再重要了),即这项技术变得过时了。所以,从逻辑上讲,如果不能及时地得到新知识的补足,可用知识储备必将逐渐萎缩。

整个过程的最后一个环节是"技术转化为个人应用"。它也是我们最为关心的一个问题。按照推理,对技术转移的这最后一步来说,首要的影响似乎是"技术应用机会",如它在新企业建立中发挥的作用。与此同时,次要的影响可能也在发挥作用。比如,可用技术的基础越广泛,知识与应用之间相互匹配的可能性就越大。不过,之前曾经完成过可用技术转移的人们可能更熟稔,他们会在新机会一出现时就发现它。正如图 4-1 所示,技术的应用会反过来加强人们识别和发挥可用技术的能力。这时,他已经不再是时刻准备着、等待机会来敲门了;他更知道机会将出现在哪里!不仅如此,当一个人感知到技术应用机会时,他会主动出击,这也许会缩短技术应用之前没有必要的延迟。因此,这种对机会的感知可能会降低时间的耗散影响,为新企业的建立保留更多有用的个人技术。

4.2　初始技术转移的重要性

如图 4-1 所示,我们认为,每当一家新企业成立时,都会或多或少地发生个人技术转移。但是,这一转移的具体程度,以及这一过程在某个组织中发挥的具体作用就没有如此清晰可辨了。想要更加深入地了解这个过程,我们要面对的第一个问题是:我们需要一种简单明了的衡量手段来度量初始技术转移的重要程度。如表 4-1 所示,样本中的每家公司被放入了一份 4 项打分表中;各个选项分别代表企业在成立之初对研究中包含的源实验室开发技术的依赖程度。评价基础包括对企业成立环境的观察、对企业产品性质的思考和创业者的陈述等。

表 4-1　技术转移的重要程度($n=125$ 家 MIT 衍生企业)

	分布情况		影响情况		
	企业数量	企业比例(%)	权数	加权得分	在权重总分中的占比(%)
直接	32	26	3	96	46
部分	34	27	2	68	33
不明确	43	34	1	43	21
无	16	13	0	0	0
总计	125	100		207	100

我们选择了 125 家 MIT 衍生企业,作为这种技术依赖程度测量手段的首次试点。为了确保评级的可靠性,我们请 2 组评委为同一个企业子集打分,结果得到了相差无几的评级。此外,我们还请创业者源实验室的主管们就这一变量为这些企业评级,由此得到的结果同之前评委们给出的结果极其相近($p=0.007$)。在这次试点中,我们获得了不同评定者之间的可靠性,以及来自前主管评价的一致性,这让我们能够充满信心地在整个衍生研究中运用这一衡量方法。

按照重要程度划分,源组织技术转移对衍生企业成立的作用可以分为:直接(direct)、部分(partial)、不明确(vague)和无(none)。

(1)直接:如果没有来自源组织的技术,新公司就不可能成立。公司如今或者在成立之初主要使用的是创始人取自源组织的技术。

(2)部分:公司某方面的重要工作来自源组织的技术。这一技术转移的完成者可能在离开源实验室到创办新公司中间有过其他的工作经历,并用这段经验补充了原始技术。

（3）不明确：不存在具体的技术转移。但是，在源组织工作期间，创业者会了解整体技术背景、掌握专门知识，这一点对新公司极其重要。在这种情况下，新公司也有可能在不涉及源组织经验的情况下成立。

（4）无：新公司的工作与源组织的技术没有关系。创业者也许在源组织泛泛地学会了很多知识，但是并未（从技术角度来看）把这些知识用于新公司。

表格中使用的定义都是针对研究中的特定源组织的；也就是说，对于一家 MIT 林肯实验室衍生企业而言，对技术转移重要性的评定只与它对林肯实验室相关技术的依赖程度有关。另外还要注意，"部分"和"不明确"的评价并不是贬低源组织技术在新企业成立过程中的重要性。在这两种情况下，来自源组织的技术只有程度不同，没有轻重之别，这一点是确定无疑的。只有在被列入"无"的情况下，源组织技术才会变得不再重要。

如表 4-1 左列所示，源组织技术直接影响了 32 家新企业，部分影响 34 家，有 43 家不明确，还有 16 家完全没有影响。在这 125 家企业里，有 109 家认为源组织技术对自身的创办非常重要。在另一项由 29 家生物医疗产品企业组成的样本里，我还发现了新企业对源组织技术更高程度的依赖。有 50% 的企业指出，假如没有源组织技术，自己根本不可能成立。还有 13% 的企业证实，自身业务中的重要部分来自源组织。这样的依赖程度足以和另一组研究的结果相提并论。这组样本由 14 家加拿大高新技术企业组成，其中有 13 家的初始技术与创始人先前雇主单位的技术相似（Doutriaux，1984，p. 374）。不仅如此，《经济学人》（The Economist，1983）杂志通过一项研究指出，在 182 家成立于 1977—1982 年之间的硅谷公司中，有 75% 的创始人早在创业之前即在从事后来成为公司知识基础核心的技术，有 54% 的创始人在创业前专注于类似产品。另外，库珀和布鲁诺（Cooper and Bruno，1977）发现，纵观 250 家 20 世纪 60 年代成立于旧金山半岛的企业，其中的高增长企业都与源组织采用同样的技术、服务相同的市场。费泽和威拉德（Feeser and Willard，1990）为《公司》杂志作过一次类似的研究。他们研究了 100 家计算机相关企业和另一组低速发展企业的对比情况，由此得出的结论也证实了库珀和布鲁诺的研究结论。

表 4-1 显示，与源实验室不存在丝毫技术依赖关系的 MIT 衍生企业只有 13%，而对来自源实验室的技术存在关键性依赖或者重要依赖关系的企业高达 53%。有些"无"技术转移的情况是由该项研究中使用的关于"衍生企业"的严格定义造成的，在有些企业样本中，它强行包括了一些来自源组织的人，而他们在创始人团队中往往充当的是不太重要的角色。还有些情况更加直截了当：新企业所在的领域与源组织的经验毫无瓜葛。比如，在某多元技术集团公司的衍生企业中，30% 把来自别处的工作经

验列为新公司的主要技术来源,还有 18% 的企业指出,它们的主要技术来自教育、兴趣爱好和其他初始基础技术来源。很多共同创始人并没有在我们研究所及的源组织工作过,我们对他们的信息不得而知,因此,我们对技术转移的度量直白地忽略了这些共同创始人得自先前单位的技术及其带来的任何影响。基于此,可以说,我们对一些创始人及其新企业对源组织转移技术依赖程度的总体估计是偏低的。

为了粗浅地描述源技术对这 125 家企业的总体相对影响,我和我的助手们设计了一种权重方案。社会科学学者可能会认为这份方案不够严谨。尽管如此,正如表 4-1 的右半部分所示,我们用 0~3 的权数(有些任意地)表示技术转移的影响,从 0 到 3,与之对应的是从没有影响到直接影响。假设 125 家企业全部直接依赖于源组织的技术,那么,这一影响的总得分为 375 分(即 3 分×125 家公司)。例如,"加权得分"一列所示,依据它们对源组织转让技术的依赖程度,我们为每家公司打出了具体的得分,最后得到的总体影响得分为 207 分,也就是最大可能依赖分值的 55%。毫无疑问,这种方法称不上确切,也无法形成结论。但它依然可以告诉我们,对那些走出实验室的人们来说,对他们创办的新企业的技术根基而言,来自源实验室的影响是相当巨大的。这种衡量方法的最后一列还告诉我们,有将近 50% 的可衡量转移技术体现在区区 1/4 的企业中——这丝毫不足为奇,因为这些企业最直接地在技术上依赖源组织,并以此形成自己最初的技术根基。

和 MIT 院系和实验室相比,来自产业源组织的技术转移的重要性表现得更加参差不齐。在一家大型电子系统企业的样本衍生企业中:直接技术依赖的情况仅占 16%;依照创业者们自己的估计,存在部分技术转移的情况约为 24%。但是这些估计可能偏低,因为这些创业者心存顾忌——他们对源组织可能因此发起的法律诉讼不无担心。该电子企业的法务部门向我提到了公司与 12 家认定衍生企业(一共 39 家)之间的关系,其中就包括技术所有权法律诉讼、转让协议和豁免等。绝大多数企业都会大量地培训内部员工,教会人们如何开发和使用复杂的技术。但是,这些企业通常并不愿意自己的员工把自己在公司内掌握的知识带走。企业通常会组织知识外流,保护自己为此作出的巨额投入。绝大多数企业都很害怕竞争对手获取自己的关键内部运营情况和专利技术知识。很多企业对离职人员抱着同样的戒心,他们担心自己的前员工利用自己在这里学到的知识创办营利性企业,无论这些新企业是否同自己构成竞争关系。

相比之下,同样在我们研究中的某大型多元技术企业明显对衍生技术的商业化少了很多担忧。实际上,有 48% 的衍生创始人指出,如果没有来自母公司的技术(直接转移),自己的企业根本不会成立,也不会发展到如今的样子;17% 的创始人声称,自己的企业对源组织存在部分的技术依赖。和 MIT 一样,这家多元技术企业始终乐于把自己在科学和技术领域中取得的进步转移到产业界和全社会。对一家营利性企业来说,这样的积极态度和取向是很少见的,甚至是异乎寻常的。对主样本中的 125 家企业来说,MIT 的政策显然是最重要的直接影响因素之一。

这里的讨论并没有解决转化技术的经济价值问题,也没有论及初始技术可能对新企业的成败带来怎样的影响。后一个问题将在本书第 9 章中讨论。但是,在我对生物医疗新企业的研究中,源组织技术转移的强度确实与新企业产品存在正相关的关系,而且影响显著。当然,这里提到的产品或者是新技术的表现,或者是同类技术中的首次亮相($p< 0.08$),对年轻的高新技术企业来说,这两种情况无疑都是潜在竞争优势的清晰表现。

4.3　先进技术的来源

在很多新企业中,转移技术发挥着不可或缺的关键基础性作用。在确定了这一点之后,我将在这一节检验图 4-1 提出的模型,提出验证结论。对这组具体的假设而言,并不是所有要素都有可资验证的数据,但是,该图中的很大一部分都能够通过这项研究收集到的信息来检验。

开发工作

研究中的源组织无一例外地从事着范围广泛的研究和开发工作。但是,第三章已经说明,技术型创业者特别偏重于此前的开发工作,即使是在研究导向的实验室里,他们往往也会反映更加先进的、开发方面的工作。

说到这里,就像先前假设过的那样,我要更进一步地提出,开发工作(而不是研究工作)是一片更加丰饶的沃土。它蕴藏着更多可供直接应用的先进技术,可以成为新企业的立足之本。只有在出现重大突破的情况下,如晶体管的发明,研究才会成为以产品为导向的企业的直接基础。而这样的突破是不多见的。相形之下,开发工作是把研究成果和新的技术知识推向前进,使之成为实实在在的应用。实际上,在生物技术领域和基因工程领域,众多新企业的最新信息通过一种比较独特的方式为这种对开发的依赖性提供了证据。绝大多数的生物技术企业是由博士研究人员创办的。成立之初,这些公司都要经历一个旷日持久的研发阶段,把先前的知识基础推进到一个新的开发阶段,来满足产品开发和发布的需要。

为了支持这一说法,我首先检视了那些一离开源实验室即成立自己公司的创业者们。表 4-2 显示的是 51 位创业者在源组织所从事工作的性质与之后技术转移之间的关联水平。这 51 位创业者都属于一离开源组织就创业的类型。先前工作性质的衡量是借助"犊牛犬分级法"(bullpup ratings)完成的。这种方法是舍温和伊森森在经典研究"后见之明计划"(Project Hindsight)里建立的(Sherwin and Isenson,1967)。这一分级从 1 开始,也就是基础研究,一直到 9,也就是原型开发,中间各级定义明确、渐次递进(如果了解关于犊牛犬分级的更多详情,请参考本书第三章相关内容)。结果显示,创业者先前的工作越偏向开发性质,直接技术转移的发生比例就越高(依次为:4/13,即 31%,7/18,即 39%;11/20,即 55%)。直接技术转移和部分技术转移的总和占比也在同步提高(依次为 54%、67% 和85%)。在源组织的工作类型是潜在可应用技术的基础,它极大地影响着技术向新企业转移的程度($p=0.025$)。这样就形成了一种双重过滤的作用:更多地以开发为导向的个人成了创业者;更多地以开发为导向的创业者成立的新企业更多地依赖直接转移而来的技术。

表 4-2　直接创业者先前工作的性质与技术转移之间的关系($n=51$)

先前工作的性质 [*] (按照"犊牛犬分级法")	技术转移 [*]				
	直接	部分	不明确	无	总计
研究　　1~3	4	3	4	2	13
4~6	7	5	5	1	18
开发　　7~9	11	6	3	0	20

Kendall tau$=0.25$,$p=0.025$。

　　略有不同的是,在研究导向的人们创办新企业时,可供在新环境中直接应用的经验技术则少得多。他们只能求诸更广泛的研究成果——通常是旧有成果——来建立新公司的基础。因此,或者在创业之前,或者在创业之初,他们要有更长的时间,把新近的研究转入开发方向,变为可以应用的技术。这一点与"后见之明计划"结论的方向一致,但是存在程度上的差异。该项目发现,从开始以来的 20 年里,DOD 没有一项非关键研究进入过军事行动应用(Sherwin and Isenson,1967)。

　　该数据的另一部分同样支持了这个观点。表 4-3 显示了非直接创业者先前工作的性质与技术转移程度之间的关系。这里的非直接创业者指的是那些离开源组织之后没有立即创业而是有所耽搁的创业者们。同样是耽搁,研究型创业者比开发型创业者拥有相对明显的、有意义的技术转移机会。因为研究的成果更基础,所以比开发成果"老化"得慢;随着时间的流逝,研究成果甚至可能变得更有用、更实用。表 4-2 和表 4-3 表明,在先前从事研究的创业者中,有 54%(13 人中的 7 人)的直接创业者完成了直接或者部分技术转移,有 57%(7 人中的 4 人)的非直接创业者同样实现了与之类似的技术转移。但是,对先前从事开发工作的创业者来说,一旦耽搁,先前的工作经验会更快地过时,不再适用于新公司。我们可以看到,在先前从事开发工作的创业者中,76%(38 人中的 29 人)的直接创业者完成了直接或部分技术转移;反观非直接创业者,完成类似水平转移的只有 35%(34 人中的 12 人)。

表 4-3　非直接创业者先前工作的性质与技术转移之间的关系(*n* = 41)

先前工作的性质	技术转移		总计
	直接-部分	不明确-无	
研究工作(1~3)	4	3	7
开发工作(4~9)	12	22	34

4.4　接 触 程 度

可能影响"未来"(would-be)创业者接触潜在可用技术程度的因素有很多。工作本身的属性(例如,前文讨论过的研究型工作与开发型工作之间的对比)、个人在该项工作中的具体职责、与该工作环境之间的关系长短等,都会共同为人们带来先进技术的接触机会。

4.4.1　在源组织的工作年限

由于数据所限,我们只有一项"与接触有关的"假设得到了验证。它就是潜在创业者在源组织工作的时间长度与他掌握源组织相关技术的程度,甚或把这些技术转移到自己创办的新公司的程度。切记一点,我们对技术转移程度的衡量实际上是在衡量技术上的依赖程度。但是,长期来看,个体差异可能会造成不同的学习模式。有些人会迅速汲取工作环境中所能学到的绝大部分知识。图 4-2 中,上面的曲线反映的就是这些快速学习者。还有的人汲取知识的节奏比较稳定,甚至体现出一种起步较慢、逐步加速的模式。图 4-2 下方的两条曲线反映的就是这两种模式。

分析 MIT 衍生创业者在源实验室工作年数与他完成技术转移程度之间的关系,可以得出统计显著的结果(Kendall tau = 0.17,*p* = 0.03)。除此之外,对几种可能曲线关系的验证——它们大约等于图 4-2 中上方和下方的曲线——并不能与这些数据产生明显的匹配。同样地,在某电子系统公司工作时间较长的衍生创业者们指出,源实验室的工作让他们学会了更多的技术,而不是简单地把先前的知识应用起来(0.03)。与那些工作时间较短的创业者相比,工作时间较长的创业者们的新企业更多地立足于直接转移的技术(0.03)。

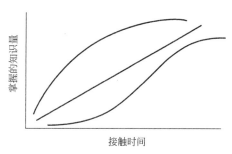

图 4-2　可能的个人学习模式

4.4.2　兼职创业

与新企业可能应用的时间相比,接触的另一方面可能在于时机。在这些新企业中,有一半以上是创业者利用业余时间创办的。它们的数量之多,也许达到了令人惊讶的程度。这些创业者利用在源组织"全职"工作的业余时间,"光天化月"地从事新公司的工作。"业余创业者"们可以同时触及新公司的需求和前组织(同时也是现组织)的解决之道。同全职创业者相比,MIT 各个实验室的业余创业者在新公司运营中直接转移的技术更多(0.3)。不仅如此,在我研究的生物医疗企业中,创业者的平均兼职工作时间更长,为 30 个月,是所有创业样本中最高的。这些生物医疗企业同样如此,业余创办的企业拥有更高程度的先进技术源于大学和其他源组织(0.5)。从逻辑上来说,基于对市场需求的接触,或者自私地说,出于省力的需要,仍在源组织工作的"业余创业者"们应该会尽力掌握先进技术,同时满足双重目的,赢得优势。他们更有可能把自己正在从事的实验室项目相关技术或者与当前工作有关的其他想法转移到自己的新公司里去。"业余创业者"的双重身份让他们成为更加高效的技术转移动因。

4.5　个人能力与态度

每个人感知、理解和推断相关技术的能力无疑是影响学习速度的因素之一。尽管度量能力的方法可能有很多种,但是,把创业者的受教育程度作为技术转移能力的一种代名词似乎是合情合理的。与此同时,年龄对获取和转移技术的职业能力的影响同样应该被纳入考虑。

4.5.1　正式教育

此处对技术转移程度的衡量并不区分技术的相对复杂性,它仅考量接收企业对这些技术的相对依赖程度。无论怎样,接受正式教育都不能有效地代表一个人的学习能力,也无法说明他已获得的知识基础。比如,我们至少在一家新技术领域新企业中看到,为这家公司的尖端产品奠定技术基础的专家实际上并未接受过高中以上的正式教育。

除了这些素质条件之外,我们还通过数据验证了受教育程度与技术转移之间的关系,结果发现了微弱的正向关系(Kendall tau $= 0.13$, $p = 0.07$)。但是,我已经在第三章提出过,技术创业群体的受教育程度主要集中在硕士学位水平。如果这一集中现象同样影响源技术通过转移而在新企业发挥作用的程度,那么,我们应该能够发现其中的平方关系,如图 4-3 所示。

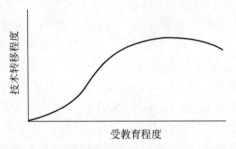

图 4-3　受教育程度与技术转移之间的可能关系

这一假设会带来数据的重组,把中等受教育程度的技术型创业者同受教育程度较低和较高的人群分开,如表 4-4 所示,这会使得两组的边际总人数尽可能地平均。统计检验(如 F 检验等)的结果支持了之前的说法,即拥有硕士(上下)学位的创业者完成了最多的技术转移($p = 0.05$),与图 4-3 所示的总体关系形状相一致。

4.5.2　年龄

教育(在一定程度上)有利于增强人们的领会能力、提高人们转移新技术的可能性,而年龄很有可能对这些能力产生限制作用。尽管年龄本身充满了争议,但是有很多证据指出,一个人的技术能力通常在 30 ~ 40 岁之间达到顶峰,随后会逐渐下降。我们在第三章提到过,对创业行为来说,其年龄同样表现出了与此类似的特征。

表 4-4　不同教育程度组别与技术转移之间的关系

受教育程度	技术转移水平		总计
	直接-部分	不明确-无	
中等教育(本科加进修、硕士、硕士加进修)	33	24	57
较低和较高的教育层次(大学肄业、本科加工程专业学位、博士学位等)	19	23	42
总计	52	47	99

* 分组边界的设定尽可能地保证了两组边际总数的均等。

一方面,较为年轻的人们更加贴近技术开发工作,他们可能会比年岁较长的创业者转移更多的技术。另一方面,较为资深的人们可能在职业生涯中经历过更多的技术,因此可能拥有更多的技术"储备",他们对利用(如转移)这些技术的市场机会拥有更老练的认识。表 4-5 一共包括 115 位创业者,按照创业年龄和技术转移水平分组。其中,直接和部分技术转移最多的是 26~30 岁这一组,最少的是 46~50 岁这一组。从统计学角度来看,直接和部分技术转移会随着年龄的增长而下降($p=0.03$)。仔细观察表 4-5,我们会发现,结果是由 30 岁以下的人们之间的明显差异主导的,对 30 岁以上的人们来说,直接-部分转移与不明确-无转移之间实际上并不存在实质差别。

表 4-5　创业者年龄与技术转移之间的关系($n=115$)

年龄(岁)*	技术转移*			
	直接	部分	不明确	无
21~25	—	—	1	—
26~30	9	10	4	1
31~35	10	10	13	6
36~40	6	7	7	3
41~45	4	2	5	2
46~50	—	2	4	1
>50	2	2	2	2

* Kendall tau $= 0.15, p = 0.03$。

对数据作更进一步的分析,我们发现,这种技术转移的效果部分来自年纪较长的人群的某种勉为其难,他们最终选择离开源实验室,随即创办了自己的企业。而对于那些离开实验室之后首先找了一份新工作、后来才创业的人们来说,他们走上创业之路时的年龄会更高。即使在这些较晚创业的人群中(如表 4-5 所示),年龄也与技术转移水平呈现出了显著的负相关关系($tau = -0.26, p = 0.01$)。总体而言,年龄似乎对技术转移的范围具有一定的影响,但是明显影响非常有限。

4.5.3　态度

抛开能力不谈,我们假定,一个人对待工作的态度也会在学习过程中发挥非常重要的作用。假如一个人认为自己的工作充满挑战,让人乐在其中,而另一个人觉得自己的工作乏味透顶,令人痛不欲生,那么,前者的学习往往会比后者更轻松,也更容易掌握更多新的技能。不仅如此,如果一个人喜爱自己正在从事的工作,他(她)也许希望在未来的新工作或者自己的企业里把这种类型的工作继续下去。

让我们把这一点用在技术转移上面,我的估计是:那些感觉原有工作充满挑战并且乐在其中的人们会比无法做到这一点的人们更多地在新公司里反映源组织的技术。表 4-6 显示了 94 位创业者是如何在主观上评价源组织工作中挑战的。只有一位创业者认为源组织的工作毫无挑战——这位创业者没有转移源组织的任何技术。总体而言,随着挑战级别的提高,新公司直接及部分技术转移的比例也在增长($p = 0.001$)。

表 4-6　源工作的难度与技术转移之间的关系($n = 94$)

难度*		技术转移*				总计
		直接	部分	不明确	无	
无难度	1	—	—	—	1	1
	2	—	1	2	3	6
	3	1	—			1
	4	3	3	1		7
	5	4	6	11	3	24
	6	9	7	13	3	31
难度极高	7	11	8	4	—	24
总计					94	

* tau = 0.30, $p = 0.001$。

我们还在技术转移与人们对原来工作满意程度之间发现了类似的关系。表 4-7 展示了来自 97 位创业者的数据。随着创业者对先前实验室工作的体验由憎恶和不满意逐步提升至比较满意和极其愉快,新建企业对源技术的直接和部分转移比例也在同步提升($p = 0.015$)。

一项工作的难度与完成这项工作带来的愉悦感和满足感是紧密相连的(tau = 0.60, $p < 0.001$)。因此,创业者对待工作的总体态度与他们面向新企业的技术转移水平有很大的关系。偏相关分析指出,工作难度与技术转移之间的联系(0.19)远远强于满意度与技术转移之间的联系(0.04)。值得注意的是,技术转移与工作的知觉

满意度之间的因果关系可能是相反的。当一位创业者反观原单位转移至新公司的技术,并且发觉它的重要意义时,他(她)可能会对原单位倍觉感激,并且表达强烈的满意度。

表 4-7　源工作满意度及愉悦度与技术转移之间的关系($n=97$)

满意度与愉悦度[*]		技术转移[*]				总计
		直接	部分	不明确	无	
对工作非常不满意,甚至憎恶	1	—	—	—	—	0
	2	—	1	—	—	1
	3	—	—	1	—	1
不好不坏	4	2	1	1	3	7
	5	2	4	2	6	14
非常满意	7	11	11	10	1	33
总计				97		

[*] tau $=0.21$, $p=0.015$。

4.6　耗散影响

到目前为止,我们已经研究了多种可能帮助潜在创业者建立有用技术储备的假定力量。然而技术不会像成熟的果实,随时可供采摘。有些技术会因为日渐过时而失去作用,有些干脆被慢慢遗忘或者湮没。关于这一节的内容,可以用我的一位同事的话来概括。它讨论的是"技术信息的半衰期"及其对新企业技术根基的影响。

4.6.1　从源企业到新企业的时间

请员工签订竞业禁止合同是企业界比较通行的做法之一。这样一来,企业可以禁止员工在终止本企业的工作后不会为竞争对手工作,也无法开展任何可能用到本企业方法或知识的业务活动。这种限制作用通常在员工离职后的 $1\sim3$ 年内有效。一家企业设立竞业禁止期限可能源于各种各样的原因,但其中最主要的一项是不希望员工利用自己的技术同自己竞争。企业认为,一段时间的专属期能在相当程度上降低员工有效转移公司技术的能力。

有很多创业者来自大学实验室。这些实验室并不遵循采用这种竞业禁止的做法。尽管如此,我们收集到的衍生创业者的信息仍然极其有力地支持了这一观点。图 4-4

(图 3-5)展示了新企业成立的发生率随着人们离开源组织到创业间隔时间的变化情况。在这一组的 121 位衍生创业者中,有 63 位一离开原单位或者仍在原单位工作时就创办了自己的企业;85 位在离开源组织的 4 年之内完成了创业。我会在下一小节阐释这一时间延迟的原因。

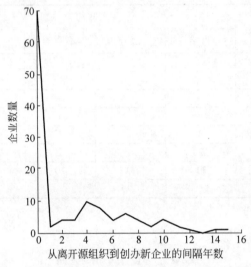

图 4-4　新企业的形成与创业者结束源组织工作年数之间的关系($n = 121$)

　　表 4-8 包括 118 家企业。它们的分组依据是创始人结束源组织工作后创办公司的时间,以及各家企业的技术转移水平。该表的数据一目了然,几乎用不着任何解说。在直接利用源组织技术的 32 家企业中,有 30 家(94%)企业是在创始人离开源组织的 4 年之内成立的;在 33 家部分利用源组织技术的企业中,有 28 家(85%)是在创始人离开源组织的 4 年之内成立的。换个角度来看,在创始人离职 4 年之内创办的企业里,有 36% 的企业(84 家中的 30 家)直接使用了源组织的技术,有 33% 的企业(84 家中的 28 家)部分使用了源组织的技术。相比之下,在 4 年之后方告成立的企业里,直接利用源组织技术的仅占 6%,部分利用的也只有 12%。离职后创业的时间与技术转移程度之间存在着极其密切的关系($tau = 0.37, p < 0.001$)。工作在前沿研发组织中的科学工作者或者工程师能够获得一定的技术优势,但是随着时间的流逝,这种优势会部分丧失。一个人得自源实验室工作的技术知识会变得越来越不重要,随着他(她)离开实验室的时间越来越久,技术转移的必要性会变得越来越低(在本章的下一节中,我会思考这样一种可能性:此处假定的因果关系方向,即时间的迟滞会影响技术的转移,实际上也可能颠倒过来)。

表 4-8 源组织与新企业之间的间隔年数与技术转移之间的关系（$n=118$）

年数*		技术转移*			
		直接	部分	不明确	无
立即	0	25	19	13	5
	1~2	2	3	2	—
	3~4	3	6	4	2
	5~6	1	3	6	2
	7~8	—	1	9	1
	9~10	1	1	3	
	>10	—	—	3	2
总计		32	33	38	15

* tau = 0.37, $p<0.001$。

我们还考查了 23 家衍生自某多元技术企业的产品企业。来自这些企业的数据为我们这个问题带来了另一种观察角度。如表 4-9 所示，随着每种重要产品的上市，时间的推移都会让产品越来越少地依赖源组织的技术，同时，我们认为（但并未证明），它会越来越多地依赖后成立的新企业自身创造的技术。

表 4-9 产品对源组织的依赖

	产品 1	产品 2	产品 3
企业数量	23	13	6
上市前的年数	0.7	5.3	7.0
使用的源组织技术	57%	35%	4%

时间的迟滞越长，就越有可能丧失技术上的竞争优势。这样的可能性应该精确地反映源组织的相对先进性。研究数据表明，离开原来的大学或者尖端实验室之后，如果潜在创业者没有直接创办商业企业，而是进入另一所大学，或者政府资助的、非盈利的实验室，反而可能加强——而不是削弱——他最初获取的知识。技术转移程度与人们从商年数（从离开源实验室算起，到创办自己的企业为止）存在着密切的反向关系。但是，如果人们离开源实验室之后从事的是非商业性工作，那么创业之前的工作年数与技术转移的程度之间实际上并没有什么关系。这也间接地支持了我们之前提出的假设，即与非商业工作经历相比，商业性工作的经历会更多地侵蚀源组织技术的转移程度。至于中间的过渡组织是否有更加重要的技术转移到了新企业之中，我们并未收集到相关的数据，这一点比较令人遗憾。

但是，我的另外一项针对生物医疗企业的研究发现，在新公司成立之后，与临床环境持续不断的接触与产品开发密切相关,这些产品形成了企业更新的技术($p = 0.02$)和(或)特有的技术规格(0.3)。但是这些分析同时也确信,确认创始人最初的衍生转移是最重要的,它们对生物医疗企业的重要性远远大于后来持续发生的技术转移。

4.7 技术的使用机会

从离开源组织算起,到创办自己的企业时止,将近一半的衍生创业者会从事其他职业活动。按理来说,同那些离开源组织之后立即创办自己企业的人们相比,这些人离开源组织的动机是不同的,吸引他们创办企业的原因也是不同的。然而,令人惊讶的是,"雷厉风行派"和"姗姗来迟派"的创业者提到了几乎一模一样的离职原因,而且他们被吸引创业的原因也极为相似。

技术是人们离开源组织的因素之一

在这两组创业者之间,我们只发现了一点不同:源技术作为一项因素在人们离开源组织过程中发挥的重要性。表 4-10 展示的就是这些数据。在离职后立即创业的群体中,有 50% 以上(52 人中的 27 人)指出,利用源组织的技术是他们离开的首要原因。相比之下,在离职后过了一段时间才创业的人群中,仅有 20%(44 人中的 9 人)指出,对源组织技术的运用是他们选择离职的重要因素。在被问到如果没有源组织技术是否会离职时,有 70% 的"姗姗来迟"创业者回答"是",而同样给出肯定回答的"雷厉风行"创业者只有 36% 。

表 4-10 技术作为离开源组织的因素($n = 96$)

问题	创业			
	立即		随后	
	是	否	是	否
利用源组织技术是离职的首要原因 *	27	25	9	35
没有技术是否会离职†	18	31	26	11

* 组间差异: $X^2 = 8.77, p = 0.005$;

† 组间差异: $X^2 = 8.20, p = 0.005$。

正如所料,那些把源实验室技术应用当作首要离职原因的创业者们达到了较高的源组织技术转移水平($p = 0.001$)。他们同时拥有较长的源实验室工作时间(0.2),平均而言,他们在离开源实验室到创办自身企业之间的间隔时间也比较短(0.02)。

这些发现几乎反映在所有的衍生样本中。在离开某电子系统企业的创业者当中,很多人获得过专利。这些专利足以把实验室的技术推向前进。这些专利持有者在极大程度上更多地把相关技术转移到了新企业当中（$p=0.04$），有的还获得了源企业的专利许可，这是对新企业内在良机的坦率认可。还有一个例子可以证明技术应用蕴藏的良机，在离开某多元技术集团企业并且立即创业的人群中，60%的创始人的创业决策有赖于他们对某一产品或服务的知识，他们认为，源企业未能完全地开发这些产品或服务，或者没有做到充分的商业化。在这些情况下，创始人通常会把这项产品的技术部分或全部带到新企业，通常还会为此与源企业签订协议。我们在第三章引述过风险投资家唐·瓦伦丁在硅谷的经历，这足以证明未经开发的产品在公司成立过程中的重要作用。

实验室研发工作的开展有时需要专门的设备和材料。这种需求会促使技术专家们为自己开发这些专门材料。埃里克·冯·希贝尔（Hippel，1988）记述了这一点，并把它当作时常带来"基于用户的创新"（user-basedinnovation）的例证。这帮助我们理解其中蕴含的机会，以及满足这种机会的手段可能产生初创企业。在 MIT 电子研究实验室工作期间，大卫·科索斯基（David Kosowsky）需要一种石英晶体滤波器，用于统计通信理论领域。在寻求满足这一需要的过程中，他开发出了制造这种滤波器的方法，这直接推动他随后创办了自己的公司——达蒙公司（Damon Corporation）。为了完成毕业论文，哈罗德·埃杰顿创造了频闪照相技术，这直接推动他创办了 EG&G 公司。我们在第一章提到过这段佳话。

如表 4-10 所示，作为潜在创业者行为的激励因素之一，技术机会的重要性对图 4-1 中假设流动的假定因果关系的方向提出了挑战：技术机会的发现会改变潜在创业者的行为吗？该图中假定的绝大多数对技术转移的影响都要按照这一重新审视而保持不变。实际上，我们所知的对技术的现有应用无法引发创业者几年前在源实验室里从事开发工作，而不是研究工作，就像表 4-2 展示的那样。直接的应用机会也不会让他们缩短自己的实验室的工作总年数。这一点也许同样会出现在假设中。然而，事实恰恰相反：工作经历较长的人们转移了更多的技术，**与此同时**，他们还把实验室技术的发扬光大看作自己创办新公司的首要驱动因素（请参考上文的讨论）。人们对实验室技术利用的当前愿望也不会对创业者的教育背景或者年龄产生影响。我们在前文关于初创企业的技术转移中讨论过教育和年龄的影响。

感受到源实验室技术中出现的创业机会也许会带来一种极其重要的影响。这可能会让潜在创业者在离开源实验室之前不再追求更多的工作经验，而是立即创办自己的企业。有了这样的认识，表 4-8 中包含的数据可以重新解释为表 4-11 的样貌，它说明了新企业对源实验室技术可感知的可能依赖程度也许会缩短人们创办新公司的延迟时间。表中的数据清楚地指出（等级相关为 1），技术发挥的感知机会可能对人们创办企业的时机产生如何重大的影响。当然，在人们离开源组织之后，越是立即创办新公司,发生技术耗散的可能性就会越小,就像图 4-1 左下角的虚线箭头指出的那样。

表 4-11　新企业对源组织技术的"可感知"依赖与创业延迟时间之间的关系($n=118$)

技术上的重要性	平均延迟时间(年)	中位延迟时间(年)
直接	0.7	0
部分	1.8	0
不明确	4.1	4.5
无	4.9	5.5

4.8　总结与启示

本章试图对衍生新企业的原始技术基础给出实证阐释。针对技术从先进研发源组织到新成立企业的流动,我们提出了多种影响因素的相关假设,并且为此提出了一个概念模型。在这里用到了一把带有 4 项刻度的尺子:直接、部分、不明确、无,用来评判最终转移的技术对新企业的重要性。按照衡量的结果,我们可以大致将衍生企业分为几大类,但是总体而言,在这里提到的转移技术中,大约 1/4 的新企业取得了其中的将近一半。

图 4-1 内含了多项隐性假设,我们验证了这些假设,并把结果归纳放入了表 4-12。在表中列出的所有影响中,只有年龄的负影响看上去相对较弱。

表 4-12　对新企业技术转移程度的典型影响

先进技术的来源
　　在源组织从事以开发为导向的工作
对技术的接触程度
　　在源组织更长的工作年数
　　兼职创业
个人能力与态度
　　适中的教育水平
　　年龄的不利影响
　　能在源组织工作中感受到挑战、获得满足感
耗散影响
　　从源组织到新企业的间隔年数
技术的运用技术
　　技术成为人们离开原单位的首要原因,创办公司之前的延迟也有可能造成一定的影响对绝大多数的转移技术来说,其最重要的源头是人们在源组织中从事的、以开发为导向的工作——而不是以研究为导向的工作。这就带来了一种双重过滤的作用:越是从事开发导向工作的人们越容易走上创业道路,越是开发导向的创业者越容易立即把源组织的技术转移到自己的新企业中来。

通过在实验室更长的工作年资,人们有机会更多地接触技术源泉。这会更加频繁地带来面向新企业的重要技术转移。如果人们是利用业余时间兼职创业的话,这种效果会被加倍放大。也就是说,他们会在原来的实验室全职工作,同时利用业余时间经营自己的新公司。

认知、理解和运用先进技术的个人能力有利于创业技术转移。正式的高等教育水平可以反映这种能力,虽然博士程度的教育似乎显现出了些许不利的影响。谈到教育对创业的影响,除了明显的正向影响之外,还存在某种程度的弱反向影响——它会影响创业者把源组织的技术转移到新公司的年龄。

个人态度可以加强能力。那些在源组织工作中感受到挑战,并且收获满足感的人们会更多地发现源组织的技术,并把它们转移到新企业中去。但这一点有时会被一种事实掩盖——技术转移的明显成功会增强人们对前东家的满意度。这多少会让态度问题变得有些面目不清。

谈到对技术转移的耗散影响,有一项因素远比个人年龄的影响大得多,它就是创业者结束源组织工作到创办新企业之间的时间间隔。在离职后的 4 年里,未来新公司赖以存在的技术基础会面临强烈的衰减效应,而且,这种效应几乎是即时发生的。在这 4 年期间,技术的可转移性与日俱减。如前所述,兼职创业工作能够明显地把源组织技术转移的有效延迟降到最低。

最后一点,那些把某些技术的应用当作离开源组织首要原因的人们会向他们的新企业完成极为重要的技术转移。他们会觉察到某项先进技术的潜力,并且立即着手部署其商业应用。实际上,如果说人们对实验室技术应用机会的感知影响着新企业创办的时机,那么,前文提到的时间延迟造成的耗散影响主要是由于缺乏显而易见的机会。

那些珍视转移技术潜在效益的未来创业者们一定离不开对先进开发项目的参与,这对他们意义非凡,因为这些开发项目最有可能成为孕育他们未来企业的温床。一旦把这样的经验与敏锐的觉察力结合起来,善于捕捉到应用某项技术的市场良机,未来创业者们就能迅速地把这些技术转化成为商业应用,有效地避免由时间延迟而造成的衰减影响。

在结束本章之前,我们必须指出至关重要的一点:在所有带着产品离开源组织的创业者中,没有一项产品是他们在源组织开发完成的。所谓的转移技术首先指的是人们在源组织掌握的先进知识，这些知识随后在新企业创办的过程中得到了具体的应用。我们会在第九章详细探讨技术转移对新企业成功的具体影响。

参 考 文 献

A. C . Cooper. "Contrasts in the Role of Incubator Organizations in the Founding of Growth-oriented Firms", in J. A. Hornaday et al. (editors), *Frontiers of Entrepreneurship Research, 1984* (Wellesley, MA: Babson College, 1984), 159-174.

A. C. Cooper & A. V. Bruno. "Success among High-Technology Firms", *Business Horizons*, April 1977, 16-22.

Jerome Doutriaux. "Evolution of the Characteristics of (High-Tech) Entrepreneurial Firms", in J. A. Hornaday et al. (editors), *Frontiers of Entrepreneurship Research, 1984* (Wellesley, MA: Babson College, 1984), 368-386.

The Economist, "The New Entrepreneurs", December 24, 1983, 61-73.

H. R. Feeser & G. E. Willard. "Founding Strategy and Performance: A Comparison of High and Low Growth High Tech Firms", *Strategic Management Journal*, 11(1990), 87-98.

Marc H. Meyer & Edward B. Roberts. "Focusing Product Technology for Corporate Growth", *Sloan Management Review*, 29(1988), 7-16.

F. J. Olleros, "Emerging Industries and the Burnout of Pioneers", *Journal of Product Innovation Management*, 3, 1(1986), 5-18.

Edward B. Roberts. "Entrepreneurship and Technology: A Basic Study of Innovators", *Research Management*, 11, 4(July, 1968), 249-266.

Edward B. Roberts & Oscar Hauptman. "The Process of Technology Transfer to the New Biomedical and Pharmaceutical Firm", *Research Policy*, 15(1986), 107-119.

Chalmers W. Sherwin & Raymond S. Isenson. "Project Hindsight", *Science*, 156, 23 (June 1967), 1571-1577.

R. W. Smilor & M. D. Gill, Jr. *The New Business Incubator* (Lexington, MA: Lexington Books, 1986).

Eric von Hippel. *Sources of Innovation* (New York: Oxford University Press, 1988).

第五章

新企业的财务基础

在创办新企业的过程中,创业者的主要贡献是首倡、精力和愿景。先进的技术通常能带来独一无二的竞争优势,帮助新企业胜过已有企业或者成为创造新市场的基础。而资金带来的是"润滑剂"(grease),它是让这一切转动起来的必要条件,高新技术企业也不例外。

当雷克斯·莫雷(Rex Morey)和他的合伙人们在偏远的乡路拖动着探地雷达装置时,他们并没有指望遇到潜在的投资人,为他们崭新的初创企业提供资金。然而,就在这时,伯尼·香农(Bernie Shannon)和内德·香农(Ned Shannon)开着他们的香农兄弟承包公司(Shannon Brothers Contractors)卡车从旁边经过,问他们是否需要帮助。莫雷回答不用了。在香农兄弟的好奇询问下,莫雷解释说,他们正在尝试绘制乡路下面的地质情况。他们用的设备是一种高脉冲雷达。它最早来自 MIT 林肯实验室的一项研究,后来由 EG&G 公司开发完成。香农兄弟立即感到这是一次良机,他们最终为"地球物理调查系统公司"(Geophysical Survey Systems,Inc.,GSSI)带来了第一笔投资。他们希望能够掌握关于即将开采的砂石的先进知识,并且通过这些知识提升采掘工作的投标报价,大大地提高了盈利。他们还介绍了自己的朋友吉姆·克莱姆斯(Jim Crimes)。克莱姆斯拥有新罕布什尔州最大的采砾场之一,他成了 GSSI 极具实力的共同投资人。新董事会召开第一次会议的地点是我在 MIT 的办公室,这是因为,几个月之前,我被莫雷的热情打动。为了帮助他,我成了 GSSI 的初始投资人和董事。在接下来的几年里,公司经历了几次大起大落,好几次濒临破产。成立 4 年之后,GSSI 最早的投资人们又一次拯救了它,新一轮的融资额仅相当于公司原始估值的 1/10。公司经历了几年的技术挫折和市场挫败,走过了无数次的冲突和争吵,最初的创始人最终全部离开。GSSI 最后在 1990 年 1 月被卖给了 OYO Geospace 公司。这家公司希望进一步拓展 GSSI 在资源勘查雷达系统销售中奠定的并不断增长的地位。早期外部投资人的耐心结出了丰硕的果实,在将近 20 年的时间里,他们获得了大约 14% 的复合年回报率。

近些年来,关于如何管理风险投资的书籍和文章层出不穷,关于新企业如何融资的著作更是多如牛毛,与此相关的研究文献迅猛增加。1981 年以来,在"创业研究大会"(Entrepreneurship Research Conference)收到的论文中,有 11% 的文章聚焦风险投资问题,另外还有 6% 涉及财务问题的其他方面(Hornaday and Churchill,1987)。在这些论文中,有很多探讨的正是技术型企业,有些还包含了企业初始融资的相关数据。

这一章将以这些研究文献和我的亲身经历为基础,为技术型企业融资问题的理解勾画一幅总体背景。我们首先会讨论企业财务发展的几个阶段,然后谈论不同类型的相关潜在资金来源。接下来,我们会聚焦初始资金来源对技术型企业的预期问题。我的研究会带来详尽的数据,证明这些预期,并且指出初始资金的实际来源及其程度。本章的末尾会讨论影响初始融资的各项因素,并通过研究数据验证多项相关的假设。关于技术企业的后续资本获得,包括创业者寻求风险资本的搜寻过程、商业计划的作用、风险投资人决策的本质,以及公司上市的决定,等等,我们会在第七章和第八章详细探讨。

5.1　财务成长的各个阶段

一家新技术企业的成长要连续走过多个阶段,伴随这个过程的是公司不断发展的财务需求。每家公司归入某个阶段的时长可能千差万别。各个阶段之间的界线更是含糊不清。尽管如此,各个发展阶段强烈影响着企业所需资金类型和资金数量,尤其是可用资金。卢安卡和杨(Ruhnka and Young,1987)调查了 73 家风险投资企业的高管。他们发现,总体而论,这些高管会把新企业的发展归纳为 5 个阶段。这 5 个阶段覆盖了从"种子"(seed)到"退出"(exit,即公司上市或被出售),每个阶段各有独特鲜明的特点。在风险投资人估算投资风险时,他们考虑的最重要的因素就是被投资企业所处的发展阶段,"种子"阶段的投资风险高达 66%,而"退出"阶段的风险只有 20%(P.181)。迪恩和吉格列拉诺(Dean and Giglierano,1989)调查了 38 位加利福尼亚州的风险投资人,得到了与之类似的结论。按照他们的估算,"血本无归"的投资风险会从"创始轮投资"的 33% 降到成熟期融资的 7.5%。韦策尔(Wetzel,1983)也在私营个人投资者对投资风险的认知中发现了类似的变化,这些投资人预期的风险从"发明草创"阶段的 70% 降到了"成熟稳定"阶段的区区 20%(1983,p.29)。为了说明企业的发展与融资之间的关系,首先要澄清企业发展各个阶段的总体特征。每个阶段意味着企业可能需要的不同性质的财务后盾。在此之后,我会通过自己的实证研究来证明这些财务关系。

人们通常认为,技术型企业首先要经历一个成立之前的研发阶段,然后是企业发展的3个阶段:①初创阶段;②初始发展阶段;③持续发展阶段。范德文等人(Van de Ven et al.,1989)也提出了类似的企业发展三阶段:创立、初创和发展。就像上一章提到的那样,其中的研发阶段通常发生在其他源组织的实验室里,它也可能发生在创始人的地下室里,在此期间,创始人通常还在原单位里"全职"工作。这个阶段涉及产品原理的实验验证,它可能包括确定产品商业应用的尝试。一般来说,在这个"成立前阶段"里,除了创始人的时间,几乎没有其他的资源可用。近些年里,金融圈子越来越多地参与到这个阶段中来。他们通常会与大学实验室或者实验室的直接衍生企业合作,为雄心勃勃的研发项目提供长期资金支持,期望获得可供商业应用的成果。这个阶段有时会用到"研发有限合伙"(R&D limited partnership)机制,这种机制尤其集中出现在近几年的生物技术领域,但是研发阶段(尤其是研究)仍在很大程度上保持在公司成立之前的阶段,或者在绝大多数新企业形成和发展过程中成为获得资金最少的一个方面。有的时候,研发阶段也会与初创企业的"零阶段"(zero stage)重合,我们接下来讨论这个问题。

5.1.1 阶段1:初创

初创阶段通常以公司的成立作为开始的标志;一旦公司实现了比较显著的销售收入(至少达到每年几十万美元),并且开发出了一种或多种产品或者服务,展现出一定的发展潜力,这个阶段或多或少就可以告一段落了。近些年来,初创阶段被人们从概念上分成了"种子阶段"(seed stage)或者"零阶段"和"第一阶段"(first stage)。在所谓的"零阶段"期间,新企业会开发出自己的基本技术,形成最早的战略,建成初创团队。

在"种子阶段"的一开始,公司通常缺少目标产品的可操作原型,甚至距离正式形成商业计划还有十万八千里。很多公司从我上文提到的"公司成立前的"研发阶段进入种子阶段,持续不断地解决关键产品的开发问题,再走向初始产品的可操作演示原型。随着各种"种子"活动告一段落,公司进入"第一阶段"。一般来说,公司会在这个阶段建立起相当明确的商业计划,围绕几位关键的核心人物形成最初的组织架构,并且打造出自己的产品。该产品至少表现出了一定程度的商业可用性。

在整个初创阶段,新成立的技术企业通常会在产品开发工作中投入数量可观的时间。公司通常只与极少的用户打交道,但会积极地寻求新的市场营销渠道。公司的办公场所一般比较简陋,只有勉强够用的设备。公司通常没有或者只有很少的金融质押品。通常来说,公司里很少有人具备真正的管理经验,很大比例的创始人和最早的员工属于技术专家类型,这来自他们早前的教育和工作经历。当机会出现时,这些企业能够作出迅速的反应。但这个阶段的新企业通常是亏损的。

初创期的资金需求多种多样。公司需要资金来支持产品开发,它主要用来支付技术人员的工资。尽管事实上很多技术人员——甚至是所有技术人员——的工资要低于原单位的工资。通过这样的财务牺牲,他们换来的是我们通常说的新公司的"汗水股权"(sweat equity)。采购设备也离不开资金投入。如果公司已经开始生产和销售产品,那么运营资本也是必不可少的。由于公司此时仍在亏损,所以创业者必须寻求外部资金支持。

但是问题在于,什么样的投资者愿意为这样的新企业提供初始资金?这样的投资看上去风险极高,所以它的潜在回报必须高到足以压倒可感知的失败概率。资金提供者必须足够有耐心,愿意等上 5~10 年才看到回报。投资者必须相信,未经实践检验的管理者们能够完成尚不存在的产品或服务的开发、生产和销售工作。在很多人看来,想通过这样的投资赚钱,还不如花上几十万美元——甚至更多的钱——来赌马,并且连赢两场(Daily Double)更有把握!

很多潜在的创业者和投资人没有意识到,真正失败的技术型企业实际上寥寥无几——也就是说,真正走入绝境、宣布破产或者关门大吉的技术企业并不多。蒂蒙斯和拜格雷夫(Timmons and Bygrave, 1986, pp. 163-164)通过 7 项不同的研究说明了,总体而言,在创业后的 5~10 年间,完全失败的企业比例在 14.7%~35% 之间,中位水平为 20% 左右。这个结果和非技术型初创企业特有的高失败率(及初期失败率)形成了巨大的差别。尽管如此,很多这样的企业只是勉力维生而已——维持营业,既没有逐年的增长,也没有明显的衰退,几乎没有利润可言。在这种更加常见的情况下,投资者无法收回投资,也无法获得投资回报。没人会对购买这种企业产生兴趣,这样的企业也不可能上市。它既没有动力也没有现金买断最初投资人的股权。投资者通常把这种情形的新企业称为"僵尸"(the living dead),这种生不如死、无路可走的企业占据了投资者们投资组合的很大部分。

5.1.2　阶段 2:初始发展

对于刚刚走过初创阶段的企业来说,当公司完成一条产品线的开发、产生足够的销售收入、足以证明公司快速发展预期的时候,我们就可以说,这家企业开始进入初始发展阶段了;当企业实现了这一预期,并且展现出盈利运转和快速成长的能力时,就可以说这个阶段告一段落了。企业会在这个阶段走向一定程度的成熟。它会致力于提升产品质量,同时降低单位成本。尽管会获得新客户,但它同时也开始面对来自其他小企业的竞争,有时还要面对来自大企业的竞争,这会为年轻企业带来强烈的动力,激发它们开发新产品。在这个阶段,企业的运营是盈利的,但是由此而来的现金流通常不足以支持其必需的企业成长资本。

企业在这个阶段需要面对的问题也会有所变化。公司需要厂房和设备。随着销售的增长,运营资本的需求也不断增长。生产、销售、市场营销和研发成为重要的职能部门,公司要为这些部门找到关键的管理人员。为了保持企业的高效运营,管理与运营控制的作用变得日益重要。

随着企业特征的变化,它们所吸引的资金后盾的类型往往也会随之改变。伴随公司的风险和不确定性降低,年轻的企业仍能带来高额回报的机会,与此同时,企业彻底失败的可能性进一步降低。在接下来的几年里,如果创始人愿意,而且金融市场允许公司上市或者被出售给更大型的企业,已有的投资不一定要被套牢2~3年。公司不再需要冒险家来提供资金支持,但是,阶段二的投资人必然仍有投机性,至少对近期来说如此。尽管如此,就像我们会在第十章看到的,很多公司会在第二款产品和后续产品的开发中遭遇困难,即便它们成功地退出了首款产品,情况可能依然如此。这些公司无法过渡到收入和利润持续增长的阶段。

5.1.3　阶段3：持续发展

如果解决了初创阶段和初始发展阶段的各种问题,成功的企业就会进入稳定成长阶段。公司的年销售收入达到数百万美元,员工数以百计。此时,公司开始面对许多大型企业才会出现的问题,但是这些问题的难度较小。公司会为数量众多的客户提供多种多样的产品或服务,同时也要面对较为激烈的竞争。公司的现金流和利润足以满足大部分的资金需求,但是新的发展机会还会不断地涌现。实际上,公司的增长率可能成为最严重挑战的源泉,包括为公司发展提供资金支持。

在第三阶段,创业者面临的主要问题发生了重大的变化：他现在需要思考的是公司的总体发展方向、多条产品线的开发问题、员工的士气、沟通问题及长远规划等。公司的潜在并购对象会在这时出现,同时,大公司也会想方设法地收购公司,在税务和法律方面的考量越来越突出。创业者也许会发现,自己已经不再是公司的核心人物,他也许想出售自己的股份,从此退休,或者再度创业。公司不再是新的企业,它已经成长为新的增长型企业,也许就是未来的IBM!

抛开公司充满风险的未来前景不谈,或者说,正是由于这样的未来前景,公司才会在公众心中产生吸引力。如果它之前没有公开发行过股票,那么现在可以带着一定程度的信心投身公共金融市场了。因为公司已经有了充足的资产用于抵押,所以也可以取得银行的长期贷款。就这样,技术企业凭借自身的独创性、奋发努力、坚持不懈和好运气通过了时间的考验,把自己建设成了持续经营的企业。当然,很多早期遗留的问题仍然潜藏在背景深处：公司的下一项产品能否带来成功？竞争对手会不会凭借一项跨越式技术带来"攻其不备"(blindside)的一击？会不会有一群关键员工离开公司,凭借我们的下一代产品技术创办新公司？这里的随便一种威胁都有可能让公司的业绩退回到上个阶段,降低公司的吸引力,至少也会让进一步增长的预期停滞不前。

5.2　资　金　来　源

在技术企业成长和发展的各个阶段,可能有多种多样的资金来源支持它的财务需求。从理论上来说,每种资金来源考量的是无法预知的失败风险,它被视为企业具体发展阶段的一个函数,与之相对的是同样无法预知的财务收益预期,出资人据此作出投资决策。萌芽期的技术型企业与绝大多数其他类型的新企业大不相同:不仅拥有标志性的高新技术、市场和管理上的不确定性,而且缺少看得见摸得到的资源,还缺少可以用来衡量早期业绩的实在手段。很多以研究为基础或者以技术为根基的企业最初的资源不过是一台示波器、一支焊枪或者一把放大镜而已。很多企业成立时唯一的依凭是创业者的聪明才智和一腔热情。由于缺少可资质押的资产,创业者从银行等正式金融机构获得资金的努力常常无果而终。因此,新企业在思考融资问题时,风险资本常常会取代银行的位置,出现在创业者的脑海中。然而,长久以来的事实(现在依然如此)在于,在面对绝大多数的技术型初创企业时,这些被称为风险投资人的金融家们并不支持最早阶段的资本支持。我会在本章后半部分和第七章指出。总的来说,风险投资人偏爱的是成长企业的后期投资,而不是技术型初创企业的初期投资(相关历史证据可以参阅 Rubenstein,1958)。

尽管各类风险投资人受到了广泛的关注,但是它们(包括"富裕家族资金"、传统风险投资企业、种子基金、小企业投资公司,以及金融企业和非金融企业的自我经营资金等)仅占新企业初始融资的很小一部分。举一个最极端的例子。敦克尔伯格和库珀发现,在他们研究的样本企业中,只有不到 0.5% 的企业是通过风险投资企业获得融资的(Dunkelberg and Cooper,1983,p. 370)。但是造成这种结果的部分原因是样本企业中缺少"特别吸引风险投资人的、以增长为导向的高新技术企业"。拜格雷夫和蒂蒙斯(Bygrave and Timmons,1985,p. 55)发现,紧随 1978 年资本收益税调减而来的是"针对高度创新的科技企业首轮(风险投资)比例的急剧增长($p<0.0001$)……针对种子阶段企业的投资比例(同样)显示出了增长趋势……($p<0.002$)"。关于整个风险投资行业的近期数据(Venture,1989,p. 55)表明,在 1987 年的投资中,仅 2% 投向了种子阶段的企业,11% 投向了初创企业,与 1981 年的 22% 相比而言,这个数字出现了极大的下滑。

ETP(Electronic Trend Publications,电子趋势出版公司)指出,1988 年,初创企业所得投资的比例进一步下降到了 7%(Welles,1990)。事实上,绝大多数获得资金的企业早已走过了初始融资阶段,足有 3/4 的风险投资流向了第二阶段或更晚阶段的融资,以及成熟企业的杠杆并购。

如果不求助于风险投资人,创业者能够求诸什么人来为自己的梦想提供资金呢?虽然最初的资金需求也许很低,但是有谁愿意为初创企业的成功下赌注呢?不仅如此,当未来显现出光明的前景时,创业者能从哪里找到数十万美元,甚至几百万美元的企业成长资本呢?接下来,我们会检视多个类别的投资人,他们都是技术型新企业的潜在支持者。这样做的目的是确定他们的资源情况、对待风险的态度、选择标准、偏爱的投资选择,以及他们在投资之后与年轻技术企业之间的关系。我对他们的思考顺序是按照其成为新企业初始投资人的一般可能性排列的。

5.2.1 个人积蓄

毫无疑问,创业者最方便获得的资金来源是他们自己的个人积蓄。实际上,敦克尔伯格和库珀(Dunkelberg and Cooper,1983)研究了 890 家企业,它们都是所有者创办的,并且来自广泛多样的行业——绝大部分属于非技术行业。他们发现,有 59% 的人主要依靠个人积蓄创业——包括全部使用积蓄的情况,还包括积蓄与其他资金来源组合的情况。狄波基和布鲁诺(Tyebjee and Bruno,1982)的调查提出了类似的结论,他们的研究对象是 185 家加利福尼亚技术企业的融资情况。结果同样发现个人积蓄占据了支配地位。斯迈勒等(Smilor et al.,1989)也肯定了这一点:在他们研究的 23 家德克萨斯大学(University of Texas)衍生企业中,有 74% 是创始人利用个人积蓄创办的。然而这些积蓄通常相当有限,30 岁出头的年轻科学工作者和工程师通常很难凭借自己的存款、签字和可用的质押物筹得 2.5 万~5 万美元。尽管如此,创业者必须意识到,投资者可能会要求他们为公司赌上大量的个人资产,作为创业者诚意的表现。尤其重要的是,创业者和他的共同创始人们最初拥有公司的绝大部分所有权,但是,随着越来越多的、必要的外部资本的注入,他们的所有权势必遭到稀释。创业者应当认识到,如果公司确实是成功的,他们的潜在资本利得可能达到令人咋舌的程度。如果公司的前景一片光明,他们应当敢冒风险,投入自己的"财富"。

由此可见,个人积蓄是企业初始资金的基础。通常来说,企业在几个月到一年之内,甚至一年多的时间里,都不需要额外的资金投入——这主要取决于业务最初的尝试规模。创业者可能为公司作出多种形式的非货币投入,如专利、开发成熟的产品、免费的劳动——这在过去被称为"汗水股权"。然而创业者的资产很快就会消耗殆尽,他们接下来必须求助于外部资本的力量。当然,如果创业者个人极其富有——他的财富可能来自家庭,也可能来自先前创业的成功——那么,企业对外部资金的需要可能会大大地延后。

5.2.2　家人和朋友

除了个人积蓄之外,创业者最有可能获得的融资也许要数亲属朋友的资产了。敦克尔伯格和库珀(Dunkelberg and Cooper,1983)研究了美国独立企业联盟(National Federation of Independent Business,MFIB)的会员企业,结果发现,对 13% 的企业而言,家人和朋友是最重要的创始资金来源。这种投资通常体现为短期借贷的形式,尽管它们可能在后续投资人的坚持下变成"股权"投资的形式。这种类型资金的主要优点是相对容易获得,投资人熟识创业者,并且对他们的能力一清二楚。有的时候,创业者对自己的冒险能否成功没有把握,因此不愿意"利用"亲近的私人关系来筹措资金。这种投资形式最大的缺点在于,一旦朋友或亲戚完成了投资,他们会认为自己有权对公司的管理指手画脚,甚至不断地干涉管理。因此,虽然这种"朴素的"资金相对易得,但是接受它们可能会带来后续的问题。

有位同事告诉我,一位帕洛阿托(Palo Alto)的风险投资家朋友称,只要骑自行车在家附近转一圈,他就能筹齐一家高新技术企业的创始资金。这主要取决于他的朋友和街坊是什么样的人。史蒂芬·阿尔巴诺(Stephen Albano)就是个例子。当时他生活在新罕布什尔州的一个小镇上。有一年春天,阿尔巴诺在家附近散步,他向自己的邻居鲍勃·麦克雷(Bob McCray)挥手打了个招呼,于是获得了 3 万美元的初始资金,创办了 Offtech 公司。这家公司如今是理光(Ricoh)集团在新英格兰地区最主要的代理商之一(Logan,1986)。不过麦克雷完全不是自然投资人。很明显,他属于天使(angel)投资人的类型。我们接下来就讨论这种投资者。

5.2.3　私人投资者,即天使投资人

一般来说,在作为高新技术企业初始资金的外部投资中,绝大部分来自富有的个人投资者。用投资圈的行话来说,这些个人风险投资者被称为"非正式风险资本投资人",他们经常被称为"天使投资人"。戈登·巴蒂(Gordon Baty)很早之前就总结过个人投资者的特点:他们的资本收益对自身的税级有利。他还进一步指出,"天使投资人的行为仅由自己负责,他们可以承担不可避免的亏损,他们往往对投资那些在严格意义上并不划算的对象具有积极性"(Baty,1964)。非经济动机包括冒险的刺激、成为快速成长企业的一分子,尤其是可以和出色的年轻人打成一片。有时候,非经济动机还可能包括社会责任感的满足,这一点可能与天使投资人的财富有关。令人遗憾的是,如今的税务制度缺乏常规收入与资本收益之间的区别,这可能大大影响投资人的

动力和行为。

　　私人投资者几乎从不会主动寻求投资新企业。与此相反,他们会通过金融圈里的熟人了解投资机会。他们自己往往就是这个圈子的一员。投资银行家、商业银行家和经纪人(加上他们的律师、会计师及数不胜数的朋友和亲属等)都会推荐企业。潜在的个人投资者偶尔会出席本地团体组织的活动,如"MIT 创业论坛"等。有些早期创业者会在这些活动上分享他们的灵感和遇到的问题。

　　威廉·韦策尔(Wetzel,1983;1986;1987)和他的合作伙伴们(Aram,1989;Neiswander,1985;Tynes and Krasner,1983)曾对个人投资者做过严密细致的分析,并称之为"创业天使"(business angel)。他们还对"天使"投身其中的市场做过同样细致的分析。韦策尔的分析和另一项由美国小企业管理局(Small Business Administration,SBA)资助的研究(IC^2 Institute,1989,p. 40)表明,私人投资者——也就是天使们——的资源是相当可观的,他们的风险投资组合累计达到了 500 亿美元之巨。仅为一笔投资,风险投资者就可以凭借一己之力或者通过联合熟人朋友等方式轻松筹得 100 万美元——虽然他们很少这样做。此处提到的几项研究指出,很大一部分初始交易都处于5 万~30 万美元之间的水平。通常来说,这些投资都是一位天使投资人联合一位或者多位朋友作出的,每人投入 2.5 万~10 万美元不等。弗里厄和韦策尔(Freear and Wetzel,1989)发现,在后来获得风险资金投资的企业中,有 35% 此前曾得到过"非管理私人投资者"的股权投资。在特殊情况下,如果企业已经发展到了种子阶段,私人投资的中位数可能达到 22.5 万美元。如果他走到了初创阶段的末尾或者第一轮融资阶段,那么这个数字可能会翻上一番。通常来说,这些投资人不会寻求控股股权或者公司中的管理岗位,但是大多数人希望公司在面临重大管理决策时能够咨询他们。

　　在作出投资决策时,这些投资者会极大地倚重朋友的意见或者其他投资者的看法。阿兰姆(Aram,1989)发现,五大湖(Great Lakes)地区的很多天使投资人本身就是创业者,而且他们喜欢投资与自身专长有关的公司。尽管如此,没有人详尽分析具体情况,他们主要根据公司的管理现状作出评估。这些投资通常采用直接股权投资形式(Conlin,1989)。因此,富有的个人投资者往往成为企业初创阶段所需要的投资者类型。创业者需要做的就是为自己的企业找到适宜的天使投资人。要做到这一点谈何容易。尽管韦策尔为新英格兰地区的个人投资者打造了计算机化的"速配网络"(matching network)。只要花费很少的费用,创业者就可以在计算机数据库中输入本企业的简单介绍和资金需求。个人投资者也会在这个计算机程序里列出自己的投资偏好。接下来,投资人会被推荐给两三家最接近的潜在"配对"个人投资人。这种"速配"服务已经被复制到了美国的很多地区(IC^2 Institute,1989;1990;Logan,1986)。加利福尼亚州和新英格兰地区的个人投资者行为模式比较类似(Tynes and Krasner,

1983），美国中西部地区也不例外（Aram，1989；Neiswander，1985）。

5.2.4　富有家族的风险投资集团

就投资技术初创企业可能性的大小而言，接下来要讨论的或许应该是富有家族正式成立的私营风险投资集团——至少从历史上来看是这样的。"二战"刚一结束，多个豪富家族纷纷成立了这样的组织，用家族资源投资年轻企业——尤其是掌握先进技术的年轻企业，以此寻求资本收益。其中最大的集团，其领导者都是如劳伦斯·洛克菲勒（Laurance Rockefeller）和 J. H. 惠特尼（J. H. "Jock" Whitney，熟悉他的人都称他"乔克"）一般的人物以及 Payson&Trask（乔克的妹妹创办的投资企业）这样的代表企业。它们不仅在投资圈里威名赫赫，而且在大量技术企业的融资中发挥了极其重要的积极作用。与非正式的个人投资者（如上文提到的天使投资人）相比，这些家族通常会出资建立一家自主投资机构（公司制或合伙制）。这些组织由全职雇员团队管理，管理者会分析公司收到的投资方案、作出投资决策（家族成员通常不会参与决策过程），并在投资做出后与被投资企业合作。目前来说，这类组织中最知名的要数洛克菲勒家族创办的 Venrock 风险投资公司。

随着这些家族集团的发展，它们逐渐演化出了一种特别的运营风格，构成了今日美国风险投资行业的基础。对于和它们打交道的创业者来说，这种风格既有好处，也不乏弊端。如果获得这些家族集团的投资，创业者得到的益处有很多。这些家族集团名声在外，因为它们只选择最优秀的企业投资。因此，企业一旦获得它们的投资，往往会让其他投资人对创业者青眼相加。这必然会让后续的更多的融资变得更容易。基本上，家族集团的资源是没有限制的，创业者随后可以回到这些家族集团寻求更多的资金。这些家族集团的员工拥有冠绝同行的顶级声誉。这一点不仅体现在业务方面，而且体现在技术专长方面。最后一点好处是，这些家族集团都是极富耐心的投资者，它们愿意等上 5~10 年才看到回报，而且它们不需要因为业绩的原因回答股东或者外部投资人的质问。

这种机构化家族集团投资的弊端同样非常明显。首先，它们在选择投资对象时极尽挑剔。在它们收到的众多方案中，获得投资的企业往往是百里挑一；为了获得投资人的考虑，创业者必须提交详尽的方案［它被称为"商业计划书"（business plan），我们会在第七章深入讨论商业计划书问题］。投资人会寻求企业董事会中的一个或多个席位，还要取得企业运营现状的详细报告。如果公司没有实现增长，投资人会坚持在公司的经营岗位上安排一名自己的人员；更糟糕的情况是，如果情况不如创业者最初的设想，投资人会介入管理，甚至替换掉一手创办公司的领导者。除此之外，家族集团的决策速度相当缓慢，因此，创业者往往需要提前好几个月接触他们，提早商讨融资事宜。

在评估早期和形成期年轻企业时,这些家族投资集团首先看重的方面是企业的管理质量,其次是产品的市场情况。它们还会考虑产品开发情况和企业的基础技术。投资通常采用可转换公司债券(convertible debentures)的形式。如果遭遇公司清算的情况,这种债券能够转换成股票,为投资人提供一定程度的保护。总体而言,早期的投资规模一般在 30 万~50 万美元之间。当然了,在过去的 40 年间,投资的量级一直在增长,但也没有超出过出 2 倍之外。家族风险投资人通常会规避新企业的初始投资,但是,它们如今愿意作出一些早期阶段的小笔投资,如果初创企业的领导者是曾经合作过的创业家,它们会更愿意作出早期投资。

5.2.5 风险投资企业

美国的专业化封闭式投资企业聚焦风险投资(venture capital, VC),对于这类企业的形成来说,家族风险投资集团发挥了典范作用。这种风险投资企业最早的代表是美国研究与开发公司(American Research and Development Corporation, ARD)。1946 年,ARD 成立于波士顿。它的诞生在很大程度上来自时任 MIT 校长卡尔·泰勒·康普顿和众多杰出校友与 MIT 友好人士的努力。他们的目的是把学校的科研和技术创意推向市场。MIT 化学工程系主任和航空工程系主任出任 ARD 顾问,MIT 校财务主管出任 ARD 财务主管。ARD 的启动资金为 340 万美元,主要来自几家波士顿的保险公司,共同创办这家公司的还有 MIT、哈佛大学、莱斯研究院(Rice Institute)和罗切斯特大学(University of Rochester)。后来,ARD 成为上市企业,随后被出售,成为德事隆公司(Textron Corporation)的一个部门。再后来,德事隆把 ARD 卖给了梅隆(Mellon)家族的一员。

在一开始和最初的几年里,ARD 主要投资 MIT 资深教师的创意。由此而来的初创公司被安排在 MIT 的楼宇里办公,采用一种成本分担的独特方式。如今,其他很多大学正在纷纷模仿这种方式。ARD 通过这种方式参与了 MIT 早期衍生企业的创建并对它们投资,如 High Voltage Engineering 公司和 Ionics 公司等。后来,在哈佛商学院教授乔治斯·多里奥特(Georges Doriot)的领导下,ARD 改变了这种方式。多里奥特从一开始就担任 ARD 总裁,他逐渐扭转了 ARD 聚焦公司管理的态度和政策,在几乎每个方面效仿比较大型的家族投资集团。一位全职专业人员每年要过目数百份方案。其中只有 1/10 能得到认真的考虑,而获得最终投资的方案只有 2%~3%。成立之初,ARD 通常会占据控股地位,以可转换公司债券的形式投资 10 万~50 万美元。比如:它在 1946 年以 20 万美元购买了 HighVoltage 公司 80% 的股份;1948 年,ARD 以 10 万美元购买了 Ionics 公司 75% 的股份。

到目前为止,ARD 最大的成功是一笔 7 万美元的初创投资——它在 1957 年收购了 DEC(Digital Equipment Corporation)公司 78% 的股份。它让 ARD 所有其他的投资相形见绌,它贡献了公司股东分配总价值的 86%(Stevenson et al.,1986,p. 383)。重要的是,DEC 这一投资业绩的一枝独秀与其他风险投资组合投资回报的分布相得益彰。亨茨曼和霍本(Huntsman and Hoban,1980)也证实了这一点:"这种风险与回报的权衡与人们对风险投资的传闻是一致的。正如人们说的那样,大约有 1/10 的投资会收获满堂彩式的巨大成功,事实上,这种相对少见的巨大成功支撑着整个投资组合。"舍雷尔(Scherer,1965,p. 1098)也在专利发明的盈利能力中发现了与之类似的偏态表现。雷文斯克罗夫特和舍雷尔(Ravenscraft and Scherer,1987,p. 43)也在红极一时的集团企业中找到了类似的业绩分布情况。同一般性的帕累托二八定律(即 80% 的成果来自20% 的努力)相比,这些结果更显偏态得多。如果要为高新技术企业投资者找到一个类似定律的话,可以说,绝大多数新企业投资者几乎所有的回报其实都来自极为少数的几笔投资。

追随着 ARD 等先驱企业的脚步,其他由专业人士管理的风险投资基金也纷纷成立。这些企业的资金通常是从富有的个人、银行、养老基金和企业募集而来的。ARD本身成了波士顿地区众多风险投资企业的孵化器——ARD 为它们提供经验和联系渠道,促使很多前员工成立了大量的风险投资组织。尽管如此,ARD 和它的前员工们对大波士顿地区的企业表现出了强烈的偏向性,而美国其他地区的风险基金同样表现出了对本地区的类似偏好,阿瑟·洛克(Arthur Rock)管理的基金和他偏爱的硅谷地区就是一个明显的例子。弗罗里达和肯尼(Florida and Kenney,1988)跟踪研究了这些地区性风险投资集团的演变历程和如今的投资者行为,尤其是对高新技术企业的投资行为。这些专业基金逐渐发展壮大、日益蓬勃,在整个风险投资领域占据了主导地位,就它们管理和投资的基金量级而言,这些企业早已把先前的富有家族基金远远甩在了身后。一些风险投资企业,如 Hambrecht and Quist、凯鹏华盈(Kleiner Perkins)、摩根塔勒(Morgen thaler and Associates)和 TA Associates 等,都变得非常知名,尤其是在技术投资领域。一项近期的分析显示,"在针对高度创新型技术企业(highly innovative technological venture,HITV)的投资中,少数技能高超、经验丰富的核心风险投资企业占据了极大的比例,这与它们的数量形成了悬殊的对比。在 HITV 投资领域里最活跃的企业共有 21 家,它们仅占数据库中全部 464 家企业的 5%,但是它们参与了 HITV 全部投资活动的将近 25%。"(Timmons and Bygrave,1986,p. 168)

一般来说,专业人士管理的基金企业同样会遵循固定的工作模式,包括投资分析、决策制定和具体管理等。家族基金最早采用的就是这种模式,后来的 ARD 采用的也是类似模式。它的最大特点是精细的甄别与遴选,仅有 2% 的方案能够得到积极的回应(Maier and Walker,1987,p.208)。风险投资企业志在实现极高的潜在收益率,以此弥补投资者可能承担的高风险。它们投资的新企业所处的成长阶段越早,目标回报率就会上升得越快(Dean and Giglierano,1989)。在完成投资之后,风险投资企业会下大力气注意并积极协助投资组合企业。事实上,很多高新技术企业的创始人"努力寻找的是这样一种风险投资人——他们以高增值的非货币贡献而著称,能够帮助新企业快速成长"(Timmons and Bygrave,1986,p.169)。近年来,这种最早出现在美国的现象已经传遍了全球各地,西欧和亚洲都出现了志在投资高新技术企业的风险投资企业,尽管它们的运营方式有时与美国风险投资企业不尽相同(Maital,1989;Smith and Ayukawa,1989;E V C A/McLintock,1990)。日本近年来成立了一些新的风险投资企业,使得日本的营业风险投资机构超过了100家(Nikkei,1990)。

在几百家风险投资企业中,有一类数量不多的企业被称为种子基金。本人共同创办的ZeroStage股权基金公司(Zero Stage Capital)就属于这一类型。种子基金主要聚焦于技术型企业的初期和早期阶段投资。这些种子基金或者零阶段基金承袭了富有家族和ARD最早期的活动传统——包括帮助创办新企业、与创始人紧密合作,建立团队,更大胆地确立业务目标,帮助公司制订完善的商业计划,等等。种子基金通常会为企业带来建议和"亲力亲为的"(sleeves rolled up)的协助。这让它带来的价值超出了资金本身。为了呼应这样的需求,ZeroStage股权基金公司的原始创建者拥有与通常风险投资企业创始投资团队颇为不同的背景:戈登·巴蒂(Gordon Baty)、亚瑟·奥伯迈耶(Arthur Obermeyer)和我拥有在多家企业工作的经验,我们做过多家初创企业的创始人、管理者和顾问;在新企业和年轻企业的融资与顾问方面,保罗·凯利(Paul Kelley)和约瑟夫·隆巴德(Joseph Lombard)拥有长期而丰富的经验。同所有的先驱创业者一样,我们也经受了同样的痛苦和煎熬的考验,才在1981年从多位有限合作伙伴处筹得了450万美元,从此开始种子基金投资。但是我们想每一家选中的新企业投资的金额都没有超出过15万美元。后来我们慢慢发现,即使是"种子"阶段的年轻企业,同样需要金额较大的资金。比这更重要的是,我们要帮助年轻的企业弥合它们"经验的空白"。我们由此演化形成了自己的风险投资顾问理念,它通过"一位经验丰富的职业商务人士以兼职的形式加入新办企业的创始团队,通过知识、经验和人脉的分享促进企业的快速发展"(Baty,1988)。究其精神实质,我们的做法和其他风险投资企业提供的协助没有什么不同,但是我们的做法往往能走得更远。

如今的种子基金对初始阶段新企业的投资规模一般在20万~50万美元之间,并有可能在随后的第二轮融资中提供配套资金。种子基金很少"财大气粗"(deep pockets)(比如,ZeroStage股权基金公司如今4个基金池管理的总资金只有4000万美元）。它们会寻找与自己相似的人作为投资合作伙伴，分担初始投资，以此降低随后可能要面对的困难，因为后续可能需要筹集数额大得多的资金，帮助公司发展壮大（Allen et al., 1989）。马萨诸塞州技术发展公司（Massachusetts Technology Development Corporation, MTDC）是一家独树一帜的种子基金企业。它帮助过很多马萨诸塞州的初创企业。MTDC 注册在马萨诸塞州，在社会面风险投资资金极为紧俏的时代，这家公司成功获得了融资。它和大波士顿地区其他种子基金企业的合作极为紧密，也极为高效。它们携手推动了本地大批技术型企业的创办，促进了这些企业的早期发展。其他州政府和地区发展组织也纷纷协助成立种子基金，支持初创企业的成立和新兴企业的扩张。比如，宾夕法尼亚州的本·富兰克林伙伴计划（Ben Franklin Partnership）就曾支持过 ZeroStage 股权基金公司宾夕法尼亚分公司的成立。一项调查发现，美国至少有 25 个州投入过与此相关的举措（IC^2 Institute, 1990, p. 20）。种子阶段的高新技术新企业通常脆弱易折。ZeroStage 股权基金公司发起人保罗·凯利从风险投资的角度出发，称这些企业为"心血熬干机"（stomach burners）。凯利指出，由此而来的痛苦和烦恼极其剧烈，以至于"每完成一笔交易，你都不得不熬干一部分心血"。很显然，心血不够健旺的人做不了种子投资。

5.2.6　小企业投资公司

小企业投资公司（Small Business Investment Company, SBIC）来自美国国会在 1958 年通过的《小企业投资法案》（Small Business Investment Act）。这种特殊形式的风险投资基金在 20 世纪 60 年代初的美国发挥了极其重要的作用。美国政府为私人资本提供税收优惠和低息杠杆贷款，激励它们投资小型企业。由此注册成立的 SBIC 达到了数百家，总资产将近 10 亿美元，但是资产超过 100 万美元的只有 50 家。在这些应运而生的金融组织中，大量投资房地产行业和贸易领域的一般规模较小，投资高新技术新企业的相对规模较大。在这一早期发展阶段，有 15% ~ 20% 的 SBIC 投资流向了早期企业，也就是成立不到 1 年的新企业。投入技术导向型企业的 SBIC 资金也许还不到 10%。但是，总体而言，SBIC 仍然发挥了极其重要的作用。这主要是由于它当时处于一个特别的历史时期：如果没有 SBIC，当时可供小型企业使用的投资资源相对匮乏得很。

一项针对 SBIC 活动的新近分析表明，"流向新企业（成立 1 年或不到 1 年的企业）的 SBIC 融资数额大于流向年轻企业（成立 2 年的企业和成立 3 年的企业）的融资总额"（Feigen and Arrington, 1986）。这说明 SBIC 仍然对初创企业发挥着重要作用。尽管如此，66 家独立 SBIC 控制的总资本还不到风险投资行业总体量的 1%，这限制了它们的总体影响力度（Venture Capital Journal, 1990, p. 12）。有多少家 SBIC 专注于技术导向型企业的投资？目前还没有可用的数据。但是，根据作者的个人经验，一些规模较大的 SBIC 组织，如波士顿创业银行（Bankof Boston Ventures）等，在技术型企业早期投资活动中发挥了积极而重要的作用。

5.2.7　非金融企业

从 20 世纪 60 年代初开始，大型制造企业开始对投资年轻技术企业产生兴趣，它们为此提供的风险投资在 20 世纪 80 年代（并且仅限于 80 年代）大幅增长。很多制造企业希望通过对创业者的支持来获取技术和工程人才，以此增强内部研发力量。一开始，有很多企业都试验过向初创企业或者处于早期阶段的新企业提供直接风险投资，包括杜邦、福特汽车、德州仪器和美国联合碳化物公司（Union Carbide）等。后来，埃克森（Exxon）、国际镍业公司（Inco）、路博润公司（Lubrizol）和孟山都公司（Monsanto）等企业纷纷推出积极有效的投资项目，鼓励众多全球 500 强企业广泛参与投资事业。如今，92 家美国工业企业管理着 26 亿美元的专门风险投资池。此外，还有众多企业投资由专业风险投资人士管理的联合基金（*Venture Capital Journal*，1990，p. 12）。3M 公司最近披露的一份投资计划显示，该公司在全球范围广泛投资了 27 家风险投资基金。该公司面向获得"新技术窗口"企业的承诺投资高达 7500 万美元，同时也为它随后与新兴企业之间的联盟打下了基础（Hegg，1990）。还有一些企业，虽然没有持续不断的风险投资活动，但是会时不时地为新企业提供战略投资。

同上文讨论过的风险投资人相比，非金融企业表现得极为不同。这主要体现在投资动机、选择标准和对技术企业的态度等各个方面。通常来说，这些企业主要考虑的是技术。大多数企业只选择少数几个技术领域进行投资。这些领域有时与它们的现行业务有关或者有补充作用，有时毫无关联。这主要取决于企业当时采取的是集中化战略还是多样化战略。创业团队的质量通常紧随其后，成为次要的投资决策标准。这些企业通常不会提供启动投资，是因为它们发现机会和采取行动的速度不够快，因此，它们更多地倾向于稍晚阶段的发展投资。这一趋势在近年有所改变，尤其是在医疗技术和先进材料领域。有些非金融企业与风险投资人建立了紧密的合作关系，这让它们能够及早捕捉并参与到早期阶段的投资中来。日本企业开始雄心勃勃地投资美国的高新技术企业，尤其是电子和生物技术企业。不过这些投资通常发生在初创阶段之后（Sun，1989；Welles，1990）。

非金融企业通常乐于向投资对象提供技术、营销和管理方面的帮助，如果被投资人能够充分有效地汲取并利用这些服务，其中蕴藏的价值很有可能超过资金本身。我在早期著作中称这种帮助为"创业培养"（venture nurturing）（Roberts，1980）。"创业培养"与雄厚财力的结合必将成为企业风险投资者的重要优势。同时还要避免潜在的劣势——企业投资者往往会更多地干涉年轻企业的日常运营,让创业者不堪其扰。不仅如此,企业投资者也许会反对被投资企业上市,它们希望被投资公司最终能够并入其自身的运营体系当中。年轻的创业者通常把公司上市看作个人荣耀与财务成功的终极衡量标准和实现途径,然而实际情况却是,多而又多的技术型企业最终被出卖给大型企业,而不是成功上市。因此,创业者往往会在公司初创的早期阶段对企业投资者暗送秋波,但是,随着公司的发展,他们会变得更加成熟,开始抵触企业投资者资金的帮助。

5.2.8　商业银行

尽管美国的监管机构对商业银行的投资方式多有限制,但是有些地区的商业银行仍然在新技术企业投资活动中扮演着极为活跃的角色。在初创企业的早期阶段,较富冒险精神的银行会为它们提供短期贷款。为这些贷款提供担保的是立足于合同或者企业收到订单的预计应收账款。通过不断的更新和重新谈判,这些贷款可能会转变为中期贷款,甚至长期贷款。布鲁诺(Bruno,1986,p. 113)列举过大型软件公司 Ashton-Tate 的例子:为了避免稀释创始人的所有权比例,这家公司拒绝了送上门来的风险投资,转而从美国信孚银行(Bankers Trust)取得了 600 万美元的信贷额度。银行也可能通过公司房产抵押贷款的形式,或者实验室设备、生产设备租赁融资的形式提供帮助。在前文讨论的 SBIC 中,有一部分直接归属于银行。这些投资企业当然会成为直接投资人,不仅如此,SBIC 和/或银行的商业贷款负责人还会牵线搭桥,帮助企业与传统风险投资人建立联系。附属于银行的风险资本规模将近 20 亿美元的规模,约占风险投资行业资源总量的 6%(*Venture Capital Journal*,1989,p. 11)。

就其动机而言,银行开展贷款、投资和介绍活动主要是为了在成长型企业中开展常规银行业务,以此收获未来的利润。银行愿意在企业尚且稚嫩时提供资金支持,这样一来,在企业成长壮大、取得成功之后,银行仍然能保有企业的传统银行业务。因此,银行的态度和耐心程度也许和其他潜在投资者大不相同。SBA 的贷款担保项目对银行的影响很大。该项目极大地降低了银行向小型企业贷款的风险。在过去的 10 年间,SBA 审批通过的担保项目从每年 2. 4 万个降到了每年 1. 5 万个(*Venture*,1989,p. 55)。目前还没有信息能够说明这些变化对技术型企业初始融资的具体影响程度。

5.2.9　公开发行股票

从 20 世纪 60 年代初开始,美国历史上出现过几次短暂时期,它们让初创企业家可以在起步阶段直接求诸股票市场、获得早期资金。尤其是高新技术企业和"星光熠熠"的明星企业。如今活跃在风险投资领域的人们也许很少记得,1969 年是目前早期企业 IPO(首次公开募股)数量的最高峰。距今较近的两次高峰出现在 1983 年和 1986 年,但是可供投资的时间都相当短暂。相比而言,当市场处于更加保守的情绪中时,尤其是进入"熊市"(bearmarket)时,公开发行股票会变得非常困难,成本当然也极其高昂。即使是非常成功的成长型企业,也不例外。

年轻的技术型公司上市的原因有很多,我们会在第八章通篇讨论这个问题。创业者和风险资本支持者们也许是为了实现资本收益;创业者也许希望通过股票市场确保自己的股份在本人身故时保持流动性;新企业也许渴望名登报纸金融版的那份荣光。它也有可能与本章讨论的企业财务基础紧密相关,企业可能会发现,股票市场能为它们进一步的成长与发展提供最划算的,或者最具吸引力的资金。

撇开动机不谈,在尝试公开发行股票之前,创业者离不开来自金融领域的专家意见。美国证券交易监督委员会(United States Securities and Exchange Commission,SEC)的规定纷繁复杂,极大地影响着企业的上市过程。很多州一级的监管机构同样如此。想要获得公众资金,美国企业可以选择几种不同的方式,其中包括包销方式和非包销方式,近些年还出现了到英国上市的可能性。就标准和效果而论,承销商之间的差别极大,所以,创业者必须认真细致地评估和甄别。比如,大型投资银行很少承销 1000 万美元以下的项目,即使有,也是因为企业满足了其他方面的业绩要求。这样一来,早期阶段的创业者就要更多地与小型承销商合作。与小承销商打交道需要格外小心谨慎。即使如此,第八章的数据告诉我们,对技术型企业来说,股票市场常常能够满足它们较早阶段的资金需求,正如它们满足了企业成长阶段的资本需求那样。

5.3　初　始　资　本

5.3.1　初始资本基础:数量与来源

通过以上的回顾,加上本人对新创企业融资的经验,共同带来了两种估计:①初始资金通常数额较小,一般不到 5 万美元,超过几十万美元的情况少而又少;②初始资金大部分首先来自创业者本人的积蓄,其次来自家人和朋友,再次来自个人投资者。这些资本来源全部处于正式渠道之外。来自富有家族基金、专门种子基金和传统风险投资企业的资金数目更大,但是仍属于初始资本。它们通常被视为非正式渠道之外的主要补充来源。

许多创业者以最低数额的初始资金起步,他们往往会发现,企业的运营因为缺乏资金而举步维艰。还有一些创业者也许更加明智,或者短期内更加幸运——他们在成立企业之前筹到了数目可观的资金。因此,在接下来的运营当中,他们相对较少感到财务束缚的限制。图 5-1 展示的是 113 家 MIT 院系及实验室衍生的技术型新企业的初始资金分布情况。其中：23% 的企业（共 26 家）的初始资金低于 1000 美元；将近 50% 的企业的初始资金低于 1 万美元；拥有 5 万美元或者更多初始资金的企业只有 22%（共 25 家），在这 25 家企业中，绝大多数（25 家中的 20 家）从一开始就是全日运营的。

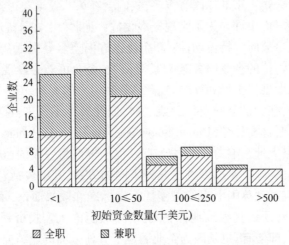

图 5-1　初始资金数量（113 家 MIT 衍生企业，按照创始人全职和兼职两种情况划分）

与此相似，附录中（Track 2、Track 3）列出的比较研究也给出了数额较低的初始资金。举例来说，在某大型电子系统公司的 38 家衍生企业中：有 18% 的企业初始资金低于 1000 美元；42% 的企业低于 1 万美元；超过 5 万美元的企业只有 18%。某大型多元化技术企业的 23 家衍生企业水平略高，但其平均创始资产规模仍然较小，只有 6.7 万美元，另外还有平均 4.8 万美元的初始贷款。在 17 家提供新能源转换及系统的制造企业中，初始资金规模在 8000～7 万美元之间，中位水平为 5 万美元。23 家生物医疗初创企业的初始资产从 0～85 万美元不等，但是其平均规模仅为 7.5 万美元。它们的初始贷款规模从 0～45 万美元不等。这些生物医疗企业的初始融资加上资产和贷款的总额介于 1000～100 万美元之间，平均为 13 万美元。很多成立已有 10 年的企业同样处于类似的初始资金分布之内，中位水平为 1.5 万美元，这一点表现得相当明显。在我们对新近成立的技术型企业的研究中，初始融资水平处于 3000～30 万美元之间，其中 50% 的企业启动资金低于 1 万美元。我们研究的消费品制造企业同样起点很低，其中有 50% 以上的企业初始资金低于 1 万美元。以上结果与蒂奇、塔普利和施瓦茨（Teach，Tarpley，and Schwartz，1985）的研究不谋而合——在他们研究的微机软件创业者中，有 49.7% 的人初始资金不超过 1 万美元。

在本章深入研究的 154 家企业当中,创始资本的精确数额少到 0 美元(这种情况有几家公司),多到 90 万美元(这种情况的企业只有一家)。而且有将近 50% 的企业是业余创业的结果。共有 52 家兼职起步的企业向我们提供了财务数据,其中 58% 的企业启动资金不足 1 万美元;对比全职起步的企业,这一比例只有 38%。

从表 5-1 的数据可以看出,在这些企业中,创始人个人资金成为主要启动资金来源的情况占了 70% 以上。此外,家庭和朋友也是关键的贡献者,另有大约 5% 的企业的成立得益于他们的资金支持。所有 MIT 衍生企业的子集都表现出了与此一致的比例关系,同样的情况还包括某大型电子系统企业,以及另一组我们从成立伊始就密切评估的创业企业。在某大型多元化集团的 23 家衍生企业中,有 20 家的成立依靠个人资金或者"亲友"的资金,同样的情况还发生在 80% 的消费品生产企业身上。其余的企业主要从个人投资者(天使投资人)、风险投资企业和非金融企业(创业者曾在这些企业工作过)等渠道获得启动资金。还有少数几家的启动资金来自股票市场。某风险投资企业曾研究过一组共 21 家企业,以便评估后续投资工作。结果发现,在这 21 家企业里,决定性的启动资金来源与上文提到的情况一样:创业者本人和私人投资者。另外一项面向软件企业的研究也证明,启动资本完全来自个人资金的企业比例高达 76.3%(Teach et al., 1986)。

表 5-1 初始资金的主要来源($n = 154$ 家企业)

来　源	企 业 数 量	比例(%)
个人积蓄	114	74
家人朋友	8	5
个人投资者	11	7
风险投资企业	8	5
非金融企业	9	6
商业银行	0	0
公开发行股票	4	3
总计	154	100

我们可以把这里"非金融企业"的概念扩大,把创业者最早的各种客户企业都囊括进来。它是很多定制开发者和一些其他初创企业常用的资金来源。帕特里克·麦戈文采用的就是这种途径。他创办的 IDG"如今已成为坐拥 5 亿美元收入的商业帝国,它在 40 个国家拥有 125 种杂志"(French, 1990, p. 36)。除了自己的积蓄之外,帕特里克·麦戈文前后两次通过非金融企业获得融资。还在 MIT 攻读本科学位时,麦戈文曾担任《技术》(*The Tech*)杂志的编辑一职。他沿袭了这一经历,在计算机相关出版领域里创造了令人艳羡的成功事业。在创办他的第一家公司——国际数据公司

(International Data Corporation, IDC, 如今是 IDG 的市场调研分部)时, 他成功说服了 12 家企业各自全额预付 1 万美元, 用来支持 IDC 开展一次计算机使用方面的专门调查。后来, 在他"推出新闻周刊《计算机世界》(Computerworld)时, 麦戈文投入了自己的全部身家——大约 5 万美元, 用来开发产品原型。他还在一次商贸展上收获了 3 万名预付费订阅用户, 再次从意向用户那里获得了必需的运营资本。实际上, 他从未向投资人寻求过资金支持, 也没有向银行贷过款"(French, 1990, p. 37)。

那些从业余创业起步的人们更有可能使用自己的资金来支持企业的初期发展。这是否反映了业余创始人并未完全投入新事业而需要较少的资金? 这些企业的现金开支, 即"烧钱率"(burn rate)可能低于全职创业企业。或者说, 这反映了"精明的创业者"(savvy entrepreneurs)会依靠自身的资金, 保持适度缓慢的前进速度。在取得进一步进展之前, 他们会把资本所有权牢牢地掌握在自己手里。这里的因果关系是否应当反其道而行之? 也就是说, 外部资金支持的缺乏会迫使创业者反求诸己。囿于有限的个人资源, 他们只能从业余创业做起? 非常遗憾, 由于数据有限, 我们暂时无法为这些问题给出答案。

正如前文讨论预估的那样, 商业银行不会提供权益资本, 但是它们会在很早的阶段频繁地提供银行信用。这些企业多数的早期销售来自与政府或者大型行业组织签订的合同, 银行会以这些合同为担保, 为这些企业提供贷款。

表 5-2 详细列出了 110 家新企业的初始资本规模及其来源。很明显, 各类型投资人提供资金的具体金额是伴随企业成立的具体时间, 以及——就一定程度而言——企业涉足的具体行业而来的结果。一般来说, 新成立的生物技术企业(不包括在此样本内)的初始资本要比新成立的软件企业(部分包括在此样本内)的初始资本多得多。哪些资金来源会在技术型新企业刚成立时积极介入? 哪些资金来源会提供更多的——而不是更少的——初始资金? 如果抛开具体的时间和行业不论, 我的经验证明, 这其中的相对分布是极其稳定的。

表 5-2 的数字通过实际的例子告诉我们, 哪些情形是可以事先预料的: 在相对较少的情况下, 企业的初始资金是通过"外部"(out side)融资的形式获得的(也就是创始人及其家人、朋友资金以外的来源)。这些来源提供的平均资金量一般会高得多($p = 0.001$)。在 26 家借助外部资金而成立的企业里, 有 20 家(占 77%)的启动资金等于或者高于 5 万美元。而在 85 家依靠自有资金或者"亲友"资金而成立的企业里, 仅有 5 家(占 6%)的启动资金达到了这一水平。我们可以在每个研究集群中发现类似的模式。举例来说, 通过某风险投资公司为"跳升"(step-up)融资而做的企业评估报告发现, 与依靠个人投资者而成立的企业相比, 依靠自有资金融资而成立的企业一般初始资金较少(后者的平均初始资本仅为 9 万美元, 而前者达到了

21.5 万美元)(0.02)。

表 5-2　资金数量,按照来源划分($n=110$ 家企业)

来　源	初始资金数量(千美元)							总计
	<1	1(含)~10	10(含)~50	50(含)~100	100(含)~250	250(含)~500	≥500	
个人积蓄	22	27	27	1	3	0	0	80
家人朋友	1	0	3	1	0	0	0	5
个人投资者	0	0	2	2	3	1	0	8
风险投资企业	0	0	0	2	2	3	1	8
非金融企业	1	0	2	1	1	1	2	8
商业银行	0	0	0	0	0	0	0	0
公开发行股票	0	0	0	0	0	0	1	1

　　造成这一差异的主要原因很容易理解。创业者及其合作者的资金量比较有限,因为它们只是个人的钱财。当然,在极端个别的情况下,有些创始人可能拥有较高的个人股份,这大多因为他们卖掉了自己之前创办的企业。在"MIT 仪器实验室"的 21 家衍生企业中,有 5 家属于这种情况。在杰罗姆·戈德斯坦(Jerome Goldstein)创办 Bio Clinical Group 时(现已更名为 Advanced Magnetics,Inc. 并上市),他投入了几十万美元的个人资金。他把自己先前创办的 Clinical Assays 公司卖给了 Baxter-Travenol 公司,获得了这笔资金。然而绝大多数创业者的个人资金仅仅来自过去收入的积累,而不是先前企业的出售。对技术型初创企业来说,外部融资先天就是可以依靠的、规模大得多的资金来源。

　　第一章给出的 3 个例子说明了之前讨论过的关于初始资金数量与来源的分布情况。DEC 的初始资金来自一家风险投资企业——尽管它只有 7 万美元;泰科实验室通过公开发行股票筹得了 100 万美元的初始资金;而医疗信息技术公司的 50 万美元来自行业企业。它们都属于例外情况,正如总体数据清晰说明的那样。

　　最根本的问题在于,为什么有些创业者会去寻求并且获得外部资金,而另一些创业者要么不寻求,要么得不到来自外部的创始资金? 这个问题无法简单地给出答案。我们会在第七章讲到风险投资决策时更加深入地探讨这个问题。这里先给出 3 个可能的答案。这些答案都比较显而易见,也都比较适用:①不存在需求外部资金的需求;②不存在寻求外部资金的愿望;③存在此类需求和愿望,但是创业者没有能力取得外部资金。

　　随后的分析表明,新企业对启动资金的需求差别极大。影响它的主要因素包括企业所在的行业、业务类型和创始团队的实际规模等等。一方面,很多企业并不需要外部融资,这一点是显而易见的。另一方面,针对风险投资的一般访谈和专门研究告诉我们,还有很多人没能成功地获得外部资金。这些创业者最后只能依靠自有资金或者家人和朋友的资金。还有一些创业者不懂怎样四处奔走,找到外部资金,他们会把使用自有资金当作默认的做法。

然而还有很多创业者了解更正规的融资渠道。我认为,他们完全可以成功地取得外部资金,但他们选择不去这样做。有些创业者一开始会选择不进行股权融资,或者只能接受极低限度的股权融资,因为他们希望对公司保持最大程度的所有权和控制力。他们通常会选择外部贷款。由于创始人的资产净值较为有限,所以他们通常只能获得相对数额较小的贷款。因此,为了应对有限资金的束缚,创业者们会调整经营方式,降低资金需求。比如:他们会选择提供服务,而不是生产硬件;他们会开展定制化开发和生产,便于与大型企业或者政府机构签订合同;等等。这些合同会带来预付款和/或者进度款,把额外资金需求降到最低。有一项研究为这一解释提供了统计学意义上的证据。该研究指出,一开始偏好贷款(而不是选择股权融资)的创业者往往选择自谋资金($p=0.015$),而且他们的初始资本通常较少($p=0.11$)。这是一种意图清晰的做法:从签约研发或者咨询企业做起,希望借此形成足够的资本基础,再推进到产品开发和生产阶段。我们会在接下来的一章讨论这种战略。这种战略常以失败告终。

有些自筹经费的创业者决绝地反对与那些"除了投钱什么都没干"的人们分享自己的劳动果实和创业成果。这种反对有时会显得他们缺乏理性、过于情绪化。面向高新技术初创企业的初始投资风险极高,有的创业者不懂得这一点,不断地把风险投资人称为不劳而获的"秃鹫"(vultures)。这样的称呼相当幼稚,常常令人气恼不已。在它的背后,包括在很多其他方面的融资背后,藏着错综复杂的、无法解读的动机。有一项研究一共涵盖了 20 位寻求资金的创业者,它对比了两种不同的创业者:前一种创业者一半以上的股权来自有资金,后一种创业者有一半以上的股权来自外部投资。结果显示,自力更生的创业者对行动独立性的评价远远高于外部投资的获得者们($p=0.025$)。不仅如此,这一组创业者中有 7 位提出,独立行动的自由度是他们选择创业的最重要原因。在这 7 位创业者中,有 5 位在创业之初选择了依靠自有资金。有人用"萝卜青菜,各有所爱"(different stokes for different folks)来总结这一现象。这里有一点非常重要,值得注意:此处提到的对独立性的需要与成就需要(详见本书第三章)完全没有关系,它可能带来全然不同的创业结果。

有的时候,技术创业者对资金来源认识的缺乏会导致一些不常见的问题。比如,有一家公司从一群出版人处获得了资金。当时,这家企业急需资金完全扩张,而出版人的资金只是由于发行活动的限制而暂时闲置。3 年之后,出版人索回了这笔资金,结果这家公司只能被迫停业。

5.3.2 初始资本的影响因素

前面的章节为我们勾画出了技术型创业者的面貌。他们的创业动机和为创业的准备程度可谓千差万别。这些个人及环境差异造成了很多的巨大差别,其中就包括企业最初的资本基础。这里要验证的假设是,对企业初始资金水平的主要影响来自认真创业态度的几种表现和为创办雄心勃勃新企业而做好的周全准备。下面一共考量3项要素。我们相信,这3项要素需要——也必将带来——更多的初始资金:①合作创办公司的创始人数量;②创始团队为具体计划及其执行做好准备的程度;③新企业的产品开发及生产方向——而不是合约研发、咨询或者其他定制服务。

1. 创始人数量

创始人数量对初始资本水平的影响既可能是直接的,也可能是间接的。如果公司有多位创始人,可能会反映出更加实在的事业意图,如产品开发和生产制造,而不是单纯的研究或者咨询。这种对于更多资金的隐含需求既能产生更多的资金,又能证明它的正当性。人数更多的创始团队本身可能让外部资源方更加印象深刻。这也部分解释了相关的研究发现,即外部资源方更愿意投资拥有多位创始人的企业。不仅如此,随着创始人数量的增加,企业势必拥有更多可资利用的个人资金,而且它们会带来更多的资金。这对我们的研究发现产生了直接的影响——在我们的研究范围内,七成以上企业的初始资本来自个人资金。就其间接影响而言,创始人越多,成员认识可以接受的外部资金来源的可能性就越大。

表 5-3 给出了 109 家企业初始资本水平与创始人数量的关联情况。其中,只有 1 位创始人的企业在启动资金低于 1 万美元的企业中占比最高(62.5%)。总体而言,创始人越多,初始资本低于 1 万美元的情况就越少,高于 5 万美元的情况就越多。

表 5-3 初始资金数量,按照创始人人数划分($n=109$ 家企业)

创始人人数[*]	初始资金数量(千美元)						
	<1	1(含)~10	10(含)~50	50(含)~100	100(含)~250	250(含)~500	≥500
1	17	8	11	1	3	—	—
2	2	10	9	2	1	2	—
3	3	5	10	—	1	1	2
4	1	4	1	1	1	—	—
5	1	—	2	1	1	1	—
6	2	—	—	1	—	1	—

续表

创始人人数 [*]	初始资金数量(千美元)						
	<1	1(含)~10	10(含)~50	50(含)~100	100(含)~250	250(含)~500	≥500
7	—	—	—	—	1	—	1
8	—	—	—	—	—	—	1
9	—	—	—	—	—	—	1

[*] Kendal tau $= 0.25$, $p = 0.01$。

我们把主要依靠创业者自有资金成立的企业同依靠其他资金而成立的企业分开来分析。在依靠单一创始人自筹资金的企业中,有将近一半的启动资金低于 1000 美元。在创业者出资的企业里,创始人的数量越多,初始资本的规模就越大($tau = 0.19$)(确实如此,在我和杰克·皮尤创办我们的咨询公司时——皮尤-罗伯茨联合公司——我们**各**出了 1000 美元)。纵观样本中的所有企业,无论创始团队的人数多少,就平均资金水平而言,由他人出资的企业都远远高于由创始人出资的企业。在 26 家主要依靠他人出资的公司中,仅有 6 家不是多人创办的。引进外部资金的企业也是一样:创始人的数量与企业获得的初始资本成正比($tau = 0.23$, $p = 0.08$)。

以上结论得到了其他关于风险投资决策流程研究的全面支持。狄波基和布鲁诺(Tyebjee and Bruno,1984,p. 1060)发现,"管理能力的缺失极大地增加了投资的知觉风险($p<0.05$)",而只有多人创始团队才能体现和实现这种多样化的技能。他们的早期著作(Bruno and Tyebjee,1982,p. 290)同样指出,多达 1/3 的融资失败是企业管理团队的缺陷与不足造成。高斯林和巴奇(Goslin and Barge,1986,p. 366)同样指出:"带来(风险投资人)投资的决定性因素是管理团队。"这与迪恩和吉格列拉诺(Dean and Giglierano,1989)最近的研究发现不谋而合。麦克米伦、西格尔和苏巴·那罗辛诃(MacMillan,Siegel,and Subba Narasimha,1985,p. 125)得出的结论是:"如果企业缺乏均衡的团队,将近一半(42%)的风险投资人甚至不会去考虑它们。"正如我们在第三章讨论过的,多位创始人显然更有可能提高管理团队的能力,让它变得更加均衡。蒂奇等(Teach et al.,1986,p. 553)也赞同这一结论。他们发现,"(软件)初创团队的人数越多,企业获得的初始资本就越多($X^2 = 22.47$, $p = 0.001$)。"在一项包括 1903 家初创企业的样本中——该样本并不局限于技术型企业——库珀等(Cooper et al.,1989)同样发现,初始规模较大的企业初始资本明显较大。

绝大多数技术创业者的背景特征与初始资本数量之间不存在统计学意义上的关联,包括年龄、受教育程度、宗教信仰和创业动机等。有些研究者发现(MacMillan et al.,1985,p. 122),创业者的性格特征会极大地影响风险投资人的投资决策,但是我的数据不足以证实这样的发现。总体而言,甚至创始人先前的专利都不足以与更高水平的初始资本密切相关。谈到这一点,在我的研究样本中,唯一的例外是某电子系统企业的多家衍生企业($p=0.02$)。然而,数据分析显示,拥有最丰富商务工作经验的人们创办的企业往往拥有较高的初始资本(0.08)。由于他们对本行业和金融领域更加熟悉,接触也更广泛,这些人可能更了解风险资本的来源,更懂得如何成功地接近这些来源。毫无疑问,他们更加丰富的行业经验会让投资者更放心。与上述发现并不矛盾的是,来自 MIT 院系和实验室的创业者们发现,他们之前与 MIT 的联系对他们寻求融资的工作有所帮助。

2. 具体计划

在决定创业时,并非所有创业者都对自己未来的企业制订了具体的计划。在答复问卷的 53 家企业中,有 24 家(占 45%)指出:在公司成立时,它们既没有详细的短期计划,也没有具体的长期计划。具体的计划是取得可观投资的必要条件。就像《爱丽丝漫游奇境记》(*Alice in Wonderland*)里的警句说的:如果你根本不在意去哪里,那么走哪条路都一样。况且,如果未来工作的性质如此不确定,企业不大可能吸引到专业人士管理的金融组织为它们投资。

表 5-4 对比了两组企业的初始资金数量,其中一组是 29 家成立之初即有具体计划的企业,另一组是 23 家没有具体计划的企业。结果显示,在无计划企业中,初始资金低于 1 万美元的企业比例达到了 74%,而有计划企业的这一比例只有 24%。不仅如此,在创始人制定了具体计划的企业中,有 38% 获得了 5 万美元以上的投资,而获得同一水平初始资金的无计划企业比例只有 9%。很显然,拥有具体计划的创业者比缺少计划的创业者获得了更多的初始资金($p=0.001$)。

表 5-4　企业具体计划与初始资金数量($n=52$ 家企业)

初始资金(千美元)	具体计划	
	有*	无*
<1	4	7
1(含)~10	3	10
10(含)~50	11	4
50(含)~100	2	0
100(含)~250	3	2
250(含)~500	3	0
≥500	3	0
总计	29	23

* Mann-Whitney U,$p=0.001$。

　　讨论到此,我们可以认为,越是机构化的资金来源,越会更多地倾向于支持那些详细规划未来的企业。表 5-5 表明,在 12 家获得本人及"亲友"以外资金的企业中,有 10 家从一开始就制订了具体的计划。在绝大多数的投资者看来,投资那些拥有计划的企业显然胜算更大。另外,准备好详细计划的创业者无疑能够预见到自身对更多资金的需求,并积极寻求这些资金。当然,并不是所有制订计划的潜在创业者都能获得投资。麦克米伦和苏巴·那罗辛诃(MacMillan and Subba Narasimha,1986,p. 409)发现:"过度乐观的业绩预测可能引发致命的信用问题。"这也许可以部分解释为什么在表 5-5 的 27 家制定计划的企业里,只有 10 家成功获得了外部资金。雷亚同样发现(Rea,1989),"错漏百出的商业计划"是风险投资人拒绝投资的最主要原因之一。

表 5-5　企业具体计划与初始资金来源(*n* = 52 家企业)

来　源	具 体 计 划	
	有	无
个人积蓄	15	19
家人朋友	2	1
个人投资者	3	1
风险投资企业	3	0
非金融企业	3	0
商业银行	0	0
公开发行股票	1	1
总计	27	22

　　这里有 2 家企业属于特殊的例外——它们没有具体的计划,但是获得了外部投资。第一家公司是由几位 MIT 员工创办的。由于校方决定放弃原子能研究计划,这几位员工面临着无事可做的局面。于是,这几位创始人与将近 90 位致力于相同工作的 MIT 员工创办了这家公司。虽然暂时没有制订具体的计划,但是他们得到了个人投资人的鼎力支持。这样的投资很好理解和接受。第二家公司原来是一家大型企业的一个部门,由于成本上涨,这个部门被整体拆离,成为原集团的衍生企业。它的启动资金来自母公司的股票公开发行。除了这 2 个罕见的例外,只有计划周详的企业才能从较为严谨的资源来源处获得投资。

3. 产品导向

　　显而易见的是,企业即将开展的业务类型极大地影响着初始资金的数量和预期用途。它同样影响着企业吸引外部投资者的能力。表 5-6 列出了 107 位创业者关于资金需求排序的反馈情况。业务类型的不同反映为极大的差异性。对硬件制造业而言,首要的资金需求来自产品开发,其次是生产厂房和营运资本。而软件企业需要资金来支付技术人员的工资、支持应收账款(accounts reseivable,A/R),但是它们同样需要资金来获得计算机设备、开展产品开发工作。对那些从事合约研发的企业来说,资金需求主要来自实验室设备、产品开发、营运资本和生产厂房。就连个体咨询专家也需要资金来购买实验室设备、支持开发工作。

表 5-6　初始资金需求排序(n=107 家企业)

排序	业务类型				
	合计(n=107)	硬件企业(n=33)	软件企业(n=10)	合约研发(n=22)	咨询(n=20)
1	产品开发	产品开发	其他	实验室设备	技术人员
2	实验室设备	生产厂房	技术人员	产品开发	实验室设备
3	技术人员	存货	实验室设备	应收账款	应收账款
4	应收账款	其他	应收账款	生产厂房	开发
5	生产厂房	应收账款	开发	技术人员	存货

不难看出,其中没有任何一组企业把营销费用、生产或人工费用放在资本需求的重要位置上。正如下一章即将揭示的,通常的技术型企业往往在草创阶段严重地忽视营销工作的重要性,这一点着实令人遗憾。与此同时,波士顿地区的劳动力市场与研究中的多数企业关系密切,直到近年以来,该市场在帮助新企业寻找熟练及半熟练小时工人方面表现得尤其高效。

考虑到具体需求的差别,不同业务类型的企业在资金需求数量上有着怎样的不同?咨询企业和软件企业的资金需求最低,将近 80% 企业的初始资本低于 1 万美元。有一位软件创业者以 700 美元的价钱卖掉了自己的旧汽车,用这笔钱创办了自己的公司。范德文等人(Van de Ven et al.,1989,p.232)也记录了一个类似的例子:1980 年 12 月,Medformatics 公司的两位创始人"一共投入了 1000 美元的个人资金,加上 3.7 万美元的本地银行信用额度,创办了自己的软件公司"。硬件制造商则属于另一个极端,但是,即便如此,初始资本低于 5 万美元的硬件制造企业比例仍然高达 84%。造成这种较低水平的部分原因在于,在这些公司中,有 60% 是从业余创业起家的。

来自 110 家企业的信息表明,共有 47 家企业(占 43%)立足于具体产品。这些产品要么是已经开发完成的,要么是创业者计划立即开发的。一家依靠某项产品的企业离不开资金——无论它是用于产品开发、生产厂房还是产品上市。假如没有充足的资金,这样的企业很难把运营推入正轨。同一组的剩余 63 家企业没有产品,或者目前没有产品目标。相比之下,后者需要的启动资金少得多。

表 5-7 列出了两组企业及其初始资金数量,其中,前一组的 43 家一开始就有自己

的产品或者明确的产品规划,后一组的 59 家没有产品或产品规划。拥有初始产品的企业同时拥有较高程度的初始资金($p=0.02$)。从统计学的角度来看,造成这种情况的是这样一个事实:在没有产品的企业中,有 21 家的初始资金低于 1000 美元;在拥有产品的企业里,这种初始资金水平的企业只有 3 家。

表 5-7　初始产品与初始资金数量($n=102$ 家企业)

初始资金(千美元)	是否拥有初始产品	
	有*	无*
<1	3	21
1(含)~10	12	13
10(含)~50	15	15
50(含)~100	2	5
100(含)~250	5	3
250(含)~500	4	0
≥500	2	2
总计	43	59

* Mann-Whitney U,$p=0.02$。

　　产品导向型企业的资金需求会随着产品性质、开发阶段、开发要求和生产工艺的变化而变化,它还会随着产品市场需求的不同而不同。在同一样本的 21 家企业中,拥有"专属"(proprietary)产品的企业明显比没有专属产品的企业拥有高得多的初始资金(前者的平均初始资金为 20 万美元,后者为 12.9 万美元)($p=0.07$)。这里提到的"专属"指的是企业具有相当程度的"可保护性"(protectability)。它可能来自专利权、保密性,或者无法轻易复制的技术特异性,等等,也有可能来自"具体计划"与产品定位的结合。尽管如此,一家资金需求低于 1000 美元的企业难免令人疑窦丛生。实际上,表 5-7 中共有 3 家初始资金低于 1000 美元的产品导向型企业。它们当时都处于首款产品的开发过程当中,这多少可以让它们少得可怜的初始资金变得稍微容易理解一些。

　　关于最初没有产品的企业,它们的初始资金问题也很好理解。很多企业一开始专注于技术咨询或者计算机编程之类的活动。成立这样的企业不需要融资,或者只需要很少的资金支持。其他涉及系统设计与开发工作的企业则需要融资,主要用于技术人员及设备的支持工作。这种资金需求是在不断变化的,主要取决于即将开展的项目规模。这是一个类似"先有鸡还是先有蛋"(chicken-versus-egg)的问题。在有些情况下,无法获取外部资金的企业会放弃先前的想法,转向资本不那么密集的工作。这样一来,可用初始资金的缺乏常常影响到"初始"产品导向的明显缺失。

　　我们不难发现,两组企业初始资金的来源也不尽相同。在立足于某一项产品的企业中,有 30 家(占 70%)主要由创始人本人或者家人朋友提供资金;与此同时,另外 13 家同类企业获得了外部资金。狄波基和布鲁诺(Tyebjee and Bruno,1984,p. 1057)揭示了风险投资人对产品制造企业的强烈偏好(在他们的数据中,这一比例超过了 90%),然而,风险投资者不愿意在草创阶段介入产品制造企业,这无异妨碍了他们的偏好在此处数据中的体现。

绝大多数企业发现,自己的初始资金不足以支持早期阶段的发展所需。在我们的研究中,有 60% 的企业寻求第二次融资,将近 50% 的企业曾经寻求第三次融资。我们会在第七章中详细讨论高新技术企业的追加融资问题,并在第八章里考量它们的上市经验。

5.4 总结与启示

本章是对技术型企业资本市场的总体评价,并且聚焦于企业发展阶段与各类资本来源投资偏好之间的联系。图 5-2 描述了技术型企业演进阶段与各种投资来源的资本可用性之间的关系。该图并非力求精确,它的重点在于表述各级投资者在企业发展的 3 个阶段中表现出来的一般倾向。各类投资主体势必包含着相当程度的差异性,这既是本章的实证发现已经证明了的,也是可想而知的。

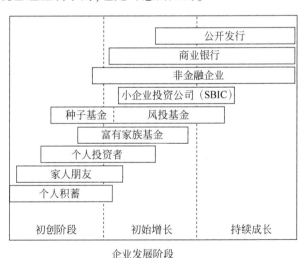

图 5-2　各资金来源主要的投资偏好

养老基金和保险公司都是美国资本市场的重要参与者,但是图 5-2 的摘要和本章之前的讨论并没有包括它们。这主要因为,直到近年以来,这两种机构从未直接参与过高新科技企业的初始融资,甚至没有参与过它们早期阶段的融资。这两类机构都是风险投资机构托管的集合基金的主要投资者。如今越来越多的养老基金和保险公司发起了直接风险投资项目,这些项目尤其重视企业后期成长阶段的融资。1981 年以来,企业退休基金成为重要的参与者,公务员退休基金也是从那时开始变得活跃起来的。近年来,美国有 20 多个州参与到风险投资基金投资活动中来。其目的不仅包括刺激本区域的经济活动,还包括增加其投资组合的回报(Maier and Walker, 1987, p. 210)。也许令人称奇的是,就连工会养老基金(Union Pension Funds)都开始超越原来的集合基金,有选择地直接投资年轻企业。但是它们很少投资技术型初创企业(Spragins, 1989)。

通过对融资选择的检视,我们可以得出这样的预期:高新技术企业最初的资本基础一般量级较小,主要来自创业者本人、家人朋友和个人投资者(即天使投资人)。一旦获得,更大数量的资金通常来自富有家庭基金、种子基金和更传统意义上的风险投资企业。

这一预期得到了技术型企业研究数据的支持:初始资金一般较少(将近 50% 企业的初始资金低于 1 万美元);个人积蓄是初始资本的主导来源(74% 的企业依靠个人积蓄创办)。即将走上技术创业的人们应当认识到,他们大多数的前辈都是从极其微薄的资金做起的。关于初始资金对创业成功的影响,我们会在第九章详细讨论。

更大数目的初始资金来自"外部"资金来源。外部来源之间的差别极大,与绝大多数的风投机构相比,个人投资者提供初始资金的可能性要大得多。有志创业的人们应当寻求个人投资者的支持,可以考虑借助本章提到的计算机联络机制的力量。

正如表 5-8 总结的那样,数额更高的初始资金与多项因素相关,它们来自创始企业家意图的认真程度,想打造一家成功的成长型企业。比如,人数更多的创始团队能够筹措到更多的资金,尤其是在共同创始人们从一开始就全职投入其中的情况下。详细的企业发展计划不仅能带来更多的初始资金,还能吸引到更多的外部资金。初始资金需求的数量和意向用途往往差别极大,这主要取决于新公司拟开展的业务类型,咨询企业和软件企业的资金需求远远小于硬件开发企业和生产企业。这一点清楚地反映在产品导向对初始资本的正向影响上。即将创业的企业家应当通过行动和书面形式表达自己的抱负,站在未来业务潜在吸引力背后去实现企业成长与成功的战略,以及对实现这些目标的矢志不渝。这些做法至少可能带来更加雄厚的初始资金基础。

表 5-8 技术型企业的初始资金

主要资金来源
    个人积蓄
    家人和朋友
    个人投资者(天使投资人)

更大数量的资金与以下方面有关
    外部初始投资者
    人数更多的创始团队
    全职投入,而不是业余创业
    业务发展的详细计划
    专注硬件,而不是软件或者咨询服务
    具备初始产品或者目标初始产品

参 考 文 献

D. N. Allen, D. R. Costello, & J. P. Danford. "Seed Venture Capital and University Research Commercialization: The Zero Stage-Penn State Connection". Unpublished paper(State College, PA: The Pennsylvania State University, 1989).

J. D. Aram. "Attitudes and Behaviors of Informal Investors Toward Early-Stage Investments, Technology-Based Ventures, and Co-investors", *Journals of Business Venturing*, 4, 5(1989), 333-347.

G. Baty. *Initial Financing of the New Research-Based Enterprises in New England*(Boston: Federal Reserve Bank of Boston, Research Report No. 25, 1964).

G. B. Baty. "The Role of the Venture Advisor in High-Tech Startups", *Review of Business* (New York: Business Research Institute, St. John's University), 10, 1(Spring/Summer 1988), 12-15.

A. V. Bruno. "A Structural Analysis of the Venture Capital Industry", in D. L. Sexton and R. W. Smilor (editors), *The Art and Science of Entrepreneurship* (Cambridge, MA: Ballinger Publishing, 1986), 109-117.

A. V. Bruno & T. T. Tyebjee. "The One That Got Away: A Study of Ventures Rejected by Venture Capitalists", in J. A. Hornaday et al. (editors), *Frontiers of Entrepreneurship Research*, 1982 (Wellesley, MA: Babson College, 1982), 289-306.

W. D. Bygrave & J. A. Timmons. "An Empirical Model for the Flows of Venture Capital", in J. A. Hornaday et al. (editors), *Frontiers of Entrepreneurship Research*, 1985(Wellesley, MA: Babson College, 1985), 105-117.

E. Conlin. "Adventure Capital", *INC.* September 1989, 32-48.

A. C. Cooper, C. Y. Woo, and W. C. Dunkelberg. "Entrepreneurship and the Initial Size of Firm", *Journal of Business Venturing*, 4. 5(1989), 317-332.

B. Dean & J. J. Giglierano. "Patterns in Multi-Stage Financing in Silicon Valley", in *Proceedings of Vancouver Conference* (Vancouver, BC: College on Innovation Management and Entrepreneurship, The Institute of Management Science, May 1989).

W. C. Dunkelberg & A. C. Cooper. "Financing the Start of a Small Enterprise", in J. A. Hornaday et al. (editors), *Frontiers of Entrepreneurship Research*, 1983 (Wellesley, MA: Babson College, 1983), 369-381.

European Venture Capital Association/Peat Marwick McLintock. *Venture Capital in Europe, 1990 EVCA Handbook* (London: E. V. C. A. /Peat Marwick McLintock, 1990).

G. I. Feigen & L. M. Arrington. "The Historic Role of SBICs in Financing the Young and Growing Company", in R. Ronstadt et al. (editors), *Frontiers of Entrepreneurship Research, 1986* (Wellesley, MA: Babson College, 1986), 457-458.

R. Florida & M. Kenney. "Venture Capital and High Technology Entrepreneurship", *Journal of Business Venturing*, 3(1988), 301-319.

J. Freear & W. E. Wetzel, Jr. "Equity Capital for Entrepreneurs", in *Proceedings of Vancouver, Conference* (Vancouver, BC: College on Innovation Management and Entrepreneurship, The Institute of Management Science, May 1989).

K. French. "Patrick J. McGovern, ' 59: Chronicler of the Information Age", *Technology Review*, 93, 6 (August/September, 1990), MIT 36-37.

L. N. Goslin & B. Barge. "Entrepreneurial Qualities Considered in Venture Capital Support", in R. Ronstadt et al. (editors), *Frontiers of Entrepreneurship Research, 1986* (Wellesley, MA: Babson College, 1986), 366-379.

G. L. Hegg. "A Corporate View of Venture Capital", in *Managing R&D Technology: Building the Necessary Bridges* (The Conference Board, Research Report #938, 1990), 28-30.

J. A. Hornaday & N. C. Churchill. "Current Trends in Entrepreneurial Research", in N. C. Churchill et al. (editors), *Frontiers of Entrepreneurship Research*, 1987(Wellesley, MA: Babson College, 1987), 1-21.

B. Huntsman & J. P. Hoban, Jr. "Investment n New Enterprise: Some Empirical Observations on Risk, Return and Market Structure", *Financial Management*, Summer(1980), 44-51.

IC^2 Institute. "Risk Capital Networks", in *Technological Alliances for Competitiveness* (Austin, TX. : The University of Texas, 1989), 39-42.

IC^2 Institute. *Technological Alliances for Competitiveness* (Austin, TX. : The University of Texas, Summer 1990).

William Bryant Logan. "Finding Your Angel", *Venture*, March(1), 38-44.

I. C. MacMillan, R. Siegel, & P. N. Subba Narasimha. "Criteria Used by Venture Capitalists to Evaluate New Venture Proposals", *Journal of Business Venturing*, 1(1985), 119-128.

I. C. MacMillan & P. N. Subba Narasimha. "Characteristics Distinguishing Funded from Unfunded Business Plans Evaluated by Venture Capitalists", in R. Ronstadt et al. (editors). *Frontiers of Entrepreneurship Research*, 1986(Wellesley, MA: Babson College, 1986), 404-413.

J. B. Maier, H & D. A. Walker. "The Role of Venture Capital in Financing Small Business", *Journal of*

Business Venturing,2(1987),207-214.

S. Maital. "Europe's Venture Capital Boom",*Across The Board*,June(1989),5-6,64.

D. K. Neiswander. "Informal Seed Stage Investors", in J. A. Hornaday et al. (editors), *Frontiers of Entrepreneurship Research*,1985(Wellesley,MA: Babson College,1985),142-154.

Nikkei Financial Daily. "Venture Capital Business Finally Emerging",*Japan Economic Journal*,July 21, 1990,22.

D. J. Ravenscraft & F. M. Scherer. *Mergers*,*Sell-Offs*,*and Economic Efficiency* (Washington,D. C.: The Brookings Institution,1987).

R. H. Rea. "Factors Affecting Success and Failure of Seed Capital/Start-Up Negotiations",*Journal of Business Venturing*,4,2(1989),149-158.

E. B. Roberts,"New Ventures for Corporate Growth",*Harvard Business Review* 58,4(July-August 1980), 134-142.

A. H. Rubenstein. *Problems of Financing and Managing New Research-Based Enterprises in New England* (Boston: Federal Reserve Bank of Boston,April 1958).

J. C. Ruhnka & J. E. Young. "A Venture Capital Model of the Development Process for New Ventures", *Journal of Business Venturing*,2(1987),167-184.

F. M. Scherer. "Firm Size,Market Structure,Opportunity,and the Output of Patented Inventions",*American Economic Review* 1965,1097-1125.

R. W. Smilor,D. V. Gibson,& G. B. Dietrich. "University Spin-out Companies: Technology Start-ups from UT-Austin", in *Proceedings of Vancouver Conference* (College on Innovation Management and Entrepreneurship,The Institute of Management Science,May 1989).

C. Smith & Y. Ayukawa. "Japan Venture Capital: A Different Game than U. S. ",*Venture Japan*,1, 4(1989).

E. E. Spragins. "Working for the Union",*INC.*,April 1989,173-174.

H. H. Stevenson,D. F. Muzyka,& J. A. Timmons. "Venture Capital in a New Era: A Simulation of the Impact of Change in Investment Patterns",in R. Ronstadt et al. (editors),*Frontiers of Entrepreneurship Research*,1986(Wellesley,MA: Babson College,1986),380-403.

M. Sun. "Investors' Yen for U. S. Technology",*Science*,246(8 December 1989),1238-1241.

R. D. Teach,F. A. Tarpley,Jr. & R. G. Schwartz. "Who are the Microcomputer Software Entrepreneurs?",in J. A. Hornaday et al. (editors),*Frontiers of Entrepreneurship Research*,1985(Wellesley,MA: Babson College,1985),435-451.

R. D. Teach,F. A. Tarpley,Jr. & R. G. Schwartz. "Software Venture Teams",in R. Ronstadt et al. (editors), *Frontiers of Entrepreneurship Research*,1986(Wellesley,MA: Babson College,1986),546-562.

J. A. Timmons & W. D. Bygrave. "Venture Capital's Role in Financing Innovation for Economic Growth", *Journal of Business Venturing*,1(1986),161-176.

T. T. Tyebjee & A. V. Bruno. "A Comparative Analysis of California Startups from 1978 to 1980",in K. H. Vesper(editor),*Frontiers of Entrepreneurship Research*,1982(Wellesley,MA: Babson College,1982), 163-176.

T. T. Tyebjee & A. V. Bruno. "A Model of Venture Capitalist Investment Activity", *Management Science*, 30, 9(September 1984), 1051-1066.

E. R. Tynes & O. J. Krasner. "Informal Risk Capital in California", in J. A. Hornaday et al. (editors), *Frontiers of Entrepreneurship Research*, 1983(Wellesley, MA: Babson College, 1983), 347-368.

A. H. Van de Ven, S. Venkataraman, D. Polley, & R. Garud. "Processes of New Business Creation in Different Organizational Settings", in A. H. Van de Ven, H. L. Angle, and M. S. Paule(editors), *Research in the Management of Innovation: The Minnesota Studies* (New York: Ballinger/Harper & Row, 1989), 221-297.

Venture. "Looking Back", May 1989, 54-56.

Venture Capital Journal. "Special Report", March 1989, 9-17.

Venture Capital Journal. "Special Report", April 1990, 11-18.

E. O. Welles. "The Tokyo Connection", *INC.*, February 1990, 52-65.

W. E. Wetzel, Jr. "Angels and Informal Risk Capital", *Sloan Management Review*, Summer(1983), 23-34.

W. E. Wetzel, Jr. "Informal Risk Capital: Knowns and Unknowns", in D. L. Sexton & R. W. Smilor (editors), *The Art and Science of Entrepreneurship* (Cambridge, MA: Ballinger Publishing, 1986), 85-108.

W. E. Wetzel, Jr. "The Informal Venture Capital Market: Aspects of Scale and Market Efficiency", in N. C. Churchill et al. (editors), *Frontiers of Entrepreneurship Research*, 1987(Wellesley, MA: Babson College, 1987), 412-431.

第六章

朝着产品和市场方向演进

6.1　仍在延续的传奇

　　一位在 MIT 宿舍经营弹球机和街机的商贩决定撤出那里。因为在 MIT 本科宿舍区经营游戏机的生意越来越难做,根本赚不到足够的利润,生意难以为继。当时,道格拉斯·麦克雷正在读大二,他也是麦克格雷格宿舍楼(Mac Gregor House)的副楼长。道格(即道格拉斯·麦克雷)觉得这是个好机会,他可以一边满足学生宿舍区的游戏需求,一边赚些零用钱。于是他接管了游戏运营,与宿舍方谈好了收入五五分成。这也是他的第一次"创业"。结果,游戏收入一路猛增,宿舍学生遇到的问题也得到了缓解。他面对的新问题是如何管理好激增的业务。游戏机为道格带来了不小的利润,这甚至成了这座宿舍楼里的一大事件。在接下来的 2 年里,学生们的"游戏瘾"与日俱增,麦克雷为此投入了自己先前的利润,购买了更多的游戏机,并把它们安装到 MIT 其他的宿舍楼里。他还请来了自己 1981 届的同窗好友凯文·柯伦(Kevin Curran),帮助应对当时不断增长的游戏需求。道格说:"为了推广游戏业务,我们做过不少疯狂的事。比如,换硬币,学生们拿来 1 美元,我们会给他们 5 枚 25 美分的硬币。我们根本不在乎,因为这些硬币很快就会回到我们的游戏机里。"

　　后来,在一次与 Computer Vision 公司[这家公司由 MIT 校友菲尔·维勒斯(Phil Villers)创办]的高年级合作任务中,道格掌握了芯片设计的新技能。他和柯伦合作开发了一种"增强板"(enhancement board),它可以接入雅达利(Atari)公司的游戏《导弹指挥官》(Missile Command)上面。这是他们在宿舍提供的街机游戏之一。"增强板"为《导弹指挥官》带来了新功能,吸引了更多的玩家。热烈的市场反馈让他们更加认真地对待自己的行动。他们开始在游戏爱好者杂志上推销这种增强板,定价 295 美元。

扣除 30 美元的现金支出成本,他们认为这一定价产生的利润是比较合理的。道格在他校外公寓的客厅里装配增强板,从那里发货,帮助他完成这些工作的是约翰·泰尔克(John Tylko)。这位比道格大两岁的 MIT 研究生成了这家飞速发展企业的第三位合伙人。他们成立了通用计算机公司(General Computer Company),并为此注入了 2.5 万美元的资金,这笔钱来自之前的经营利润;除此之外,道格的母亲还借给了他们 2.5 万美元,用来帮助公司更快地扩张。

三人着手开发下一代增强板,准备用在热门街机游戏"吃豆人"(PacMan)上面。就在这时,劫难突然从天而降。雅达利公司把通用计算机公司和它的主要人员告上了法庭。雅达利公司声称,通用计算机公司侵犯了它的专利,同时存在一些其他违规行为。它要求联邦法院强令禁止通用计算机公司的一切经营活动,并要求通用计算机公司和它的主要人员各赔偿 500 万美元。经过了几个星期的周折,这场官司最终迎来了皆大欢喜的结局。通用计算机公司收到了雅达利公司的游戏开发大单,并且完成了转向,主要从事新游戏软件一类的工作。尚在襁褓中的"吃豆人增强板"被以《吃豆小姐》的名称授权给了 Bally-Midway 公司,成了最畅销的街机游戏(后来还成了最畅销的雅达利家庭游戏)。这款游戏为 Bally-Midway 公司和雅达利公司贡献了 5 亿美元以上的收入,也为通用计算机公司带来了巨额版税。街机游戏和家庭游戏的开发一路高歌猛进。在一片极度的狂热中,三人先后从 MIT 退学。道格和柯伦甚至连本科学业都没有完成。公司搬进了附近的阿森纽大楼(Atheneum Building)。它就在 MIT 的后方,是由一座旧磨坊改建而来的。提到 1983 年,道格总是尤其充满自豪。当时,在通用计算机公司工作的 MIT 准毕业生比 IBM 公司和惠普公司还要多。它拥有难得一见的初创氛围和其他很多福利,它的员工可以全天 24 小时玩游戏。这一切形成了别具一格的吸引力,为它带来了最优秀的人才。创始人们善于制造热闹的氛围,在频繁的新产品发布仪式上,这家公司会朝着旁边的查尔斯河(Charles River)水面鸣放铜炮。每项产品的开发团队会得到 10% 的版税收入。团队成员们通过投票决定每个人应得的份额,有好几位 22 岁的年轻人因此收获了 6 位数的收入。

通用计算机公司的下一个发展阶段是从一场外部危机的爆发开始的。雅达利公司这个游戏帝国突然宣布了巨额季度亏损。同一天下午,约翰·泰尔克召集人马,成立了新业务部门,开始为苹果公司的麦金塔计算机(Macintosh Computer,以下简称 Mac 计算机)开发软件和游戏。之所以选择 Mac 计算机,是因为它的图形导向与通用计算机公司在游戏方面的经验存在许多共通之处。然而,他们很快就遇到了问题:最初几个版本 Mac 计算机的内存有限,软件程序的加载极为缓慢。为了提高输入速度,他们拆解了手上的 Mac 计算机(这些计算机的保修因此自动失效了),改装了高速磁盘存储器,终于得到了他们想要的性能。这让他们很快意识到,这种产品可以成为 Mac 计算机广受欢迎的配件。如果他们能说服苹果公司改变 Mac 计算机的设计,把它变成内置设备,那就更完美了。于是,通用计算机公司投入开发了几个月,把他们的样品拿到了时任苹果 CEO 的乔布斯(Steve Jobs)面前。乔布斯拒绝了他们,据说是因为他不喜欢风扇发出的微弱响声,尽管那是为内部部件散热的必需装置。通用计算机公司别无选择,只好把它重新包装成 Mac 计算机的外设配件,用"Hyperdrive"的名字投入了市场。结果一炮而红!

虽然在后来的发展道路上遇到了很多意想不到的问题,通用计算机公司(现已更名为 GCC 技术公司)仍然迅速变成了一家专门的开发企业和 Mac 计算机外设硬件产品的制造企业,它们的产品线变得越发广泛。作为现行 Ultradrive 硬盘存储产品线的补充,这家公司还推出了各种击打式打印机和激光打印机,并定期推出其他的外设产品。这家公司如今的销售额超过了 3000 万美元,3 位创始人仍在公司担任领导职务:麦克雷担任董事长,柯伦担任总裁,泰尔克担任副总裁。他们在学生时代创办了这家公司,如今仍然拥有它绝大部分的股权。这家公司走过了一段绝无仅有的演进历程——从公司成立之前的服务运营到硬件制造,随后转向软件,再转回硬件制造。在我有限的见识里,走过如此历程的企业只有 GCC 技术公司一家。值得注意的是,GCC 技术公司从早期就非常重视顾客的需求,这一点贯穿了这家公司的整个历史。并不是每一家新成立的高新技术企业都能做到如此程度的市场导向。

6.2 启　　程

只要有了人才、技术和/或产品(服务)创意,再加上资金,就可以正式成立一家技术企业。但是,创始人应该做些什么,才能让公司正式运转起来?他们的企业会在它存在的最初几年中经历怎样的变化?尽管近年来关于技术型企业的研究长足增长,但是几乎没人关注技术型新企业在最初几年间方方面面的变化。尽管如此,我们可以肯定地认为,创始人和企业的不断演进是必不可少的,它们会帮助企业从经验学习中获益,更好地适应技术和市场等种种外界变革。本章补充说明了技术型企业成立之初的变化实证。这些变化的程度如何?体现为怎样的形式?创业者能够从前辈身上汲取什么经验,帮助自己更加有效地启动和发展企业?所有的企业都处在运动变化之中,它们会不断成长,把本章的评价点甩在身后。我们会在后面的章节中辨析那些事关企业成败的影响因素。此处聚焦的重点是新企业从技术导向朝着市场导向的转变。我认为,这一演进是企业最终实现成功必不可少的。

6.2.1　公司的名称和地址

我们先从几点随机观察谈起。我们观察的对象是公司最早的行动。首先,在我的研究样本中,有一半以上的新企业为自己选定了 A、B、C 或 D 开头的公司名称! 我不清楚这一分布与工业领域其他部分的关联程度如何,但是,我猜想埃克森公司(Exxon)一定明白,如果自己创办的高新技术公司选定类似 Qume、Qwip、Qyx 和 Zilog 的名字,一定能让它们脱颖而出。相信拉里·利布森(Larry Liebson)也有类似的喜好,所以他把自己的 3 家初创企业取名为 Xylogics、Xylogic Systems 和 Xyvision!

其次,几乎每一家公司都会选定主要源组织附近的办公场所。那是它们孵化和诞生的地方。这一点不仅在宏观层面(即整个大波士顿地区)是成立的,即使是在微观层面,人们仍然会极大程度地沿袭之前的居住和通勤模式。比如,MIT 林肯实验室的衍生企业都聚焦在马萨诸塞州莱克星顿周边的小镇里,那里是林肯实验室的所在地;同样地,MIT 仪器实验室的衍生企业大都聚焦在"母实验室"所在的剑桥市。还有 15% 左右的公司选择了远离技术源头的所在,这大多是有特别的原因。例如,唯一的创始人搬回老家。还有一种原因更少见(尽管它是经过周全考虑的),那就是公司有意识地搬到潜在重点客户所在地附近。比如,向南搬到美国国家航空航天局(National Aeronautics and Space Administration,NASA)的"航空新月地带"(Space Crescent)附近。费泽和威拉德(Feeser and Willard,1989)对计算机企业的分析也证实了这一发现,在他们的研究中,有 86% 的创业者留在了源组织附近。这一观察结果对很多的地区发展机构极具参考价值。这些机构力图通过税收优惠等激励政策吸引年轻企业。可是数据显示,这些做法可能只对发展阶段的技术型企业有效,那要等到多年以后,等到企业开始考虑下一个工程基地或者工厂的选址时才行。一般来说,早期企业都会选择创始人成立公司时所在的地点。

6.2.2　相关文献

组织如何随着生命周期的展开而变革,一路走过诞生、成长、成熟和衰亡的过程? 为何如此? 研究者对这些问题的兴趣由来已久。然而,金伯利和迈尔斯(Kimberly and Miles,1980)在他们的纲领性著作《组织生命周期》(*The Organizational Life Cycle*)中抨击了"动态品质在组织生活中的缺失……这是本领域绝大多数研究与著述的通病"(p.3)。奎因和卡梅伦(Quinn and Cameron,1983)提出了 4 个不同阶段的假设,它从"创业阶段开始,该阶段的主要特征是创新、创意和充足资源的集结,保证生存"。卡萨金(Kazanjian,1984)的表现更为卓越,他提出了 18 种可能的"阶段模型",描述了演化这一复杂现象,尤其是组织及管理理论中的演化现象。他还进一步提出了充实具体实证研究的详细要求。还有 2 项研究关于企业组织生命周期的理论假设,企业对转型的适应与创业者的心理特征存在必不可少的联系,但是这两项研究都没有关注到技术型企业(Churchill,1983;Smith and Miner,1983)。据我所知,只有以上引述的几篇文献在技术型企业数据收集中应用了这些模式。

范德文等(Van de Ven et al. ,1984)把组织创造理论分为三类:创业型(主要关注创始人的个人特征)、生态型(研究组织人口的变化及其原因)和组织型(主要研究初期和早期发展中的管理问题)。我的研究主要属于第一种和第三种类型。范德文等人运用全部 3 个维度,研究了 12 家教育软件企业,界定了这些技术企业的 5 个发展阶段。其中有 2 个阶段——酝酿阶段和规划阶段——发生在企业正式运营之前。范德文等人记录了两类企业在多个维度上的重要差别(令人遗憾的是,由于样本量较小,该研究的统计显著性较差),其中一类企业处于初创之后的早期阶段,另一类处于后期阶段。组织层面的一项关键发现是领导者时间分配上的差别,就平均百分位而言,早期阶段企业的领导者在产品方面投入的时间比后期企业领导者多(前者为 26.6%,后者为 21.1%),而后期企业领导者在顾客关系方面投入的时间较多(早期领导者为 34.1%,后期领导者为 48.6%)(p. 86)。

罗宾逊和皮尔斯(Robinson and Pearce,1986)调查了 77 家北卡罗来纳州小型制造企业。他们研究的重点是企业战略是如何沿着产品生命周期的各个阶段发生转变的。他们发现,随着产品生命周期各个阶段的展开,影响企业战略管理的 10 个因素的**相对**重要性并没有出现明显的差别。这和范德文的发现相当一致。他们发现,随着产品从开发走向成熟,企业 CEO 对一些方面的重视程度出现了大幅下降——包括流程设计的变革、产品设计的变革、产品生产的风险及对创意的强调等。在产品不断演进的同时,这些转变会让人们越来越多地重视技术问题。但是,人们对市场因素的关注是否出现了同样的变化?罗宾逊和皮尔斯并没有提出可资补充的信息来说明这一点。图什曼和罗马内利(Tushman and Romanelli,1985)跟踪了一些公司从成立到成熟的长期成长过程,发现了更加显著的变化。不过,这两项研究都没有关注公司刚刚成立之后的早期变化——它们也许也是更加细微的变化。相比之下,蒂奇等人(Teach et al. ,1987)研究了软件企业关键人物在发展初期的各种变化:"尽管只有 12.5% 的最初创始人来自市场领域,但是这一比例随后增长了将近一倍:有 23.5% 的新领导者来自市场岗位。这一转变在很大程度上是因为研发岗位几乎不会再贡献新的公司领导者了。"(pp. 467-468)。

卡萨金和德拉金(Kazanjian and Drazin,1989)在他们最近的论文中提出并检验了一种技术型企业模型。该模型"假设技术型企业的演进会经过 4 个不同的阶段——构思与创建、商业化、成长壮大、稳定发展"(p. 1489)。他们用 18 个月的时间跟踪研究了 71 家拥有实体产品的企业。在这段相对较短的观察期之内,他们发现,有 28 家企业向前迈进了 1 个或多个阶段,还有 14 家企业后退了 1 个或多个阶段。这为他们提出的模型提供了部分支持。在高新技术企业沿着这 4 个阶段不断演进的过程中,管理者需要面对的主要问题也在发生显著变化。

多年以来,马修·布洛克(Matthew Bullock)与英国剑桥地区的高新技术企业界过往甚密。他"提出了一种总体模型……对新成立的高新技术企业来说,它就像一条风险、财务和技术光谱。企业可以选择在风险较低的一端成立(即'软'初创企业),次第发展,逐步成长,承担更大的风险(即'变硬');或者,它也可以在软硬之间的任何一个点上起步,甚至可以直接选择最'硬'的一端起步。当然,这种情况比较少见"(Segal Quince Wickstead,1985,p. 66)。布洛克认为,这一光谱包括了原型企业的 4 个典型阶段:①提供咨询;②比较标准化的分析或设计服务;这种服务来自企业与客户签订的具体合同;③设计并生产具体产品,可能是定制产品;④日益标准化的产品。从这些方面来看,美国的剑桥与英国的剑桥非常相似。

6.2.3　组织演进模型

上文及本书前面章节引述的系统性研究与观察为我们带来了诸多推论。支持这些推论的是直觉、个人经验,以及来自诸如《公司》(INC.)杂志和《创业》(Venture)杂志等渠道的轶事证据。这些推论为技术型企业在成立初期如何变化的假设提供了基础。如前所述,技术型企业的成立基础主要是技术的先进性,而不是创始人认为自己在市场、销售或者分销渠道等方面的竞争优势。在大多数情况下,多人创始团队里的创始人们基本是拥有一定市场/销售经验和营商经验的工程师。并非所有技术创业者都有独一无二的创意或者极强的成就需求;有些人一开始只是因为不满而逃离原有的工作,或者单纯地追求独立自主,这些人并没有关于产品和市场的明确想法。

因此,我们可以合理地认为,技术型企业的早期发展可能包括以下 3 种认识。

(1) 技术型企业最早可以分为两类:一类意在销售自己制造的产品(和/或可重复的服务);另一类意在提高自己在技术咨询和协议开发工作中的业绩。第二类企业会在发展过程中逐渐把重心转向产品方向。

(2) 高科技创业者一般出身于工程和技术领域,而不是销售和市场领域。随后,公司会出现更多市场和销售出身的领导者——如果公司能生存下来的话。

(3) 同只有一位创始人的企业相比,拥有多位创始人的企业一开始会在产品和销售/市场两个维度上都表现出更强劲的趋势和更快的演进速度。

本章将围绕上述三方面的企业变革与发展提出研究证据。在前述研究样本的基础之上,这里还会提出一个特殊的子样本,用来收集关于企业开始运营前 2 年间的创始人间分配和企业变革的详细信息[1]。

6.3 宏观变革：公司的重心

本节的研究主要帮助我们从总体上洞察企业的变革与方向。它主要论及企业所处的业务类型，以及企业为实现业务目标而开展的主要活动。

6.3.1 初始业务类型

我和助手们开展的结构化访谈显示：很多企业创始人并不清楚自己要在什么时候成立公司，也不知道自己产品或服务的初始客户是什么人；有些人甚至不清楚自己的公司究竟要做些什么。我们通常认为，很多创业者——尤其是独自创办公司的创业者——拥有灵活的选择余地。在很多情况下，创始人希望从咨询服务或者合约研发做起，这为他们带来赖以维系生存的收入；与此同时，他们真正追求的是开发自己的产品，或者发现并深挖一款适合自己的产品。这样一来，表 6-1 中"初始总计"一栏出现大量从事咨询和合约研发的企业就不足为奇了。在该表的 109 家企业中，有 41 家（占 38%）完全从事咨询工作，或者专门承包政府机构或大型工业企业的合约研发项目。这两类业务之间的区别很难定义，因为各类"咨询专家"都会在自身工作的描述中包括分析工作、为客户设计或开发专用系统，或者为客户——通常是产业客户——解决具体的技术问题。同样是这些工作，有人称之为咨询，还有人称之为"合约研发"。其余的 68 家（占 62%）主要生产或者精加工软件和硬件产品。其中有 24 家同时从事合约研发工作。

表 6-1 技术型企业的业务导向：从成立以来的变化情况

业务类型 ——后期	业务类型——最初								后期 合计
	制造 硬件	制造 软件	制造硬件和软件	制造硬件研发	硬件、软件和研发	制造硬件、软件和研发	合约研发	咨询	
制造——硬件	**28**[*]	—	—	3	—	—	2	1	34
制造——软件	—	**8**	—	—	—	—	—	2	10
制造——硬件和软件	—	1	**1**	—	—	—	1	1	4
制造——硬件和合约研发	2	—	—	**12**	—	1	4	3	22
制造——软件和合约研发	—	1	—	—	—	—	2	1	4

续表

业务类型 ——后期	业务类型——最初								后期 合计
	制造 硬件	制造 软件	制造硬 件和软件	制造硬 件研发	硬件、软 件和研发	制造硬 件、软件 和研发	合约 研发	咨询	
制造——硬件、 软件和合约研发	3	—	—	2	1	**5**	5	2	18
合约研发	—	—	—	—	—	—	**7**	2	9
咨询	—	—	—	—	—	—	—	**8**	8
初期合计	33	10	1	17	1	6	21	20	**109**

* 该对角线上的加粗数字表示每一业务类型中始终保持未变的企业数量。

　　大约 1/3 的生产型企业是从"加工车间"（job shops）做起的，它们接单生产，只做限定数量的产品；其余企业一开始就拥有自己的专属产品，或者正在开发自己的专属产品。有的时候，这中间可能存在细微的区别，因为有些技术型企业的"标准"产品是昂贵的机器或者单位成本极高的设备（动辄高达数千美元）。这主要是由每个客户的具体要求决定的。尽管如此，在这些情况下，主要产品是一样的。

　　正如第一个变革维度部分确证的那样，我们需要注意，样本中仅有 64% 的技术型企业一开始就具备了某种程度的产品专注度。我们在另一项研究中关注了 23 家企业，它们都是某大型多元技术公司的衍生企业。在这项研究中，有 61% 的企业一开始以产品为重心，它们常常还同时提供研发服务。这一情况在奥洛夫森（Olofsson，1987）及其合作者的研究中表现得更加鲜明。他们研究的对象是源自 7 所瑞典大学的年轻技术型企业。这项来自瑞典的研究结果表明：将近 50% 的"重要企业"主要从事定制合约开发工作；30% 的企业主要从事咨询工作；只有 10%～20% 的企业把主要的运营路线放在自身的产品之上。照此推测，"不那么重要"的瑞典衍生企业对产品的重视程度可能更低。

　　高新技术企业最初的业务领域当然会在总体上反映创始人的技术背景，即组织的重点领域。举例来说，MIT 林肯实验室的主要贡献在数字计算机领域（包括硬件和软件），以及雷达和通信领域。所以，该实验室的多数衍生企业自然会从事相关领域的活动。它们包括以下三个方面。

　　（1）计算机软件：技术编程、系统分析、数学建模、模拟（simulation）、分时（time-sharing）和计算机服务等。

　　（2）计算机硬件及相关组件：数字计算机、数字逻辑模块、胶片读取器、数字图形（digigraphic）设备、显示系统、功率晶体管、半导体用化合物等。

　　（3）雷达和通信：对流层散射无线电组件、对流散射系统、无线电探测设备、电波传播、无闪烁彩色显示器、雷达天线罩、晶格滤波器、编码系统、机载雷达设备、气象系统及设备、微波二极管和变容二极管等。

这些产品和服务中的绝大多数来自林肯实验室的直接或部分技术转移。走出林肯实验室的人们还创办了一些让人意想不到的企业。比如：有一家专门推销下水道内壁自动拍照设备，它可以帮助人们发现水管的瑕疵和裂痕；有一家开发和生产新型鞋楦；有一家制造玻璃钢船；有一家生产低温集装箱。此外，还有一家医用电子企业、一家小型玻璃吹制工坊，还有两家企业从事不同方面的人事服务。这一类企业"不走寻常路"，它们和林肯实验室之间的通常没有或者极少技术转移。

6.3.2 业务类型的转变

有了总体数据的支持，我们得以在企业发展到平均 5~7 年的时候再次检视它们的状态。到了这个时点，这些企业当然已经走出了原始状态。它们有的已经展现出了长足的进步和重大的成功。其余的企业也在发展，但是比较稳定，它们没有令人印象深刻的成就，也许生存下来就是它们最大的成就。

表 6-1 还给出了这 109 家企业后期（平均成立 5~7 年之后）业务类型的相关信息。透过这些数字，我们可以看到企业工作性质的根本变化。比如，在这 109 家企业刚刚开始运营时，拥有（或者正在开发）硬件产品的只有 57 家（占 52%）。几年之后，在"后期合计"一栏的企业中，有 78 家（占 72%）至少有一项硬件产品上市。在大多数情况下，企业的产品是其初创活动的延续和进阶，包括一些企业初始开发活动在后期开花结果的情况在内。有些企业为政府机构或企业客户提供合约研发或咨询服务。少数这类企业的产品属于其服务的间接（甚至"无心插柳的"）结果。有一家开发行业电子安保系统的重要厂商就是个例子——它的技术团队曾经为军事单位提供过相关合约研发服务。

伯纳德·戈登（Bernard Gordon）是一位 MIT 校友，也是模拟/数字转换领域 3 家成功企业的创始人。他的第一家公司 Epsco 就是按照这一模式创立的。那是一家为其他企业开发产品的工程企业，但是它很快就发展成一家自主研发的产品制造企业，主攻精密仪器与计算领域。伯纳德的第二家公司——戈登工程公司（Gordon Engineering）主要从事同一领域的技术与产品开发。它为伯纳德带来了他的第三家公司——Analogic Corporation，它是精密模拟数字转换（即 A/D 转换）领域的重量级企业，也是戈登最成功的公司。戈登的公司——无论是单看一家，还是纵观三家，都是从合约工程承包到产品制造这一演进的生动例证。

有些时候，即使是咨询企业也会"交上好运"，成为产品导向型企业。MDS（Management Decision Systems）公司就是个很好的例子（这家公司已被 Information

Resources 公司并购)。MDS 公司的创始人是我在 MIT 斯隆管理学院的几位同事：约翰·利特尔(John Little)教授、格伦·厄本(Glen Urban)教授和伦纳德·洛迪什(Leonard Lodish)教授(洛迪什教授现在沃顿商学院执教)。作为一家顶尖学术型咨询企业，MDS 公司一直在 MIT 校友约翰·沃茨(John Wurts)的领导下稳步成长。为了避免手上项目一再重复的编程工作，这家公司的一位编程人员开发了 EXPRESS 建模与数据处理软件系统，它为 MDS 公司带来了爆炸式的巨大成功。EXPRESS 这款软件产品的成功改变了这家公司的性质，带来了收入和员工数量的快速提升。我本人的咨询企业皮尤-罗伯茨联合公司也发生过类似的现象，这得益于肯尼斯·库珀开发的项目管理建模系统(Project Management Modelling System，PMMS)。由于我们的客户日益增长，而且它们都需要大型项目规划、成本分析和管理等方面的帮助，这款软件产品主要是为它们服务的。但它并没有为皮尤-罗伯茨公司带来类似 MDS 公司那一量级的影响力，这一点不免令人遗憾。

在其他情况下，产品的发展来自企业改变其性质的自觉决策。这一点在单一从事合约开发的企业中表现得尤为明显。尽管原有的工作常常能够带来稳定的创业收入，但是很多企业创始人意识到，销售产品能够产生高得多的利润率和好得多的企业发展机会。这些企业会刻意地着手开发产品，或者并购现有企业，用后者的产品补足自己的研发服务工作。还有少数企业反其道而行之。它们会用合约研发工作来补充自己的产品销售。有的时候，这种做法的目的是利用由此而来的资金和曝光度来进一步开发自身的产品。

我们可以从表 6-1 的种种变化中看出技术型企业偏爱的业务类型及其分层情况。它形成了企业开始阶段和后期阶段的散点图。我们的样本中共有 20 家咨询起家的企业，其中只有 8 家后期阶段仍在从事这一业务；在同一样本中，没有一家企业后来转到咨询领域。原本专门从事合约研发的企业(占 109 家中的 21 家)不变。它们在业务中增加了自主研发的产品生产，或者演变成了单一生产企业。对那些最初同时从事生产和合约研发的企业来说，它们或者进一步扩大了最早的活动范围，或者转入了单一的硬件制造。对那些一开始就从事产品生产的企业来说，它们只有可能在自己的业务组合中增加合约研发工作。

尽管在产品地位和制造方向上存在变化，但是表 6-1 的数据仍然说明，大多数企业追求的总体业务类型相对缺乏变化。只要把主对角线上的加粗数字与对应列的总数作对比，就会发现这一常性(constancy)。除了 41 家最初单一从事咨询或者合约研发的企业之外，在剩余的 68 家企业中，只有 14 家对角线以外的企业(占 21%)改变过最早的业务类型。而在这 14 家企业中：有 10 家的改变仅仅是在原有活动基础上增加了其他工作，其中有 5 家增加的是软件制作；只有 4 家企业缩减了业务范围，其中的 3 家从硬件制造加合约研发转向了单一的硬件制造。总体而言,这些企业开始投身于自主产品开发、制造和销售工作,很明显,它们正在朝着更加综合的业务运营方向演进。这些企业的比例从62%上升到了84%。

为了证实预期发展的第一个部分,请注意整个样本实际上朝着以产品为核心的方向移动了。但同时也应当注意到,在这一样本中,仍有16%的企业没有达到卡萨金和德拉金(Kazanjian and Drazin,1989)的样本标准——虽然它们成立的平均时间已经达到了5~7年,但还拿不出真正的有形产品。技术型企业的全面"发展阶段模型"必须考虑到,很多企业实际上永远都不会进化到产品制造与销售的阶段。

我们也可以从其他研究找到旁证。在19家计算机相关企业中,随时间而发生的主要变化体现在2家最初专做咨询的公司和2家最初只做合约研发的企业身上。在这个样本中,投身计算机硬件和/或软件生产的企业数量占比在企业最初成立时为79%,截至数据收集时,这一比例已经达到了100%,其中有些企业同时兼顾了合约研发工作。类似的转变还发生在作为研究对象的26家生物医疗企业中:其中2家企业最初只从事销售和分销,另外4家最早专门投身研发和咨询工作,这6家企业都转向了综合运营,包括从研发到制造和销售的全流程;其余的11家企业从一开始就采用了综合运营模式;有9家生物医疗企业始终保持开发和/或生产导向未变,从未尝试过销售工作;这种模式在医疗领域并不少见。很多规模较小的企业会完全分销大型企业的产品,或者购买其产品的授权。再来看18家较新的技术型企业,短短6年间,专门从事合约研发的企业从4家变为了1家,专门从事咨询的企业也从3家变成了1家。与此相反,在某大型多元技术集团企业的23家衍生公司中,从一开始至少部分涉足产品生产的企业不在少数。然而,在这些企业中,有几家在遭遇重大的研发或者产品销售问题之后放弃了硬件生产活动。这些企业转向从事咨询是一种以退为进、力图自保的策略。在我的整个创业研究中,这些企业是产品导向演化模式中唯一的"退化"案例。

在以上几个样本中,很多企业最初的合约研发或者咨询工作都发生了变化。一方面,这些变化说明,很多转变之所以发生,只是为了"让事情继续下去"。举例来说,在15家从事咨询的MIT仪器实验室(MIT Instrumentation Lab)衍生企业中,有9家明确指出,咨询业务只是过渡性质的权宜之计。但是对少数企业来说,承包和咨询业务仍是它们渴望的业务,有些创业者并不打算扩展咨询之外的业务,对他们来说,即使企业保持较小的规模,依然可以带来丰厚的个人收入。这一点和第三章的研究结论不谋而合——并非所有创业者都有那么强烈的成就需要。个人创业者的动机特征是否与他从事的业务类型有关?我很想知道这个问题的答案。遗憾的是,现有的数据不够,无法验证这个问题。另一方面,合约研发工作的开展并不一定是为了"过活"或者维持独立。我们的样本中就有一家这样的企业。长期以来,这家企业专门从事研发承包业务,如今已经取得了可观的销售收入和迅速的发展。在 17 家仍然专门从事合约研发或咨询业务的企业中:有些创始人已经彻底失望——他们最初希望找到或者开发一款产品,转型成为制造型企业,但是一直无法完成这一变革;还有一些创始人坚定地声称,他们必将完成这一转型。

6.4　微观变革:创始人的活动、时间分配和目标方向

接下来讨论企业预期发展的第二个方面。大多数技术型企业一开始都会把技术放在思想的最高地位,并为之投入最多的时间。但是我认为,很多创业者会朝着更加市场导向的视角和活动逐渐演变。为了分析创始人的时间分配和活动情况,证明市场导向的演进,我们特地建立了一个子样本(共 18 家企业)。这个子样本规模较小,但是数据比较翔实。由此收集的创业者数据来自 2 个时间区段:公司成立的前 6 个月,之后的 18 个月。共计 2 年时间。除非特别说明,本节的数据均出自这个子样本。

6.4.1　前 6 个月

1. 时间分配

奥尔德里奇和奥斯特(Aldrich and Auster,1986)发现,年轻企业往往苦于"两种变量结果和战略意义的影响。这两种变量对企业的变革深具影响——年数和规模"。表 6-2 表明了技术型企业是如何适应这两个变量的,它展示了样本中 18 家企业的创始人在公司成立后的前半年里在 4 个主要运营领域投入精力的平均百分比。他们把总工作时间的大约 30% 投入工程工作中,还有大约 30% 的精力投入销售和市场工作中,生产工作占比 25% ,而财务和管理活动占比最少。紧随其后的讨论说的是这些变量在不同公司各个职能领域的表现情况。

表 6-2　创始人在前 6 个月内的精力分配情况($n = 18$)

经 营 领 域	总工作时间占比/%
工程设计	31
销售/市场营销	28
生产制造	25
财务/管理	16

只有 2 家公司在工程方面投入的时间超过了 50% ,这 2 家公司都是生产定制产品的。相比之下,在另外 3 家企业中,有 2 家没有工程活动的企业专门提供服务,第三家

销售完全开发的标准化产品。这3家企业投入生产的时间为0。其中,一家正在开发自己的产品,另一家拥有一种为专门用途而设计的产品,第三家完全致力于提供程序服务,没有在生产领域投入精力。在18家提供了详细时间分配数据的企业中,生产活动在统计学意义上无法与其他相关变量同日而语。对处于萌芽阶段的企业来说,产品生产在很大程度上被视为企业其他活动的最终产物。

在与销售和市场相关的时间分配中也出现了类似的变化。在前6个月里,没有在销售工作中投入时间的企业只有1家;这家公司在整个第一年里专门致力于开发适销对路的产品;其余2家在销售/市场营销方面投入了不到10%的创始人时间。它们都是生产定制产品的企业。

初始资本的多寡与早期投入融资与管理活动中的时间分配密切相关($p=0.02$)。这也许是因为越多的资金就需要越多的时间来管理;还有一种可能性:随着资金变得越来越多、越来越重要,技术创业者可能会承担起越来越多的财务职责。我们不难发现为什么几家企业并没有为此投入时间。在财务活动时间为0的5家企业中,有4家的初始资金低于1000美元,第5家不肯透露它的初始资金情况。

要监测初创者在前6个月的精力分配,就必须尽力确定他们对竞争情况的了解程度。这也是市场导向的一个方面。这一点似乎太过显而易见,所以在得知很多创业者常常声称自己没有竞争对手,认为自己的产品或服务独步天下,无人能出其右时,人们经常会惊讶得目瞪口呆。这些创业者有时会发现,别的企业也在向市场提供类似的产品或服务,但已经为时过晚了。表6-3简单明了地指出,实际上,了解竞争对手有助于创业者合理规划创业工作进程。在这里,按照对竞争对手的了解程度,我们把样本分成了两部分,并为每部分标出了投入精力的平均百分比。了解竞争情况的一组在各个运营领域展现出了比较均衡的精力分配情况,即使在刚刚成立几个月时依然如此;这一组在销售和市场方面的导向性是另一组的大约2倍(这是以牺牲工程设计与制造为代价的)。它本身又为更进一步的客户与竞争对手洞察提供了来源。

表6-3　根据对竞争情况了解程度的早期精力分配情况($n=18$)　　　　%

	财务和管理	销售和市场营销	工程设计	制造
了解	17.8	31.2	28.7	22.3
不了解	5.0	17.6	40.7	36.7

2. 销售与市场营销

关于销售和市场营销情况的支持性信息深具启发意义。这一领域的活动包括:确定特定市场是否存在及其需求、该市场的销售和分布情况,摸清顾客服务、广告和推广情况等等。在大型企业中，这些活动通常由专人或者专门的团队负责，并向市场总监定期汇报。即使是在小型企业中，这些工作也必须以某种方式完成，即使它们可用的人力有限得多，因此时间也珍稀得多——尤其是在成立之初。这里的数据表明，投入销售工作中的精力百分比与为获取订单而接触客户（$p = 0.13$）的百分比成反比，同时与为识别客户需求、评估市场潜力而接触客户的百分比成正比（二者分别为 0.09 和 0.07）。对一些企业来说，销售/市场职能被限定得极其狭窄，只包括直接的产品销售。这种获取订单即为销售的看法越是大行其道，企业投入销售和市场营销工作的总体时间就会越少。相反地，企业越是把销售和市场工作看作观察和运用市场信息的机制，创始人就会为这项职能投入越大比例的时间。举例来说，有些不同寻常的创始人认为，顾客可能怎样使用他们的产品是公司最终能否成功的关键所在。因此，他们投入了大量时间走访潜在顾客，提高对他们的认识。这样的做法不仅会提高公司领导者对总体市场的认识度，而且会附带影响其他方面的工作，如产品定位、设计、销售方式和附加服务等。

　　一半的公司最开始仅仅依靠创始人与顾客的直接接触完成销售。尽管这样存在一定的自我限制，但它似乎也存在多方面的益处。在新成立的技术型企业中，创始人可能是向客户讲解产品各项优点的最佳人选。一般来说，他并不是销售一项客户需要的标准产品，帮助他们保持运营；他是在向客户极力推荐一项产品，帮助他们提高运营。也许更重要的是，创始人与潜在客户的直接接触是让产品创意与市场需求保持一致的绝佳手段。这种做法也可能带来不利的后果：为了回应具体客户提出的具体问题，创业者会频繁地、立即地重新设计产品，添加具体功能。这样一来，公司还没来得及售卖原本计划的标准单一产品，就变成一家客户导向的多产品企业了。在我担任董事的几家企业中，这已经变成了普遍问题。其中就包括 Data Technology 公司和 GSSI 公司。这两家公司的创始人懂技术、聪慧过人。他们认为，同销售目录产品相比，解决客户的具体问题更容易些、更能带来令人满意的结果。

　　在公司成立的最初，直接销售以外的众多销售方式几乎不存在。以研究样本中的 18 家企业为例，只有 3 家组建了专门的销售团队，仅有 2 家使用了外部销售代表。在公司逐步理清各种初创问题之后，它们的销售行为会发生明显的变化。我们很快就会谈到这一点。

　　创始人直接销售的常见性（就整体和部分而言都是如此。在一份包括 109 家企业的样本里，有 96 家企业的创始人从事过直接销售）无疑反映了企业的"新"和"小"。奥尔德里奇和奥斯特（Aldrich and Auster, 1986）称之为"不利因素"（liabilities）。然而，个人接触并不一定是徒劳无益的前进方式。实际上，人们经常把创始人面对面会见潜在客户的做法看作完成项目或者产品销售的首要原因。我们要对这样一个事实多加留意：各类型企业在最初采用的销售方式上并不存在明显差别；同其他公司的特点相比，这些方式的有效性也没有表现出显著的差别。

在公司成立后的前6个月，这些创业者会在哪里发现产品新创意的源泉？这看上去是个有趣的问题。一位创业者给出的答案是"副总裁的脑袋"。他也道出了我在很多技术型企业中发现的现象。由此可以推断：一个人的思想独特性足以实现产品的创新、支持公司的发展。多年以来的研究（Utterback，1974）表明：应对"市场拉动"（market pull）的产品比依靠"技术推动"（technology push）的产品表现出高得多的成功率。在很多行业中，一些客户会跨越对新产品的简单"需要"，他们实际上会创造产品，以此满足自身的需求。确实如此，本章开篇提到过的通用计算机公司就是个很好的例子。出于自身的需求，这家公司为Mac计算机开发了Hyperdrive这款新产品。对反应敏捷的生产厂商来说，沿着这条路走下去，就是达到成功创新的最稳妥的方法。

数据样本中的很多公司是由掌握先进技术的创业者一手建立的。这些企业往往会根据自身的成见或"感觉"来"料想"市场需求，而不是通过实地调查潜在客户的方式。由于这些创业者大多具备极高的技术能力，并且在各自的技术领域广受推崇，所以这种"感觉"常常可以成为合理而充分的基础，支持产品及服务的生产与销售。但是，创业者的技术头脑时常会统辖他们有待发展的商业头脑，造出徒具技术吸引力的产品来。这样的情况太多了。不幸的是，仅靠技术奇才的魔法力量并不能创造出一个市场。提到对市场"需求"的错误估计，我们的样本中就有这样一个典型（而老套）的例子。这家公司决定生产一种电路，因为它的工程设计非常"漂亮"（cute）。等到它试图销售这种产品时，发现有几十家竞争对手都在生产类似的产品，它的产品根本无人问津。另一个错误知觉的例子来自一家MIT衍生企业。它生产了一种小巧而廉价的晶体管测试仪。它想取代的那种产品在市场上大行其道，但价格是它的数倍。结果这种新产品没卖出去。那位创业者非常不满意："怎么大家只买贵的，不买对的！"实际上，他面向的是国防领域，人们更多地关心产品的多功能性，而不是价格。对客户情况的不敏感并不是所有先进技术企业的通病。伯尼·戈登（Bernie Gordon，即伯纳德·戈登）就是个很有趣的例外。他在模拟/数字转换领域成功创办了3家企业。很多人把他看作典型的"工程师中的工程师"。但是实际上他从职业生涯的早期就表现出了"纯粹的以市场为导向的态度"。戈登发现："我们必须掌握客户的经济目标、技术目标，再摸清楚他们的工程、经济和管理立场。在Analogic公司，我们会首先走完这个过程，然后再针对客户的问题提出解决方案。"（Loftus，1978）

表6-4展示了子样本企业发现的主要创意来源。一些人发现，先前工作的要求是获取产品创意的一大来源。这表明了感知市场需求的一种形式。我们的总体样本中也有这样的例子：DEC的创始人肯·奥尔森（Ken Olsen）依靠生产一种高速晶体管电

路模块起家。他指出,这种产品完全可以用于 MIT 林肯实验室的开发项目中——那是他先前过工作的地方。我们可以从表 6-4 看出:产品的创意一半出自外部来源,即市场;另一半出自企业内部来源,即创始人。本书第九章会详细评估产品来源与新企业成功之间的种种可能联系。

表 6-4　新产品创意的主要来源($n = 16$)

	企业数/家
先前的工作要求	5
客户	1
客户支持的研发	1
创始人、关键员工	6
产品线演进	1
其他	1
无	1

需要注意,多种衡量指标都表明,典型的技术型创业者往往在公司成立初期相对忽视市场。这也部分证实了我们的第二点总体预计。这种情况会反映在很多公司中——成立之初,它们会在工程方面投入绝对多数的时间,缺少正式的市场营销和销售组织。与此同时,显然还有一些创始人比自己的同道更敏锐。他们会认清竞争情况,加大对市场营销工作的投入度。从公司刚一成立时起,他们就通过市场接触获取客户需求的信息,并据此开发新产品。

6.4.2　接下来的 18 个月

1. 销售与市场营销

截至第二年年末,在我们详细研究的 18 家企业中,有 15 家建立了自己的销售团队(在刚刚成立的半年中,这个数字只有 3 家)。企业通过这些团队向自己的客户销售产品,有的企业还会结合使用其他的销售方式。销售人员每个星期联系的潜在客户数量从 1~40 位不等,中位数只有 3 位。这个数字比较出乎意料。如此低的数字也许反映的是客户的高度集中。这个数字会随着企业对行业市场专注程度的提高而增加($p = 0.077$)。很明显,企业越是集中专注于政府机构或者个别客户,它需要的直销接触就会越少。

在接下来的 18 个月中,随着企业的发展,它们使用的销售代表数量也在日益增加。有 9 家企业聘请了销售代表,并通过他们来接触潜在客户、分销公司的产品;还有 1 家企业的销售代表只分销产品。这些公司还在不同程度上使用了其他 5 种销售方式,包括邮寄目录、新产品"发布会"、参加技术展会、撰写技术文章、发布杂志广告等。除此之外,主要面向政府市场的企业还会参加正式的投标,并向各类代理机构提交非应标方案(unsolicited proposals)。以上方式往往都会涉及一项产品技术内涵或性能的销售。这通常也是与行业市场及政府市场紧密相关的一项特征。对我们研究的企业而言,主要客户恰恰来自行业和政府市场。因为几乎没有消费类产品,所以杂志广告的使用率很低。

伴随着公司的发展,它们对各方面客户接触的理解和运用也在发生变化。这些接触可以分为3类:销售、服务和研究。其中:销售包括直接销售和订购;服务覆盖技术问题或者送货问题的讨论,以及产品技术规范的达成;而研究涉及竞争评估、顾客需求的判定、其他可能客户的发现及市场潜力的预估;等等。表6-5给出的各类型顾客接触的平均百分比。它们由子样本中18家企业数据计算而来。

表 6-5　顾客联系的效果($n=18$)

接 触 类 型	百分比/%
销售	**38.4**
直接销售	31.9
订购	6.5
服务	**28.7**
技术/交付问题	18.2
达到产品技术规范	10.5
研究	**32.9**
竞争评估	3.6
顾客需求判定	19.3
新顾客的发现	4.2
市场潜力预估	5.8

仅仅依靠对市场需求的了解,企业就能开发出畅销产品。借助对潜在市场规模的认识,管理者能够更好地确定一个开发项目是否值得做。同样重要的是,市场是新产品获得意见建议的宝地。可是技术创业经常对这些意见不是特别重视。那些有过市场运营经验的团队最能理解研究市场——而不是单纯地销售——的必要性。创业者先前多年的销售经历与他们在为预估市场潜力($p=0.065$)和确定客户需求($p=0.047$)而开展的客户接触关系密切;同时,它与单纯为了销售而进行的客户接触成反比(0.082)。有趣的一点在于,这种把洞察客户作为焦点——而不是单纯地出卖产品——的做法在国防市场企业中体现得最为明显。我们在军工市场总体接触百分比与为了确定客户需求而开展的客户接触百分比(0.006)之间,以及它与评

估市场潜力而进行的客户接触百分比(0.082)之间都发现了紧密的统计关联性。想在军工市场上实现销售的技术创业者更愿意相信,客户的需求是给定的,是需要挖掘发现的;而不是以为市场会争先恐后地主动跑到门口,为了自己"绝顶聪明"的创业想法而三顾茅庐。

6.4.3　不断演进的运营

现在应该对更大规模的样本作一下回顾,在企业成立时间达到平均 5~7 年时,这样的做法有利于评价运营工作进一步演进的程度。一项针对密歇根州技术创业者的基线研究为我们带来了更多的详细信息,表明了业务类型的转变可能为创始人时间的分配带来怎样的启示,就像上文表 6-1 展示的那样。布雷登(Braden,1977,p.45)把 69 家企业(它们的平均经营历史为 8 年)分成了标准产品/服务、定制产品/服务和研发/咨询等 3 个大类。在这 3 类业务类型中,创始人投入时间的百分比分布差别极大:①工程/研发工作,分别为 16.3%、23.2% 和 47.3%;②市场营销工作,分别为 20.1%、17.4% 和 16.7%。考虑到密歇根州的截面数据可能同样适用于描述大波士顿地区创业者随时间变化的情况,在我研究样本中,随着企业从研发/咨询走向定制产品/服务,再走向标准产品/服务,创始人的业务活动和时间分配也会发生整体转变,他们会从工程/研发工作中抽出更多的时间,并在一定程度上提高市场营销工作的时间配比。随着业务类型的转变,创始人们还会提高对生产和财务活动的重视程度。

即使到了演进的后期阶段,技术企业采用的销售方式仍然极大地依赖创始人。42% 的 MIT 衍生企业仍把创始人当作唯一的销售联系人;当然,也有 19% 的企业使用了销售代表;还有 9% 建立了销售团队,作为创始人销售的补充;其余 30% 的企业会把销售代表和销售团队分开,有的各行其是,有的协同合作。销售代表的作用是把几家公司的产品——通常是较小的产品——聚集在一处呈现给潜在顾客,达到更加有效和相辅相成的效果。创业者几乎不会把这种"共享销售团队"的做法看作向市场进行重要投放的最有效手段,他们会把它看作"必要之恶"(necessary evil)。企业通常认为,要承担一支专门的直接销售团队,必须达到较广泛的产品线和一定程度的销售额,这是起码的经济前提。因此,直接销售团队的壮大通常是企业发展壮大和转型的标志。在我们的样本中,拥有销售团队的企业一开始只有 9 家,现在达到了 32 家。不同业务类型的企业使用的销售手段并没有太大的差别。

大约 30% 的企业还未使用任何形式的广告或推广手段。那些运用广告手段的企业大多在其中体现了其工作的技术特征,包括直邮广告(direct mail)、技术博览会、商业广告、产品发布或者以上 4 种方式的组合。这些技术企业的推广手段统计情况与它们其他的主要变量没有任何关系。

高水平市场营销的缺乏并不限于大波士顿地区的高新技术企业圈子。最近一项关于研发密集型企业的研究发现，技术型企业主要把自身与技术相关的方面当作最关键的"推广工具"（Traynor Kand Traynorsc，1989）。就这一点而言，他研究的企业与我研究的样本企业是一样的，两位名为特雷纳的研究者发现，销售收入低于 1000 万美元的高新技术企业会把产品形象（声誉）、个人销售工作和拥有最先进技术当作最重要的销售手段。至于推广方式，它们认为销售、销售管理活动和展会是最重要的。技术型企业要想建立市场导向，成立正式的市场部门并不是必需的，单凭市场部门的存在也是不够的。尽管如此，它在这里作为组织进化的指标作用还是合乎情理的。在这一样本的 110 家作答企业中：建有市场营销部门的只有 46%，它们显然覆盖了所有的业务类型；还有 60% 的企业开展销售预测工作，它们主要是那些从事硬件制造的企业。在专门从事硬件制造的企业里，开展正式销售预测的比例高达 85%；在从事硬件加合约研发的企业里，这个比例是 60%；硬件加软件企业的比例是 50%；在从事合约研发加硬软件产品的企业里，这个比例是 80%。在那些不从事任何硬件生产的企业里，开展销售预测的比例只有 20%。开展市场潜力分析的企业有 35%，同样地，开展这项工作的主要还是硬件生产企业。

该数据并没有说明上述与市场相关的具体职能准确的建立时间：市场营销部门的建立、销售团队的发展壮大、市场分析的具体表现等。可想而知，它们中有一些应该在公司一成立时就存在了；还有一些无疑是随着公司的后续发展而出现的。

提到关于企业发展变革的第二项假设，我们对 3 个时期的数据分析为它提供了强有力的确证。这 3 个时期包括公司成立、第 2 年，还有第 5~7 年。一开始就瞄准市场、立志满足客户需求的技术型企业只占很小的比例。很多公司是逐渐演进到这个方向上来的。这既表现在它们的时间分配上，也表现在与市场相关的正式活动上。

很显然，并非所有技术创业者都会在样本研究完成的前一刻，在公司成立的 5~7 年间，完成这一转变。有些公司也许过很多年才会完成这一转型，但是，对这个问题的怀疑似乎也是合乎情理的。在新企业成立的过程中，这种朝着市场导向"分裂"的演进已经在受过技术训练的创业者中间持续了几十年的时间。在我最近研究的计算机企业新样本中，同样有 40% 的公司在成立后不久就建立了市场营销部门，与一开始100% 依赖一个或几个创始人完成市场销售的做法渐行渐远。我们研究的某大型电子集团衍生企业群体也是如此：它们有 50% 拥有自己的市场营销部门。这一略高的比例也许反映了行业经验带给它们的益处之一。

6.5 多人创业的影响力

第三项预想是,由更多人组成的创始人团队反映了公司从一开始就有更集中的产品和市场焦点,而且公司在这些维度上的演进速度会更快。总体样本和子样本的详细时间数据都可以验证这一假设。

因此,较小的创始人团队可用的工作时间较少,由于工程技术工作的限制,它们的总工作时长较短。而工程技术活动是建立一家产品制造型技术企业必不可少的工作。它会用去小型创始人团队很大一部分的时间。如果创始人团队大一些,创业者们不仅能够完成必要的工程活动,还能剩余一部分时间来装满其他的"桶子"(buckets)。结果,他们用来接触市场的时间占比会越来越高。降低的并不是他们投入工程工作中的实际时间,而是这一时间的占比。具体子样本的统计发现与这一解释是一致的。创始人的工作总时间越长,投入工程工作中的时间就越多($p = 0.13$),但是投入工程工作的时间占比就越低(0.08)。

随着创始人团队规模的增大,团队用来销售公司产品的时间占比就变得越高(0.04)。对同一现象的另一种衡量方式是创始人团队每个星期的总工作时长与用于销售工作的时间比例是成正比的(0.018)。这应该是借助了较大创始人团队先前多年销售工作经验的力量(0.004)。

来自总样本的数据证实并进一步阐明了之前规模较小但较为深入的分析。尤其是多位创始人带来的优势。它体现在业务运营的多种特征当中,即使是在企业刚刚建立时也是如此。比如,在43家单一创始人企业中,没有一家在初建时成立过专门的销售团队。它们中的90%纯粹依靠创始人完成销售工作,剩下的10%单纯依靠销售代表或者依靠创始人和销售代表的共同努力。有9家多创始人企业在成立的同时建立了销售团队,有30%的企业能够运用创始人个人接触以外的销售手段。单枪匹马的创始人不得不在完成所有其他工作的同时兼顾销售。而在大多数拥有多位创始人的企业中,销售/市场营销工作是由一位(在少数情况下由多位)创始人专司其责。他们会为此投入自己的主要时间。这也反映了一种自然而然的劳动分工。

表6-6中的数据来自总体样本。这些数据也说明了,这些市场导向运营工作的开展与公司创始人的数量紧密相关。在建立市场部门的企业中,单一创始人企业比例为35%,多创始人企业比例为50%;41%的单一创始人企业开展销售预测工作,而对多创始人企业来说,这个比例是70%;市场分析工作同样如此,只有20%的单一创始人企业开展这项工作,相比之下,多创始人企业的这一比例为41%。与单一创始人相比,

多位创始人组成的团队显然能够同时承担多项任务。这也许正是多位创始人团队广泛存在的激励因素所在。来自子样本的详细数据表明,创始人为销售和市场营销工作分配的时间是随着创始人团队规模的增大而提高的。表 6-6 也支持这一观点:当可用的人力资源有限时,技术创业者会优先照顾技术工作,这也是他们最熟悉的工作;与此同时,他们会把营销机构的发展及其相关活动默认为可以搁置延迟的工作。这一证据强有力地确证了我们关于多位创始人积极影响的第三项假设。

表 6-6 市场营销职能随着创始人人数的变化情况($n = 110$)

创始人人数	市场营销部门		销售预测		分析潜在市场	
	有	无	有	无	有	无
1	12	22	14	20	9	25
2	8	16	15	9	8	16
3	13	9	14	8	9	12
4	4	2	4	2	4	3
5	3	3	6	0	3	3
6	3	1	4	0	1	3
7	1	0	1	0	1	0
8	0	0	0	0	0	0
9	0	1	1	0	1	0
总计	44	54	59	39	36	62
*	$p = 0.027$		$p = 0.000$		$p = 0.038$	

* 曼-惠特尼 U 检验显著性水平,它指出了市场营销三大特色功能各自与多创始人情形之间强有力的联系。

6.6 演进中的运营问题

无论它们后来变得如何成功,几乎没有一家创业企业能四平八稳地从初创走进持续增长阶段,它们总是会遭遇这样那样的重大困难。也许正因为如此,高达 45% 的企业曾经在不同时刻聘请过管理顾问,帮助自己走出难关。大多数企业提出的主要问题与本章的主题不谋而合——销售问题。有 55% 的企业指出,在它们最担心的问题中,销售排在第一位或者第二位。有趣的是,只有一家公司提出,市场营销活动带来了最多的资本需求。这一对比也证明了很多技术创始人在市场营销工作中一直以来的相对稚嫩。很多公司仅仅把市场营销看作订单或者合同的获取而已。如表 6-6 所示,即使是在发展了 5~7 年之后,开展市场分析的企业还不到 40%,很多企业似乎仍不理解市场反馈(market feedback)的概念。由创始人充任的销售人员仍然占据主导地位,他们同时还被视为市场营销人员。从这个角度来看,市场营销工作当然惠而不费,用不着什么资本。

有 2/3 的创业者感到,产品的市场营销工作完成得不尽如人意。但是,只要问问他们,为了改善销售情况,他们会作何改变?大多数企业都会回答:聘请更多的销售人员,或者投放更多的广告。几乎没人表示出开展更多市场调研的想法。他们常常会坦承商业化营销技巧上的不合时宜,他们往往根据自己高高在上的理想,按照自己想象的顾客需求来开发产品,而不是从实际出发,听听顾客本人可能吐露的心声。我们对创业者的这一评价也许令很多人质疑,但是我们在下面这个问题收到的答复中出乎意料地找到了进一步的支持——"请问,作为企业的领导者,带给你最大满足感的是什么?"有将近 50% 的人认为生产高质量的产品或者提供高质量的服务是最令人满足的。也许这样的回答应该出自企业的技术主管才对。一位创业者应该关心所有业务要素的有机融合——包括技术质量、财务、市场营销和综合管理等,这样才能把所有要素有效整合成为一家管理合格、持续经营的企业。这才是最大满足感的来源。

表 6-7 列出了创业者感受到的主要问题的发生频率。除了销售问题以外,关键问题还包括人才的获得、激励问题和管理问题等。对技术专业人士来说尤其如此。本人对计算机相关创业者的新近研究发现了同样的关键问题排序:销售、人才和资本支持。创始人们的担忧贯穿了我的整个研究。他们担心的最主要问题是如何发现并留住合格的工程师、技术专家和技术导向的销售人才。大波士顿地区的技术型人才供应旺盛,即使如此,在经济形势良好时,这样的需求同样表现得极其强烈,以至于出现熟练人才求之不得的情况,唯一的办法是挖取其他公司的现成人才。

表 6-7　主要业务问题 ($n = 93$)

问题类型	主要问题	次要问题
销售	34	17
人员	17	14
性格	7	10
初始融资	2	1
后续资金支持	14	9
生产的可靠性	2	5
研发	2	1
其他	15	7
企业数量	93	64

另外,性格冲突正在变成日益明显的问题。这在多人创业的企业中表现得尤为明

显。通常情况下,创始人团队是在默认的——有时甚至是在明确说明的——平等预设基础上建立的。还记得第一章提到的 Transducer 设备公司最初均分公司所有权的例子吗? 随着公司的发展,势必要有一位创始人担当最主要的决策者。这是势在必行的,然而其他创始人的怨恨也会随之而来。内斗会引发公开的敌意,进而直接或间接地影响到公司的业务。随着这种争斗而来的是一位或者多位创始人的出走。举例来说,哈伦·安德森因此离开了他和肯尼斯·奥尔森共同创办的 DEC;马修·洛伯也在他的共同创始人伙伴雷蒙德·斯泰塔当上亚德诺公司 CEO 之后离开了这家公司。合作伙伴之间的争执在技术型企业中比较普遍,这往往会让合作伙伴分道扬镳。在时过境迁的多年之后,它也常常成为创始人们创业经历中最为负面的一段。我们的 ZeroStage 股权基金公司就是个例子。由于一般合伙人在个人追求和风格等方面的差异,亚瑟·奥伯迈耶选择了出走,杰里·戈德斯坦(Jerry Goldstein)取代了他原来的位置。杰里还带来了我们梦寐以求的生物医疗领域的宝贵经验。我们曾为几家公司提过这样的建议: 在公司成立的第 1 年、第 2 年和第 3 年年末时,为所有创始人提供一种简单的机制,方便他们检查创始人的所有权占比,并在需要时做出调整。这种正式机制能鼓励和帮助创始人们"释放压力"(blowing of fsteam),这样的调整常常可以起到维系合作伙伴关系的作用。

严格来说,企业中另一种普遍存在的个人冲突算不上生意问题,但是在我们的访谈中,这个问题经常一再地被提起。创业者出现婚姻问题的情况明显较多,而且常常导致离婚。尽管家属大多非常支持创业者的事业,这样的情况仍在发生着。在创业初期,妻子们常常会为公司提供帮助。只要需要,她们会做秘书,甚至帮忙打扫卫生。有些受过职业训练的妻子还会承担起会计工作和法务工作。还有一位能干的妻子,一直负责公司的关键谈判工作和资金筹集工作。甚至有几位创业者坦承:"创业成了自己的新欢"(the business became my mistress)。这指出了公司对创业者时间和注意力的优先需要。在这些创业者中,确实有很多人把自己最多的热爱贡献给了工作,直到后来,他们才后悔自己没有留给妻子和孩子们更多的时间。尽管婚姻遭受了挫败,大多数受到影响的创业者仍然承认,如果从头再来一次,他们照样还会选择之前的做法。与异性同事在办公室长时间共处可能产生情感纠葛,这会进一步加速婚姻的破裂。这样的情况并不少见。在公开讨论这个问题时,创业者往往不会承认婚外关系本身的影响,他们会把离婚简单地归结为专注事业的不幸代价。

正如上一章所讲,尽管企业的启动资本通常较少,但是只有 3 位创始人把它看作重大问题,另外 23 位创始人则认为关键问题在于后续的资本支持。我们会在下一章里深入讨论企业在成立之后的第二轮和第三轮融资问题。

6.7　总结与启示

在成立之初的几年间,技术型企业会经历各种重要变革。本章记述的变革主要与企业的产品业务导向及企业内部的销售及市场营销活动有关。这里供我们分析的样本由 114 家 MIT 衍生企业组成,其中,从一开始就致力于自有产品开发与销售的企业占 62%,经过了开始的短短几年,这个比例变成了 84%。有些企业放弃了原来的业务重心,即咨询或者合约研发业务;还有的公司把这些业务放在了辅助补充的地位上。这是产生上述比例变化的主要原因。至少来说,那些正在发生变革的企业不再像一开始时那样,心无旁骛地几乎完全埋头于工程技术工作之中,它们开始转变,逐渐专注于产品和市场导向的结合。

创始人们也会在最初的几年中越来越多地投身于正式的市场营销和销售活动中来。其中的一项证据是单纯依靠创始人开展直接客户接触的企业数量逐步减少,而负责直接销售的专业团队急剧增长,销售代表的增长甚至更快。对企业的发展方向而言,对竞争情况的认知具有极强的影响作用。那些敏于感知竞争环境的创业者会在市场营销活动中投入更多的精力。然而,随着这些技术型企业的演变发展,仍然只有不到半数的企业成立自己的市场营销部门,即使经过了 5~7 年的发展之后,情况依然如此。

即使是从初创时代算起,多创始人企业也会在市场营销和销售工作中投入更高比例的精力,而用在工程技术工作中的精力比例较低。这一倾向性与多人创始团队背景中较多的过往销售与营销经验的运用有一定关联。多创始人企业会比单一创始人企业更快地发挥销售团队的作用,前者也更有可能成立市场营销部门,并且开展销售预测、市场潜力分析等工作。

观察那些起步时缺少自有产品的企业,它们中的绝大多数要么演变得很慢,要么不会进入产品阶段。那些一开始没有产品的企业,甚至连开发中的产品都没有的企业,有一半永远无法完成从没有产品到生产产品的转型。同样的道理,市场导向的最初缺失通常不会随着时间简单地得到纠正,即使是在成立数年之后,大部分的技术型企业仍然缺乏正式的市场相关活动。

创业者和投资者都应该认识到,多创始人企业通常会采用比较均衡、加速较快的企业发展路径。它从一开始就明确地瞄准了一个产品市场。而单一创始人企业在建立正式销售和营销途径时尤为缓慢,因为这需要突破创始人个人能力和精力的局限,所以会拖慢企业的演进发展。如此看来,创始团队中包括销售和市场营销人才是非常可取的。关于这些变量与技术型企业最终成败之间的可能关系,我们会在后面的章节中讨论。但是未来的创业者应当认真地考虑采用"风险"较低的方式,在公司建立与发展的过程中走产品/市场导向的团队路线。

注释

1. 为了保证企业初创年份数据的可靠性,我们对原始样本中的 96 家 MIT 实验室衍生企业进行了筛选,排除了 5 年以上的企业(截至我们收集数据时)。为了数据收集的方便,我们又进一步排除了大波士顿地区以外的企业。为了让初始资本规模更具可比较性,我们还忽略一些离群值较高的企业。这样一来,我们得到了 20 家符合要求的企业。在这 20 家企业中,有 18 家(占 90%)同意接受更加深入的结构化访谈,完成详细的调查问卷,提供公司成立前 2 年的活动情况。由此而来的小样本仅占原始样本规模的 16%。这样的设计为本章提供了为时极长的研究基础,其收集的数据来自样本公司的 3 个发展时期:成立时、成立 2 年之后、成立 5~7 年之间。

参 考 文 献

H. Aldrich & E. R. Auster. "Even Dwarfs Started Small: Liabilities of Age and Size and their Strategic Implications", in *Research in Organizational Behavior*, 8 (Greenwich, CT: JAI Press, Inc., 1986), 165-198.

P. L. Braden. *Technological Entrepreneurship: The Allocation of Time and Money in Technology-Based Firms* (Ann Arbor, MI: Division of Research, Graduate School of Business Administration, 1977).

N. C. Churchill. "Entrepreneurs and their Enterprises: A Stage Model", in J. A. Hornaday, J. A. Timmons, & K. H. Vesper (editors), *Frontiers of Entrepreneurship Research*, 1983 (Wellesley, MA: Babson College, 1983), 1-22.

H. R. Feeser & G. E. Willard. "Incubators and Performance: A Comparison of High- and Low-Growth High-Tech Firms", *Journal of Business Venturing*, 4,6(1989), 429-442.

R. K. Kazanjian. "Operationalizing Stage of Growth: An Empirical Assessment of Dominant Problems", in J. A. Hornaday et al., (editors), *Frontiers of Entrepreneurship Research, 1984* (Wellesley, MA: Babson College, 1984), 144-158.

R. K. Kazanjian & R. Drazin. "An Empirical Test of a Stage of Growth Progression Model", *Management Science*, 35,12(December 1989), 1489-1503.

J. R. Kimberly, R. H. Miles, & Associates. *The Organizational Life Cycle* (San Francisco: Jossey-Bass, Inc., 1980).

C. Loftus. "The Driving Force Behind Analogic: Bernie Gordon", *Electronic Business*, May 1978, 20-21.

C. Olofsson, G. Reitberger, P. Tovman, & C. Wahlbin. "Technology-Based New Ventures from Swedish Universities: A Survey", in N. C. Churchill et al. (editors), *Frontiers of Entrepreneurship Research*, 1987 (Wellesley, MA: Babson College, 1987), 605-616.

R. E. Quinn & K. Cameron. "Organizational Life Cycles and Shifting Criteria of Effectiveness: Some Preliminary Evidence" , *Management Science*, 29(1983) , 33-51.

R. B. Robinson, Jr. & J. A. Pearce, H. "Product Life-Cycle Considerations and the Nature of Strategic Activities in Entrepreneurial Firms" , *Journal of Business Venturing* , 1 , 2(1986) , 207-224.

Segal Quince Wickstead. *The Cambridge Phenomenon*, second printing(Cambridge, England: Segal Quince Wickstead, November 1985).

N. R. Smith & J. B. Miner. "Type of Entrepreneur, Type of Firm, and Managerial Innovation: Implications for Organizational Life Cycle Theory" , in J. A. Hornaday et al. (editors) , *Frontiers of Entrepreneurship Research, 1983*(Wellesley, MA: Babson College, 1983) , 51-71.

R. D. Teach, F. A. Tarpley, Jr. , R. G. Schwartz, & D. E. Brawley. "Maturation in the Microcomputer Software Industry: Venture Teams and their Firms " , in N. C. Churchill et al. (editors) , *Frontiers in Entrepreneurship Research, 1987*(Wellesley, MA: Babson College, 1987) , 464-473.

K. Traynor & S. C. Traynor. "Marketing Approaches Used by High Tech Firms " , *Industrial Marketing Management*, 18(1989) , 281-287.

M. Tushman & E. Romanelli. "Organizational Evolution: A Metamorphosis Model of Convergence and Reorientation" , in L. Cummings & B. Staw(editors) , *Research in Organizational Behavior*, 7(Greenwich, CT: JAI Press, Inc. , 1985) , 171-222.

J. M. Utterback. "Innovation in Industry and Diffusion of Technology" , *Science* 183, 4125(February 1974) , 620-626.

A. H. Van de Ven, R. Hudson, & D. M. Schroeder. "Designing New Business Startups: Entrepreneurial, Organizational, and Ecological Considerations" , *Journal of Management* , 10, 1(1984) , 87-107.

E. Von Hippel. *The Sources of Innovation*(New York: Oxford University Press, 1988).

第七章

获得更多融资

在度过形成期之后,随着演进与成长的开始,技术型企业对资金的需求也在与日俱增。这一章讨论的是技术型企业的后续融资问题,包括第二轮和第三轮融资的来源和数量。我们还会谈到创业者对后续资金的寻求和最富有成效的方法。由于后续融资越来越多地依赖于外部投资者,所以创业者们需要频繁地准备商业计划书。本章对商业计划书的特有缺点作出评价。在高新技术企业的后期融资中,风险投资人正在发挥越来越重要的作用,因此,本章最后还会评估风险投资人融资决策的形成问题。关于上市的决策、流程和影响,我们会放在第八章讨论。

7.1 第二轮和第三轮融资

第五章描绘了技术型企业的演进历程,它包括企业发展与成长的多个阶段,以及企业在各个阶段对资金需求的变化情况。该章还检视了企业融资的多种来源,从个人资金一直谈到了股票的公开发行,并且审视了这些资金来源的使用可能为企业带来怎样不同的影响。如前所述,在成立之初的几年中,绝大多数企业会发现,它们的启动资金不足以支持其运营和/或增长。在我们的样本中,有60%的企业再次融资(第二轮融资),还有大约30%的企业又一次融资(第三轮融资)。这在某种意义上来说是幸运的,因为大多数的投资者更喜欢后期阶段的投资机会(Ruhnka and Young,1987)。在新英格兰和加利福尼亚地区,有75%的风险资金投向了第二轮及后续轮次的投资(*Venture*,1989),不仅如此,就连非正式投资人也把一半以上的资金投向了后初创阶段企业(Wetzel,1983,p. 26; Tynes and Krasner,1983,p. 351)。五大湖区的情况略低,但基本与此相同(Aram,1989,p. 338)。

对创始人来说,企业获得的第一笔融资通常是最难忘的(参阅第五章),而后续融资的细节往往很难清楚地记得。造成这种情况的部分原因在于,初期融资之后的资金——尤其是借贷(它常常成为后续资金的主要来源)——往往被视为资产的附加,而且它们会经常发生、数额较小,显然比较"容易遗忘"。当然,在企业发起主要轮次融资或者首次公开发行股票时,情况并非如此。这些事件当然也会被清楚地记得。令人倍感遗憾的是,这些难忘的事件并没有成为技术型企业的常规——至少从研究者的角度来看是这样的。这一倾向性的表现之一是,在访谈过程中,面对详细问卷的几乎每个方面,创业者通常都会亲自地、立即地作出回答。而在谈到融资信息时,他们经常会询问会计、经办人或者主管财务的副总裁,或者承诺先收齐相关信息,再发给我们。因此,本章的一些详细数字可能不如前面几章使用的定量指标那么可靠。

这些数字也许比较粗糙,但它们确实说明了,一家技术型企业一开始也许只需要不到 5 万美元就可以开张营业。这笔钱足够满足运营资本所需,足够支持工作、应收账款,最重要的是,产品开发的需要。生产导向型企业和一部分合约研发企业一开始就需要更多的资金,用来购置固定资产,如厂房和检测设备等。在渡过最初的危机、开发出初代产品和服务之后,许多年轻的高新技术企业发现自己的成长资金需求变得很高。想要扩大规模,它们通常需要至少几十万美元的资金,甚至更多。第二阶段融资的时机表明,涉及此事的绝大部分企业届时已经积累了一定时期的销售收入和经营业绩。这些收入和业绩通常正是银行、风险投资人和类似机构作出投资决策时要求看到的——无论它们的要求是正确的还是错误的。

需要认清和注意的是,整整 40% 的技术型企业从未取得过初始资本以外的任何融资。有些企业不需要额外的资金,它们自己产生的现金流足以源源不断地满足其发展的需要,咨询企业、合约研发组织和软件产品企业尤其如此。有些初创企业需要更多的资金,但是未能成功获得额外的融资。总体而言,在我们的主样本中有很多成功获得后续融资的企业。其中:20% 的企业获得了不超过 5 万美元的资金;40% 的企业获得的融资在 5 万~50 万美元之间;剩余 40% 的企业获得了超过 50 万美元的资金,其中有 23% 的企业追加融资额超过了 100 万美元。企业后续融资总额的中位数在 25 万~50 万美元之间。企业的业务类型会带来极大的差异性,它不仅会影响后续融资企业的占比情况,而且会影响它们实际获得的资金数额。获得额外投资的咨询企业少而又少(25%)。即使把所有的情况考虑在内,它们获得的额外投资也不会超过 10 万美元。软件开发与生产企业的情况略好些(也只有 40% 而已)。我们的数据库显示,这些企业收到了数目可观的后续资金,金额不低于 50 万美元。Meditech 公司就是一例(详见第一章)。这家公司最初用 30% 的股权从 EG&G 公司取得了 50 万美元的投资;1 年之后,它又用大约 10% 的公司股权换取了 50 万美元的资金。实际上,Meditech 公司的利润足以支持其发展需求,完全不需要第二笔 50 万美元。多数硬件生产企业(59%)和更多从事混合业务(例如,同时从事硬件和软件业务,或者有时还会兼顾合约研发业务等)的企业(67%)获得过发展融资;并且有高达 1/4 的此类企业获得了 100 万美元以上的融资。能源生产相关新企业的样本与此相似,高达 57% 的企业获得了额外的后续融资。

顺便提一下我对一组企业融资情况分析的印象。某家波士顿大型风险投资基金曾考虑对这组(共计 20 家)技术企业投资,并对它们开展了认真的评估,还向我提供了这些原始数据。等到我和助手走访这 20 家企业时,距离最初的评估已经过去了 1~3 年的时间。我们发现,平均每家企业的初始资金增长了 14 万美元,包括负债和股权在内,其增长幅度 0~960 万美元不等。在这 20 家企业中,有 15 家的平均银行融资达到了 73 万美元,其量级之高,仅次于少数几家 IPO 或发行可兑换债券的企业。真相往往是主观的,就像美一样,它们往往存在于观察者的眼里(Truth, as beauty, is often in the eyes of the beholder)。一位亲身经历过这一量级融资的风险投资人很有可能形成这样的认识:技术企业的融资需求本该如此巨大。实际上,这一组数据极具误导性。相对而言,只有较少的技术型企业才能得到最大风险投资机构的认真评估,而且它们通常被视为业内当前最大型的企业,或者至少拥有最大发展潜力的企业。上文提到的更大的数据样本包括几乎所有来自特定高校和行业实验室的衍生企业。这一样本的代表性高得多,更能说明技术型初创企业的总体情况。该样本告诉我们,技术型企业正常的融资规模实际上要小得多。

表 7-1 列出了 71 家企业的第二轮融资来源情况。它们是同一个样本(110 家获得第一轮融资的 MIT 衍生企业)中获得第二轮融资的企业。该表还给出了这 71 家企业中 31 家获得第三轮融资企业的资金来源情况。与我们观察到的类似企业的初始融资情况(表 5-1)相比,后续资金的分布情况大为不同。只有 7% 的企业第二轮融资来自创始人的个人积蓄;依靠家人朋友完成第二轮融资的企业更少,只有 5%。在这些企业中,有一些仍然不懂如何接触更加专业的金融机构;有一些仍旧希望保持企业的完全所有权;还有一些几经努力,始终未能获得独立资金来源的青睐。这些企业不得不投入自己的资金,或者甘冒企业发展停滞甚至破产的风险。

表 7-1 后续资金的主要来源

来源	第二轮融资(71 家企业)	第三轮融资(31 家企业)
个人积蓄	5	4
家人朋友	4	—

续表

来源	第二轮融资（71 家企业）	第三轮融资（31 家企业）
个人投资者	24	9
风险资本	9	2
商业银行	11	3
公开发行股票	7	8
非金融企业	11	5

　　如前所述,少数企业不仅一开始就成功获得了"外部"资金,而且从同样的来源获得了后续资金。这有时来自先前的承诺,有时是因为投资人想要保护自己的既得利益。然而,对大多数其他的技术型企业来说,后续资金的来源往往是新获得的。

　　在初始融资阶段,只有 21% 的公司能获得专业投资人的支持,然而,到了后续融资阶段,专业金融机构的比例上升到了大约 90%。专业资金来源占比的上升说明这些机构更愿意投资轻车快马的发展中企业,而不是筚路蓝缕的初创企业。金融机构有时会主动接触新企业,而不是新企业反过来接触投资人。很显然,对投资人来说,这个阶段的技术型企业颇具吸引力。通过投资,它们有望从一家不断成长、不断盈利的新企业中分得一杯羹。为了这一杯羹,金融机构显然乐意为企业投入资金。创业者会对投资行业越来越驾轻就熟,他们有时会"恰如其分"地表达自己的需求,这有时也会成功地带来投资。但是更多时候是企业直接接触金融机构,此时的企业已经在实际运营,而不仅仅是一个想法,因此,创业者在投资谈判时所处的地位会更有优势。

　　银行会为企业提供债务融资,通常以企业的设备作为抵押,更多地以企业的应收账款作为担保。波士顿地区的很多银行与高新技术企业建立了长期的良好关系,它们"懂得"这些企业发展过程中出现的特殊需求。但是,实际上并非始终如此,EG&G 公司就是个例子。随着这家公司不断地发展壮大,它不再单纯地以开发工作为重心,而是逐渐扩展到了生产领域。它还努力争取获得商业用户和行业用户,而不是单纯地从政府机构获得合同。尽管当时 EG&G 公司并不急需额外融资,但是,考虑到政府机构也许会撤回一部分预付资金,这家公司还是找到了合作银行(一家声誉卓著的波士顿银行),商讨贷款的可行性。结果银行的态度急转直下:"仅凭聪明的头脑是贷不到款的——你们用什么来抵押?"需要特别注意,在这家银行——以及波士顿地区的大多数银行——这种对"聪明的头脑"毫无兴趣的态度早已消失不见。然而,这里的数据并不足以推翻那句老掉牙的套话——"银行就喜欢给不用贷款的人贷款"。

　　个人投资者和风险资本投资的是企业的未来。它们期待着企业有朝一日能够上市，或者被更大的企业收购。同第五章讨论初始融资时提到的"天使投资人"相比，后续阶段的个人投资者在性质上更加多样一些。后期个人投资者更常采用发行私募股票的方式，由更多的个人投资者认购这些股票。在这些新的个人投资者中，绝大多数人仅希望与年轻的技术企业建立资金关系而已。个人投资在第二轮融资中的占比约为 34%，在第三轮中约占 29%，是目前最常用的后期资金来源。弗里厄和韦策尔（Freear and Wetzel，1989）发现，就全美范围而论，外部个人投资者始终在企业后续融资中发挥着极为重要的作用，尤其是对第二轮融资来说。这里的一些新企业是在非金融企业的帮助下成立的。在此之后，非金融企业往往会继续投资这些企业，它们有时也会投资成为其供应商的年轻企业，以及成为未来收购候选对象的、颇具希望的年轻企业。在表 7-1 不断演进的技术型企业中，有 7 家的第二轮资金来自公开市场的股票发行，还有 8 家的第三轮融资同样如此。本书第八章主要讨论技术型企业的"上市"问题。

　　由某大型电子系统企业衍生企业组成的比较样本带来了类似的结论。在这些样本中，大约 50% 的企业获得了后续投资，其中没有一家来自创始人的个人积蓄，大约有 1/3 的企业完成了第三轮融资。和前文提到的 MIT 衍生企业情况一样，这里的主要后续资金来源也是个人投资者、风险投资机构和商业银行。

　　这些证据清楚地指出了一种趋势：最初从外部投资人初获得资金的企业会返回外部资金来源，寻求后续投资，这就凸显了初始投资者提供更多资金能力的重要性，我们在第五章谈到过这一点。就我们掌握的样本而言，在获得非金融企业投资的新企业中，有 63% 的企业会向投资人寻求发展资金的支持；在获得个人投资者支持的企业中，这个比例是 50%；从初创时期即进入风险投资企业投资组合，并且获得"下一轮融资"的新企业占比为 37%。迪恩和吉格列拉诺（Dean and Giglierano，1989）也发现，76% 的硅谷风险投资企业愿意为早期投资对象提供多轮融资支持，但是这些企业在具体做法上的差别相当大。

　　表 7-2 给出了各种资金来源为样本中的 110 家企业提供的后续资金数额情况，一共涉及 68 笔交易。来自个人积蓄和家人朋友的资金仍然集中在较低金额的区间（低于 5 万美元），这和企业在初始融资阶段遇到的情况是一样的。其他来源的资金数额变动较大，多数超过 5 万美元的投资来自面向个人投资者的私募发行（30%）、公开发行（26%）和风险投资者（22%）。除此之外，7 家获得非金融企业投资的企业最终被"母公司"完全收购。样本中只有 5 家企业是在本次研究期间被收购的（这些企业的平均存在时间为 5～7 年）。

表 7-2　发展融资来源及其数额分布($n=68$ 笔交易)

数额/千美元	个人积蓄	家人朋友	个人投资者	风险投资者	商业银行	公开发行	非金融企业	合计
<50	4	1	3	1	0	3	1	13
50~250	1	2	8	2	1	2	1	17
250~500	1	0	4	0	1	3	2	11
500~1000	0	0	5	3	3	1	2	14
>1000	0	0	3	3	0	6	1	13
总计	6	3	23	9	5	15	7	68

　　这里也收集到一些创业者对融资工作态度的主观信息。比如,尽管这些技术型企业的初始资金通常较少,但有 63% 的创业者觉得足够。大多数创业者并没有感到过少的资金妨碍了他们的发展。甚至有人认为,过多的资金可能引诱创业者从事那些本来可以避免的、过于昂贵的和/或离题万里的活动,成为制造麻烦的根源。大部分创业者认为,他们的资金支持者对企业的需求足够理解,响应得足够及时。也有人提出了强烈的否定看法,一位创业者声称,他的投资人对高新技术企业的独有特点和需求"一窍不通"(don't have a clue)。每一家企业都认为,称职的金融投资者应为企业提供财务和业务方面的建议,但对建议的程度莫衷一是。总的来说,这些创业者属于技术型人才,因此,在他们看来,投资者在行业和金融领域的经验是企业的宝贵财富。

　　我曾在一个子样本中量化统计了这些态度,并且测试了这些"软性"关系的显著性。结果显示,创业者普遍认为,投资者应该在金融和业务方面为企业出谋划策,其中呼声最高的是那些经历偏向于研究导向(也就是"犊牛犬"分级得分较高)的创业者。毫无疑问,这和他们先前的工作经历有关。事实上,在所有创业者中,他们的商业经验是最少的(0.016)。即使是那些感觉投资人理解自己、反应及时的创业者,也会把投资人应该提供的金融和业务帮助放在最重要的位置上(0.02)。尤为重要的是,创业者的评比结果表明,帮助最大的投资者对创业者施加的压力较小,反而是帮助较小的投资者带来了比较大的压力(0.0008)。无论创业者渴望与否,投资者总是会提出一些建议。如何采纳这些建议? 创业者也会感到一定的压力。但是,只有最初主动寻求这些建议的创业者才会认为这些指导意见是有用的。风险投资者非常重视这一点。它们会评估创业团队是否愿意采纳投资人的建议,并把它作为是否投资的衡量标准。这也许是因为大多数创业者往往自以为是,听不进别人的意见。一项针对未来创业者外部咨询顾问采用情况的研究表明:"咨询顾问的济南一对客户的业务行为倾向没有产生明显的影响。"(Chrisman,1989,p. 411)

7.2　寻　求　资　金

　　无论是初始融资还是后续融资,如果创业者准备寻求外部资金,而不是依赖自己和共同创始人的个人积蓄或者家人朋友的支持,他们怎样才能找到可能的投资者? 通常来说,风险投资者会被列入可能的来源。它们会不可避免地提出一些适用的标准,如公司的发展阶段、投资规模、地理位置偏好和行业专业化等。但是富有的个人投资者的名字不会出现在这些列表当中。事实证明,这些个人投资者至关重要,特别是对于初始融资和后续融资来说。大型非金融企业同样如此,它们也是潜在的资金来源,同样没有得到应有的重视。如此说来,创业者应当如何接近这些资金来源,如何让自己获取资金支持的可能性最大化呢?

　　本人的所有技术型创业研究,包括两项专门针对资本寻求的研究在内,都未能发现寻求资本的最理想路径。即便已经为获得风险融资制定了详细和精心的计划,大多数的初次创业者似乎仍在黑暗中蹒跚前行。那些为第二家(或者更多)企业寻求资金的创业者能够从先前的业绩记录中得到帮助。得益于此前的创业经历,他们必然同投资者,或者至少是同银行,建立过合作关系。这些关系也会为他们带来帮助。

　　新手创业者最多采用的是"有枣没枣打一竿子"(shopping around)式的方法:创始人们会联系所有"见多识广"的朋友和生意上结识的熟人,寻求他们的建议和引荐。他们会找遍自己的朋友、亲属、律师和会计师,得到的往往却是比没用更加没用的建议,反而误了大事。一些大型法律事务所和会计师事务所会积极投身于风险投资事业,这些地方的专业人士对企业创始人的帮助非常大。这种程度的"见识渊博"和参与深度通常不会出现在小型服务组织、个体经营的律师和会计师身上,更不大可能出现在"创业者内弟的哥们儿"身上。但是这些人反而经常出现在初创企业周围,尤其是比较单纯的创业者的身边。这种"有枣没枣打一竿子"的做法有时会产生"掮客"(finder),也就是专门为小型企业介绍资金来源的人。他们收取的报酬通常高达融资总额的 5%~10%。在我们访谈的创业者中,有不少人用亲身经历悲惨地证实了,一些他们合作过的掮客是不道德的,多数掮客是无用的。造成这种情况的部分原因在于金融界人士往往非常反感与掮客打交道,至少我是如此。如果这种四处求告的做法涉及其他创业者,尤其是成功的创业者,人们能得到有用的经验分享,常常还能获得有用的投资领域的联系人。

　　就算创业者没能在自己熟悉的圈子里找到潜在投资者,也并非完全没有指望。通常,他们接下来会通过非正式渠道接触金融界人士,而且一般会从本地的银行开始。银行的主顾有很多,信贷主管们可能会认识一些个人投资者,并且很愿意为创业者引荐。更大的可能性在于,很多本地银行也许是大型商业银行开在本地的分行。它们会把创业者介绍到总部所在的"城里"。那里的每一位高级信贷主管都有几家过往甚密的风险投资机构,至少在大波士顿地区是这样的。有些波士顿银行还建有自己的SBIC。我们在第五章讲到过,SBIC 是在美国联邦政府注册的风险投资基金,它们有时会参与初创企业的融资,它们当然与很多早期投资者建有合作关系。到了这个阶段,创业者算是在潜在投资者圈子说上了话。他们接下来要关心的是总体路线问题。

　　前面的描述说明,推荐(referrals)是大多数创业者与最终投资者建立联系的重要手段。或者,创业者可能会直接联系电话簿里的风险投资企业,或者在"创业大会"上向风险投资者介绍自己。波士顿地区有很多这样的活动。这些"广交朋友的活动"(Kanai,1989)当然包括"MIT 创业论坛"和"128 创业论坛"(128 Venture Forum)在内。我们在第三章关于创业动机的讨论中提到过这两项月度盛事。表 7-3 列出了各种"方法"机制在每一种资金来源(包括初始融资和后续融资在内)中的使用频率,一共涉及同一个样本 20 家企业的 54 笔投资。直接接触和个人关系引荐是创业者与银行建立成功联系的主要途径;而接触个人投资者和私人投资集团的最有效方式是朋友和生意上的熟人介绍;多种多样的资源——包括掮客在内——都能带来风险投资企业的投资。我们应当这样评价这组小型样本:尽管资金来源比较丰富,尽管存在多种引荐方式,而且它们都带来了成功的接触,但是,我们并不能因此得出结论说,它们就是登堂入室、走近潜在投资者的最理想途径。

表 7-3　帮助 20 家企业获得 54 笔投资的引荐方式

引荐来源	资金来源类型				使用总计
	个人投资者	风险资本	商业银行	投资银行家	
直接接触	2	2	5	0	9
私交熟人					
学友或生意上的熟人	4	1	3	1	9
私交朋友	4	0	2	1	7
在投资机构有熟人	0	2	4	0	6
其他引荐渠道	0	3	2	0	5
同一类型投资者	0	1	0	1	2
不同类型投资者	1	3	0	0	4
银行	2	3	1	0	6
掮客	0	1	0	3	4
律师	0	0	2	0	2
投资者主动接触	13	16	19	6	54

表7-4中的另外两项研究聚焦风险投资企业的决策过程。它们再次肯定有效接触途径的多样性。成功走近风险投资的道路有很多。该表的反面，即各引荐渠道遭到两家风投企业拒绝的情况，说明了与之类似的多样性，而且没有显示出明显的模式。

表7-4　带来两家风险投资企业23次投资决策的引荐方式

引荐来源	风险投资企业1	风险投资企业2
直接接触	3	2
个人投资者	1	2
其他风险投资者	1	4
投资银行家	5	0
商业银行	3	2
总计	13	10

　　另一项研究跟踪关注了19家企业的经历。这些企业都订阅了Venture Economics公司（Venture Economics Inc.）的"投资顾问服务"（investor advisory service）。这家名为"Venture Economics"的公司是位于波士顿的一家专注风险投资的咨询公司，主要提供数据支持的各类服务。这19家企业希望以此获得支持，进而取得风险投资。这项研究中的企业也许是最为绝望的极端代表，又或者，它们代表的是另一个极端，也就是在这场寻求投资的"约会游戏"中最精于此道的那些企业。它们当然不会仅仅局限于Venture Economics一家公司的帮助；它们还会尝试所有其他的传统方式。我并无意把这些企业的做法提炼成为"标准"，与其他早期阶段企业的做法分庭抗礼。在这19家企业中：有7家（37%）已经在本次分析完成之前获得了资金；另有7家放弃了尝试；还有4家仍在努力。即使这些企业最终被证明没有代表性，它们的资金寻求经历仍然为我们带来了有趣的新视角。

　　在这项研究中的19家企业中，用来寻求风险融资的平均时长为14.4个月。即使是典型的"临阵退缩者"（quitter），也在最终放弃之前坚持了13.6个月之久；而那些成功的企业在获得资金之前平均投入了15.1个月的努力。当然，由于该样本的规模过小，这些数字并没有显现出明显的统计差异性。在资金筹措阶段，企业管理者把大约50%的时间投入这项工作中。这等于明确地告诉我们，他们把融资看作头等大事！人们通常需要12~18个人月（man-month）才能找到资金，为此，他们要接触大量的潜在投资人，少则25个，多则更多。我本人也有过为几家崭新的初创企业寻求资金的经历，包括Carousel Software公司在内。它是我妻子和几位同事共同创办的一家教育软件企业。Carousel Software从未取得过外部融资，但是它的这些数字并没有太大的不同。唯一的不同可能是它的总体发展速度略快一些。一项针对加利福尼亚州技术企业的研究(Bruno and Tyebjee,1982；1985)发现,企业获得每一轮融资所需时间的中位仅为 4.5 个月,但是第一轮融资需要的时间通常比其他轮次长出 68%(1985,p. 66)。如果遭到了风险投资行业的彻底拒绝,这个时间还要再多出 4 个月(1983,p. 299)。不仅如此,这两位作者还惊讶地发现:"创业者筹得 25 万美元(或者更少)所需要的时间和筹得 100 万美元(或者更多)的时间几乎一样长。"(p. 293)我对 19 家企业的特别研究显著地证明,与技术含量较低的企业和非技术型企业相比,高新技术企业成功获得投资的可能性更高;通过第五章的研究结论,我们也能料想到:拥有多位创始人的企业更容易获得投资。总体而言,这些数据告诉我们,创业者越是努力,就越有可能获得投资。但是,需要再次强调,正如表 7-3 表明的那样,这里的分析告诉我们,没有最理想的融资方法,我们能做到的只有勤奋努力和足够的耐心。

7.3　商业计划与资金筹措

　　正式的商业计划在企业初始融资和早期融资中发挥着极其重要的作用,因此,坊间充斥着关于这一主题的众多"指南"书籍。多数大学开设的所谓"创业"课程也是以商业计划的准备和评价为主。但是几乎没人对商业计划的内容及其对投资者决策的影响做过冷静客观的分析。我要在此分享自己的一点研究发现。为此,我专门研究了 20 份商业计划书——它们来自一些以产品为导向的高新技术初创企业,接收这些计划书的是几家波士顿的风险投资企业。其中有 10 家企业没有先前的运营经验,只有 1 家形成了可观的产品销售,但它们大多数已经获得了投资,至少是之前创始人的投资。有一家甚至已经获得了 75 万美元的早期融资。这些商业计划并不具备任何数量水平上的统计学代表意义,它们只是风险投资者自愿接受的。这样做是为了应对早期技术型产品企业提交书面材料的要求。为了避免形成令人质疑的交易,甚至为了避免收到准备不周的商业计划,风险投资者会开展大量的非正式筛选。因此,创业者一开始就会面对很高的门槛。所以,我们看到的商业计划可能会比"典型的"技术型企业一开始准备的计划更精良,也更全面。对这些商业计划的评估工作主要是详细而系统地分析文件本身——这相当于"审计"(audit)每一份商业计划。

7.3.1　计划的视角

　　我们首先欣喜地注意到,全部 20 份商业计划都在某种程度上阐明了公司的总体目标,宽泛地说明了公司想做到什么,并且易于理解。但是,只有 14 份计划提出了具体的战略并作出了明确清晰的解释。它们看上去是合理的、可以实现的——至少乍看上去如此。其余 6 家企业文件的字里行间只有隐含的战略；关于通过怎样的总体道路来实现整体目标，它们并没有作出清楚的说明。表 7-5 把这些计划的核心要旨或者核心导向分为 3 种重点，混合优先级的企业按照加权计算。结果显示，以产品本身为导向的企业占 47%。尽管产品重心可能成为一项计划的良好特征，但有时也会给人留下"技术推动"（technology push）的印象。创业者常常标榜自己能把一种产品造得比任何人都好，但是，他们也许忘记说明的是，究竟有没有人想要这种产品。有的时候，一份产品导向的商业计划会过多地强调产品本身如何出色，往往忽略了其他关键要素。例如：从市场的角度来看，这些产品的吸引力如何；创始人团队的能力能否支持企业的发展和商业计划的落实；等等。我们在 ZeroStage 股权基金公司看到的很大一部分方案似乎就属于这种技术主导类型，或者技术型产品主导类型，紧随这些方案而来的也是类似的问题——真的有市场吗？创始人有没有能力建设成功的企业？

表 7-5　商业计划的核心要旨或导向

类型	百分比/%	类型	百分比/%
产品	47	人	24
市场	29	总计	100

在这 20 项计划中，真正专注于市场的比例达到了 29%。但它们中有很多只看到了市场的吸引力和快速发展。这些计划通常无法让阅读者相信初创企业在该市场上拥有明晰的竞争优势，相信新企业有能力在这一市场上取得特定份额、占有一席之地。

有 24% 的商业计划专注于人——创业团队成员。风险投资人和成功的创业者总是在谈论，人是企业成功的最重要因素，我也会在本章后半部分谈到这一点。暂且抛开这些不论，当人成为一份商业计划书的关键要旨时，它同时也会提出非常重要的问题。有些计划书上写着"我们建立了一支极其出色的团队"。这句话的言外之意或许是"用不着担心我们的产品和市场；我们拥有足够的能力和灵活度，可以做到随机应变"。然而这并不能让未来的投资者充满信心。有的时候，团队似乎并没有切实投身到具体的目标活动中去，也没有潜心参与到目标市场当中。应该说，一份崭新的商业计划书离不开一个核心要旨。无论这要旨是产品、市场还是人，我们都需要从另外的两个维度出发，对它做出详尽的阐释。

7.3.2　计划的不足

分析商业计划可能的不足，我们会从那些用来支持战略的细节中发现重大的差距。有 45% 的计划缺乏对财务业绩的强调；它们对赢利能力和企业增长的叙述过于轻描淡写；关于利润的信息要么含糊不清，要么混在一大堆别的数字里；在创始人描述自己理想中的企业时，利润二字几乎从不会成为他们谈论的焦点。但是，风险投资人至少乐于看到企业为赢利而做出的承诺，以及可以实现这一承诺的证据。如果一份商业计划书能够热情洋溢地突出利润的产生，一定会收获脱胎换骨般的变化。

50% 以上的商业计划缺乏对经济环境的充分论述——包括商业环境和市场竞争程度在内。反观技术环境，被认为评估不足的商业计划书仅有 30%。总体而言，商业计划会强调——甚至是过度强调——技术维度，其他各个方面都显得相对不足。商业计划书不仅反映了创业者最擅长的是什么，它所忽略的方面还反映了创始人对哪些方面缺乏了解。这些商业计划书往往过多地谈论技术的总体情况。比如，它的发展趋势，该领域里有些什么企业，它们正在做些什么，等等，反而很少注意到业务环境中的非技术方面。

在谈到竞争的细节问题时，75% 的商业计划不可能说出新公司任何一家具体的潜在竞争对手。按照这些计划的描述，企业仿佛是先天造化的石猴，它进入的市场仿佛是一片崭新的洞天福地，从未有人踏入过半步。这样的想法往往是一厢情愿的，通常是错误而危险的。它尤其缺少这样一种认识——崭新的、以技术为基础的产品或服务的设计初衷是取代某种旧有手段和方法的使用。比如，用计算机驱动的手段取代人工手段等。每当这种"替代性竞争"出现时，关于商业计划的讨论几乎总是会忽略它。

最后一点普遍的不足在于，将近 50% 的商业计划表明，企业追求的事业太过宽泛，或者它们希望同时兼顾太多不同的工作。这些计划会开门见山地罗列出多条产品线，还列出数量众多的市场。它们似乎准备同时进军并征服这些市场，但是并未切实阐明合理的资源分配和优先级别。眉毛胡子一把抓，反而失去了重点。在技术型企业成立和建设的过程中，保持聚焦是非常必要的。我们会在第十章深入讨论这个问题。

7.3.3 职能规划的不足

按照职能划分，我们评估了这些商业计划四大组成部分——市场营销计划、管理团队、技术规划和财务计划，发现了中等或较为严重的不足。如表 7-6 所示，该分析在 4 个方面都发现了较为明显的不足。更有甚者，高达 70% 的商业计划书存在市场营销计划方面的不足。

表 7-6　关键领域职能计划的不足（$n=20$ 份商业计划）

计划类型	评定计划占比/%		
	比较不足	严重不足	计划整体不足
市场营销	25	45	70
管理团队	35	30	65
技术规划	40	5	45
财务计划	25	35	60

1. 市场营销

首先讨论市场营销问题。只有 40% 的企业形成了具体的营销战略，这既包括明确提出的战略，又包括隐含的战略。有 50% 的商业计划表示，企业的目标是非常明确的细分市场或者专门的受众。这些计划至少从特定方向上提出了自己对如何开展营销工作的认识。但是，这些计划的阅读者（通常是风险投资人）可能担忧的是，这样的目标是否真正形成了具有吸引力的市场机会。

提出详细销售计划（而非市场营销计划）的情况仅占 30%。这些计划书详细描述了销售人员的基本情况——为何、何时、何地——和薪酬方式等多个方面。20% 的商业计划只是含糊其辞地提到了粗略的销售计划，并未详细说明。还有 50% 的企业根本没有销售计划。这些商业计划暗示我们，一项优秀的产品在优质市场上自然不愁销路，但是，这些公司并没有提供如何促使顾客下单的具体信息。总的来说，这样的不足反映了创始人对销售工作的轻视。它来自这样一种观念：它们将在市场上占尽技术优势。有这样一家公司，它是由 5 位 MIT 毕业生创办的。在几年的时间里，这 5 位创始人轮流担任公司主管销售的副总裁，原因是没人愿意承担这份工作。成立之后，这家公司只前进了一小步，就遇到了早期的门槛。门槛并不高，但是这家公司无法跨过它。停滞不前的情况持续了足足 8 年时间。后来，这家公司进行了彻底的重组，引进了一位经验丰富的销售高管，随即实现了可观的发展。

市场调研方面（表 7-7）。70% 的商业计划只有粗枝大叶的市场数据。还有 25% 的企业至少一位团队成员拥有特定市场销售的亲身经验，能够切实地联系市场。这为商业计划增加了真正的可信度。还有一些商业计划列出了关于市场和潜在顾客需求的更多详细信息。

表 7-7　市场调研的立足点

调研的立足点	百分比/%
"粗枝大叶"的既有市场数据	70
团队成员的个人销售经验	25
详细的客户调查	25
熟悉潜在客户	45

　　必须承认的是,为了制订能够获得投资的商业计划,或者甚至为了开发一项成功的业务,并不一定非要完成市场调研不可。几年之前,我采访过一家企业的创始人。那次采访也是我整体创业研究的一部分。那家企业最初专注于高速晶体管电子模块业务——一种用于数字系统装配的产品。我问他:"你怎么知道会有人买你的产品?"这位创业者回答:"我曾经在 MIT 担任过项目工程师,专攻数字系统。如果我还在那里工作,只要有这种电路模块,我一定会使用它。"我追问他:"那你请教过别处的人吗?"他回答:"没这个必要。我认识几百个像我一样的家伙,他们都会很高兴地采用这种产品。"我并不是在贬损这位创始人——肯·奥尔森(Ken Olsen),更不是否认这家公司——DEC 的成就。尽管这家公司最初并没有开展过市场调研工作。但是,如果一份商业计划指出,创业者就目标顾客和目标市场取得了详细的认识,这份计划必定为潜在投资者增添更多的信心。

2. 管理团队

　　接下来要分析的是管理团队的能力组合问题。它更多地属于创业团队的潜力缺陷,而不仅仅是计划本身的不足。但是计划中可以提出这类能力问题,并且表达出克服这些缺陷的意愿。在我们研究的 20 份商业计划书中,只有 3 份在研究和产品开发方面显示出了明显的差距。这再一次清晰地凸显了这些企业的技术出身。平均而言,每 4 位创始团队成员中就有 2 位拥有研发或者设计背景。但是高达 40% 的企业团队中缺少销售和营销背景的创始成员。很多企业会在商业计划书里提到,一旦完成产品开发,它们会立即招聘市场营销/销售人员。这清楚地暴露了它们对市场营销适宜的先导作用的无知,常常让潜在投资人懊恼不已。在运营能力发挥重要作用的情况下,有 35% 的企业显示出了运营方面的明显缺陷。我指的并不是那种简单的软件公司——它们最初的"工厂"只有办公桌和坐在桌边的人;在我说的情况里,企业提出的活动离不开必要的生产制造能力,但是创始人并不具备相应的管理技能。更有甚者,高达 60% 的商业计划书甚至没有提到生产计划。这就更进一步地放大了这一缺陷。对这些关键作用的任何忽略都有可能造成商业计划的失败,甚至殃及公司本身。

3. 技术

　　在 45% 的商业计划中,公司的初始技术看起来都是独步天下的(表 7-8)。第四章已经指出,很多这一类型的企业严重依赖的先进技术基础来自创始人此前不久供职的大学或者行业实验室。新公司也许能够通过这样的方式把技术优势带入市场,胜过一众竞争对手。那些没有在商业计划中反映自身技术独特性(或者反映得不够)的企业不得不证明自己拥有别的独到优势,足以胜过那些树大根深的竞争对手。然而,只有40%的商业计划涉及已经开发完成、已经投产或者已经上市的基本产品。还有70%的计划表达了在首款产品之外继续开发的意愿,并将在未来推出更多的新产品。

表7-8　技术的特异程度

特 异 程 度	百分比/%
独有技术	45
部分独有特性	40
非独特	15
合计	100

最后要讨论的是对技术的保护程度。只有45%的企业讨论过技术保护问题;25%的企业为自身技术申请过专利;无法申请专利或者专利过期的情况占10%。不过,对大多数高新技术企业(而不是生物技术企业)来说,专利本身并不是至关重要的。重要的是对技术保护能力的讨论。关键问题在于,公司能否保持其独有的特质,能否在这些特质的基础上源源不断地产生利润,而不是公司的产品能否取得专利。

4. 财务

最后讨论的是商业计划的财务方面(表7-9)。有10%的商业计划书根本找不到财务报表的踪影,这简直是不可宽恕的。如果创业者的商业计划连预期的财务表现都没有提到,切莫指望潜在投资人会在钱财上和自己打交道,甚至为自己提出的业务投资。有5%的计划书只有粗线条的财务报表轮廓,没有任何详细信息。理由是没有可用的数据。其中几家企业承诺,会在之后提交更多的财务信息。10%的商业计划包含1~3年损益信息——尽管很多技术创业者根本不知道损益表为何物。莲花公司的创始人米切尔·卡普尔(Mitchell Kapor)说过,会计学是他在MIT斯隆管理学院学到的最重要的知识之一。"不懂会计就管不好公司。不信的话,你可以试试。"卡普尔说。有25%的商业计划书包含了多年期预计损益表和资产负债表。事实上,投资者通常首先关心的财务指标就是现金流情况。尽管如此,包含现金流量表的商业计划书少而又少。ZeroStage股权基金公司的真正创业者兼执行普通合伙人保罗·凯利经常半开玩笑地说:"现金流比令堂还要重要。"

表 7-9　是否包含预计财务报表信息

无报表	10
无数据	5
只有 1~3 年的损益表	10
只有 4~5 年的损益表	40
包含 1~3 年的损益表和资产负债表	15
包含 4~5 年的损益表和资产负债表	10
合计	100

　　只有 10% 的商业计划中提供的财务计划是建立在多项假设的基础之上的,而且它们仅仅反映的是替代性的销售预测:"不乐观""非常可能"和"乐观"等。同时呈现的还有与之对应的员工积累率。有了莲花 1-2-3(Lotus 1-2-3) 和类似表格软件的帮助,创业团队能就财务主题轻而易举地展开尽可能多的变化——无论对方要求几何。实际上,创业者应该对此慎而又慎,附录中厚厚一沓的表格一定会吓跑大多数的潜在投资者。尽管如此,这些工具仍然可以用来改变市场渗透假设、筹备成本和竞争反应;它还可以根据创业者的设想在计划书中生成可供选择的财务报告。早在 1969 年,我们试图为医疗信息技术公司筹集创始资金时,计算机表格程序还远远没有开发出来。我根据潜在投资人初步会谈中出现的几个关键点,制作过一个简单的模拟模型,它可以生成替代性的财务预测。这种财务情况的表现方式是创业者商业思维的直接反映,然而,我们在很多商业计划书中都见不到它的踪影。

　　在我看来,只有 20% 的商业计划书为自己的财务计划提供了充分的详细依据。其余的 80% 都缺少适宜的支持信息。谈到这一点,我想再讲一遍肯尼斯·奥尔森的经典故事。当初,他和哈伦·安德森找到了 AR&D 公司,提出了创办 DEC 的融资方案。AR&D 公司的回复是,他们对这个项目很感兴趣,但是希望方案能提供更详细的财务信息。可是奥尔森和安德森都是来自 MIT 林肯实验室的工程师,他们对如何撰写财务计划所知甚少。就在这时,奥尔森突然想起来,他在 MIT 上过一门经济学入门课,而且他还留着那本保罗·萨缪尔森(Paul Samuelson) 1951 年版本的老教科书。在这本书的会计学章节中,萨缪尔森讲授了损益表和资产负债表的编写方法。为了更形象地说明这一方法,他还在举例说明时杜撰了一家名叫 Pepto Glitter 的公司。奥尔森告诉我,他和安德森当时并不清楚 AR&D 公司想要的是什么,他们复制了 Pepto Glitter 报表中的所有条目,把公司名字换成了 DEC,换了几处数字,就这样交给了对方。结果,AR&D 公司的高管后来对奥尔森说,那是他见过的最精良的商业计划之一。就这样,AR&D 公司极为睿智地向 DEC 投资了 7 万美元,获得了这家公司超过 70% 的股权。现在,这笔投资的价值已经超过了几十亿美元。

5. 商业计划与风险资本融资

在公司成立之初,高水准的商业计划会较少地谈到公司最终能否成功,相反地,它们会更多地谈到公司能否取得最初的成功。而最初的成功就包括获得风险投资者或者其他投资者的资金。我会在第九章谈到初始商业计划与企业后期演进之间的关系。表 7-10 给出了 20 份商业计划经评定得出的充分性与这些企业有无获得风险投资之间的关系。当然,一家企业能否如愿获得融资,这并不是仅凭计划书本身就能决定的。尽管如此,如表所示,在被(我和我的助手)评为"整体完备、缺陷较小"的商业计划书中,成功获得风险投资的比例达到了 4/5。剩下的 1 家企业一开始没能获得投资,但是,在我们的研究结束之后,这种情况很有可能得到改观。在存在一般性缺陷的 7 份商务计划书中,有 4 份获得了风险投资基金。而在经我们详细评定后认为存在严重缺陷的 8 份计划书中,只有 2 份获得了资金。还有 10 家企业当时未能获得风险投资,我也不清楚它们后来发展得怎么样。很有可能其中一些由于资金短缺而停业了,还有一些无疑会存活下来——尽管它们一开始遭到了风险资金的拒绝,但它们可能获得额外的个人资金,甚至后来发展得日益兴旺。布鲁诺和狄波基(Bruno and Tyebjee, 1985)发现,尽管一开始遭到了风险资本的拒绝,但是仍有超过 2/3 的企业在接下来的数年里继续运营,其中有 60% 最终从别处获得了外部资金,尽管这些资金通常远远小于它们最初寻求的资金数额(p. 70)。

表 7-10 商业计划的不足与成功融资之间的关系

对商业计划的总体评价	计划书数量及其占比	
	获得风险投资的公司	未获得风险投资或数据不可用
	4(20%)	1(5%)
略有不足	4(20%)	3(15%)
较为不足	2(10%)	6(30%)
严重不足	10(50%)	10(50%)
总计	20(100%)	20(100%)

7.4 风险投资决策

正如本章上文提到的,在技术型企业的后期融资中,风险资本企业发挥着非常重要的作用——尽管不是主导型的作用。本节带来的结论来自两项针对波士顿地区风投企业的深度研究,并且主要聚焦于这些企业的决策标准。在下一章中,我要阐述的是技术型企业在公共股票市场融资的总体流程,包括创业者上市决策的作出、投资银行企业帮助创业企业上市的决定,以及这些行为产生的结果。

以风险投资决策的专门研究为依据,结合本人近年来参与这类决策的亲身经历,我认为其中并不存在一定之规。每个人都是不同的,每一家风险投资企业也是各不相同的。有一些风险投资人偏爱投资技术导向型企业;而另一些投资者偏偏不喜欢这一类型。大多数投资者对工业企业避之唯恐不及,而有些人专攻此道。多数人偏好后期融资,少数人选择早期投资,还有更少的人喜欢选择种子阶段的投资。有的人投资金额从不低于 50 万美元,而另一些人从来不会高于这个金额。谈到评价标准,有的投资人会告诉你,他们最看重的是人;而别的投资人看重的可能是市场、产品或者技术。关于风险投资决策的研究文献同样反映了这种标准的多样性。而且这种多样性的重要影响是不难察觉的。狄波基和布鲁诺(Tyebjee and Bruno,1984)的研究结论是:"风险投资企业评价潜在交易的主要依据包括对象的五大特征:市场吸引力……产品差异性……管理能力……对环境威胁的耐受力……(以及)变现潜力。"(p.1059)尽管充满吸引力的市场状况会在最大程度上提高预期收益($p=0.01$),但是,一旦被评价为"缺乏管理能力",知觉风险就会明显地提高($p=0.05$)(p.1060)。麦克米伦、西格尔和苏巴·那罗辛诃(MacMillan,Siegel and Subba Narasimha,1985)同样发现,被风险投资者认定为重要的维度有很多,而且各不相同,但是他们也强调指出"其中,被最多提及的、至关重要的标准共有 10 项。创业者需要根据自身情况选出其中的 5 项"(p.123)。高斯林和巴奇(Goslin and Barge,1986)认为,首当其冲的衡量标准应该是管理团队的能力,紧随其后的是对产品的考量,再之后才是诸多其他标准。麦克米伦和苏巴·那罗辛诃(MacMillan and Narasimha,1986)告诫我们,对于可信度过于乐观的预测可能造成不利影响;布鲁诺和狄波基(Bruno and Tyebjee,1983)提出,在所有遭到风险资本拒绝的情况里,有 1/3 可以归咎于"企业管理层的缺陷与不足"(p.290)。迪恩和吉格列拉诺(Dean and Giglierano,1989)把风险投资者的标准区分为首轮投资标准和后续投资标准两大类。在首轮投资中,他们大体同意上述研究结论中提出的标准并给出了自己的顺序:管理团队、市场需求、技术/产品特点。他们发现,在后续投资中,风险投资企业对年轻公司"当前计划表现"的重视远远超过了其他标准。雷亚(Rea,1989)也把决策标准归为五类,但是与其他研究者提出的因素略有不同。雷亚发现:"对成功的谈判而言,商业因素比产品特性更为重要。"(p.149)

在研究技术创业的过程当中,我曾采访过一位波士顿地区先驱风险投资企业的著名领导人。我们谈了 4 个小时。通过这次"不谈不相识"的会见,他为我从头到尾地介绍了公司的整个投资组合,并且谈到了每一笔投资的理由。在我看来,这些理由相当地主观。他尤其重视人的性格特征。他这样讲到其中的一个例子:"那些年轻人来自乡下。他们每天起得很早，习惯了勤奋工作。他们的眼神明亮而热切，对自己的事业充满热忱。他们就是我们想要投资的那种人。"我不无嘲讽地告诉他，这一形象也许适用于数以百万计的"年轻人"，而且他也许不会为这些人投资。这位大师回答说："哦，当然了，还要看他们提出的想法。如果他们提出了愚不可及的想法——比如，和通用汽车公司竞争——我们当然不会投资。"后来，日本人用事实证明，与通用汽车开展竞争并不是愚蠢的，反而是相当成功的。当然，那显然是访谈之后的事了。但是它也反映出了一点：想要认清风险投资人在决策过程中是否采用一贯的、可供了解的标准是件极困难的事。

接下来这一节会详细论述两项深度研究。这两项研究时隔 16 年，由两家不同的风险投资分别开展，我称它们为 VC1 和 VC2。通过对两项研究结果的描述，我希望能为风险投资者的标准多样性和决策过程问题带来更多的启发。这两家公司都是波士顿地区具有相当规模的风险投资企业，多年来一直积极从事投资事业，包括但不限于技术型企业的投资。两家企业都采用分阶段评估流程。从收到投资机会的粗略评估开始；接下来是与创业团队的会见，听取团队报告、进行讨论；最后对全部情况进行更加细致透彻的分析。等到这些工作告一段落，初步的审核才算"通过"（pass）。两项研究都建立了比较完备的近期样本，这些样本走过了整个审核流程。同时，它们都有主要的风险投资审核员工可供访谈；而且，为了研究目的，它们形成了一个比较均衡的集合，既包括审核通过的决策，也包括审核未通过的决策。

7.4.1　一号风险投资公司（VC1）

VC1 的管理层宣称，他们愿意选择那些处于发展阶段极早期的公司来投资。这显然是个定义问题。只要对这家公司过去的投资记录稍加浏览，我们就能发现，VC1 投资的企业年龄一般在 2~5 年之间。VC1 公开的投资理念是，只为那些具备非比寻常增长潜力的企业和技术领军企业提供投资。它可以从这些企业身上获得巨大的股东权益——它也许是立即获得的，也可能是在未来实现的。同时，它还要与这些企业保持紧密而有效的工作关系。VC1 指出，公司的投资分析严密细致，尤其注重对拟投资企业管理层能力的评估。与 VC1 管理层的访谈表明，他们已经不再投资仅有创意，甚至是已有原型产品的企业，如今获得 VC1 投资的企业至少要推出"可用产品"（working product）。这种产品不限行业，但是必须在技术上优于现有市场上的所有现有产品。被投资企业应当是多人共同创办和管理的，而不是只有一位创始人。如果共同创始人既有技术经验，又有商务经验，VC1 会优先考虑。它会在商业计划书中寻找脚踏实地的要素。过于乐观的销售和利润预测会被视为管理能力低下的表现。在我们研究 VC1 的投资决策期间，这家公司主要侧重第二轮和第三轮融资，金额一般在 25 万~100 万美元之间，一般不会低于 25 万美元。

我和助手回顾了 VC1 的投资经历。当时,这家公司收到了 2000 多家企业的申请,其中有 150 家通过了首轮审核。VC1 最终作出的投资决定共计 45 次。我们仔细研究了 VC1 深入分析过的 24 种情况,对每个案例具体负责的投资主管开展了全面的结构化访谈。在这 24 家企业中,有 13 家获得了他们的选择和投资,11 家遭到了拒绝(有 2 家获得通过的企业反过来拒绝了 VC1,从其他风险投资机构获得了投资)。这些公司设计的技术领域包括计算机系统及配套产品、供电产品、高温材料、晶体技术、电子测试设备、真空制程设备和塑料等。

　　正如本章前文表明的那样,为 VC1 带来投资机会的总体引荐来源的类型并不重要。事实证明,反而是这些来源与 VC1 先前打交道的经历成了判断投资可能性的良好指针。其中,来源组织此前为 VC1 介绍项目,并且引起其注意的频率是确定一个项目被接收或拒绝的重要指标($p = 0.10$)。同样地,甚至更重要的是,在这 24 家企业组成的样本中,与刚刚遭到拒绝的企业的引荐来源相比,那些被接受企业的引荐来源在之前的引荐中同样表现出了明显更高的接受率。正如表 7-11 所示,VC1 与有效来源组织之间似乎建立起了一种正反馈循环,产生了越来越多的默契。

表 7-11　来源组织的推荐频率与 VC1 的接收情况($n = 22$)

来源组织的项目数量 (先前的推荐被接受)/个	先前获投资项目的 百分比/%	来源组织的项目数量 (先前的推荐被拒绝)/个	先前获投资项目 的百分比/%
6	0	3	0
12	0	7	15
1	100	6	0
1	100	1	0
5	20	10	15
30	10	5	15
4	25	3	0
1	100	2	0
4	50	3	0
5	20	1	0
2	50		
1	100		
平均 6.0	48	4.1	3

　　观察这些公司本身的特征,我们会发现,VC1 投资的企业确实比较年轻。这些公司的平均成立时间只有 2.1 年——与那些被拒绝的企业并没有太大的区别。它似乎偏爱人数较多的创始人团队,这和它的管理主张是一致的。获得投资的企业平均拥有

3.2 位共同创始人(中位数为 3 人);被拒绝的企业平均创始人数为 2.1 人(中位数为 2 人)。这家公司的赞同票还反映出了它对稍微年长创业者的偏好,这在统计方面表现得非常明显(接受样本的平均年龄为 39 岁,相比之下,拒绝样本中平均年龄为 36.9 岁)。这里表现出的倾向性是,获得投资的创始团队中至少有一名较为年长、经验丰富的创业者。无论是获得投资的企业,还是遭到拒绝的企业,创业者的平均从商时间大体相等,都是 13 年。这和第三章提到的 MIT 创业群体的经验水平大体相当。

VC1 的员工会详细评估样本中每一家企业的潜在客户购买决策影响因素——只要是他们认为重要的因素,统统都在评估之列。于是,在市场上摸爬滚打的企业看到了一种清晰的投资偏好。他们看到的是对新技术的重视、专门用途的产品、特有的客户规格,还有能够最大限度地发挥高质量人员影响力的企业—客户沟通,等等。而那些把价格看作最关键顾客购买标准的企业会被 VC1 拒之门外。在 VC1 看来,这样的市场毫无吸引力可言。它们也许更适合比较大的企业。

在整个样本中,资金的预期用途差别极大,包括获批的和遭拒的方案在内,有一半的预期用途是提高企业的运营资本——至少把一部分资金用于这个目的。唯一较大的差别($p=0.10$)是:在获得投资的企业中,有 6 家准备把资金用于产品开发;而在被拒绝的企业里,只有 1 家有这样的打算。这一用途也与 VC1 之前明确表示的投资偏好一致:优先投资在本领域取得技术领先地位的企业。

VC1 的调研员们会为公司收到的每一份商业计划的总体质量打分。在 12 份获得投资的计划中,有 6 份取得了 5 分(满分为 7 分)或更高的成绩;反观 6 份被拒绝的计划,只有 1 份获得了类似的分数。最后,被拒绝企业的风险分往往高于获批的企业(9 家被拒企业的风险分高达 6~7 分,而同等分数的获批企业只有 7 家)——虽然这听上去似乎有些事后诸葛亮。在解释感知风险(perceived risk)时,来自产品、市场和人员的风险是被分开评估的。对被拒企业来说,产品成为感知风险原因的情况明显高于(0.15)获批企业。结合表 7-12 的发现,加上我们没有在 VC1 投资决策中发现人员维度的差异性,所以可以说,产品对 VC1 投资决策的影响力远远大于人员——尽管这家公司管理层的总体论调并非如此。可以感觉到的是,在 VC1 最初的海选过程中,创业者个人特质的作用比较重要,但我没有可用的数据来评估这种可能性。

表 7-12 VC1 对顾客购买决策各关键因素的认识

因素	被接受的公司	被拒绝的公司	显著性水平(单尾)
新技术	+		0.10
价格		+	0.05
专门的说明	+		0.10

续表

因素	被接受的公司	被拒绝的公司	显著性水平(单尾)
服务	+		0.10
员工素质	+		0.01

7.4.2　二号风险投资公司(VC2)

　　VC2 公开宣布的投资目标是"为处于早期发展阶段的小型企业提供股权融资。这些小型企业必须具有较强的长期增长和资本增值潜力",并且以高新技术企业为投资重点。虽然这一书面宣言发表在 VC2 的研究开始 5 年之前,但是,实际上 VC2 只有26% 的投资去向为高新技术企业。此外的 35% 流向了技术水平较低的企业,还有39% 投向了非技术新企业。这家公司还曾表示,它会优先选择集体创业或者团队创业的企业,而不是个人创业企业。实际上,他们寻找的是一位强有力的领导者:精力充沛,深谙金钱的价值。除了对人员的印象之外,VC2 的负责人还指出,他们理想的企业具有定义明确的工作重点和可以管控的市场通路。出于管理和沟通的考虑,VC2 通常投资美国东北部地区的企业,并且避免投资政府承包商企业,因为这些企业通常"利润导向性不够强"。VC2 表示,它最理想的投资对象是产品刚刚上市销售的企业,因为这样既方便投资者开展评估,也具有足够高的上升潜力。在 VC2 的研究过程中,这家公司的管理者提出,VC2 偏爱首轮投资(而不是种子投资),金额一般在 10 万~50 万美元之间,并且是和其他投资者一道。VC2 一般不会领投,不会在交易中承担主要投资人的作用和责任。如果潜在投资对象是比较成熟的企业,而且是投资合作伙伴介绍的,VC2 很愿意考虑 50 万美元以上的投资额。

　　通过对 VC2 的观察,我和助手发现,每年大约有 1000 支创业团队通过电话、邮件和登门拜访等形式与 VC2 接触。其中大约一半的团队会被直接拒绝,没有机会提交商业计划书。在获得接收和审阅的 500 份商业计划书中,只有 75~100 份能带来面谈和演示的邀请。每年获得深入分析的商业计划书大约只有 20 份,其中只有 8~12 份计划能够最终形成投资。就各个阶段而言,这里提到的比例同上文提到的 VC1 均有不同,但是它们都说明了风险投资企业较高的选择性。我们仔细研究了 20 份 VC2 深入分析的技术企业方案,把它们平均分为积极投资决策和否定投资决策,并对具体负责每一项方案的投资主管开展了全面的结构化访谈。这些企业涉及的技术领域包括微型计算机、激光检测技术、可编程控制器、光纤应用、遗传学和红外线成像技术等。

　　所有的推荐来源都能得到 VC2 的答复,要么接受、要么拒绝。在这里,VC2 明显地偏好其他风险投资机构引荐的企业。与 VC1 成为主导投资人的强烈愿望相比,VC2 明确地希望参与到其他风险投资组织的交易中。因此,它对同行引介的重视就显得格外合乎情理。我们对 VC2 开展了类似 VC1 式的分析,又在获批交易和遭拒交易之间发现了统计学意义上的巨大差异:前者大多来自此前做过多次成功推荐的来源,而后者通常来自之前没有联系或者很少联系的来源。获投企业的推荐来源常常为 VC2 带来更多的实际投资。这是双方合作随时间而发展的自然过程。能在创业资本领域证明这一点完全是意料之中的事。

让我们回到公司本身。获得 VC2 投资的 10 家企业的平均年龄为 5.7 年,高于被拒绝企业的平均年龄——3.2 年。但是,平均而言,这两组企业都早已走过了"首个产品上市销售"或者"第一轮融资"的阶段——也就是 VC2 宣称自己最渴望的投资阶段。在我们详细研究的 4 家初创企业中,VC2 只投资了 1 家。与 VC1 相比,获批团队和被拒绝的团队之间并不存在规模上的差别;在这 20 笔交易中,有 18 笔来自拥有多位创始人的企业。虽然在统计学意义上的表现并不显著,但是 VC2 明显更看重那些能在技术导向与业务导向之间找到平衡的团队。VC2 投资了 8 家被它称为"平衡性良好"的企业,同时拒绝了 3 家团队构成相似(但未达到平衡)的企业。VC2 往往会拒绝学历更高的团队(0.05),这种趋势与 VC2 的决策同样不无关系。在拥有博士创始人的 5 支团队中,有 4 支遭到了 VC2 的拒绝,这主要是因为他们没有在面谈时表现出适宜的思维开放性和灵活性。

作为详细研究的一部分,VC2 的员工对样本中 20 支创业团队开展了针对多项个人性格的测评。结果在获批创业者与遭拒创业者之间呈现出了巨大的差异:获批的创业者拥有更加开放的思想(0.001);他们更多地意识到了自身的局限性(0.05);而且他们关心长期发展方向多过关心短期目标(0.01)。这些潜在投资者印象也许并不牢靠,但它们可能会影响投资决策。VC1 身上没有显示出类似的结果。

在评价 VC2 对拟投资对象企业潜在客户关键影响因素的印象时,唯一引人注意的发现是,全部 10 家遭拒企业都给 VC2 留下了这样的印象:它们的客户都把价格作为决定购买的重要标准。从统计学的角度来看,被拒绝企业的表现要比获得投资的企业明显得多($p = 0.01$)。由此可见,VC1 和 VC2 同样认为,这种价格敏感型市场一般不适合年轻的小型企业。

VC2 的调研员从多个方面为商业计划书评分。在所有遭到拒绝的计划书中,有 5 份编写得比较粗糙,相比之下,获批的计划书中只有 2 份如此;事实不足以支持主张的情况也是一样,遭拒的一组有 4 份,获批的一组只有 2 份。除了 2 份例外,几乎所有遭到拒绝的商业计划书都被认定为"预测过于乐观";相比之下,获得投资的计划书通常提出的是比较合理的预测。这一点在统计学的角度上表现得非常明显($p = 0.002$)。最后一点,VC2 认为,被拒绝的公司比获批公司的风险大得多(0.05)。在 VC2 的决策中,最大的感知风险来源是不确定的市场。相比之下,VC1 更多的担忧来自产品/技术风险。

7.4.3　两家风投企业的故事

对比两家风险投资企业的决策,我们发现,它们都对先前交易的推荐来源作出了积极反应,只要是之前投资的介绍人引荐的企业,它们都会特别乐于投资。两家风险投资企业的操作都表现出极强的选择性,遴选过程分为多个阶段,审查强度逐步递增,直到最后投资决策的作出。虽然两家公司都声称自己对"早期阶段"企业感兴趣,但是它们的实际行动表明,二者的关注焦点差异较大:VC1 投资的企业平均成立时间为 2 年,而 VC2 通常只批准投资那些成立至少 5 年的企业。实际上,两家公司投资企业的年龄分布几乎毫无交集,这点差异非常令人吃惊。在我们的研究中,技术导向型企业的存在时间是很多未及详谈的方面的代表而言。例如,企业是否验证过自己的创意、市场和管理架构等。很明显,VC1 投资的不确定情况远远多于 VC2。

两家风险投资企业都对团队创业——而不是个人创业——表现出了强烈的偏好。这同第五章论述初始资本的数据不谋而合。在 ZeroStage 股权基金公司,我们见过许多处于种子阶段的、只有一位创始人的公司。我们经常会鼓励创始人增强力量,立即寻找一两位合作伙伴,负责公司里的关键岗位。我的合伙人保罗·凯利经常说:"我们的交易大多是两条腿的。"这实际上包含着双重含义:一方面,"两条腿"指的是只有一位创始人的情况,这种情况更多地发生在种子融资阶段;另一方面,保罗指的两条腿的——而不是三条腿的——凳子。他是在提出一个比较显而易见的要求:引进关键合伙人,填补重要岗位,实现必要的发展。

尽管研究中的两家风险投资企业都强调了对创业者某些个人特质的集中关注,但研究竟在 VC2 的数据中发现了实际行动的一致性。证据表明,两家风险投资公司都对在价格敏感型市场中运营的企业表现出了强烈的排斥。VC1 表现出了前后一致的投资模式:在这家公司偏爱的市场上,影响购买决策的最关键因素是现金技术和依托技术的顾客服务,而不是其他。VC1 会为自己的投资限定用途,专门用来支持企业的产品开发。这样的做法也在不断增强它的这种投资偏好。

我们发现,同那些遭到拒绝的企业相比,两家风险投资企业都为自己投资企业的商业计划书质量给出了较高的评分,同时对这些企业的风险程度给出了较低的评分。这样的发现多少有些自我应验的意味。这或许与两家公司认为被拒企业对销售和利润的预测过于乐观有关,虽然它们给出的理由是这些商业计划缺乏对关键要素的足够支持。

7.5　总结与启示

一旦成立并开始运营,大约 2/3 的技术型企业会产生、发现或者承认自己对更多资金的需求。它们需要比初始资金更多的钱,而且这种需求在日益增长。之前主要的资金来源,即个人积蓄和家人朋友的资金,基本已经无力支持这些需求。因为它动辄达到几十万,甚至几百万美元的水平。私人投资者、风险投资企业、公共股票市场和大型非金融企业于是成了后期融资的主要来源,它们同时也是最大数量资金的来源——尽管它们的身影很少出现在初始融资当中。

创业者会各显神通,通过多种多样的途径筹措资金,其中以不成章法的“有枣没枣打一竿子”的方式最为常见。令人遗憾的是,经过对各种路径的仔细评判,我们实际上并没有找到足以照亮整个融资过程的发现。最优模式似乎并不存在;唯一可以确定的研究发现是,风险投资者(也许还包括其他类型的投资者)倾向投资的企业往往来自那些曾向自己推荐过投资对象的人或者组织。融资工作会耗费漫长的时间和巨大的精力,而对很多创业者来说,最终的结果却常常是放弃融资努力、空手而归。有些企业会因此倒闭,还有一些企业会重新评估和塑造自己的计划和发展方向。没有一种方法可以用来衡量“最好的”和“没那么好的”机会有没有得到资金支持,美国存在着大量的可替代风险资金来源。它们至少形成了一个可以运转的市场,虽然它在经济学意义上毫无“效率”可言。

为了融资,特别是为了后续阶段的风险投资,创业者们常常为准备商业计划书而付出大量的努力。虽然关于商业计划筹备的“指南”书籍和讲座不计其数,但是,通过对 20 份商业计划的透彻诊断,我们仍在大部分计划书中发现了明显的不足。有的商业计划没有明确表述企业的战略和不可或缺的职能次战略。这一点表现得相当明显,尤其是在市场营销和财务计划方面。80% 的商业计划缺少对自身主张的充分数据支持,这一点成为影响风险投资决策的关键因素。相关研究还揭示了商业计划总体目标评估与是否接受过早期融资支持之间存在着紧密关联。这一发现也得到了另外一项深度研究结论的支持。该研究在两家风险投资组织拒绝与批准投资的商业计划之间发现了明显的区别。

通过对两家风险投资企业 44 项技术相关投资决策的详细研究,我们发现它们在趣味和因此而来的投资两方面存在着惊人的差异,此外,两家风险投资企业都更看重团队创业企业,而不是个人创业企业。一家风险投资企业主要投资成立 2 年左右的企业,聚焦企业的产品开发工作;而另一家风险投资企业主要参与平均成立 6 年的企业的后续融资工作。尽管两家风险投资企业都声称自己重视自己投资的人的个人品质，但是只有一家企业真正在投资行为中体现了这一点，另一家明显更多地受到了拟投资企业所在市场的种种特征的影响。两家企业都刻意回避顾客主要受价格影响的市场环境；在它们偏爱的市场上，投资候选企业主张的技术优势可能成为主导因素。对每个风险投资者来说，所谓"漏斗效应"（funnel effect）都是极为明显的：从一开始的 1000~2000 份的投资申请中精挑细选出 100~200 份，而最后能够得到审核调查的只有 10~20 份。面对淘汰率如此高的环境，技术创业者们当然要步步为营地制定好自己的增长战略。这也是本书后半部分将要探讨的主题。

参 考 文 献

J. D. Aram. "Attitudes and Behaviors of Informal Investors Toward Early-Stage Investments, Technology-Based Ventures, and Co-investors", *Journal of Business Venturing*, 4, 5 (1989), 333-347.

A. V. Bruno & T. T. Tyebjee. "The One that Got Away: A Study of Ventures Rejected by Venture Capitalists", in J. A. Hornaday et al. (editors), *Frontiers of Entrepreneurship Research*, 1982 (Wellesley, MA.: Babson College, 1982), 289-306.

A. V. Bruno & T. T. Tyebjee. "The Entrepreneur's Search for Capital", *Journal of Business Venturing*, 1 (1985), 1-74.

J. J. Chrisman. "Strategic, Administrative, and Operating Assistance: The Value of Outside Consulting to Pre-Venture Entrepreneurs", *Journal of Business Venturing*, 4, 6 (1989), 401-418.

B. Dean & J. J. Giglierano. "Patterns in Multi-Stage Financing in Silicon Valley", in *Proceedings of Vancouver Conference* (Vancouver, BC: College on Innovation Management and Entrepreneurship, The Institute of Management Science, May 1989).

J. Freear & W. E. Wetzel, Jr. "Equity Capital for Entrepreneurs", in *Proceedings of Vancouver Conference* (Vancouver, BC: College on Innovation Management and Entrepreneurship, The Institute of Management Science, May 1989).

L. N. Goslin & B. Barge. "Entrepreneurial Qualities Considered in Venture Capital Support", in R. Ronstadt et al. (editors), *Frontiers of Entrepreneurship Research*, 1986 (Wellesley, MA.: Babson College, 1986), 366-379.

T. Kanai. *Entrepreneurial Networking: A Comparative Analysis of Networking Organizations and Their Participants in an Entrepreneurial Community*. Unpublished Ph. D. dissertation. (Cambridge, MA: MIT Sloan School of Management, 1989).

I. C. MacMillan, R. Siegel, & P. N. Subba Narasimha. "Criteria Used by Venture Capitalists to Evaluate New Venture Proposals", *Journal of Business Venturing*, 1 (1985), 119-128.

I. C. MacMillan & P. N. Subba Narasimha. "Characteristics Distinguishing Funded from Unfunded Business Plans Evaluated by Venture Capitalists", in R. Ronstadt et al. (editors), *Frontiers of Entrepreneurship*

Research,*1986*(Wellesley,MA: Babson College,1986),404-413.

R. H. Rea. "Factors Affecting Success and Failure of Seed Capital/Start-Up Negotiations", *Journal of Business Venturing*,4. 2(1989),149-158.

J. C. Ruhnka & J. E. Young. "A Venture Capital Model of the Development Process for New Ventures", *Journal of Business Venturing*,2(1987),167-184.

T. T. Tyebjee & A. V. Bruno. "A Model of Venture Capitalist Investment Activity",*Management Science*,30, 9(September 1984),1051-1066.

E. R. Tynes & O. J. Krasner. "Informal Risk Capital in California", in J. A. Hornaday et al. (editors), *Frontiers of Entrepreneurship Research*,*1983*(Wellesley,MA: Babson College,1983),347-368.

Venture. "Looking Back",May 1989,54-56.

W. E. Wetzel,Jr. "Angels and Informal Risk Capital",*Sloan Management Review*,Summer(1983). 23-34.

第八章

关 于 上 市

泰科实验室上市那天(详见第一章),阿瑟·罗森伯格欣喜若狂。他终于拥有一家自己的公司了。在这个特别的日子,上市为他带来了足够的资金,可以从前东家手里买下自己的研究实验室。SofTech 上市那天,道格拉斯·罗斯同样大喜过望,不过让他高兴的原因比较平常——这家日益壮大的公司终于有钱打造微机软件产品线了。当然,罗斯还从这次发售中变现了 60 万美元,与此同时,按照发行价格计算,他剩余股份价值大约 400 万美元。

对很多技术型企业来说,上市是不断成长道路上理所应当的一步。通过公开发行取得的资金可以促进产品开发项目的加速推进,支持分销渠道的扩展,通过偿还债务来增强财务实力,等等。然而成功就像一块色彩缤纷的花布。对一些创业者来说,上市本身就是成功,而不是不断成长进步的一部分。有一位创业者悟出了这样一番道理:"我白手起家地建立了这家公司,帮助它做到盈利和不断的增长,又带它上了市。现在我应该退位让贤,让别人来管理它了。"尤其从自我实现的角度来看,把一家公司从私营做到上市,每天看见自己公司股票交易的报道(大约每天),这势必带来强烈的个人成就感。对那些成就需求特别强烈的创业者来说,企业上市无疑是扎扎实实的新成就。

无论上市是不是企业成长的另一部分,抑或企业成功的第一指标,它至少通常会巩固甚至加强创业者个人的财务成功。作为 IPO 的一部分,有些创业者会出售一部分自己的股权,把账面财富变成真金白银。这些人和其他创业者,加上企业的早期投资人,通常还有很多持股员工,很快就会在公开市场上出售自己的一部分股票。这样的做法是符合美国证券交易委员会(Securities and Exchange Commission, SEC)相关规定的。这些非流动性资产一旦实现了流动性,就会为很多人释放出数千美元,甚至数百万美元的财富。对所有创业者和他们持有股权的同事们来说,上市能让账面上的资产变得更真实。一个触手可及的外部市场赋予了股权有形价值。他们可以在这市场上出售自己手上的股票,至少可以在心里想一想。不仅如此,即使是在 IPO 时,公开市场为企业股票赋予的定价也会远远高于它们此前的内部定价。这就增加了人们的感知财富(perceived wealth)。

如前所述,上市能为几乎所有的创业者筹集到必需的资金,支持他们朝着公司的目标不断发展前进。上市会加强企业的财务能力,这可能会带来企业的成功。公开发行会提高企业的运营资金,直接带来企业的成功;它也可能间接带来企业的成功,因为它会加强企业同资本市场的接触——无论是债务市场还是产权市场,都能更好地满足企业未来的资金需求。这种公开交易的股票让股权激励手段变成可能,更有利于企业吸引和/或留住骨干员工。如果企业战略中包括并购其他企业或者其他企业的部分业务,公开发行的股票也会让这项工作变得更容易。很多创业者指出,上市会提升企业的形象和声誉,甚至可以提高企业产品和服务的销售收入。

这一连串的好处并不是白来的。最明显的是,上市本身就是一个耗费甚巨的过程。公司不仅要为此投入关键管理者的大量时间,还要拿出很大一部分公开股票销售的收入来支付承销商和经纪人的佣金、律师和会计师的费用及打印费。公司上市之后,必须按照要求不断地改变自身的行为。对很多创业者来说,一开始可能感觉不太明显,但是他们随后会发现,这是一种更高的代价。这些行为的改变包括季度报告、年会、持续不断的公共可见性、监管审查等。它们都需要管理者投入时间和耐心,同时还增加了企业的一般管理费用。很多创业者一度按照自己的方法管理自己的企业,公司上市之后,他们发现自己"就像生活在鱼缸里"。这也是上市带给它们的新变化——不受欢迎的结果。对很多创业者来说,上市造成的最大痛苦在于,他们会感到过多的短期业绩压力。有的创业者坚信,公司的命运和技术优势只能通过长期的技术与产品开发才能变成现实,对这些人来说,过高的短期业绩要求是令人憎恶的。有些创业者认为,公司上市之后,公共关系固然得到了提升,但是竞争对手同样对公司的信息唾手可得,后者造成的劣势足以抵消前者带来的优势。还有些人视公司为己出。他们担心股市抢走自己的"宝贝"公司,无论这样的担心是不是多余的,它似乎正在变得越来越明显。

多年来,关于企业上市的原因和理由的书籍可谓不计其数。其中不乏针对技术型企业的具体指导。最新、最详尽的就是 Peat Marwick 公司(后并入毕马威公司)出版的《上市:高科技企业 CEO 须知》(*Going Public:What the High Technology CEO Needs to Know*)(1987)。本章讲述的不是企业如何上市——那样会脱离全书的主旨——而是提出我们对已上市科技企业的研究结果。这一章涵盖了创业者对于寻求上市融资的决策,他们对投资银行和承销商的寻求过程,与承销商的谈判过程,还包括承销商的决策标准和公开发售带给企业的结果——其中既包括对股票表现的影响，也包括对企业本身的影响。令人吃惊的是，尽管上市对创业企业的意义显而易见，但是，我们在最近6年的《创业研究前沿》年刊中找不到一篇论述这一主题的文章；唯一1篇相关文章发表在《企业创业学期刊》上面。除此之外，最近还有一篇报告提到了日本企业的上市体验（Systems Science Institute，1989）。

我在本章使用的数据来自我对两家企业的集中研究。这两项研究相隔14年之久，其中每项研究都涵盖了对应企业大约3年的"上市"活动。我们为每项研究准备了一张详尽的清单，列出了在此期间（时间截至研究前一年，以便获得这些公司上市之后的股票业绩，了解上市对这些公司管理层的影响）上市的、新英格兰地区的高新技术企业。最后得到的两份清单各有大约30家企业。列出这样的清单殊为不易，因为没有一个信息来源——包括SEC的地区分部在内——能够可靠地指出这些公司的名字。实际上，全美国IPO活动最重要的两大信息来源——《投资交易文摘》（Investment Dealers Digest）和《IPO通信》（IPO Reporter）给出的多年期数据足足差出了40%。这主要是因为二者对IPO的定义存在差异。为了确保完整性，我们进行了一系列的交叉比对，所以，此处使用的列表是比较可靠的。每份名单上的半数企业都被纳入了访谈，因此这两份名单分别带来了16家和15家企业的详细数据。这些公开发行涉及的波士顿地区和纽约地区的承销商同样得到了研究，这为两份分析中的每一份带来了9家不同投资银行的信息，有些信息甚至来自这些投资银行企业的多家分部。

虽然这两项研究时隔十几年，但是它们的发现基本相同，这让人惊叹不已。比如，就连公司里接受采访的人员分布都是一样的。尽管我们最初寻求的是CEO的合作，但是，第一项分析的信息最终来自7位总裁、7位财务主管和2位外部董事；第二项研究的信息来自8位总裁和7位财务主管。也许这些结果如今已不再具有代表性，或者无法代表美国其他地区的情况，但它们至少反映了大波士顿地区高新技术企业在过去25年间经历的发行类型、过程和结果。一份关于近期高市场估价IPO的评论报告（Davis et al.，1989）指出，马萨诸塞州每100家企业就有13家上市，仅次于加利福尼亚州——每100家企业有39家上市。这些数据告诉我们，这些样本与加利福尼亚州高新技术企业上市情况的对比也许是我们得出概括结论的最有利的途径。

然而本章并没有考察那些希望上市但未能如愿的企业。这两项研究中的承销商告诉我们，按照他们的审核经验，只有1%～5%的企业最终能够成功上市。这样推算的话，上市未果的企业想必有很多。如此看来，公共股票市场的筛选率和第七章讨论过的风险投资企业的拒绝率大致相同。

8.1 谁 在 上 市

我们在前面第五章和第七章关于融资的讨论中提到过,大波士顿地区有些年轻的技术型企业会把 IPO 作为融资手段。比如:在一个由 110 家 MIT 衍生企业组成的样本中,只有 2 家企业通过上市取得了启动资金;截至数据收集时,有另外 7 家企业通过上市取得了第二轮融资,还有 8 家通过上市完成了第三轮融资。虽然样本中的其他企业可能会稍晚上市,但是这些数据表明,只有 15% 左右的技术型企业会成功上市,它也许能够说明上市在技术型企业融资中发挥作用的程度。这里需要注意前面章节提到的数据,风险投资者最终会成为类似比例的技术型企业的主要资金来源,这些企业中的一部分随后当然也会上市。对大约 20% 的企业来说,非金融企业是它们的主要资金来源。它们中的一部分随后也会上市,但是更大部分的企业最终会被投资它们的非金融企业直接收购。

提到上市,有一句老话说得好:"要么卖牛排,要么卖煎牛排的滋滋声。"(Sell the sizzle or sell the steak.)我们发现,有些潜在的股票购买者会被极早期企业的魅力吸引。这些企业潜力巨大,但是,因为它们太过年轻,所以还没有实际的业绩可供评估。另一些潜在买家希望先要能够评估企业的实际业绩,也就是产品、收入和利润等,再购入企业的股票不迟。表 8-1 告诉我们,两项由前述 MIT 衍生企业提供信息支持的上市研究表明,"卖牛排"的技术型企业和"卖滋滋声"的技术型企业大概各占 50%。相比之下,在一项研究中的 79 家日本企业中,只有 2 家在成立不到 10 年时上市(Systems Science Institute,1989)。

表 8-1　上市技术型企业的发展阶段

发展阶段	MIT 衍生企业		早期 IPO		近期 IPO	
	n	%	n	%	n	%
初始阶段融资	2	12	1	6	1	7
早期阶段,第二轮融资	7	41	7	44	6	40
后期阶段,第三轮融资或更晚轮次融资	8	47	8	50	8	53
总计	17	100	16	100	15	100

很明显,那些在创立期上市的企业只有前景,没有实际业绩。创业者本人此前可

能在其他企业留下一些业绩记录,成为衡量其他人业绩的一种替代手段,但是新创企业本身的业绩仍然无从检验。而在成立初期即上市的新生企业同样缺乏可靠的业绩衡量手段,它们主要依靠的也是"滋滋声"。这些企业没有形成销售,或者只有微不足道的销售收入。在我们最近的研究中,规模最大的"早期上市者"前 1 年的销售收入不过 45.3 万美元而已。第一项研究中的 8 家早期上市企业的人数都不足 25 人,平均成立时间均不足 3 年。

与此形成鲜明对比的是新近 IPO 研究中的 8 家企业。这些企业都选择在较晚阶段上市,而且它们在上市前 1 个财年的销售收入都达到了 100 多万美元到 5000 多万美元的水平。一般来说,后期上市企业的员工人数能达到几百人,平均成立时间约为 8 年。而且第二种企业仍处于快速发展阶段,在此前几年间,它们展现出了百分之几百的销售收入增长率。通过整个这一章的论述,我们会发现,企业所处的发展阶段与实际规模是最关键的因素。它们会影响到企业上市过程的诸多方面。对技术型企业的上市而言,规模大小、"滋滋声""牛排"是重要的区分因素。

8.2　为什么要上市

在这两项 IPO 研究中,所有的企业至少表现出了一个共同因素:它们都决定向公众发售新股,而不是选择其他可能的资金来源,如银行贷款、私募配售、风险投资,甚至出售公司。企业在不同发展阶段的实际规模不同,它们可用的融资机会也会随之而不同。这样的对比非常明显,有的企业刚一成立就上市,而另一些企业上市之前已经具备了极其稳定的销售和盈利记录。前者可以在上市和其他融资渠道之间作出选择,比较普遍的常见渠道包括个人投资者和风险投资企业等;而后者体量过大,无法获得更进一步的风险投资。对于规模较小、发展阶段尚早的企业来说,主要问题在于他们通过非上市方式获取融资的成本可能过高,相对于它们较小的体量来说,它们为此放弃的权益会显得比例过大。还有一种可能,在这些年轻企业中,有一部分担心自己是否在发展的道路上走得不够远,能否应付上市带来的种种结果。另外,还有几家企业已经用尽了上市以外的其他资源。比如,有一家公司最初依靠创始人原始资金,一年之后,它通过私募配售获得了 30 万美元,在与客户签订了几项合作开发协议之后,这家公司进一步扩展资源,在完成了额外 2 轮的私人证券配售之后,这家公司最终决定上市。还有一家早期企业向投资银行专家寻求建议,希望能把资金来源扩展到创始人的财务能力以外。这位专家提出了各种各样的方案(他的公司也有风险投资部门),结果这家企业最终选择了上市。关于备选方案的建议都是行得通的,尤其是对那些规模较大、曾经接受过风险投资的企业来说（$p = 0.02$）。以前面一项 IPO 研究为例，在其中规模最大的 7 家企业中，有 6 家此前曾经获得过风险投资企业的投资。

大部分相对规模企业都曾严肃考虑过一级市场发行问题，这些企业最终放弃上市的原因五花八门，各不相同。最主要的放弃原因是证券市场的情况不够理想，不过，也有的企业因为收到劝告而放弃上市：它们的规模太小，不适合上市。在我们最近的 IPO 研究中，2 家规模最大的企业都曾尝试过不用承销商的 Reg A 发售，不过都没有成功[Reg A 是一种规模较小、正式性略低的公开发售方式，它既可以通过承销商完成，也可以由企业直接出售。这种上市方式根据的是 SEC A 条例（Regulation A）的相关规定]。目前，这 2 家公司仍在寻找"能把这件事办妥"的投资银行家。

上市之前，谈到上市带来的优势及其重要性，第一项研究中的创业者给出了这样的排序。

（1）带来急需的现金和运营资金。

（2）创造公开市场，助力并购。

（3）创造一个可以用来出售自己所持股份的公开市场。

（4）改善公司的债资比率。

在 8 家规模较小的公司中，有 7 家把资本需求列为最迫切的需求。在 15 家企业中，有 11 家把运营资本需求列为第一要务。与此相一致的是，在第二项研究中，这一比例是 15 家企业中的 14 家。这种迫切性是显而易见的，因此，在被问到这个问题时，有几位 CEO/CFO 不禁哑然失笑。其中一位这样回答："银行拒绝了我们扩大信用额度的请求，即使比基础利率高于 2.5% 都不行。可以料想，我们的运营资金到年底就会彻底耗尽。有一家和我们情况差不多的公司刚刚通过上市实现了近乎疯狂的翻倍增长。谁不上市谁就是傻瓜。"另一位 CEO 表示："上市并不是最完美的选择，但它是留给我们获得真正高风险资金的唯一选择。"其他人也纷纷提到这一点，认为上市是以最低成本获得必要运营资本的唯一选择。

两份 IPO 研究样本都出现了与资金有关的特殊原因。在第一项研究中，上市使得一些主要股东有机会出售自己的股份。这些股东是最初创始人的亲戚，而这位创始人此时已经不再掌权。这些股份的售卖帮助现任管理者摆脱了尴尬的局面：公司不再由一小群外人控股了。在第二项研究中，上市帮助企业了结了一桩协议解决诉讼。对方是另一家高新技术公司的衍生企业，这家公司本来正在进行破产诉讼，上市让它完成了付款义务。

与规模较小的企业相比，较大的企业感到，公共市场的建立能够带来更加重要的优势（$p = 0.001$）。无论是对有利于并购的目的而言，还是对创始人在后市出售股权的做法来说，这样的说法都是确切的（SEC144 规则规定，在任意 3 个月期间，内部持有人可以进行股票转售,但数量不得超过以下两项中的较高者:一是发行在外证券总量的1%;二是前 4 周的平均每周交易量)。与小型企业相比,较大企业对运营资本的需求一般没那么迫切(0.04)。但是所有规模的企业都希望通过大量扩充股本基数来改善企业的债资比率。企业的领导者会发现,他们的资金借贷能力得到了加强。另外,还有半数的创业者特别提到,他们的客户希望成为公司的股东,这也为企业带来了优势。

在上市之前,创业者感知到的劣势数量几乎与优势数量旗鼓相当。对一些企业来说,最主要的问题是上市的直接成本过高。我们会在本章的"交易"一节中深入讨论这个问题。最近的一项研究显示,有些创业者还没有上市就开始担心失去对公司的控制权——尽管早就有创业者提出过,个人投资者攫取的控制权程度也许远远高于公共投资者。有几位创业者指出,股市融资会把股票分散到数量众多的、没那么主动的投资人手里,这样会极大地增强管理层对企业的控制力。较早和较晚两项 IPO 研究之间的主要区别在于,上市时间距现在较近的企业主要担忧股票市场对短期业绩的压力过大(15 位创业者中有 10 位存在这样的担忧),他们还担心现有股东关系管理的成本问题,特别是重点人员的时间问题(15 位创业者中有 8 位存在这样的担忧)。相比之下,较早上市的企业基本上没有感到上市的总体弊端。它们对上述方面没有什么担忧,也没人担心失去公司的控制权。

近年涌现的创业者可能会在上市方面比先前的创业者们表现得更加老练,当然,也可能是因为证券分析师、监管及上市企业面临的股市压力确实发生了实质变化。并非所有创业者都会屈从这样的压力。一位创业者强调指出:"我们在所有的报告中明确指出,我们的目标是公司的长期发展。我们在招股章程里说得很清楚,公司预计在 3 年之内无法做到盈利,也不会派息。我们已经说得非常明白了,如果投资者仍然对公司的季度经营业绩如此忧心忡忡,那么他们完全可以另择高枝。"另一位创业者的话显得更加深思熟虑:"按照我们现在的发展速度计算,公司势必会定期发行更多的债券和股票,这样才能满足我们的资金需求。如果投资界的朋友们对我们的短期业绩不够满意,即使我们知道那纯属无稽之谈,但它会影响我们未来获取资金的能力和成本。我们不得不考虑到这一点。"

上市发行时机是由企业内部的资金需求和证券市场状况共同决定的。总体而言,两项研究中创业者把这两项因素放在同等重要的位置上,在这两个由 14 位创业者组成的样本中,各有 13 位创业者把它们中的一项视为最重要因素。同小企业相比,大企业认为市场状况更重要($p=0.002$);而对小企业来说,基本上,资金才是至关重要的需求。如果其他融资渠道走得通,至少有 20% 的企业不会选择立即上市。刚一上市就迎来价格飞涨的小型企业坦承,它们选择的上市时机纯属幸运,而大型企业更多地选择等待有利的市场条件。某生物科技企业人士告诉我们,滚烫的生物技术行情促使他们迅速展开了一项雄心勃勃的业务计划。为了有效地利用好市场机会,这项计划急需大量的资金投入。从筹备上市到最后的成功发售通常需要 3~6 个月的时间,这常常让人们痛失市场良机。幸运的是,我们最近研究的这家生物技术企业及时完成了公开发售,而且当时的市场窗口还未关闭。结果这家公司成功推出了一项广泛的产品开发项目。但是股票市场紧跟着一路走低,这家公司不得不忍受大量股东的不满。

8.3　找到承销商

有的时候,承销商会主动找到企业,成功地说服它们作出上市的决定。在这种情况下,承销商的选择与企业的决定是同时发生的。而在绝大多数的情况下,技术型企业首先需要找到一家愿意帮助自己完成公开发售承销工作的投资银行。这涉及 2 个方面的决策——技术企业和投资银行——双方各自运用自己的遴选、评估和决策标准。在这一部分,我们会首先检视企业的努力,再把注意力转向承销商。

在第一项研究规模最小的 5 家企业中,有 3 家仍在努力开发首项产品。它们并没有认真地尝试过寻找承销商。它们认为自己规模过小、风险过高,不可能找到愿意合作的承销商。这 3 家企业决定独立筹备发行自己的小型 Reg A 股票。该样本中的另外 2 家没能达成满意的承销合作,同样决定独立走上 Reg A 道路。第一组样本中的其他企业和第二组样本中的所有(除 1 家外)全部采用里完全承销的上市方式。

8.3.1　技术型企业的搜寻与决策

上市工作的法律、财务和组织要求错综复杂。除了直接从事这些活动的专业人士,外人很难得其门而入。每一位认真考虑公开发售的人都会立刻发现,他们显然需要专业人士的帮助。较小企业的创业者主要依靠由多位专家组成的多元化团队的指导。这支团队通常包括会计、律师、银行家和私人朋友等。在这些企业中,有 2 家主要依靠董事会成员提供咨询。他们最终帮助这 2 家企业成功做到了直接上市。规模较大的企业主要依靠董事会里的外部成员,尤其是作为公司董事的风险投资人,这样的情况有很多。在收到公司顾问的大量建议之后,有一位创业者感到很绝望,他说:"随便谁来承销好了!"其他创业者则不然,他们通过沟通得出了更加确实的标准,用来评估潜在的承销商。

在第一份研究中,有 3 项因素特别引人注目。其中最重要的第一项是企业偏爱成熟完善、声誉卓著的投资银行。技术型企业的规模越大,就越重视这一声誉标准($p = 0.04$)。第二项是银行网络的全国分布情况。同样地,规模较大的企业明显比小型企业更加重视承销商的这项能力（0.05）。第三项，每项研究样本中都有几位创业者偏爱那些专门从事技术企业上市的承销商，或者在这方面拥有丰富经验的承销商。有趣的是，规模较小的企业往往更加重视这一标准。在近期的研究样本中，创业者们不约而同地把大型全国性银行和声誉卓著的老牌投资银行作为心目中最理想的选择。这些创业者同样对全国网络不无关心，但是他们更多地渴望顺畅的工作关系，希望投资银行家有能力维持好企业股票的后市表现。

　　较大的企业会细心寻找符合自身期望的承销机构，而小型企业远远没那么精心，后者对承销机构的接触或多或少显得有些随意。在早期 IPO 样本的 8 家较小企业中，有 2 家从未尝试接触过任何承销机构，与此形成鲜明对比的是，另外 2 家企业曾向超过 5 家承销机构发出过正式邀约。规模较大的企业通常挑剔得多，这可能是因为这些企业的董事会中有风险投资人或者银行家，也可能是因为企业此前因为私募配售曾和投资银行打过交道。仅接触了 1 家投资银行就锁定服务交易的情况也不少：在早期研究中，这样的企业有 2 家；在后期研究中，这样的企业更多，足有 8 家。有些企业披露，它们曾经同时与 2 家承销机构开展谈判；还有几位创业者透露，他们曾经同时联系过 3 家甚至更多的承销商。甚至有 1 家大型企业同时与 8 家专门的大型承销商商讨发行计划，这 8 家承销机构看上去都很乐意为它提供承销服务。这家公司处于一个极为有利的地位。它并不急于上市，因为它认为，无论是在 IPO 工作中还是在后续进一步的交易中，承销商之间的竞争会促使它们拿出更胜一筹的表现。

　　在前一项研究中，较小企业中的 3 家经历了漫长而充满挫折的过程才接触到承销商。由于规模过小、收入不足，这些企业遭到了一次又一次的拒绝。它们最终都通过"掮客"服务找到了承销商。同一样本中的较大企业和后一项研究中的所有企业都很顺利地吸引到了承销商提交的方案。大多数商谈过多家承销商的企业都会收到不止一份方案，这会让最终的选择变得相当主观。访谈显示，每家企业的决定都与它们的上市目标紧密相关。同业务中很多灰色区域的情况一样，创业者们往往很难在理性的基础上为自己的决定做出合理的解释。

8.3.2　承销商视角

　　在这两项研究中，我们对 18 家投资银行企业开展了详细的结构化访谈。这些访谈帮助我们从承销商的角度审视承销决策之后的流程。这些企业的差别是多方面的，包括规模（区域性与全国性）、声誉（老牌企业与新贵企业）、专业领域（全线服务企业与专长技术的企业），以及作为企业对 IPO 的总体态度等。这些差别让我们很难得出普遍有效的结论，但是仍有一点极为明确的共同之处：承销商总是被各种机会包围着，在"新股发行"的市场潮流中尤其如此。因此，它们势必在自身能力与眼前可能交易的匹配中变得特别挑剔。即使在没那么火爆的时候,希望上市的企业中也只能有一小部分最终获得承销服务。投资银行企业主要的引荐来源从高到低依次为朋友、现有客户和风险投资人。创业者对承销商的直接接触也会带来个别的成功案例,但是,在承销商眼里,这种方式的整体重要性要低得多,因为它缺乏事先的筛选。

虽然在美国有数以百计的承销机构(海外还有更多的上市服务机会没有被包括在这项研究当中),但是这一市场明显是被少数几家专业企业主导的。这几家企业的主要收入来源就是IPO工作。至少,在我们的研究样本中就有这样一家企业,IPO会计收入超过了其总收入的75%。同样是这个样本,另一家全业务承销商的IPO收入也许仅占其总收入的5%～10%。我们访问过的所有承销商都认为IPO是有利可图的。因此,总体而言,那些专攻IPO的企业自然会更积极地向潜在IPO客户直接推销自己,不过,近些年来,大多数的全国银行都建立了专门的技术部门,专门吸引规模较小的企业,并为它们提供服务。是否为一家企业提供承销服务,每家承销商各有自己的总体标准及具体标准。只不过,访谈实录和这些公司的实践记录告诉我们,只要对象企业非比寻常地"好",这些标准是可以弃之不理的。

要选择一家承销商,企业必须在两点之间找到平衡,一是企业对决定自身力量的关键因素的认知,二是关于投资者眼中企业最重要特征的认识。归根结底,承销商是投资者与股票发行企业之间的桥梁。因此,选择承销商的关键在于它对特定证券的营销能力如何。一方面,假如承销商认为,市场目前对服务行业(如餐饮连锁企业)反响强烈,它们就会选择这样的企业。另一方面,如果技术企业的股票发行看上去"炙手可热",并且有望持续下去,承销商也许就会在这个行业板块中选择承销对象。承销商的行业选择是由市场决定的,接下来,它们会在自己青睐的行业领域根据自身的喜好和判断选择具体的企业。

在最近一项研究参与者的数据基础之上,表8-2列出了承销商认为股票购买者眼中最重要的具体企业特征及其分布情况。其中,良好的企业管理和未来增长前景是被提到最多的、最重要的两项因素。较早的一项研究发现了同样次序的重要性级别,即公司管理的能力和深度、企业和行业的未来发展前景,以及企业的历史业绩。两项研究不约而同地提出了企业管理的重要意义,这一点并不令人惊讶,然而投资人很少有机会在购买证券之前会见企业的管理者。而且,在拿到招股说明书之后,绝大多数的投资者只会阅读概要部分和前面的几页。因此,投资者最终依靠的还是承销商对企业管理层的评价,从而不言而喻地走入了承销商的决策结果之中。尽管人们都在提倡收入记录的相对重要性,但是我们研究的很多企业根本没有(或者只有很少的)历史收入记录(在这两项研究中,这样的企业各有7家)。不仅如此,其中几家企业在几年之内都不会有这样的记录。这个例子告诉我们,虽然很多承销商认为,收入记录是一项重要标准,但是,显而易见的是,它们愿意为了炙手可热的投资前景而放弃这项标准。

表 8-2　承销商对客户买入 **IPO** 股票最重要决定因素的看法($n = 10$ 家承销商)

标　准	不重要	比较重要	最重要
历史销售增长率	1	7	2
历史每股收益	0	6	4
良好的公司管理	0	2	8
未来发展前景	0	0	10
企业规模	5	4	1
技术吸引力	0	7	3
市盈率	0	8	2

难道表 8-2 罗列的就是唯一的理性分析了吗？让人欣慰的是,我们在表 8-3 中还发现,糟糕的管理和疲软的市场状况是承销商拒绝一家企业的关键原因。除了这些总体选择标准以外,大多数的承销商还会在选择时运用具体的经验法则。选择规模最小的企业,选择规模最小(对较小的承销商来说,也有可能是最大)股票发行,这些都是承销商常用的范围界定标准,它们用这些标准来初步筛选潜在的承销对象。

表 8-3　拒绝承销的主要原因($n = 10$)

标　准	不重要	比较重要	最重要
市场状况(时机)	1	2	7
糟糕的管理	1	2	7
收入情况很差	1	4	5
不够成熟	1	5	4
条款未能达成一致	6	3	1
企业找到其他资金来源	9	1	0

前一项研究样本中的多数企业(16 家中的 11 家)和后一项研究样本中的全部企业(1 家除外)最终都选择了完全承销的形式。小一些的企业能找到一家承销商似乎就很幸运了,而大一些的企业常常要作出选择。规模较大的企业往往能够获得多家投资银行的服务。这些承销商久负盛名,甚至包括一些业内最具威望的企业。整个样本包含了各式各样的投资银行,从默默无闻的小承销商,到声望显赫的大企业,如瑞银普惠(Paine Webber)和 Alex Brown 等。这些投资银行无一例外地打破了自己事先声张的、关于选择最小规模企业的指导原则,有时甚至是背道而驰。尽管如此,技术型企业

的规模与投资银行的规模仍然联系紧密($p=0.001$)，这也说明了较大型投资银行的主要偏好。

8.4　交　　易

　　尽管企业和承销商最初的方案会概述总体发行条件，但是双方还必须通过谈判确定上市交易的具体条款。谈判的关键内容包括该技术型企业的市值、发售股份所占企业市值比例、每股价格和承销商的报酬等。此外，还包括一些需要协商的没有那么突出的问题，如二次股、认股权证、董事会席位及后续发行股票的优先购买权等。总体而言，创业者和承销商都指出，有了信任与尊重的基础，加上双方基本上都认为对方不会乘机抢占有利地位，所以这些谈判进行得比较融洽。也有少数创业者提出，在旷日持久的艰苦谈判中，他们感到自己处于下风，因为他们找不到别的投资银行。只有一位创业者认为，承销商和日益糟糕的市场状况把他放在了一个被动的位置上，他不得不接受自己不愿接受的交易条款。在不经过承销商发行的情况下，各项条款都是由企业主管和顾问们完全单方面制定的。

　　在寻找承销商未果的情况下，早期研究样本中的 5 家企业决定直接独立公开发售股票，摆脱对承销商的依赖。它们都采用了规模较小的 Reg A 发行。Reg A 适用于规模小、尚未实现盈利、资金不足的新企业。新股发行规模是由这些企业的预计资金需求决定的。有一家企业名义上寻求的发行量是其实际需求的 2 倍，因为它的管理层认为，他们只能卖出实际发行股票的一半。股票价格的确定比较主观。在这些企业中，有 3 家把股价定为 10 美元每股，因为他们认为这样能在公众心目中树立起一种良好的企业形象。虽然这些公司还处于种子阶段，但是创业者仍不愿意给人们留下"廉价股"（penny stocks）的印象。

8.4.1　公司估值

　　在已有承销商的情况下，企业估值的过程应该更多地用联合决策来形容，而不是谈判。公开提出异议的比例最高不超过 20%，而且无一例外。比如，有 8 位创业者指出，在开始讨论之前，他们对本公司的市值已经有了明确而成熟的想法。这些想法在很大程度上来自他们对类似企业市场价值的分析。只有一家企业的市值低于管理者的最初估计。

　　尚未形成收入的企业通常会把估值工作留给承销商来完成。教科书式的方法主要依靠对企业未来收入和支出的预测，考虑到所有相关的税费，再根据反映投资风险的市场利率折扣倒算出当前的收益。毋庸讳言，没有一家承销商指出过，他们会采用这种教科书式的估值方法。在我们的研究中,有这样一家处于发展阶段的企业,它还没有形成收入,但是拥有精细的管理。这家公司把寻找承销商的过程当作一种自我估值的机制。这家公司收到了来自 5 家金融机构的邀约,希望帮助它在公开发售中完成估值工作。另一家处于发展阶段的企业没有公开市场的行业等同企业。它的管理者与承销商首先划定了公司的一个既定比例,假设通过私营风险投资交易筹得这一比例共折合多少美元的资金,最终确定公司的上市模式。这样一来,估值工作就可以在金融市场的不同组成部分之间轻松传递了。

如果公司拥有收入记录,尤其是对那些比较成熟稳定的企业来说,承销商通常会比较宽松地通过相似企业的市盈率(price-to-earnings ratio,P/E) 来反映市场现状。表 8-4 给出了拥有收入记录企业的发行市盈率。它们是建立在股票出售带来完全稀释这一假设的基础之上的。总体而言,发行时间距离更近的股票市盈率更低,但是两个样本也都反映出了高达 5∶1 的变化范围。统计检验并没有在这些比率和企业规模(按照销售收入、总资产或者净值来衡量)之间发现任何相关性。它们同企业的销售收入增长率同样不存在关联。关于这一点,最合乎逻辑的解释是,市盈率的延展度反映的是行业潮流、企业的具体环境及市场热度相对时机的影响。特定行业的发行仿佛具有魔力,会为 IPO 的定价带来极大的波动性。有证券分析师告诉一家生物科技企业的管理者,他的企业是有收入的,这一点太糟糕了,因为每个人都会把市盈率“贴”到这家的收益流(income stream)里。这些分析师估计,在市场的炒作之下,如果这家公司没有收入,反而会得到更高的估值。正如围绕新股定价的困惑进一步说明的那样,这些企业计算得出的股价营收比显示高出了 1.2~4.8 的波动范围,而且它与市盈率和其他任何业绩衡量指标都没有关系。麦克贝恩和克劳斯(McBain and Krause,1989) 研究了大量在 1978—1985 年之间的 IPO。他们发现,市盈率与内部人士持有公司的股权比例存在直接相关。

表 8-4 承销发行的完全稀释市盈率

早期 IPOs	近期 IPOs
18	21
21	13
23	14
30	19
30	37
40	43
42	67
90	

8.4.2 价格与募集资金

在我们研究的承销对象企业中,发行价本身从一家企业的每股 0.5 美元到另一家企业的每股 22 美元不等,中位数为 9.5 美元。发行价越高,一级发行的总收入就越高($R^2 = 0.70, p = 0.01$)。发行价格还和企业规模的几个方面紧密相关,包括净值、总资产和销售收入等。其中,销售收入是关系最密切的解释因素($R^2 = 0.63, p = 0.005$)。由于越大的投资银行承销规模越大的发行,所以,投资银行的规模与发行价格的级别呈正相关关系($p = 0.002$)。

正如人们预料的那样,公开发行的总收入与企业的规模密切相关(0.005),同时也与负责承销的投资银行的规模密切相关(0.02)。发行总收入等于每股价格乘以发行股数。由于收入和价格都与企业规模有关,所以我们不难发现,发行股数同样与企业总资产规模正相关($R^2 = 0.79, p = 0.005$),并且与投资银行的等级规模相关(0.002)。

在这 31 家企业中,有 8 家采用了合并发行的方式,也就是新股与部分内部股票的登记与出售共同进行,后者也被称为二次股(secondary shares)。承销商会密切留意这个过程。这主要是为了避免造成所有人/管理者全身而退的观感。这种情况中的一半企业(4 家)涉及企业中的非管理股东。他们希望把一部分资产变现。另外 4 家企业的情况较为不同——企业本身的资金需求比较适中,但是投资银行认为,有必要出售额外的股份,把发行规模做到足够大。在后一种情况中,绝大部分的股东不愿意出售自己的股份使之成为初始发行的一部分,因为他们都预料得到,这些股票可以在后市以更高的价格卖出。有 3 家企业的内部人士最终同意出售等比例的"被征税"(taxed)股份。让他们感到些许安慰的是,公司对所有股东的要求是一视同仁的。

8.4.3 承销商的报酬

很多创业者发现,与事先的预估相比,上市承销商的折扣和佣金、会计和法务开销,以及承销总费用要高出许多。但是,在最初发行的时候,这些成本并不存在太大的谈判空间。承销折扣或差价(即发行价与企业发行净收入之间的差额)是所有交易中承销商最主要的收入来源,而且是承销商在 9 次最大规模发行交易中唯一的收入来源(这些交易不存在认股权证)。承销商差价用发行价的百分比表示,低到 6%、高到 18.4% 不等。不出所料,表 8-5 显示,在两项研究相隔的 14 年间,承销商差价在发行总收入中的占比上涨了大约 10%(用中位数衡量),同时,总体发行费用增加了大约 40%。这一差价与股价呈反相关关系($R^2 = 0.72, p = 0.005$)。它告诉我们,定价较低的发行一般承销差价较高。人们通常认为,股票价格反映的是发行质量和风险。金融理论学者认为,承销低价发行的内在风险较高,因此,承销商应当索取更高的报酬。通过在风险较高的发行中扩大差价,承销商为自己谋得更大的余地。一旦企业在发行当日遭到冷遇,承销商可以清空盘存的企业股票。如果人们认为承销商只是把固定的服务成本分配到较小的基础之上,那么,规模较小的发行同样会带来差价较高的结果。同样的现象还有另外一种衡量方式,把两项 IPO 样本个资按照资产规模的中位数分开(如表 8-5 所示),结果显示,较小企业的平均承销差价高得多,达到了 10.6%(近期样本的这一数字为 10.9%),相比之下,较大企业的平均承销差价只有 7.2%(近期 IPOs 数字为 9.9%)。

表 8-5　承销发行总成本(不包括认股权证)(占发行总收入百分比)(企业按增加资产排序)

	早期 IPOs		近期 IPOs	
	承销商折扣(%)	总成本(%)	承销商折扣(%)	总成本(%)
	12.5*	31.4*	10.0	14.0
	10.0*	26.7*	10.0	14.8
	9.0	18.7	18.4	25.5
	12.5	19.9	10.0	18.8
	9.0	13.2	10.0	14.8
	7.7	10.8	7.5	15.9
	6.7	10.4	10.0	18.3
	7.3	9.9	9.0	15.9
	8.1	9.7	14.0	21.2
	7.0	8.6	8.5	12.1
	6.4	8.0	7.2	8.6
			6.1	15.4
			6.0	8.2
			7.2	10.1
			7.3	8.7
中位数水平	8.1 (7.7†)	10.8(10.4†)	9.0	14.8
平均水平	8.7 (8.2†)	15.2(12.1†)	9.0	14.8

* 表示两项承销 Reg A 发行;

† 表示忽略两项 Reg A 发行之后的中位数和平均数。

多变量分析只找到了一种有助于解释承销差价巨大差异的其他因素。相似价格的股票,新股旺市的承销差价通常要低于其他时期。就实际操作而言,在投资者需求高涨的情况下,承销商自身的股票销售成本无疑会变低。这在理论上同样说得通,在投资者对一级市场股票的需求上涨时,承销商面对的风险理所应当是下降的。

除了承销商差价之外,企业还必须支付与上市有关的其他直接成本,包括律师费、会计费、打印费,还有承销商为了完成发行而产生的其他直接费用。近些年来,这些费用增长得极为迅猛。一部分原因在于新增销售成本的出现,如"路演"(road show)和招股说明书里的彩色插页等;另一部分原因在于法务审核的成本大幅增加。在原本的承销商佣金的基础之上,这又给企业增加了一大块额外的成本。在早期样本的 2 次 Reg A 承销发行中,这种"其他成本"表现得尤为突出(详见表 8-5),它在发行总收入中分别占到了 18.9% 和 16.7%。对这种小规模发行来说,真正的直接成本不可能这么高。也许是因为这 2 家企业急需资金,所以接受了其他企业不大可能接受的、不合理的发行服务价格。表 8-5 中的平均及中位成本是经过重新计算的,它把这 2 次特殊情况排除在外,这样有利于描述出一幅更具代表性的成本图景。

表 8-5 列出了由此而来的企业发行总成本。这张表还告诉我们,除了极个别的情况之外,总成本最大的组成部分来自承销商差价。规模较小的企业和发行价较低的企业要承受高得多的直接成本。再次把 2 个样本按照资产规模的中间值各自一分为二,我们可以进一步确证企业规模对上市总成本的影响。规模较小的企业——包括两次 Reg A 发行在内——显示了高得多的平均总成本,达到了 22%(后期样本为 17.4%),相比之下,规模较大企业平均总成本仅占 9.6%(后期样本为 12.6%)。如果把企业按照前一年度销售收入来划分,我们可以得到同样统计意义显著的结果。也就是说,为了上市融资,规模较小的技术型企业要比大型企业付出比例高得多的成本。

只要把总成本与承销商作比较,我们就会发现:声望最高的承销商一般从事规模较大的交易,成本较低;而声望一般的承销商和"代销"(best efforts)金融机构通常从事规模较小的交易,且成本较高。这也许可以反过来证明,声望卓著的承销商更具有成本竞争力,或者,可能性更大的是,规模较小的技术型企业没有太多议价能力。因此,有些创业者根本不把这些总体成本看作成本,因为它们没有反映在本公司的收入报表上面。

最后一项重要的承销商报酬是"认股权证"(warrants)。它被企业卖给承销商,但是只收取极少的象征性费用。手握认股权证,承销商有权在未来的某个时间用指定价格购买企业的股票。小规模发行的承销商会要求企业提供认股权证,另外,还有承销商也会提出同样的要求,但是最大规模发行的承销商不会要求认股权证。早期 IPO 样本中的规模最大的 6 次发行和近期样本中最大的 3 次发行都不包括承销商的认股权证;而其余的所有承销发行(1 家除外)均包括了认股权证。在大多数情况下,认股权证占首次发行总出售股数的 10% 左右——虽然我们的样本中既有 1 家 2% 的情况,也有几家 20% 的情况。在未来实施认股权时,其价格可能是发行价本身,这是最常见的情况;也有可能是发行价的 120%,这种情况只出现在样本中的 1 家企业身上;另外还有 1 家企业的情况比较特别:认股价格以发行价为基础,在随后的 5 年内每年增长

10%。一般来说,认股权证在 1 年之后生效,有效期长达 5 年。虽然我们很难确定认股权证的货币成本,但我们应该注意到,规模最大的技术型企业的上市过程并不包括这一部分成本。

承销商的董事会代表、后续发行股票的优先购买权,甚至咨询服务等都属于接下来要谈判的条款和条件。在我们的样本中,约有 1/3 的企业选出了新的承销商董事代表,这主要取决于具体的发行情况。另外,还有几家企业原本就有来自这些机构的董事。这种情况有时是先前的风险投资造成的。有些规模较小的承销商也会通过谈判获得优先购买权和咨询服务费。样本中实力较弱的企业一般上市融资的前景并不光明,所以它们很难在小规模发行中取得有利的谈判地位。它们甚至认为,外部人士在董事会里的持续存在是对公司有益的。较大的投资银行不会寻求企业的董事会席位,它们甚至会回绝企业发出的、加入董事会的邀请,除非这些企业具有非比寻常的吸引力。同样地,规模较大的承销商很少争取在合同中加入确保未来承销的条款,它们认为,自己目前的表现和所处的地位足够确保未来的业务握在自己的手里。

8.5　结　果

8.5.1　发行前活动

正如保罗·哈维(Paul Harvey)说的那样,上市交易只不过是“故事的开头”而已。为了确保新的发行有效,还需要完成很多工作,包括下大力气“清理整顿”公司、准备招股说明书、取得 SEC 的批准、向潜在投资者销售股票等。在我们研究的两个样本中,企业常常要修改关键岗位员工的劳动合同,以此确保承销商提出的各种要求。企业股票的资本结构频繁变更,为了产生定价所需的合适股数,公司的股票经常会被分拆或合并。产品线的清算、股东协议的改写,以及说服债务人改变条款等,都是公开发售之前的常见要求。

在公开发行的准备过程中,公司同样还会发生更加细微的变化。很多企业会充足董事会,以此容纳外部人士和专业人士,弥补管理层在专业方面的不足。为了体现企业形象,公司还会实质性增加来自律师事务所或会计师事务所的人员,同时增加上市方面的专业人士。有些衍生企业需要更好地体现自己与源组织之间的密切关系;有些签订了技术许可协议,以此消除潜在法律诉讼的风险;还有一些与外部或者关键供应商巩固了正式关系。一些较大企业提前做好了准备,它们等待了几年的时间,只为了恰当上市时机的到来。这些企业准备好了经过审计的财务报表,拥有久负盛名的外部董事,甚至准备好了未作要求的财务披露材料。为了在上市之前与声望卓著的大型企业建立起财务关系,另外几家企业提前与特定目标企业签订了联合开发协议。还有一家企业与一家大型跨国合作伙伴签订了市场营销协议,以便"清理我们的资产负债表"。对处于初期阶段的企业来说,这些类型的变化明显要更多地受制于时间仓促和缺少事先上市规划的限制。日本企业同样广泛地实施上市前的清理整顿工作,甚至在计划上市发行时间的几年前就着力推进这项工作了(System Science Institute, 1989)。

招股说明书的准备工作是企业与承销商和律师紧密合作完成的。它需要耗费企业管理者大量的时间。对于证券类产品,SEC 早有明确的披露方针和规定,防止企业管理者在发行日前后开展不恰当的推广活动。招股说明书只能说明一家企业的部分情况,它通常高度程式化,并且充满了各式各样的警示信息。这些警示有的是 SEC 强制规定的,有的是企业和承销商顾问要求的。招股说明书不能包含任何关于企业的预测信息。它只有一块平淡而乏味的样板,叫作"收入用途"(useof proceeds)。这里可以提到运营资本需求、偿债意图,或者用于制造新产品的资金计划等。这些信息并不足以勾画出企业的未来图景。历史收入记录并不总是有用的。就像我们在前文提到过的,很大一部分技术型企业只有微不足道的收入记录,或者干脆没有收入记录。招股说明书本身无法实现"销售"目的,它只能通过一些微妙的方式发挥促进作用。近些年来,1/3 的招股书都用上了公司产品的彩色插图,甚至是折叠式插页,以此提高宣传作用和企业形象。

在这些招股说明书中体现的保守性同样反映在这样一种事实中:没有一家企业在 SEC 的登记过程中遭遇过真正的麻烦。创业者们把这归功于律师和会计师事务所及投资银行在准备上市登记表和招股说明书过程中的专业素养。颇具讽刺意味的是,尽管 Reg A 申请的本意是简化小规模股票上市流程,但是提出申请的都是小企业,它们更有可能缺少专业的法律咨询服务。因此,有 2 家没有使用承销商的企业在提交原始材料之后被要求等待了 6 个多月,才取得 SEC 的批复,相比之下,复杂得多的申请,为了做到充分的准备、取得 SEC 的批准,通常最多不过耽搁 2~3 个月而已。样本中只有 1 家公司在地方监管部门遇到了麻烦。这些被称作"蓝天委员会"(Blue Sky Commission)的地方部门同样拥有公开发行的监管权。很多个州要求企业在这些蓝天委员会完成登记。该委员会最终裁定,这家企业公开发行价的市盈率不得超过 25∶1。由于这家公司的一大股东就在这个州,因此,该公司有必要取得州天蓝委员会的许可。但是,让这家公司和它的承销商大为懊恼的是,最终的公开发行价格远远低于它们最初计划的水平,而且它后来成了当年最热门的股票之一。

"路演"是一种常见的销售机制。虽然不是每一家承销商都会付出这样的努力,但是,样本中的几位创业者仍然在全国各地宣传他们的企业,有时甚至跑到欧洲和日本作宣传。创业者们尽情施展自己的销售才干,努力推销本公司的证券产品。他们会见的主要人群包括重点城市的本地经纪人、客户和机构投资者等。公司的管理者通常需要在承销商和法律顾问的配合下反复演练,确保他们在路演期间的言论和回答不会逾越 SEC 的原则。提到路演对吸引潜在购买者的重要意义,一位承销商这样总结:"路演如戏,全靠演技。"(No story, no deal.)一位创业者对自己的承销商赞不绝口——他们拍摄了公司管理者讨论和演示产品的视频,然后充满热情地乘坐私人飞机会见全美各地的投资人,激发他们的兴趣。这种方法确实能让潜在投资人——至少是他们的经纪人——有机会提前见识发行企业总裁的风采,听听他的发言。这样也许能够打消投资企业对合格管理的担忧——我们在表 8-2 中突出强调过这一点。

为了有组织地推动股票的流通,承销商建立了一个由零售经纪人和机构经纪人组成的分销网络。这种承销联合组织(underwriting syndicates)的规模可大可小:少到 1 家公司,实施代销式服务;多到 83 家承销商联合管理,开展包销式(full commitment)服务。就近年来的 IPOs 来看,其中位数在 33 家左右。如同我们料想的那样,交易的货币金额越高,承销商的数量就越多。在敲定最终价格之前,承销商联合体可能会接受潜在买家的"申购意向"(indications of interest)。从理论上来说,它是为了帮助承销商确定最终的价格。实际上,承销商通常会对潜在买家说:价格早已锁定在某个水平上下了;如果可能的话,它们希望买入多少股。如果需求大于供给,承销商会按照买家的意愿来分配股票。假如供需失衡的程度较大,发行价格可能会发生改变,但是很少会出现重新获取市场均衡的重复努力过程。在我们的所有样本中,承销商在最后关头大幅降低发行价和发行股数的特例只有 1 个。更高的成本、更低的收益,这让创业者大为恼火,觉得自己中了承销商的圈套。

8.5.2　发行期的销售

承销股票会在有效发行日整体售出。反观早期 IPOs 研究中的 5 次非承销 Reg A 发行,都出现了销售缓慢的情况。图 8-1 记录了其中 4 次的销售记录:它们只售出了预期发行量的一部分。这些公司中只有 1 家售出了所有的股票,并且只用了 7 个月的时间。3 家未使用承销商的企业暂缓了 1 年,因为它们未能在有效日期内完成发行工作。其中 1 家是在收到预计发行收入的 55% 之后暂停的。我们在前文也提到过这家公司。它把申报发行收入提高到了预期要求的 2 倍。另一家公司的股东在已经完成初始目标的 75% 时投票决定暂缓股票销售。申报公示和发行说明书的修改如果超过 1 年期,须向 SEC 备案,因此,第三家公司在这时选择了暂停发售,它只卖出了 75% 的股票。第四家公司同样没有售出全部股票。

它按要求完成了修改,继续销售了 18 个月的时间,最后也在达到 75% 销售量的时候选择了放弃。

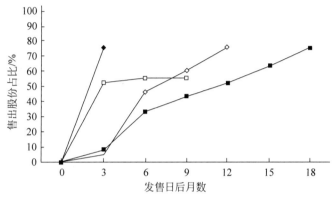

图 8-1　非承销发行的部分销售情况

不同承销商发行的股票分布情况差别极大。一般来说,大型承销商的股票配比要宽广得多,平均每个人持有的股数明显要少得多($p=0.04$)。在这里,不使用承销商的例子再次凸显出来,有的成了不幸的例外情况。有 3 家企业的创业者亲自管理公司的股票发行,想方设法地把股票卖给亲戚朋友、生意场上的熟人和工作上的联络人等。开始的销售常常会触发连锁反应:购买一只股票的人们会推荐自己的朋友联系这家企业、购买股票。有 1 家公司的发行是由一位颇具影响力的董事会成员管理的,结果阿拉巴马州的医生和其他专业人士几乎把它的股票抢购一空。

8.5.3　发行之后的表现

当企业仍在以发行价发售股票时,后市交易是不可能开展的。因此,对不使用承销商的发行而言,这样的交易要等到企业停滞销售活动很长一段时间之后才会出现。即使到了这时,在一些企业开始再融资活动之前,这 5 家公司中只有 2 家建立起了不太活跃的交易市场。

相比之下,对两项研究中所有的承销发行来说,市场和交易都是立即开始的。表 8-6 显示,首日收盘价情况各有不同,有的低于发行价 11%,也有的高于发行价 181%。早期样本的 IPOs 在上市发行当日的收入远远高于后期样本,这主要是前者收到更火爆市场状况影响的结果。这还常常会为员工士气和团队精神带来出乎意料的积极影响。有 1 家企业的股票价格在发行当日一路上涨到 2 倍以上,员工们高兴得手舞足蹈,在公司大堂里又唱又跳。

表 8-6　首日收市价格对比发行价格的变化率

	早期 IPOs	近期 IPOs
	8	(11)
	8	(5)
	26	(4)
	33	0
	33	0
	35	4
	50	6
	51	10
	127	12
	139	12
	181	36
		100
		100
平均水平	63	20
中位数水平	35	6

数据分析显示,在发行当日,规模较大企业的股价会比小企业爬升得更快($R^2 = 0.33, p = 0.10$)。同样的道理,就发行当日而言,新股市场火爆期发行的股票要比该时期以外发行的股票更多地增值($R^2 = 0.27, p = 0.10$)。而无论是承销企业规模,还是公司的销售收入增长率,或者发行价格的市盈率本身,都与发行首日的价格变化关系不大。

我们分别分析了 10 个交易日、1 个月、40 个交易日和 3 个月后的股票价格数据,结果发现,企业之间的差距会随着时间不断扩大。有些企业的股价从发行价格上不断下跌,40 个交易日的最大跌幅达到了 32%;另一些企业的股价不断攀升,40 个交易日的最高涨幅达到了最初发行价格的 313%。近期 IPOs 样本的平均变化率为上涨 53%。相比之下,纳斯达克指数(NASDAQ Index)在同样 40 个交易日里的变化幅度仅为 -6% ~ +16%,平均变化幅度为 5%。这表明,新股市场的波动性要高得多。IPO 证券的风险当然高于市场综合风险,尽管如此,并不存在一种简单的方法来评估前者的风险。不过,超出市场平均水平 10 倍仍是相当可观的。较长时期的市场研究发现,股价的增长与企业上市前的销售收入增长率存在统计学意义上的关联性。股价波动可能会影响到公司的效率,这算是人们始料未及的一种附带的消极影响。一位创业者说:"在上市之后的大约 1 个月里,我根本打不通外线电话——每个人都在给经纪人打电话,询问最新的行情。"

关于股票价格,可能最重要的观察发现是,股价自发行以来的总体上涨会在交易早期保持较长一段时间(比如,在发行之后的 3 个月里)。这清楚地表明,这些技术型企业的 IPO 并没有出现定价过高的情况。很多承销商在被问到这一点时指出,他们的信条是,要为市场投资者"留一些钱赚"(leaving something on the table)。令人颇为惊讶的是,创业者并不总是反对这一强势意见——提高发行价格,公司本来可以募集多出 20% ~ 50% 的资金。每一家公司都在上市后经历过股价暴跌期。创业者常常感到如释重负,因为他们的企业是在取得合理估值前后上市的。主要的例外来自那位被所在州蓝天委员会限制发行价格的创业者。其他的创业者都认为自己的股票拿到了好价格;公众获得的利润不会让他们感到快快不乐。当然,创业者本人持有的大量股份也会升值。与此密切联系的是,我们发现,在所有的后市回归分析当中,发行市盈率并不具备统计学意义上的显著性。

8.5.4 公众所有的种种影响

尽管很多创业者在上市之前提出过这样那样的担忧,但是他们中很少有人想到,所有权的公众化会对他们的业务运营方式产生重大影响。只有 3 位创业者指出,上市影响了他们的长期发展目标。其中 1 位提出,为了撑起"虚高的"股价,他的公司不得不以更快的速度发展;相比之下,另外 2 位创业者则指出,在作出战略决策时,他们不得不变得更加保守和谨小慎微了。大多数的创业者提出,如果没有上市,如今的很多工作是他们原本完全不会做的。谈到公司的运营,几位 CEO 确切指出,为了满足投资者的要求,他们感到了重重的短期压力。不过也有 1 位创业者把这个过程称为强制聚焦,而不是对公司规划与运营的束缚。有几位创业者观察发现,管理者最好能够更多地重视自身业务,而不是关注股价,其中的一位这样指出:"我的目标就是为公司赚钱,股东的目标最好也是如此。"

如今,多数企业的董事会都有投资银行的代表。所有创业者都认为,这样的关系是有利的,并且欢迎承销商提出建议。投资银行确实有机会影响企业的长期目标,不过创业者也认为,投资银行家对其企业的内部运营知之甚少,并不形成实质影响。

所有创业者一致认为,上市大大增加了企业的会计、法务和公关开支,尤其是 SEC 强制要求的季度申报工作。很多企业为此增设了公共关系总监或者投资者关系总监,也有些企业把这些新增工作职责算作财务主管的工作。CEO 们指出,公司上市之后,他们接到了远远多过以往的电话,这些电话大多是投资者、投资分析师和新闻媒体询问公司股市表现的。不过 CEO 们大多把这些电话归为"噪声",而不是实质干扰。好的一面在于,公司的名字得到了更多潜在供应商和客户的认识,销售人员得到了更好的认可和接待——这在之前是不可想象的。实际上,没有一位创业者对自己的上市决定感到后悔,企业实现了创业者在上市之前的种种预期优势。样本中规模最小的 3 家承销上市企业的管理者认为自己上市为时过早,同募集的资金相比,公司的各项成本相对较高。

在为数较少的未使用承销服务的创业者中,有 2 位如今认为:他们本该选择私募配售的方式,而不是公开发行;而且他们本该多等一段时间,等到公司变得更大、拥有更好的业绩记录再上市。另外 2 位创业者认为,他们本该更努力地找到承销商,为公司提供上市服务。令人称奇的是,尽管他们在发行和销售中并不成功,就像图 8-1 记录的那样,但是这些创业者并没有因为上市而感到后悔。

如今,无论企业的规模大小,创业者都认为,上市最重要的益处在于增加了更多资金的获取途径。根据他们的预计,一旦公司上市,进一步的公开发行和银行贷款都会变得容易得多。有些人的预测已经变成了现实。

上市的第二点关键优势在于它提高了企业的收购能力。IPO 以来,有一小部分企业已经实现了非现金收购。在公司上市之前,这样的收购并非不可能发生,但是创业者证实,成为上市公司确实提高了他们的谈判能力。相对于规模较小的企业,较大企业更加看重上市对公司提高并购能力的帮助作用($p=0.001$)。毫无疑问,这主要因为小型企业仍然处于内部导向阶段,它们的重点仍然放在产品和业务发展战略上面。

在很多创业者看来,还有 2 项上市带来的优势非常重要。而且同样是较大企业更加重视它们的优势(0.07)。公开市场的建立既有利于它们出售一小部分自己持有的股份,又有利于提高员工股票期权的价值。

在这一点上,我们应当注意到,大多数已完成上市的技术创业者如今都成了百万富翁,至少在账面上如此。我们研究的样本中就有 2 位这样的创业者,他们拥有的市场价值已经高达数亿美元。虽然很多创业者很难在市场上出售自己的股份,或者很难通过平仓的手段把自身的账面价值变成现金,但是,绝大多数的创业者正在把自己拥有的市场价值逐渐地"变现"(cashed in)。不仅如此,由市场价值确定的公共市场价格也是企业被更大企业收购的谈判起点与基础,这是许许多多技术型企业的最终归宿。

EG&G 公司的案例很好地说明了上市的长期及短期利弊。肯·杰姆斯豪森指出,他们上市主要有三大原因:①对创始合伙人财产的流动性有所担忧;②公司迟早需要更多的资金;③要在市场上树立自己的地位。肯·杰姆斯豪森强烈地感觉到,公司所有权的公共化带来了巨大的压力。这种压力来自公司内部和外部的股东。在他看来,投资分析师不厌其烦地窥探公司的业务,频繁地向 SEC 定期报告,这些都是沉重的负担。收入增长的压力让公司被迫放弃了一项重要的研发项目,转而开启了一项收购项目。公司最初的收购重点集中在海洋研究与技术及电子仪器两大领域,然而这些收购带来的是好坏参半的结果。不过长期来看,尽管也许迫于股票市场的压力,但正是这些收购项目让 EG&G 公司最终变成了一家价值数十亿美元的大企业。

8.6　总结与启示：要"滋滋声"还是要"牛排"

这一章的第一项观察结论是，技术型企业既可以"卖牛排"，也可以"卖煎牛排的滋滋声"。通过对两项样本的通篇分析，我们证实了这一观察结论。无论是 14 年前，还是近些年来，上市的技术型企业总是从各不相同的动机出发、收获各不相同的结果。这主要取决于它们上市时所处的发展阶段。数据表明，早期上市和后期上市的技术型企业差不多各占一半。前者主要售卖"滋滋声"，它们一般在初创期上市，最多不会超过公司成立的 3 年之内；而且它们一般不会超过 25 名员工，销售收入至多不会超过几十万美元。而售卖"牛排"的企业成立时间长得多，平均达到了 8 年之久；它们一般有数百名员工，销售收入在 100 万~5000 万美元之间。

表 8-7 列举了两项研究中较大企业（与较小企业相比）比较获得的、具有统计显著性的种种益处。本章的枚举清楚地说明，我们一边倒地支持企业首先取得进一步的发展，再寻求上市，这样才能获得上述种种益处。较大的企业准备得更加充分，也更容易控制上市的决定权。它们会更细致地寻求并找到更高质量的承销商。较大企业直接和间接交易的成本更低，认股权证造成的股权稀释作用更低。它们的股票销售进展顺利，甚至能意外地收获立竿见影的后市价格上涨——尽管这种差量效益不如小型企业来得持久。除了这些以外，较大企业还感到，它们在企业收购、创业者个人变现和员工福利等方面也比小型企业受益更多。

表 8-7　规模较大的技术型企业上市所具备的独特优势

为何上市？
关于可用选择的建议，风险基金先前对较大企业的投资
无论是为了收购，还是为了创始人出售股份，感觉上市会带来更大的优势
把市场作为更重要的上市时机考量因素
因筹措运营资本而上市的紧迫性远远小于小型企业
寻找承销商
都在找寻找承销商；一些较小的企业不得不在没有承销商的情况下直接从事 Reg A 交易
优先选择美誉度较高的承销商，以及拥有全国分销能力的承销商
交易
较大的企业发行价较高
发行股数更多，获得的收入更高
较大企业的承销商差价更低，它们发行的股票价格通常更高
发行时间效应更好，火热的新股市能够带来更低的承销差价。较大企业更有能力把控自己的上市时机，获得更高的收益

续表

企业的销售收入和总资产越高,直接总成本就会低得多
较大企业不需要把认股权证作为承销商报酬的一部分

结果

资金量较高的交易能找到规模更大的承销联合组织
承销股票会更快售完;少数小型企业的非承销发行遇到了问题
大型承销商的股票分发更广泛
较大企业在发行首日的股价上涨幅度更大,但是差别效果不会保持太久;热销市场的时机也会影响到首日股价的上涨
尽管少数小型企业认为自己上市的时机过早,但是公司所有权的公共化不会带来可认知影响的明显差异
同较小企业相比,较大的企业更重视上市对企业在收购方面的有利影响;上市有利于创始人出售股份,有利于加强员工股票期权的吸引力,规模较大的企业也更重视这两方面的有利影响。

不过,如果上市的主要目的只是募集必要的资金,企业的规模就会变得无关紧要。大小企业都不会在此过程中感到规模造成的不利影响。本章的正式数据收集与分析没有衡量上市对企业生存能力的影响。相比之下,较小企业在这方面占有明显优势。假如上市失败,这些小企业中的很多家,根据其创始人的判断,可能早就关门大吉了。对规模较小的技术型企业来说,上市本身并不等于成功;它只是打造常青企业过程中的关键一步。

参 考 文 献

E. Davis et al. "The IPO Fast-Track", *Venture*, April 1989, 25-39.

M. L. McBain & D. S. Krause. "Going Public: The Impact of Insiders' Holdings on the Price of Initial Public Offerings", *Journal of Business Venturing*, 4(6)(1989), 419-428.

Peat Marwick. *Going Public: What the High Technology CEO Needs to Know* (Chicago: Peat Marwick Main, 1987).

Systems Science Institute. *Growth Strategies of Up-And-Coming Enterprises* (Waseda University Business School, 1989).

第九章

求生还是求胜

9.1　总　体　框　架

无论是否归属于技术型,一位企业家的最终目标都是自己的企业取得成功——至少按照企业家个人的成功标准来说是这样的。因此,在对技术创业的研究项目中,我始终把高新技术企业成功或失败的原因作为最重要的问题加以思考。问题在于,一家企业的表现是大量因素复杂相互作用累积的最终表现。尽管它们中的每一项都对企业业绩具有单独的影响,但是,这些因素的恰当混合无疑具有更加关键的重要性,而且可能无法被发现。几组各不相同的因素,通过各不相同的方式结合,可能带来同样成功的企业,而这些企业成功的根本原因又是截然不同的。

企业获得业绩的过程自有其内在的复杂性。这种复杂性使得人们无法得出一种足以解释一切的、技术创业成功的"模型"。我们甚至连涵盖一切的模型都无法得到。一部分关于创业成败的早期实证研究往往会强调创业者的具体性格特征或者企业的特征,如动机(Smith and Miner, 1984)、"孵化"组织(Feeser and Willard, 1989)、融资前因素(Roure and Maidique, 1986)、资本化(Bruno and Tyebjee, 1985)、竞争策略(Slevin and Covin, 1987)、战略及产业机构(Tushman, Virany and Romanelli, 1985; Sandberg and Hofer, 1987; Dubini, 1989; Fombrun and

Wally，1989；McDougall，1989；Feeser and Willard，1990），还有几项研究同时检视多种不同的变量（Copper and Bruno，1977；Van de Ven，Hudson and Schroeder，1984；Bruno and Leidecker，1988）。本章会适时地援引这些研究和其他研究的结论。前面章节深入分析过的一些关键要素可能也与创业表现存在联系，本章也会对这些因素对于技术型企业最终成功的潜在影响作出评估。

公司业绩的总体模型为本章的分析带来了整体框架。这一总体模型与本书前面章节中的论述是一脉相承的。决定一家新企业成败的最重要基础之一是创业者本人。第三章深入探讨了技术创业者是如何产生的，如今的问题在于，"什么样的因素链条更有可能产生成功的技术创业者？"很显然，家庭背景在个人志向的养成方面发挥着重要作用，如宗教信仰和父亲的职业情况等。除此之外，这样因素还影响着未来创业者选择怎样的大学、达到怎样的受教育程度、选择什么样的课程、准备走上什么样的职业道路等。前文已经说明，这些个人差异不仅影响着一个人是否会创办属于自己的企业，还影响着人们选择追求什么样的目标，以及创业者如何组织和运营自己的企业。

第四章和第五章指出，创始人的一些个人特质可能也会影响到企业最初的技术基础和最早的融资工作。这些个人特质包括创始人的工作经历，他们最初确定的团队组成和公司发展方向，等等。这些非个人资源一旦确立，无疑会对企业后来的成就产生独立的影响。

公司的早期演进显然也深受创业者和初始技术与财务资源的影响。同时，早期发展还影响着企业进一步的成长和总体发展。第六章、第七章和第八章指出，企业要进一步寻求融资、确立市场导向、提高整体管理水平，这些都是决定企业未来成败的关键。

图 9-1 列出了关乎企业成败的所有潜在影响因素。实际上，这些潜在因素都是可能发生的，它们共同组成了本章的提纲。针对技术创业的整体研究为我们收集了比较数据，这些数据能够帮助我们从统计学的角度确知上述因素对企业的影响。

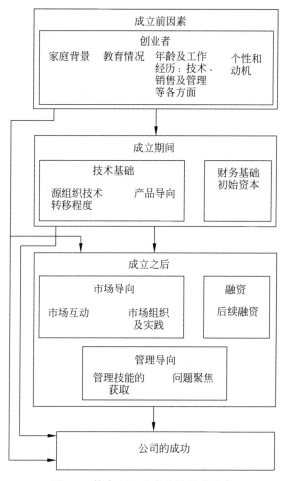

图 9-1　技术型企业成功的影响因素

9.2　衡 量 成 功

从很大程度上来说,我的多阶段研究项目是为了把创业者和企业的方方面面与企业最终的成功联系起来。这就带来了一项难度很高却又极有必要的任务:如何定义一种实际可用的手段来衡量成功——尽管我不太情愿对任何关于成功的个人定义表示出异议。人的价值观和动机各不相同,从这个意义上来说,用来衡量成功的标准自然也是不尽相同的。在评价自身的成功时,创业者提及的方面极其广泛,这种多样性也足以说明这一问题。有的人发现,成功来自产品的广泛应用;有的人认为,成功在于为自己和投资过自己的亲朋好友创造的财富。有一位创业者提出,自己的企业为社区里的很多人创造了工作机会,这足以令人感到自豪(成功?)。有些技术导向极强的创业者成功地探索了很多全新的领域,他们把这看作成功的标志。尽管人们看法各异,众说纷纭,我和我的助手们仍然决心找到恰当的衡量成功的标尺,而且它们要在一定程度上呼应社会公众对一家年轻技术型企业取得成功的可能评判。

对 MIT 和其他源组织的衍生企业而言,本章主要的信息来源,即详细的数据,是完全可用的。它们可以用来衡量自身总体业绩的手段是由 3 个方面的考量综合决定的:①企业生命期内的销售收入平均增长情况;②为计算企业经营年数而做出的必要修改;③把企业盈利能力或非盈利能力的情况纳入考量[1]。这套"加权总体业绩评价"(weighted overall performance rating)方法会贯穿本章提出的所有分析。

该总体研究项目还广泛检验了其他多种用来衡量成功的方法,我们希望能在多种既相互联系又无法完全独立发挥作用的衡量手段之间找到一贯的趋势与关系。我们在 5 种不同的企业业绩指标之间发现了极其紧密的统计相关性。它们包括:上文定义的加权总体业绩评价方法;企业整个生命期的平均销售情况;销售增长的年际趋势(以美元的年际增长来衡量);当前销售率的调整后版本;以 10 年为单位的未来销售预测[2]。这几项指标之间的紧密联系说明,其中任何一项指标都可以单独地、合理地说明企业的成功。同样地,在我们单独分析的某电子系统公司衍生企业群体中,销售的增长与总体业绩指标之间表现出了极为紧密的相关性($p = 0.0001$)(提醒,括号里的数字表示的是研究中单纯凭借概率发现该种关系的可能性;可能性越低,提出发现的可靠性就越高)。

我们希望把已投入资本的现值纳入企业的总体业绩指标,作为其组成部分。但是,由于广泛使用的案例数量不够多,我们无法得到关于这一信息的可靠数字。我们把资本回报指标用在了第十一章关于高成长企业的特别研究当中。如果研究中有更多的已上市企业,它们的净市值也会是我们希望取得的有用指标。第八章的分析中通篇使用了资产数据,该章还指明,销售收入与资产之间存在着紧密的相关性。

关于本章建立并使用的综合业绩指标,还存在这一种有效性评价。在一项企业样本中,我们用它对比了邓白氏评级。结果显示,两项被人们广泛使用和接受的邓白氏指标——邓白氏财务实力评估和邓白氏综合评级——都与此处使用的总体业绩指标存在明显的正相关关系(分别为 $p = 0.006$ 和 $p = 0.02$)。这也提高了先前建立的综合指标的地位,为它增添了更多的可信性。

任何一种公司业绩的衡量标准都可能与创业者个人心目中的具体标准相互抵牾。创业者自身的业绩标准比较偏主观,这些指标很少会把他们的企业,尤其是他们自己,归入失败的类型。我们请创业者为自己业绩作出评价。评价分数从 1 分到 7 分：1 分代表彻头彻尾的失败，7 分代表完全的成功。在一项样本的 107 位技术创业者中，共有 95 位给出了答案。结果：只有 16 人（占 17%）为自己的企业作出了低于中间数（4 分）的评价；29 人选择了中庸之道，打出了 4 分；除此之外，给出 5 分的有 29 人，6 分的有 17 人；还有 4 人给出了代表圆满成功的满分 7 分。与此类似，从某大型多元集团企业走出的 58 位新企业创始人也为自己的企业给出了 5.4 分的平均分，几乎抹平了较为成功和较不成功的企业之间的差别。

我发现有一点非常有趣：在所有的研究中（除了 1 个特例之外），在上文提到过的企业总体业绩指标与创业者自我评价的成功程度［包括目前的和潜在的成功）之间并不存在明显的关联（无从解释的例外来自某电子系统公司的衍生企业。这些企业自我评判的成功与整体的企业业绩之间关联紧密（$p = 0.04$）。可能的解释是，这些创业者的行业背景帮助他们不自觉地接受了总体成功指标中内嵌的、以销售和利润为目标的价值观念］。一般而言，创业者关于成功的自我评价与我们研究过的几种客观合理的业绩指标之间并不存在明显的关联。这可能说明了这些业绩指标不够好，但是，更大的可能性在于，它只是证明了我之前提出的看法：人们看待和衡量成功的标尺是千差万别的，尤其是在评价自己时。我还清楚地记得一次采访时的情景。我的采访对象是一家企业的领导人。这家公司当时的销售额达到几亿美元，而且在不断地发展壮大，利润也在不断提升。我猜他会为自己的公司打 7 分，但是他只打了 5 分。面对我的大惑不解，他回答说："我们本来可以做得更好。"被外来投资者挤出公司的创始人们一般会在一定程度上为自己一手创办的企业的成功程度给出比较负面的评价，对已有成就的客观表现置若罔闻。

我们的研究样本中有一个由 142 家企业组成的子集。它主要包括 MIT 的衍生企业和某电子系统公司的衍生企业。表 9-1 列出了这些企业在这一业绩指标衡量之下的评分分布情况。同上文提到的样本情况相比，17% 的创始人在自我评价中较为主观地、从低到高地给出了低于中间点的分数，这里有高达 69% 的企业被更加客观的整体业绩指标评价为低于中间水平。这些企业可能会被贴上"求生者"（survivors）的标签，而不是"胜利者"（successes）。但是，相对而言，只有极少数的企业真的差到要被打出最低的 15 分。那代表着企业完全的失败（停止营业或者破产），或者至少也是销售额不断下滑。这个样本中只有 15% 的企业处于这样的状态中，对平均创办时间为 5 年的企业来说，这样的失败率是极低的。这样低的绝对失败率在技术型企业的所有研究中表现得尤为明显。比如，我们（在第七章里）研究过 20 家企业的风险资金筹集情况。截至采访进行时，只有 5 家（占 25%）企业终止经营。而且这个比例中只有一半，仅仅 7 家（占 12%）衍生自某大型多元技术型公司的企业遭遇失败。库珀和布鲁诺（Cooper and Bruno,1977)发现,在 250 家硅谷高新技术企业中,平均成立 10 年之后的终止率稍高一些,达到了 29.2%,但是仍然处于相对较低的水平。它与马萨诸塞州所有样本中的最高终止率不谋而合——在一组由 18 家平均成立 7 年的样本中,有 5 家(占 28%)遭遇失败。

表 9-1　技术型企业业绩评级列表(n = 142 家企业)

业 绩 评 级		企 业 数 量	评级企业占比/%
高	1	9	6.3
	2	6	4.2
	3	0	0.0
	4	7	4.9
	5	4	2.8
	6	2	1.4
	7	9	6.3
	8	7	4.9
	9	3	2.1
	10	22	15.5
	11	23	16.2
	12	17	12.0
	13	1	0.7
	14	10	7.0
低	15	22	15.5
合计		142	99.8*

高平均评分为 9.77;评分为 11.00。

*舍入误差。

　　然而,低失败率并不是大多数新企业的共同特征。根据 SBA 的报告,成立 5 年之内即告失败的新企业比例高达 90%。为了对照通常的技术型企业研究,我们曾经专门研究过消费品导向的制造厂商。这些研究也证实了 SBA 的发现。我和我的助理们最初圈定了 49 家马萨诸塞州的消费品企业,可是由于业务的失败或者其他原因,我们最终详细研究的只有 12 家。后来,这 12 家企业中有 8 家关门停业了。这时距离它们的成立只有 6 年时间。这也使得这些企业的平均经营时间缩短到了区区 1.5 年。不仅如此,考虑到非技术型消费产品厂商在成立前 6 年可能高达 85% 的失败率,在这 49 家企业中,有 42 家很有可能或者注定会停业。这样一来,技术型企业极高的存活率就极为引人注意了。

　　但是我们也应当注意到,表 9-1 中只有极少数获得最高分,包括获得满分(1 分)的企业仅占 6%。尽管这些数字只是用来衡量企业成功的指标,而不是用来衡量投资回报的,但是这一比例仅比亨茨曼和霍本(Huntsman and Hoban,1980,p.47)提出的、能够创造绝佳回报的、相对较低的风险投资比例略高,同时,它也仅比坊间流传的、只有1/10 的投资能取得"本垒打式的巨大成功"的传闻略低。有的企业求生,有的企业求生,本章的剩余部分会集中评述造成这一明显差异的那些不同之处。

　　在本章的分析中,我们会尽可能地运用前文提到的复杂衡量体系,并把它作为评判成功或者失败的基础。在有些研究中,我们也使用了没那么考究、复杂、需要海量数据的成功衡量指标。比如,在对某大型多元公司衍生企业的研究中,我们仅仅使用了平均销售年增长率和过去 3 年间至少 2 年的盈利能力情况。还有比这更简单的,我们在研究评价一些年轻技术型企业时仅仅采用了一个指标:过去 3 年的平均销售增长情况。在这一章,凡是使用这些替代性信息来源时,使用它们作为替代性成功衡量指标时,我们都会在引用它们的结果时特别指出。

9.3　创　业　者

　　我们首先着眼的第一组因素是创业者本人及他们对企业成功的影响。本书第三章已经收集了多方面的数据,包括创业者的家庭背景、受教育程度、工作经验、性格和动机等,接下来,我们要把所有这些数据同他们亲手创办的企业的后期表现结果联系起来。

9.3.1　家庭背景

　　第三章已经有力地说明,超过比例的众多创业者都有着从事个体经营的父亲。在职业道路的选择中,这些创业者极大地受益于家族遗传的"创业香火"。与此类似的是,在那些没有父辈作为创业榜样而又走上创业道路的人们中间,拥有犹太家庭背景的比例异常突出。这也反映了麦克利兰提出的"进取型"(achieving)家庭环境的影响力。虽然这些因素影响着人们创办自己企业的决定,但是包括宗教信仰在内的其他方面的家庭背景因素对创业者后来的成功并不存在直接影响。我们仅在一项研究中,即某大型多元集团公司衍生企业的研究中,发现了父亲从事个体经营与子辈新企业成功之间存在微弱联系($p=0.11$)。其他样本中均未出现类似的统计学意义上的联系。由此可见,家庭的帮助只能影响创业者的职业选择,无法影响创业结果。但是从某种程度上来说,由于家庭背景影响着创业者的个性和动机,所以它实际上仍然影响着企业的成功,我们会在下文详细论述这一点。

9.3.2　教育情况

技术型企业的存活率达到了非比寻常的 70% ~ 80% (同全美新企业平均存活率相比)。这很可能与技术型创业者特有的高教育水平存在一定联系。第三章告诉我们,技术型创业者之所以能创办企业,是因为他们先前在某些源组织工作过,而这些源组织的性质决定了这种高教育水平的必要性。还有一项因素或许也可以解释这些创业企业的整体高存活率:存在一个准备就绪的成熟市场,期待接收样本企业的技术成果。相比之下,由教育水平没那么高的创业者管理的非技术型企业(以样本中的消费品厂商为例)之所以失败,不一定是由于创始人的学历不够高,反而可能是由于缺乏一个现成的、准备好了的市场。无论如何,对技术型创业者而言——他们的受教育程度中位水平为硕士学历——我们很难确定教育水平的影响因素对企业的整体成功究竟发挥着怎样的影响。

在两个 MIT 实验室子样本中,创始人学历较低(低于大学本科学位)的几家企业表现不如创始人学历较高的企业。但是,如果把所有的 MIT 衍生企业集合在一处,这样的关系便不再成立了。在一个由 20 家年轻技术型企业组成的样本中,研究者收集了所有共同创始人的教育水平数据,并把这一数据的水平值作为衡量每一家企业的教育指标。结果显示,该平均值不仅与这些企业的早期销售增长存在积极关联($p = 0.10$),而且与它们的长期销售增长关系更为密切(0.016)。

在大多数情况下,在技术创业研究的其余部分,我们尚未地发现受教育程度与企业成功之间存在任何统计学意义显著的直接联系。恰恰相反,企业业绩与教育水平之间显然存在着一种“倒 U 型”(inverted U)关系:创业的成功似乎取决于一种不高不低的受教育程度,一般不高于理科硕士学位,我把它称为“恰到好处的教育程度”(moderate educational level)。相比之下,有些业绩较差的创业者反而受教育程度更高,有些甚至达到了博士学位。整体而言,博士创业者们并没有表现得更好。但这并不代表更多的教育本身是无益而有害的。相反地,研究结果表明,就整体气质、态度和目标而言,博士学位获得者们常常与工程领域技术创业成功必要的样貌大异其趣。博士学位项目不仅包括前沿的研究与开发,还包括相当多的纪律和规则,涉及多种委员会组织和写作。取得博士学位的人们往往另有一套工作动机,他们希望在这方面取得成功。他们会把想法付诸行动,会把构思变成现实[我本人也拥有博士学位,这让我在得出这些结论时极为小心谨慎,尤其考虑到我当然还认识几位极度成功的博士创业者,包括我们在第一章讨论过的(阿瑟·罗森伯格)等]。这些数据当然并不是在宣布:“如果你读到了博士,就死了创业那条心吧。”它们提醒我们的是,要尤其彻底地评判博士创业者,确定他们是否真的愿意为了创办一家成功的、繁荣兴旺的组织而牺牲自己的时间、精力和投身其他事业的机会。实际上,范德文和他的同事们(Vande Ven et al.,1984)发现,教育软件企业的博士创始人们在企业初创阶段的表现得更优异(0.5)。就整体而论,博士创始人们通常会成立单一创始人企业。这些企业更倾向于从事研究和/或咨询工作。它们最初都是由创始人自己出资,而且初始资本较少。单独而论,这些因素都与企业的糟糕业绩存在直接关联。我们会在本章后半部分谈到这一点。

博士创业者的整体创业表现不佳。新一代基因工程和生物技术企业的涌现可能带来改观,不过我的现有样本没有包含这些企业。实际上,样本中的博士创业者表现确实不如人意,但是也有例外。这些例外来自我们研究中的一众马萨诸塞州生物医疗企业。尽管医学博士常常被人们与业绩较差的企业联系在一起(0.05),但是在这一组企业中,14家硕士或博士创办企业的业绩远远优于更低学位获得者创办的企业。

9.3.3 年龄和经历

提到对非技术型消费品制造创业者的研究,最令人惊诧的一项发现是他们在公司成立时的平均年龄和工作经验:45岁、24年工作经验。人们可能会推想,如此高的成熟度必然让企业更有可能走向成功。也可能有人会说,年龄稍长的人群缺乏年轻人特有的进取心和冲劲。所以这句话反过来说可能也是成立的。实际上,仅在偶尔的情况下,研究子集才会显示出微弱的证据证明:年轻的技术创业者更加成功。总体而论,我们的数据并不支持创业者年龄与企业业绩之间存在任何关联性。

大多数想把创业者工作经历中某些具体方面同企业成功联系起来的尝试同样产生了混杂的结论。有些研究发现,创业者在源组织工作期间发表文章的数量,尤其是取得专利的数量,与后期创业的成功联系密切。然而大多数研究并不能证实这一联系。考虑到目前关于家庭背景、受教育程度、年龄和整体经历等方面的研究发现,我们应该不会对桑德伯格和霍弗(Sandberg and Hofer,1987)的研究结论感到惊讶。他们同样发现,创业者的经历特征对新企业的业绩影响甚微。

有一组工作经历的衡量指标确实与创业表现有关,但是,令人遗憾的是,我们仅在3家MIT实验室里收集过相关信息。我们额外采访了这些衍生创业者的前实验室主管,得到了他们对创业者此前在技术创造力、整体技术能力和管理能力等方面的评价。这里显然需要注意一个问题:这样的事后评价会不会因为受到创业者离开MIT实验室之后发生的诸般事件的影响而产生偏差?无论如何,在图9-2所示的MIT林肯实验室衍生企业情

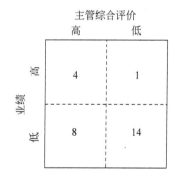

图9-2 通过前主管评价预估创业者未来的企业业绩(n=27家MIT家林肯实验室衍生企业)

况中,由 3 家实验室平均考评构成的综合评价均比业绩较低群体中的最高分高出甚远($p=0.10$)。然而,这里有一点需要留意,按照实验室前主管的评价,27 位创业者中有 12 位(占 44%)在源组织期间业绩突出;而我们的企业业绩指标显示,这 27 人中只有 5 人(占 19%)可以称得上业绩突出。这或许证明了,技术型创业者需要越过更高的"跨栏"(hurdle)。我们在 MIT ESL 的衍生企业中同样发现了主管评价与创业表现之间的密切关系(0.8)。实际上,这里的 3 项个人主管评价均表现出了极强的关联性。但是,在 MIT 电子研究实验室,仅有"技术创造力"这一项的评价与后来的创业成功存在关联(0.5)。我们很难尽解这些评价的全部意义,尤其是考虑到它们作为事后评价的这一性质。

对我们帮助更大的发现来自对某电子系统公司前员工创办企业的研究。仅在这里,创业者工作经历信息才被表示为他们此前担任过的管理角色。而这些角色本身与他们在实验室工作的年限紧密相关(0.01)。就该样本集而言,那些投入最多时间从事管理工作的人们后来都在创业道路上异军突起。他们公司的业绩远远好过非管理岗同事创办的企业(0.004)。我们可以从以下几个角度理解其中的合理性。首先,使得人们走上主管岗位的个人特质(也就是使得他们在实验室中成为佼佼者的个人特质)同样对他们日后的创业成功起到直接的帮助作用。其次,身为主管,人们有机会接触到更多五花八门的职责和问题,包括管理方面的问题,这能让他们更加游刃有余地应对创业中出现的、纷繁复杂的问题。再次,主管人员能够更好地把握技术类项目的全局性,而不是攻其一点,不及其余。这样的大局观有利于其主管人员完成更多对新公司有意义的技术转移(0.03)。最后,主管所处的位置更有利于其熟识客户、更多地参与到实验室技术的营销工作中去。这也让主管们更多地明白应该接近哪些人、如何接近他们。这些知识对人们走上创业道路大有裨益。最后这一点也许是关键中的关键。在某电子系统企业的衍生创业者中,只有担任过主管职务的人们才有一些市场经验和关系。这一看法也得到了一项最近研究的支持。经过对 18 家新近成立的技术型企业的深入研究,人们发现,主要创始人先前管理经验的程度与后来的企业成功之间存在着密切的联系(0.07)。

正如第四章所述,我们在工作经历的一些方面与技术转移之间发现了若干重要联系。如今看来,它们同样与新企业后来的业绩有关,毕竟,我们无法把工作经验对企业成功的影响同转移而来的技术对企业成功的影响泾渭分明地分割开来。比如,那些在离开 MIT 各大实验室之后才获得营商经验,再创办企业的创业者们向自己企业转移的 MIT 技术相对较少,他们的企业也相对没那么成功。无独有偶,那些离开某电子系统企业,在别处获得商业经验的创业者同样表现得比较糟糕。从逻辑上来说,人们换过的公司越多,每份工作的平均聘用时间就会越短

(0.006)，创业业绩就会越差(0.003)。这些创业者也许永远不会在一份工作上停留足够的时间，用来获取必要的技术知识，因此，他们能够转移的技术少而又少——不仅是来自我们观察得到的源组织技术的转移，也包括从他们工作过的其他场所技术的转移。

享受先前技术工作经历的创业者往往能创造出更好的业绩(0.02)。同样地，发现自己的工作充满挑战与后来的企业成功之间也存在着类似的联系(0.01)。这或许也是人们不同性格类型的良好写照。有些人就是热爱工作，喜欢让自己的工作充满挑战，无论它在别人眼里是多么地枯燥乏味。他们会把这种充满挑战、乐在其中的氛围带入自己创办的新企业。公司的员工，甚至是客户，会受到感染，产生一种新事业的使命感和意义感，帮助企业实现成功。我们的研究并没有在源组织的规模或其他特征与衍生企业后期的成功之间发现任何联系。但是，费泽和威拉德(Feeser and Willard，1989，p. 430)指出，增长迅猛的计算机设备企业创始人更多地来自大型上市"孵化组织"，更少地来自大学和非营利组织。他们的研究结果与 MIT 衍生企业在大波士顿地区显而易见的主导地位存在分歧。

9.3.4 性格与动机

第三章阐述的相关研究有助于我们认识技术型创业者的性格和动机，但它没有把创业者的性格同企业后来的成功联系起来。对创业动机的检视主要集中于企业销售增长数据的收集。这一样板运用主题统觉测试(Thematic Apperception Tests，TAT)的方式衡量创业者的驱动力。它在创业者的成就需要(Need for Achievement，n-Ach)与公司业绩之间发现了密切联系。由成就需要较高的领导者掌管的企业增长速度更快，它们的平均增长速度比那些由成就需要一般的创业者掌管的企业高出足足 250%。正如图 9-3 所示，就整个创业者样本范围而言，在那些由高成就需要创业者领导的企业中，有 79% 的企业增长率超过了中间水平。成就需要较低创业者的企业业绩略好于成就需要一般的组别，同时明显低于高就需要较高的组别。史密斯和迈纳(Smith and Miner，1984)也发现，更加成功的技术创业者比增长缓慢的企业创业者展现出了更高的任务或成就动机。迈纳等人(Miner et al. ，1989)后来还通过进一步的研究证实了这一点。不过，在各种成就需要类型之内也存在不小的业绩差异。仅以高成就需要者为例，他们的销售增长业绩得分幅度在 0.14~2.10 之间。成就需要较低和适中的组别之内同样存在类似的、较大的差异范围。

独立地来看，权力需要(Need for Power，n-Pow)和归属需要(Need for Affiliation，n-Aff)与企业业绩之间缺乏统计学意义上的关系。但是，成就需要、权力需要与归属需要三者之间确实存在着明显的联系，这也可以部分解释企业在业绩方面的千差万别。

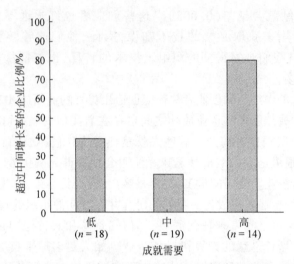

图 9-3 增长率超过中间水平的企业比例与创业者成就需要的影响($n=51$)

最重要的是在高成就需要群体中取得最佳业绩,并且权力需要适中的那一群人。业绩较低的人群中则既有高成就需要的类型,也有低成就需要的类型。权力需要较强的企业创始人往往同时表现出独断专行的领导风格,这可能会扼杀其他人为组织的发展和成功做出有效贡献的可能性,使得公司其他人员的能力资源得不到充分利用。这会让组织被迫出现"独角戏"(one-manshow)的局面。我们会在下一节中看到,"独角戏"是很难为组织带来充分发展的。反过来讲,权力需要过低的创始人会放任组织中的每个人各行其是,完全置组织的核心目标于不顾。这种低权力需要创业者可能带来毫无领导力与方向感可言的企业——完全的自由放任,人人各行其是,走到了重点突出、优先级明确的对立面,浪费了年轻企业本就奇缺的人力资源和资金。权力需要轴线的中间点代表着上述两个极点的综合影响,我们可以恰如其分地把它描述为"参与式组织风格"(participative organizational Style)。这样的创业者就是组织事实上的最高领导者,他们树立并维系着明确的核心抱负与目标,同时,他们又能分权给同事和下属,给他们充分的发挥空间,让他们用最好的表现作出最大的贡献。这种恰当的权力需要与高度的成就需要的结合是最成功技术创业者的标志性特点。丰布兰和沃利(Fombrun and Wally,1989)的研究证实了这种说法。他们指出,成长迅速的技术型企业会"在自己的文化中培育更大的自主性,更加鼓励冒险。而追求成本策略的企业……则会对员工施加直接管控,降低(员工的)自主权"(p. 115)。但是他们没有在这一点与企业业绩之间发现总体关联性。

9.3.5　创始人数量

除了创业者的上述个人特征之外,还有一项特征与技术型新企业的后期成功关系最为密切,关联性也最强。它就是公司最初的创始人数量。在我们 25 年的研究中,无论衡量成功的指标如何变换,这点特征总是会出现在我们研究过的所有子样本中,并且在统计学意义上显现出极为重要的影响力。举例来说,在拥有多位创始人的 MIT 实验室衍生企业中,有 14% 的企业进入了业绩最优的群组(得分为 1 ~ 3 分);然而单一创始人企业的这一比例只有 3%。创始人越多,企业就越成功,这一正向关系同样明显地表现在某电子系统公司的衍生企业当中($p = 0.05$)。通过对 20 家年轻企业的细致监测,我们发现,即使是在发展早期阶段,技术型企业的销售增长也与原始创始人的数量关系密切(0.09)。纵观这些企业,在拥有 2 位以上创始人的企业中,业绩超过平均水平的比例达到了 63%;反观那些只有 1 ~ 2 位创始人的企业,业绩超过平均水平的比例只有 20%。再举一例,在计算机相关行业,业绩较差的企业平均拥有 1.9 位创始人,而业绩上佳的企业平均拥有 3.2 位创始人。库珀和布鲁诺(Cooper and Bruno, 1977)在他们对硅谷系列的研究中发现,拥有多位创始人与企业的快速增长之间存在重要联系;费泽和威拉德(Feeser and Willard, 1990)也在他们关于计算机相关企业的研究中证实了这一点。范德文等人(Van de Ven et al., 1984)指出了这一规律的一点例外,他们在对 12 家教育软件新企业的研究中发现,由于多位创始人之间频发权力斗争,因此单一创始人企业的业绩表现更佳。

多创始人企业的成功显然不仅仅是由于创业团队人多势众,而是由于团队创业本身所具有的众多优势。随着初始创业者人数的增加,可资利用的多样性和人才深度、能力、经验和原始资本也在增加(如本书第五章所述),这会理所当然地为新企业带来更好的业绩。实际上,一项针对新近企业的研究表明,创始团队同时具备技术经验和管理经验的企业业绩更佳(0.05)。尽管持相反论调的人们也许会提出,多位创始人对权力的分解会分散企业的力量,明显降低企业的业绩。但是正如第六章所述,人数更多的创始人团队会贡献更高的工作小时总数(0.008),尤其是在工程(0.13)和销售(0.006)方面。而工作小时总数和每位创始人的努力程度都与企业的早期销售增长息息相关(肯德尔等级净相关系数分析确定了,创始人数量和工作小时总数对这些工作的影响程度最深)。实际上,这些益处是如此的明显,以至于只是考虑到合伙创业对成功的重要意义这一点,就足以促使众多创业团队的成立。罗雷和麦迪克(Roure and Maidique, 1986)也曾阐明,在他们的高新技术企业样本中,更完备的创业团队体现出了更高的重要性。对单独一位创业者来说,一肩挑起整个公司的管理重担是一项令人生畏的任务,对那些缺乏商业经验的技术专家来说尤其如此。这一点也清楚地反映在这样一种事实当中：那些在先前工作中最缺乏营商经验的人们最有可能在创办新企业时寻找合作伙伴(0.01)。我们认为，其中的部分原因在于，他们发现自己需要拓宽新公司的经验基础。

除此之外，我们已经在前文发现了创业者权力需要与企业成功之间的负相关关系。这告诉我们，那些想要领导企业、取得成就——而不是管控他人行为——的创业者很有可能寻找共同创业伙伴，因为这样既能分享想法，又能分担工作负荷。这样一来，那些权力需要较高的创业者往往比较孤立，他们会单独创办企业。而且这些企业的成功概率相对低得多。令人遗憾的是，我们没有可用的数据来证明这一有关高管风格的假设。

创业之初即有更多创始人分担职责的益处会延续到企业随后的运营当中。更多的创始人能承担起更多需要投入大量时间的、需要多种不同技能组合的重要任务。第六章早已说明，创始人数量与企业运营中 3 个方面的市场导向间存在统计学意义上的关系：市场营销部门、销售预测和市场分析。本章下文即将指出，所有这 3 个方面的因素均与企业的卓越绩效密不可分。不仅如此，就像第六章指出的那样，一开始就拥有多位创始人的企业更有可能在某些硬件制造领域开展运营。我们会在下文指出，这一点同样与企业的成功绩效密切相关。除此之外，第五章还指出，如果公司一开始拥有多位创始人，它们的初始资产往往也高得多(0.002)，这最终也与企业的成功息息相关。后期融资同样表现得对多创始人企业更加有利，包括风险投资人在内的各种资金来源都比较偏爱投资那些创始人数量较多的企业(我们已在第七章阐明了这一点)。

9.4　技　术　基　础

9.4.1　快速的技术转移

本书第四章详细阐明了技术从源组织向新企业转移程度的诸多影响因素。事实证明，这一新企业的技术基础远远不止是一件好事那么简单。它与企业最终的成功高度直接相关，并且是企业成功的影响因素之一。就 119 家 MIT 衍生企业(它们来自 MIT 工程系和 4 所 MIT 实验室)而言，完成更多技术转移的企业始终是最成功的($p = 0.02$)。我们从某电子系统公司的衍生创业者当中得到了同样的发现。那些从源头实验室迅速而直接转移前沿技术作为立足之本的企业是最有可能成功的。同样地，我们在一项产业样本中发现，能源相关的高绩效企业具有较高的技术转移水平(0.10)。直接的技术转移实际上是移除了企业发展道路上的一块巨大的绊脚石。当一项技术发展到了各种程度时，它可能被采用、精细化、进行某种修改，然后呈现在市场面前。能够实现更多技术转移的新企业几乎一定会在完成内部产品开发的过程中耗费更少的时间与成本,从而更早地在市场上销售可资盈利的产品或服务。与那些"从零开始"的企业相比,转移而来的技术为它们带来了巨大的竞争优势。库珀和布鲁诺(Cooper and Bruno,1977)发现——虽然他们没有详细研究转入新企业的具体技术——发展迅速的新企业与它们的源组织在使用的技术和服务的市场方面都非常相似。费泽和威拉德(Feeser and Willard,1989,p. 429;1990)最近的研究也证实了这一点。

提到技术因素,最明显的反面影响表现在那些完全未能采用源技术的创业者身上。在某样本的103家企业中,有11家完全未能采用源实验室的技术。在这11家企业中,只有1家企业的业绩进入了总排名的前1/3。这些创业者似乎并不看好源实验室技术的潜在利用价值。这种情况有时反映了创业者对法律诉讼的畏惧。他们担心自己遭到前雇主单位的起诉。相比之下,某电子系统公司的衍生创业者们指出,他们在源实验室学习的更多,而这些知识在新公司的应用更少。这些人的业绩表现同样明显地优于同侪(0.4)。这种学习的表现之一是个人创业者的专利获得,它同样与企业后来的成功密切相关(0.2)。

正如第四章所示,影响源组织技术应用的一项关键因素在于创业者离开源实验室之后(直到创办新企业之前)是否从事其他工作。很多情况下,未来创业者们会在业内找到另一家单位,积累工作经验。他们认为,这也许会对未来的成功创业有所帮助。但是,不幸的是,这些额外的工作经历往往会降低技术转移的程度。在 MIT 衍生企业的例子中,这种做法对企业的最终成功造成了负面影响(0.10)。对 MIT 实验室的前沿技术转移而言,创业者的商业工作经历会产生尤其显著的耗散影响,它与新企业业绩之间的负相关关系表现得更为显著(0.01)。如果过渡工作的时间超过 4 年,负面作用就会高得离谱(0.05)。间隔的时间越长,新企业实际的最终业绩就越差(0.001)。

偏相关分析表明,间隔时间——或曰更多的工作经验——本身并非必需。恰恰相反,这里的主导机理在于,更长的间隔时间会降低技术转移的程度。这与企业最终业绩水平的低下不无关系。图 9-4 从概念上清楚说明了间隔时间(从离开源组织到创办新企业之间的时间长度)对技术转移的影响,以及它最终对企业成功的影响。独有的技术知识和/或技能构成了新生企业可能用得上的最强有力的竞争优势。如果创业者在寻求商业敏锐度的过程中丢掉了这一优势,他们无疑丢掉了自己与成熟企业一较

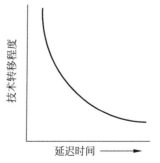

图 9-4 延迟创办新企业的时间对技术转移程度的影响情况示意图

高下的能力。

9.4.2　产品导向型企业

　　根据第六章的记述,在那些直接从源组织转移技术的创业者当中,有很多人一开始成立的是咨询公司和/或合约研发公司。不幸的是,按照我们的销售增长指标和财务导向指标衡量,这些公司鲜有喜人的业绩表现。以我们的 MIT 实验室衍生企业样本为例,在始终完全从事合约研发的企业中,经营业绩进入最高组别的企业仅有 1 家。来自 MIT 院系和实验室的其余所有高业绩企业要么完全专注于硬件制造,要么同时从事硬件和其他类型的业务。比如,在 MIT 航空航天系教师创办的 8 家企业中,只有 3 家从一开始就确立了产品导向。而恰恰是这 3 家企业创造了全系教师创办企业中最高的销售总收入。在其他的样本中,最成功的企业还包括软件公司在内,但是不包括那些主要从事客户软件或者程序设计服务的软件公司。

　　当然,很多从一开始就走上产品路线的企业同样没有取得重大的成功。由此可见,仅凭产品导向本身并不能确保成功。但是,缺少这样的导向几乎一定会造成高成长性与高盈利能力的缺失。我们可以这样说,尽管直接技术转移为这些技术的创业载体带来了竞争优势,但是,只有通过具体的产品形式把这些技术表达出来,企业才能显著成长,并且撬动更大的发展。有一项发现与此相关:绝大多数业绩最优的企业(在一项 MIT 的大型样本中,这个比例达到了 9/11)都很明显地努力摆脱对政府市场的依赖,积极寻求自身技术基础的商业化应用——尽管它们的源组织一开始主要依靠的正是政府的资金支持。反观业绩较差的企业,努力挣脱对政府的最初技术和财务依赖的企业比例则要低得多。越来越多的新创业者正在把转移而来的技术体现在可反复使用的、类似产品式的服务上面。这些服务同样展现出了成功企业的业绩潜力。比如,业绩更高的能源企业往往发觉,创始人的前雇主单位在某项新产品或者新服务的开发方面做得还不够($p = 0.01$)。

9.4.3　监管性延误的影响

　　因此,先进技术即时而密集地进入市场就成了上述衍生企业至关重要的成功因素之一。但是,如果政府的监管既把一家公司产品的技术创新性与其影响的剧烈程度联系在一起,又阻碍新技术快速实现商业化,又会发生什么? 这两项负累是生物医疗领域新企业所面对的环境的典型特征。与其他技术型产业相比,生物医疗产业最大的不同之一就是美国食品药品管理局(Food and Drug Administration, FDA)繁重的监管限制,以及其他国家类似 FDA 的机构的监管束缚。这种外部干涉和质量标准管控的程度之深,简直让企业毫无招架之力。它既包括产品的功效,也包含产品的安全(FDA,

1976,p. 59-515)。不仅如此,监管还涉及生产方向的指导原则和簿记规程(p. 501),以及标签和广告标准(p. 502)等。这两套标准都比非生物医疗生产行业的监管标准严苛得多。比恩鲍姆(Birnbaum,1984)对 X 光设备制造行业的研究,以及(美国)国会技术评估办公室(Congressional Office of Technology Assessment,OTA)对隐形眼镜行业的研究都是很好的例子。它们用强有力的证据说明,日益繁重的监管削弱了生物医疗产品的创新,尤其是小型企业的产品创新。

这些问题促使我开始了对生物医疗产品领域的技术创业研究,其中,我最关心的问题是政府监管对技术型新企业和年轻企业造成的后果——毕竟这些企业从事开发的产品既充满创新性,又充满了风险[3]。新型生物医疗产品的风险是由外部医学专家独立评估的。评估的主要侧重点是患者面对的显性风险及产品的"患者侵袭度"(patient invasiveness)。比如,用于实验室诊断的医疗设备在这两方面的风险都低于患者口服的药物。对生物医疗产品来说,技术的"全新"或者"同类别第一个"程度极其重要,而这种程度与产品的评估风险之间存在着统计学意义上的显著联系,无论它们是第一款($p=0.10$)、第二款($p=0.10$),还是第三款($p=0.05$)。尽管非生物医疗领域里的新产品往往同样为使用者带来风险,但是它们很少招致监管部门如此程度的风险管控。如今,在生物医疗领域之外,人们对产品安全与责任问题的担忧日益增长。这非常有可能把新产品监管带入高新技术创业的其他领域。

研究中的 26 家生物医疗年轻企业感到,FDA 对这种感知风险的应对主要是通过在某种程度上影响企业的产品风险而实现的。表 9-2 表明,从统计学的角度来看,更高的产品风险(它是由独立专家委员会评定的)与更多来自 FDA 的总体影响存在显著相关性(企业高管指出了这一点;与 FDA 有关的费用同样表明了这一点)。一个明显的结果是,企业的整体技术创新性与前 2 年的销售收入之间出现了微弱的负相关关系;同时,创新与 2 年后的平均销售收入之间呈现出微弱的正相关关系。不过,这两种关系都不具备统计显著性。截至此时,我们未能在高度监管的医疗创新过程与企业的成功之间找到强有力的正向联系,这不免令人失望。不过,我会在下一节对这一问题稍加解释。

表 9-2 公司产品的使用风险与 FDA 监管的影响

公司的产品	风险与 FDA 监管总体影响之间的相关性	与 FDA 对口部门开支之间的相关性
首款产品	0.35[*]	0.20
第二款产品	0.29	0.32
第三款产品	0.14	0.51[*]
整个公司(产品平均水平)	0.32[†]	0.47[†]

该表采用了斯皮尔曼和皮尔森(Spearman and Pearson)相关系数

相关性的统计显著界定:[*] $p=0.05$,[†] $p=0.10$。

9.5 财   务

9.5.1 初始资本

与企业后期成功始终息息相关的另一项因素是其成立时的财务基础。表 9-3 给出了 101 家 MIT 衍生企业后期业绩与初始融资之间的联系($p = 0.006$)。这些公司的业绩打分被分为 5 组,每组包含 3 级,1 分为最优、15 分为最差。结果显示,在最优组的 9 家企业中,有 8 家的初始融资达到或者超过了 5 万美元。而在最差组的 23 家企业里,初始融资达到该水平的企业仅有 4 家。无独有偶,我们还在某电子系统公司衍生企业中看到,初始融资与企业业绩之间存在着密不可分的关联性(0.002)。针对年轻企业的专门研究同样在启动资金与销售增长之间发现了明显的联系(0.026)。寻求风险资本融资的企业也显示出了初始资金与增长率之间的正相关关系。

表 9-3   初始资金数量与企业业绩表现($n = 101$ 家企业)

初始资金* (千美元)	业绩评分*					合计
	1~3	4~6	7~9	10~12	13~15	
<1	—	4	—	11	8	23
1(含)~10	—	1	2	16	6	25
10(含)~50	1	2	6	16	5	30
50(含)~100	2	1	1	2	1	7
100(含)~250	1	—	1	4	2	8
250(含)~500	2	—	1	—	1	4
≥500	3	1	—	—	—	4
总计	9	9	11	49	23	101

* tau $= 0.201$, $p = 0.006$。

表 9-3 同时确证了一点:充足的初始资金并不能保证企业的成功。在初始资金超过 5 万美元的 23 家企业中,还有 10 家的业绩得分处于较低组别(得分在 10~15 分之间)。当然,初始资金较少的企业更容易出现业绩较差的情况。

在前文论述多位创始人的重要意义时,我们提到了创始团队人数与初始资本之间的密切联系。随之而来的问题是,资金本身是否独立成为不可或缺的关键成功因素,或者,它也许只是起到了创始团队规模的替代作用而已?经过对几组数据集的偏相关分析之后,我们可以断定初始资本与销售增长的关系及其与企业总体业绩之间的关系是独立于资本与创始团队规模关系之外而存在的。也就是说,初始资本的规模本身即是至关重要的。

初始资本对公司业绩重要意义的最好例证莫过于那些从产品做起的企业。表9-4通过一组子集(包含38家此类企业)呈现了这种正向关系(0.025)。在13家从产品做起、启动资金低于1万美元的企业中,每一家的业绩评分都高于9分(满分为1分)。相比之下,在12家初始资金达到或者超过5万美元的产品企业中,6家企业的业绩评分超过了6分,只有4家的得分低于9分。我在本章开始时指出过,最初的产品导向是企业成功的必备因素。我们可以在此处更加明显地看到;更多的初始资金能够促进产品型企业的发展与成功;只能筹措到较少启动资金的产品型创业者最终实现成功的可能性相对较小。

表9-4 产品企业的初始资金与业绩表现($n=38$家企业)

初始资金* (千美元)	业绩评分*					合计
	1~3	4~6	7~9	10~12	13~15	
<1	—	—	—	2	—	2
1(含)~10	—	—	—	8	3	11
10(含)~50	—	1	2	7	3	13
50(含)~100	2	—	—	—	—	2
100(含)~250	—	—	1	2	2	5
250(含)~500	2	—	1	—	—	3
≥500	1	1	—	—	—	2
总计	5	2	4	19	8	38

* tau=0.259,$p=0.025$。

上述联系的作用无可置疑地说明,初始资金规模对技术型企业的成功影响深远。但是我们还需要考虑到另一项事实。除了初始资金数量之外,所有的企业一开始并不是从同一条起跑线上出发的。有些企业从一开始就面对着尚不确定的成功前景,有些企业的前景甚至相当黯淡;当然,还有些公司向潜在投资者展现了很好的成功前景。正如我们在第七章阐述风险投资人决策时提到的那样,可能后面这种看上去更具吸引力的企业从一开始就比其他企业获得了更多的资金。这在一定程度上是真的,初始融资的数量取决于企业的成功前景,尤其是在外部人士看来的成功前景。也许初始资金实际上并不影响企业的成功,也许它仅仅是一家公司成功机会的一种表现,而这种机会实际上是由其他因素影响的。这种想法得到了下面这一观察结论的支持:在表9-3中,业绩最好的9家企业8家获得了外部资金,而不仅仅是创始人及其家人朋友的资金。另一项研究样本证实,成功企业的融资来源与不成功企业的融资来源有所不同。以能源相关企业为例,仅以个人资产起家的创业者,其业绩往往比不上那些从一开始就获得外部资金或贷款的创业者($p=0.05$)。我曾在第五章指出,外部资金来源同时也是数额最高的融资来源。这也与下面的事实不谋而合：当这些外部资金来源成为创始投资人时，它们通常会投资那些成功前景一片光明的企业——至少在它们看来一片光明的企业。布鲁诺和狄波基（Bruno and Tyebjee，1985）发现了外部投资与企业提高销售与增长之间的联系，得出了相同的观察结论。此处不再赘述更多论据，直接提出结论（也许不合时宜）：初始资本并不会影响企业后来的业绩表现。如果没有得到充足的资金支持，前景光明的企业也许很容易遭遇糟糕的业绩；相反地，如果获得更高的初始资金，前景黯淡的企业也可能业绩飞升。虽然很多创业者都证实，对他们和他们的企业来说，缺少资金并不是什么大问题，但是没人说过，捉襟见肘的资金是一件好事，有利于他们在管理新生企业时被迫做到细心和自律。

9.5.2　生物医疗企业的融资

我在技术一节中简要描述了自己对初创生物医疗企业的研究，还提到了自己未能在这些企业的技术创新性与财务成功之间发现明确的联系。正如第五章提到的，总体而言，这些生物医疗企业的财务特征与其他技术型企业比较类似。进一步观察这些企业初始资金的分布细节，我们会发现 2 个企业有所不同，它们的初始资金都在 85 万美元以上。事实证明，这一融资门槛是至关重要的。迫于 FDA 产品评估流程的相关监管规定，这些企业在很长一段时间里无法获得产品销售收入。是充足的资金保证了它们的正常运营。因此，检验技术与企业财务业绩之间的联系是不可或缺的，而且要避开这种资金格外充足的企业可能产生的影响。表 9-5 有力地说明：对样本中 20 家无法调动必要初始资金门槛的生物医疗企业来说，此前在几种技术创新指标与企业成功（此处按照之前 3 年的年均销售收入衡量）之间不甚明朗的关系变得清楚明确，并且呈现出明显的反相关关系。这里表明，技术型企业更高金额的初始资金与企业后期明显更好的业绩之间关系密切。这里的结果更加清楚地说明，生物医疗企业应当从初建时即得到充足的资金支持，否则的话，它们的技术创新性反而会对其未来的企业健康与福祉有害。这一来自简单双变量相关分析的发现还得到了更加详细的多元回归分析的支持（Roberts and Hauptman，1987，p. 390-391）。

表 9-5　技术创新性与生物医疗企业的成功（不包括资金丰裕的企业）（$n=20$）

企业产品技术创新性的衡量指标	与企业成功间的联系
新技术或同类首创	-0.47^{*}
特殊规格或功用	-0.44^{*}
产品质量或人员能力	$0.60^{\dagger}$

该表采用了皮尔森相关系数；

相关性的统计显著界定：$^{*}p=0.05$，$^{\dagger}p=0.01$。

9.5.3　后续融资

企业业绩对其后期资本获得的具体影响尚不明确。同样不明确的还包括后期融资在企业的最终成功中发挥着怎样的作用。人们可能会从逻辑上顺理成章地推断认为，在成立之初即获成功的企业应该需要并且有能力获得额外的资金。如此一来，高度的成功就意味着更多的额外资金，反之则不一定成立。我在第八章中的论述也支持了这一说法。我在该章指出，更加成功的企业（即出售"牛排"的企业）的上市道路会比出卖"滋滋声"的年轻企业容易得多，成本也低得多。而上市恰恰是获得额外资金的一条重要途径。尽管没有指出因果关系的方向，但是在这里，来自某电子系统公司衍生企业的数据表明，第二轮融资的发生与企业业绩关系密切（0.08），第三轮融资的关系越加密切（0.025）。同样地，根据这20家样本企业向风险投资人提交的方案显示，额外融资的量级与企业的成功之间也存在着明显的正向联系（0.08）。该样本显示，销售的增长也与后续资金存在联系（0.07）。在我们研究的能源相关企业中，越是成功的企业，越会更多地考虑上市（0.05）。

如表9-6所示，各级业绩表现的企业都会通过多种多样的来源获得后续资金。第七章告诉我们，几乎没有企业会从个人积蓄和家人朋友处获得额外资金，这也许是因为，这些来源已经不复支撑庞大的后续资金需求了。对企业来说，绝大多数的后续资金来源都是崭新的。

表9-6　后续资金来源与企业业绩（$n=63$ 家企业）

来　　源	业 绩 评 分					合计
	1~3	4~6	7~9	10~12	13~15	
个人积蓄	—	—	2	2	1	5
家人朋友	—	—	—	2	2	4
个人投资者	3	2	3	8	5	21
风险投资基金	1	2	2	3	1	9
非金融企业	—	1	2	3	2	8
商业银行	—	1	1	4	3	9
公开发行股票	4	—	1	1	1	7
总计	8	6	11	23	15	63

在表9-6所示的63家企业中，有7家主要依靠公开发行股票筹集额外资金。在这些企业中，绩效较高和较低的比例大约各占一半，这中间无疑包括了出卖"滋滋声"的公司，它们的业绩从来没有表现优异过；还有些企业的业绩也许从上市之日起就在一

路下滑。其他水平较高的资金来源——如风险投资基金、私人投资者、非金融企业等——支持的企业同样存在业绩参差不齐的情况。有一种现象非常有趣：基本上，所有依靠创始人个人积蓄或者亲友借贷作为主要后续资金来源的高科技企业普遍业绩不佳。究其原因，要么是它们黯淡的前景或者疲软的业绩使得这些企业无力从其他渠道获得资金，要么是后续资金的缺乏造成了最终业绩的低下，也可能二者兼而有之。

我尝试通过一个较大样本的信息找到这样的迹象：随着投资阶段的变化，投资者的风险会随之变化，或者会出现"失败率走低"的情况。表 9-7 给出的结果并不具备总体说服力——如果等到技术型企业走向成熟，投资者业绩就会变得更好？我们无法证明这一点。在表 9-6 中，个人投资者在后续投资中所占的数量最多。随着它们的注意力由第一轮融资转向第二轮融资，再进一步转向第三轮融资的过程，个人投资者的投资失败率确实在一路走低。就这一点而论，其他类型的投资机构并没有如此表现。实际上，非金融企业和公开发行股票的结果恰好相反：随着融资阶段向前、向下游不断推进，这 2 种资金来源都迎来了越来越高的投资失败率。这里的结论显然也与很多投资者的预期恰好相反，即只要避开了最初阶段的投资，它们面对的投资风险就会大幅度地下降（Dean and Giglierano, 1989; Ruhnka and Young, 1987; Wetzel, 1983）。这些结论还与我对风险投资组合业绩的早期研究不谋而合。这些研究发现，业绩最好的投资来自对技术型年轻企业的持续聚焦。

表 9-7　技术型企业资本投资失败情况（按阶段划分）

来　源	失败投资占比[*]		
	第一阶段	第二阶段	第三阶段
个人积蓄	46	40	50
家人朋友	50	100	—
个人投资者	63	38	22
风险投资基金	13	22	0
非金融企业	0	18	40
公开发行股票	0	14	37

[*] 企业业绩得分≥11。

9.6　市　场　导　向

大量的创始人与企业的特质和活动广泛地证明了市场营销工作在为技术型企业创造成功的过程中发挥的关键作用。与这些证据形成鲜明对比的是自大的技术傲慢主义。例如,"酒香不怕巷子深"(If you build a better mousetrap,the world will beat a path to your door)。请看下面的例子,来自某研究样本(包括 18 家年轻企业)的数据证明了销售经验的重要性。在创始人平均累计销售经验达到 2.6 年的企业中,销售增长率超过平均水平的比例为 67%;而在创始人经验较少的企业中,这一比例只有 25%。正如所料,创始人的销售经验与他们投入公司早期销售活动中的更高的时间比例存在着明显的、强有力的联系($r = 0.62$),而这些活动又与企业更好的发展密切相关($p = 0.05$)。尤其值得注意的是,在销售投入超过平均水平的企业中,业绩优异的比例达到了 55%;而在销售投入低于平均水平的企业中,这一比例只有 14%。与此关系密切的一点在于,人们很早就意识到,企业必须设置专门的市场营销人员。以我们研究的技术型能源产品企业为例,越是成功的企业,往往越会在公司初建时增加专门的市场营销人手(0.05)。

9.6.1 企业—市场界面

众多研究反复证明,企业要想成功,就离不开对顾客需求的精准感知。为了更加深入地探求企业与其潜在客户的早期关系,我们首先与 18 家年轻企业的创业者探讨了有关 3 个次级因素的问题。这些问题均与这些企业成立的前 3 年有关:①客户接触的频率;②客户接触的目的;③客户有用性(customer usefulness)。

客户接触的频率本身与销售增长并无关联。如果把客户接触的目标细分为 8 种不同类型,其中只有以确定客户需求为目标的接触频率与销售增长密切相关(0.05)。有些企业用来确定客户需求的接触不足总体接触的 25%,在这些企业中,销售增长超过平均线的比例只有 22%;反观那些超过 25% 的企业,这一比例达到了 45%。为了更好地理解客户的需求而进行接触,这是市场导向的必然表现。

在确定产品或者服务技术规格方面,客户会发挥一定的帮助作用,创业者为此给出的评分与企业销售增长之间存在正相关关系(0.01)。这些评分也许是客观上有效的,也有可能是创业者顾客导向态度的一种反映。在 7 家认为顾客有用性很低的企业中,只有 1 家的销售增长达到了平均水平;相比之下,在 11 家认为顾客有用性很高的企业中,有 6 家的销售增长超过了平均水平。不仅如此,有些企业声明,它们在新产品创意中引入了与市场有关的来源——如客户的要求与建议等,而不是单纯地依赖它们的创始人,结果这些企业实现了高得多的早期销售收入(0.025)和销售增长率(0.09)。在采用客户信息来源的企业中,业绩超过平均水平的比例为 45%;而在不依靠客户想法的企业里,这个比例只有 20%。在这里,感受似乎比现实来得更重要。重视顾客的作用并视之为产品创意的来源之一,这是市场导向型观点的又一种反映。范德文(Van de Ven,1984)在他更加成功的教育软件企业研究中同样提到,这些企业的用户更加积极地参与到产品规划和细分市场评估工作当中。Meditech 公司的尼尔·帕帕拉多说过,公司一半的新产品和新服务来自他们从顾客身上学到的知识:什么让顾客心满意足?什么让顾客心烦意乱?他还指出,另外一半来自 Meditech 公司关于新功能和新系统的创意。他还特别指出,企业不可能指望顾客在他们从未涉足过的领域帮助企业引路,如 Meditech 公司医院信息系统的彩色终端或者"窗口"(Windows)显示器等。竞争对手认知与评价在年轻的技术型企业中并不普遍,但它与企业的成功密不可分。我们把一个包含 18 家年轻企业的小型样本根据竞争对手认知程度分成 2 组。表 9-8 列出了这两组的归一化平均销售收入和两组之间差别的统计显著性。随着企业对竞争的相对敏感性(及假定的反应和行动)日积月累地影响销售收入,这些差别会明显地增大。显而易见的是,竞争意识较强一组的业绩表现远远优于市场感知力淡漠的一组。

表 9-8　按照竞争意识划分的归一平均销售额(第一年"无意识"=基数 100)(n = 18 家企业)

	销售额			增长率		
	第 1 年	第 2 年	第 3 年	第 1~2 年	第 2~3 年	全部 3 年
充分意识	295	667	1257	372	500	481
未意识	100	176	229	76	53	60
差别显著性	0.18	0.05	0.02	0.06	0.05	0.04

国际市场导向的重要性同样得到了重视。这一点在过去十年中体现得尤为明显。麦克杜格尔(McDougall,1989)指出,受国际视角的影响,高新技术企业在战略上千差万别,尤其是在分校和市场营销战略方面。但是她没有发现这一点同企业业绩之间的联系。相比之下,费泽和威拉德(Feeser and Willard,1990)发现,高成长型企业很大的一部分收入来自海外市场的销售。

9.6.2　内部营销活动

市场导向因素的重要性还明显地体现在几项内部市场营销指标上面。比如,独立的市场营销部门的存在与企业后期取得的成功之间关系极为密切(对某大型电子系统公司衍生企业来说,差异水平为 $p = 0.002$;对某大型多元技术集团公司来说,这一水平表现为 0.007;在新近成立的技术企业样本中,它表现为 0.01;而在数据集包含的大量 MIT 衍生企业中,这一差异水平为 0.03)。从某种程度上来说,这一点既是成功的起因,也是成功的结果。如前所述,一家企业市场导向的早期存在预示着它未来的良好业绩表现。不仅如此,那些业绩上佳的企业基本上会在不断发展繁荣的过程中建立起专门的市场营销部门。超过 46% 的 MIT 衍生企业成立了专门的市场营销部门。尽管这些企业从事的行业五花八门,但是它们都有一个共同的特征：业绩高人一筹。举例来说，在业绩排在前2位的企业中，78%的公司拥有自己的市场营销部门；反观业绩倒数2位的企业，拥有独立市场部门的企业只有35%。

我们还在销售预测和企业成功之间发现了同样的联系，即使这里的绝大多数技术型企业都在从事这一市场活动。在业绩最好的2组企业中，有80%的企业开展了销售预测；而在业绩最差的2组企业中，开展销售预测的企业只有51%。在某大型多元技术集团的衍生企业中，销售预测的使用同样与企业的成功联系紧密（0.08）。市场潜力的分析是市场研究的一个关键维度。在其余所有的群组中，业绩最高的企业中有70%以上重视这一维度，而在业绩最低的企业中只有不到33%的企业做到了这一点。有些企业认为，开展正式的市场分析毫无必要，或者没有足够的资源开展这些研究。同这些企业相比，从事正规市场研究的企业明显要成功得多（$p=0.03$）。

9.7 管理导向

很多研究不断地表明，商业眼光与管理导向在企业的成功中发挥着重要作用——尽管它不如市场导向的作用那么关键，其表现也不如市场导向那么明显得令人不由得不信服。我在上文提到过（创业者）从事过的主管或其他类型管理工作的经验与最终创业成功之间的联系。除此之外，一项针对20家技术型企业早期阶段的细致研究表明，创始团队的商务经验与企业初期的销售增长之间存在联系。这些企业中不断增长的管理工作的数量与它们在早期销售中取得的成功关系密切（0.25）。似乎越是成功的创业者，就越会分配初创时期的努力，能很好地在工程、销售、生产和管理等各个方面之间取得平衡（0.025）；他们不会放任自己强有力的技术背景导致对技术活动的过分重视。斯莱文和科文（Slevin and Covin, 1987）也表达了对总体观点的支持，即管理能力在高绩效高新技术企业建设中的重要作用。他们得出的结论是，有效地运用管理技能"把事情做对"（doing things right）同"做对的事情"一样重要（p. 94）。

不仅如此，其他几项研究数据集也指出，越是成功的企业，就越会在成立之后意识到管理技能的重要意义，就会为了处理某些管理和活动的具体考虑而招聘高级管理人员。比如，在林肯实验室的衍生企业中：就高业绩群体而论，11家企业中有10家聘请了训练有素的商务管理人员；而在27家业绩最差的企业中，仅有6家做到了这一点（0.01）。我们还在某电子系统公司的衍生企业中观察到了同样的模式（0.06）。图什曼、维拉尼和罗马内利（Tushman, Virany and Romanelli, 1985）的发现远远大于管理人员的简单聘用。他们发现,CEO 的更改常常伴随着企业战略方向的重新定位。这样的重新定位已为多家业绩优异的微型计算机企业带来了成功。我们还会在第十一章结合更多的数据进一步地讨论这一维度。

　　同样的道理,有 45% 的技术企业使用管理咨询专家为内部管理人才提供补充,而且这种做法几乎全部集中在业绩较优的企业当中(0.009)。范德文等人(Van de Ven et al.)也发现,业绩较好的教育软件年轻企业会在发展公司的过程中更加严格地遵循一种程序规划模型,并且聘请职业管理咨询专家来帮助自己。但是这里存在着一个非常明显的问题,这个问题也在上文多次出现过,那就是先有鸡还是先有蛋的问题——究竟谁是因、谁是果?是对管理有关技能重要性的认识,以及随之而来的人才聘用,带来了企业的成功?还是成功使得人们意识到企业诸多管理方面的重要意义?业绩较差的企业会愤愤不平地说,设立专门的管理岗位太过奢侈,它们根本无力负担,更不用说聘请职业管理咨询专家了。反观业绩较好的企业,自身的成功发展让它们看到了组织问题与需求的诸多方面,而且这些方面很可能存在于企业技术型创始人的兴趣和能力之外。专业管理员工队伍的能力也许可以真实反映企业的业绩,至少也可以达到它帮助企业实现未来成功的程度。

　　谈到管理方面的敏感性,一个关键的维度涉及营商成本问题。许多创始人不太理解会计工作和自觉的成本控制的作用。有些创业者和创始人往往在产品定价方面采取比较幼稚的方法,没有为公司确保足够大的利润空间,这让他们的企业无法实现足够多的盈利。"早期阶段"研究收集到的数据说明,有的企业在成立最初的几个月即注意企业的一般及管理(general and administrative,G&A)成本结构,并且把它纳入了产品成本中。这些企业往往在早期销售增长中更加成功($p = 0.01$)。同样地,对产品开发成本的敏感度,以及对通过产品销售回收这些成本这一需要的敏感度同样会带给我们相同的结论(0.025)。

　　有人请创业者们指出其主要业务问题出自哪些领域。结果,这些以技术专家为主体的创始人们不出所料地指向了非技术领域(也就是人事、市场营销和财务等)。在 MIT 相关样本中,与公司业绩关系密切的唯一一个问题领域是"人事",也就是说,把人事看作最关键问题的创业者大多是最成功的佼佼者($p = 0.03$)。相比之下,那些提出其他问题,但是未把人事列入关键问题的创业者通常属于业绩比较低下的类型。我认为,成功企业的规模越大,可能越不会出现更多真正的人事问题。恰恰相反,成功的创业者更有可能表现出对员工的关心,把员工看作技术型组织主要的生产要素。正如我们在关于创业动机的讨论中看到的,业绩最优的高成就导向型技术创业者会与员工分享权力,努力为员工和自己创造挑战和满足感。布鲁诺和莱德克尔(Bruno and Leidecker,1988)发现,在一组由硅谷企业组成的小型样本中,在 20 世纪 80 年代造成企业失败的具体问题与20世纪60年代的问题实际上是一样的。这些问题包括一系列的产品-市场问题、财务问题，以及管理者-关键员工问题等。企业的失败总是由多种问题造成的。

9.8 总结与启示

如图9-1所示，技术型企业的成功显然是多层面的，由多种原因引起的。我在大多数研究中选择了一种基于平均企业增长率的指数来衡量企业的成功。经过我的修正，这一指数可以体现企业的经营年数，并把企业的盈利能力信息包含在内。这一精心设计的业绩衡量指标与其他几种常用企业评价指标之间存在着密切关联。

创业者

同很多假设恰好相反，家庭背景变量对企业的成功并没有直接影响。成功的高新技术创业者并不是生就的，而是造就的。相信这一点会让很多抱负远大的创业者欢欣鼓舞。

创始人的年龄也不会影响企业的成功。但是有更多的优胜企业主要是由"受教育程度适中"的创业者一手打造的——适中的受教育程度指的是不高于硕士学位；总的来说，高于硕士水平的创业者——如博士创业者——业绩反而会变差（生物医疗企业除外）。

有些创业者在离开大学实验室之后并没有立即创办自己的公司，而是先在其他机构获取商业经验。这样的创业者转移到自身企业的先进技术往往较少，他们的企业通常也不太成功。创业者先前的工作年限与企业的成功不存在关联性，但是主管即其他类型的管理工作经验表现为重要的预示。创始人先前的销售工作经验同样与创业成功关系密切。

与其他动机类型相比，受到高成就需要激励的创业者业绩最佳。其中，能够把高成就需要与适度的权力需要结合起来的创业者最为成功。

多人创办的企业更成功。总体而言，初始创始人越多，企业最终的业绩就越高。

技术基础

创业者从源组织转移到新企业的技术水平越高，就会因此收获越大的成功。相反地，未能从源实验室转移技术的企业往往会落入业绩最差的行列。

从离开先进技术源实验室到创办自己的新企业,这中间耽搁的时间越长,技术转移的程度就越低,新企业的业绩也就越差。为了获得行业相关经验,有些人在离开 MIT 实验室后首先进入了其他企业,再创办自己的企业。尽管这样的意图令人钦佩,但它带来的往往是较差的——而不是较好的——创业结果。对企业成功帮助最大的是及时迅速的技术转移。

就业绩而言,一开始就拥有自己产品(或者开发中的产品)的企业要比那些开始从事咨询或者合约研发的组织好得多。有志创业的人们应当认真思考一下,先从咨询做起,以便"规避风险"的方式究竟是不是最符合自身利益的做法?

融资

来自 MIT 衍生企业和其他多项研究样本的大量证据说明,企业的成功与初始资金的数量之间存在着紧密联系。在通盘考虑所有企业时,这一关系是成立的;在仅考虑产品导向型企业时,这一关系同样表现得极为明显(这样一来,就等于去除了咨询企业及合约研发组织的样本偏差)。这些结果是独立于企业共同创始人的数量而存在的。这一发现也许和另一事实同样显而易见:一开始就对外部投资者更具吸引力的初创企业会筹得更多的初始资金,最终实现更大的成功。更明显的例子来自那些在发生产品收入之前即遭遇旷日持久监管拖延的企业,如生物医疗企业。想要获得最终的成功,它们的初始资金必须超过某一关键阀值才行。

后续融资与企业成功的关系相对较弱。企业的成功意味着发展壮大,这常常会催生更进一步的资金需求,尽管额外的资金明显也会推动企业的发展。强相关(strong correlation)的缺失反映在后续融资的各个方面。实际上,在通过公开发行股票获得后续融资的企业中,业绩差强人意的比例达到了一半。所有通过个人资源或者家人朋友获得后续融资的企业业绩都很糟糕,这说明这些企业完全没有能力通过自身的优点吸引更加专业的外部投资者。

潜在投资人会(惊诧地)注意到,没有明显的证据可以证明:随着他们对技术型企业的投资从第一轮进入第二轮,再进入第三轮,投资者会完成一个"学习"过程,或者投资失败风险会变得更低。单就高新技术投资失败的百分比而言,种子阶段的投资风险并不比非常后期的投资更高。

市场导向

很多与市场有关的因素都与新兴技术企业后来的成功关系密切,从公司初建时即显现的多种因素,到企业成立之后组织经营与发展的诸多证据都能够说明这一点。创始人先前的销售活动经验和初创期间在市场方面付出的努力都与公司后期的成功息息相关。企业为了确定顾客需求而进行的顾客接触，以及在产品技术规范确定的过程中对顾客有用性的认识也与企业的成功相关。越是成功的企业，越是经常地在新产品创业中运用与市场相关的资源，如顾客的诉求或建议，而不是单纯地依靠创始人自身的想法。对竞争对手的清晰认知也是业绩高人一等的企业的一大特征。

无论独立的市场营销部门是企业成功的一项原因还是一种结果，它们总是会频繁地出现在高绩效企业当中。销售预测的实施和正式市场分析的开展也是一样。

管理导向

尽管职业投资人对新企业创始人先前的商业和管理经验抱有显而易见的偏好，但是，同上文讨论过的市场营销及销售经验相比，它们与企业成功的关系似乎并没有那么确凿无疑。比较成功的企业确实会通过早期的聘任行为表现出对娴熟管理人员重要性的认可。而这可能更多地是企业早期（未经测定的）成功的结果，而不是后期（经过测定的）成功的根本原因。最后一点，最成功的企业创始人-领导者（founder-heads）们更加经常地把"人的问题"看作至关重要的问题。这也反映在我的一项判断里，即在实现企业成功的过程中，需要注重察觉人的潜在重要意义。

注释

1. 总体业绩指标因企业而异。该指标的建立包括如下三个步骤。

（1）平均销售增长（average sales growth）

为了确定每一家企业销售时间序列的"最佳匹配"（best fit），这里使用了最小二乘回归分析法。该回归线的目的是在一定程度上取得每家企业销售增长模式的统一表示。每一条这样的回归线都被归一到算数网格的左下角，并通过坐标图表示出来。我们比较任意地把这个回归线所在的象限用3条线分隔开来，它们的角度分别为45°、22.5°和11.25°。如图9-5所示，分配给每家公司的销售增长分组数目由其平均销售增长线所在的图标分区表示。如果一家公司破产或者平均销售增长率下降，就会被归入第五组。

（2）营业年数

接下来，企业会按照营业年数归类。低于3年的企业过于年轻，还未明确地走在通向稳定成功的道路上。人们通常认为，3~5年的企业正处于孕育期。而经营5年以上的企业通常被认为步入正轨、相对稳定。尽管这样的分类未免失于武断，但是这一分类也至少展现出了一定的实际性和实用性。把营业年数同销售增长情况结合起来，就可以得到企业的业绩得分。分数1~15分不等，如表9-9所示。这就是我们用来衡量企业增长韧性的指标。

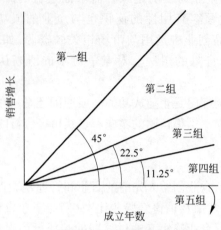

图 9-5　销售增长分组

表 9-9　总体业绩衡评准则

		经营年数		
		3 年以下	3~5 年	5 年以上
销售增长分组(来自图 9-5)	I	3	2	1
	II	6	5	4
	III	9	8	7
	IV	12	11	10
	V	15	14	13

如果企业没有实现盈利,需调整其评分如下:

如经营时间不足 3 年,不做调整;

如经营 3~5 年,评分按照表 9-9 的排列纵向下调一位(例如,8 变 11,11 变 14 等);

如经营 5 年以上,评分按表 9-9 的排列纵向下调一位,再左调一位(例如,7 变 11,10 变 14,13 变 15 等)。

(3) 盈利能力

并非所有企业都有完整的、可靠可比的盈利数据供我们取用,这就决定了我们只能简单地把企业分为盈利和未实现盈利两大类。在表 9-9 中不难看出,我们将盈利能力的信息整合到了业绩评分计划之中,而且,相对于年轻企业而言,我们对年深日久却未能盈利的企业的要求较为严苛。

2. 表 9-10 给出了 5 项成功衡量指标之间的组间关联。

表9-10　5项业绩指标之间的关系(*n*=84家MIT衍生企业)*

整体业绩	平均销售额	销售增长(美元)	调整后的实际销售额	预计销售额	整体业绩
整体业绩	1.0000				
平均销售额	0.6750	1.0000			
销售增长(美元)	0.6715	0.7602	1.0000		
调整后的实际销售额	0.6468	0.8600	0.7789	1.0000	
预计销售额	0.5425	0.6661	0.8164	0.7161	1.0000

* 为关联起见,表中数值均作Kendalltaus校正。所有关系都在0.0000水平上表现出统计学显著性(单尾)。

3. 我的取样过程意在收集7年之间马萨诸塞州所有新成立企业的相关数据(兼顾数据收集的便利性和与创业研究中其他大多数企业之间的一致性)。这些企业都具有统一而明确的目标:开发、生产和销售生物医疗产品和/或药物产品。它早在基因工程和生物科技企业迅速崛起之前就已完成,因此,后两者相对独有的特征没有影响到该研究的结论。这里可用的全面数据来自我们对26家企业创始人深入的结构化访谈。除了企业的数据来源之外,我们还从3位外部医疗专家处取得了关于62种新产品的独立风险评估。这些产品均属于上述26家企业推出的首款、第二款或者第三款产品。有关数据收集的细节和具体方法是由罗伯茨和豪普特曼(Roberts and Hauptman,1987)提供的。

参 考 文 献

P. H. Birnbaum. "The Choice of Strategic Alternatives under Increasing Regulation in High Technology Companies", *Academy of Management Journal*, 27, 3(1984), 489-510.

A. V. Bruno & J. K. Leidecker. "Causes of New Venture Failure: 1960s vs. 1980s", *Business Horizons*, November-December 1988, 51-56.

A. V. Bruno & T. T. Tyebjee. "The Entrepreneur's Search for Capital", *Journal of Business Venturing*, 1 (1985), 61-74.

A. C. Cooper & A. V. Bruno. "Success Among High-Technology Firms", *Business Horizons*, 20, 2(April 1977), 16-22.

B. Dean & J. J. Giglierano. "Patterns in Multi-Stage Financing in Silicon Valley", in *Proceedings of Vancouver Conference* (Vancouver, BC: College on Innovation Management and Entrepreneurship, The Institute of Management Science, May 1989).

P. Dubini. "Which Venture Capital Backed Entrepreneurs Have the Best Chances of Succeeding?" *Journal of Business Venturing*, 4, 2(March 1989), 123-132.

H. R. Feeser & G. E. Willard. "Incubators and Performance: A Comparison of High- and Low-Growth High-Tech Firms", *Journal of Business Venturing*, 4, 6(1989), 429-442.

H. R. Feeser & G. E. Willard. "Founding Strategy and Performance: A Comparison of High- and Low-Growth High-Tech Firms", *Strategic Management Journal*, 11(1990), 87-98.

C. J. Fombrun & S. Wally. "Structuring Small Firms for Rapid Growth", *Journal of Business Venturing*, 4, 2 (March 1989), 107-122.

Food and Drug Administration. *Federal Food, Drug, and Cosmetic Act (as amended) October 1976* (Washington, D. C.: U. S. Government Printing Office, 1976).

B. Huntsman & J. P. Hoban, Jr. "Investment in New Enterprise: Some Empirical Observations on Risk, Return, and Market Structure", *Financial Management*, Summer 1980, 44-51.

P. P. McDougall. "International vs. Domestic Entrepreneurship: New Venture Strategic Behavior and Industry Structure", *Journal of Business Venturing*, 4, 6(1989), 387-400.

J. B. Miner, N. R. Smith, & J. S. Bracker. "Role of Entrepreneurial Task Motivation in the Growth of Technologically Innovative Firms", *Journal of Applied Psychology*, 74, 4(1989), 554-560.

E. B. Roberts & O. Hauptman. "Financing Threshold Effect on Success and Failure of Biomedical and Pharmaceutical Start-Ups", *Management Science*, 33, 3(March 1987), 381-394.

J. B. Roure & M. A. Maidique. "Linking Prefunding Factors and High-Technology Venture Success: An Exploratory Study", *Journal of Business Venturing*, 1(1986), 295-306.

J. C. Ruhnka & J. E. Young. "A Venture Capital Model of the Development Process for New Ventures", *Journal of Business Venturing*, 2(1987), 167-184.

W. R. Sandberg & C. W. Hofer. "Improving New Venture Performance: The Role of Strategy, Industry Structure, and the Entrepreneur", *Journal of Business Venturing*, 2(1987), 5-28.

D. P. Slevin & J. G. Covin. "The Competitive Tactics of Entrepreneurial Firms in High- and Low-Technology Industries", in N. C. Churchill et al. (editors), *Frontiers of Entrepreneurship Research, 1987*(Wellesley, MA: Babson College, 1987), 87-101.

N. R. Smith & J. B. Miner. "Motivational Considerations in the Success of Technologically Innovative Entrepreneurs", in J. A. Hornaday et al. (editors), *Frontiers of Entrepreneurship Research, 1984* (Wellesley, MA: Babson College, 1984) 488-495.

M. L. Tushman, B. Virany, & E. Romanelli. "Executive Succession, Strategic Reorientations, and Organization Evolution: The Minicomputer Industry as a Case in Point", *Technology in Society*, 7(1985), 297-313.

A. H. Van de Ven, R. Hudson, & D. M. Schroeder. "Designing New Business Startups: Entrepreneurial, Organizational, and Ecological Considerations", *Journal of Management*, 10, 1(1984), 87-107.

W. E. Wetzel, Jr. "Angels and Informal Risk Capital", *Sloan Management Review*, Summer 1983, 23-34.

第十章

产品策略与企业成功①

  CTI(Computer Technologies, Inc.)最早是由 3 位工程师合作创办的。他们先前在一家大型电子系统企业从事尖端计算机系统开发工作。这家公司最早开发的是专门用于磁带存储器上的校准设备,直接向大型计算机制造商销售。由于机会有限,这家公司后来开发了自有磁带机读写头,直接向其制造业客户群体销售,以此满足用户对用户的新功能的需求。后来,CTI 还开发了第三条(与前代产品无关的)生产线,试图通过为一种热门微型计算机提供专有操作系统进军微型计算机软件业务。在后续发布的产品中,这家公司还开发过小型企业应用软件。这 2 款软件产品需要 CTI 对原有的用户功能、客户群体和分销渠道作出重大的变革,转而通过办公系统经销商和计算机零售商店销售自己的成套产品。可是没有一种产品是盈利的,苦苦挣扎了 6 年之后,CTI 耗尽了创始人和私人投资者投入的所有资金。这家公司的创始人兼 CEO 认为,假如有更多的资金,CTI 就有机会获得成功。在我看来,这家公司的根本问题不在于资金,而在于它的产品策略。

  对高新技术企业的管理者来说,生产什么产品、如何生产,这是摆在他们面前的永恒挑战。很多领域的企业,如计算机、电子元器件、光学、医疗设备、通信、激光和生物科技等,都处于各自领域内产品技术频繁而深刻的影响之下。这些行业的新产品推出率极高,停滞不前的研发工作可能是灾难性的。即使再优秀的创意本身也是不够的;企业必须把创意变为成功的市场产品。因为技术型企业必须不断地开展产品创新(也许还包括生产工艺的创新),才能做到生存和发展,所以,它们就必须对自己的技术和市场战略作出根本性的选择。

  本章通过 3 个部分说明高新技术企业产品策略的形成与实施。第一部分,我会提

---

① 本章大量引用了本人与马克·迈耶(Marc H. Meyer) 共同撰写的两篇文章(1986、1988)。

出几点自己深信不疑的看法。它们既影响着相关的实地调研,又反过来得到了这些研究的启发。第二部分,我会提出一种框架。它随着研究的进展不断演进,能够描绘出一家企业的产品历程,并能揭示出其事实上的产品策略。这种方法通过 4 项彼此独立的研究收集了多家新英格兰地区计算机相关企业的数据。该框架将和来自这一研究的 3 种实例一同呈现出来。第三部分,我给出了来自实地研究的一些统计结果。它们会证明,为了实现技术型企业的成功,在新产品开发过程中确保"战略聚焦"(strategic focus)是何等重要。

10.1　关于企业战略的几点看法

为了谋求发展与繁荣,很多企业迫不及待地建立多样化的产品组合,这一点在 20 世纪 70 年代表现得尤为明显。领先的美国战略咨询企业制造了各种工具,如波士顿咨询公司(Boston Consulting Group)的"市场份额/市场增长"(market share/market growth)矩阵等,以此帮助企业管理者实现产品线的可视化,并将其作为财务投资战略的一部分。而它的前提常常是风险的多样化。对一项业务的内部投资应该增加还是缩减?这主要取决于该产品线是不是"明星"或者"摇钱树"(cash cow)。而伴随这些业务的技术常常在决策过程中靠边站,很少被视为独立的战略问题——它们往往被置于一种无定形、不入流的范畴之内,随着业务单元组合的变化或留或走。因此,并购或剥离转让往往会带来企业研发力量的重大重组。对管理者来说,这样会导致工程资源的不稳定,经常造成新产品开发项目的效率低下。

到了 20 世纪 80 年代,整个商业界逐渐认识到,先前的看法不仅是天真的,更是错误的。许多企业的管理者和公众都开始看到,企业要想发展壮大、实现繁荣,就要在市场看重的某些事物中做到"卓越"。这些事物指的是一连串的产品或者某些服务的提供(Peters and Waterman,1982)。到了今天,人们明显更多地认为,一项产品性能最重要的卓越根本在于其技术含量。如今,技术得到了更好的规划和更加有效的管理。

在规划一项新产品的开发工作时,管理者面临着 3 项技术方面的基本选择和 3 项市场应用方面的可比选择。第一种策略是技术方面。一家企业可以追求"聚焦型"策略,即专门为一组紧密相关的产品组合打造技术技能,并使之达到临界规模。它们相信,通过在"核心"技术中获得独领风骚的能力,企业能为自身长久的竞争优势打下基础。凯特林汉姆和怀特(Ketteringham and White,1984)也论证过关键核心技术在战略分析中的重要意义。第二种策略的核心在于技术的"演进"。它同样强调企业内部的技术开发,但将目标锁定在多种技术,甚至是多种互不相关的技术上面。企业因此打造多种多样的产品。这些产品无须某一单项核心技术持续不断地发挥中流砥柱的作用。第三种策略是，一家企业可以打造多样化的产品组合，其途径是"非聚焦的"和"多样化的"收购策略——通过并购其他技术型企业来买入新的技术，或者至少购买对方的技术，省去在企业内部开发的必要的技术专长的长期努力。企业间"战略联盟"的发展往往反映了战略伙伴中的一方或者双方对这一技术策略的采用。企业可以在不同程度上做到第三项策略与前面 2 项的组合。

同样地，在市场应用方面，首先一家企业也可以采用"聚焦型"市场应用策略，借助对分销渠道的稳定选择追求单一的产品/市场领域。企业可以一以贯之地通过自身产品为同样一组问题提供解决方案，为单一顾客群体服务，始终以同样的方式销售。其次，企业也可以遵循"杠杆型"市场策略，推出产品，解决不同顾客群体的问题。通常来说，这些不同的顾客群体有着共同的基本功能需求，并且可以通过相同的分销渠道获得。杠杆性产品面向的是各不相同却又彼此有关的顾客群体。这些产品往往立足于同一项关键技术。企业为不同的特定细分市场实现了该项技术的定制化。最后，市场维度的策略模式可以是"多样化"。它的特征是产品包含了全部 3 项市场参数的诸般变化，即客户需求、最终用户群体和产品分销渠道。同样地，企业可以通过并购和/或建立战略联盟来实施第三项市场应用策略。

多产品技术策略与多市场应用策略的结合会带来广泛地产品开发与/或并购与销售的可用方法与途径。哪一种是对企业最有利的？毫无疑问，这个问题的答案取决于多种因素，而且这些因素都是因企业、行业而异的。就美国的企业界而论，产品多样性与并购可能是一项颇具吸引力的增长策略，而且对一些规模较大的企业颇为有效。然而，我的直觉清晰地指出（本章下文的证据也将证明），方兴未艾的技术型初创企业在这一点上是失策的。对这些企业来说，最好的快长成长机会来自内部工程人才达到临界规模，而且这些人才必须聚焦于某个特定的技术领域，产生独一无二的关键技术。这一关键技术能够随着时间逐步演进，成为企业产品开发的坚实基础。这些产品应当专注于满足特定的顾客需求组合，通过单一的销售与分销渠道向日益扩大的最终用户群体销售。

我们在实地调查研究中不难看到这样的企业：它们一直致力于建立过度多样化的产品组合（通过企业内部开发或者并购的手段），结果发现自己的产品在技术方面平庸至极，市场营销方面一盘散沙。相比之下，那些专注于单一技术或者一整套相近技术内部开发的企业，以及那些专注于相关市场应用的企业，既在产品上实现了技术卓越，又对自身的客户深入了解。这些结论也与库珀在加拿大企业新产品策略调查研究中获得的结论相一致（Cooper，1984；1985）。基本上，如果缺少了赖以安身立命的核心技术，技术型企业就很难在目标市场上扮演引领者的角色。它们只能跟在竞争对手的身后不断地追赶,没有出头之日。相比之下,开发出强大核心技术的企业证明,它们有能力比那些非聚焦型企业更快地开发出新产品,而且质量和可靠性高得多。有了核心技术,这些技术"优胜者"们更有能力应对竞争事件,并且在很多情况下凭借令人振奋的新产品策略本身的优势一举成为行业引领者。更加成功的企业会紧密团结某一顾客群体,借助技术的领先性获取越来越大的市场份额,并把顾客群体逐步扩展到相关的临近区域中去。不断发展的横向整合能够通过真正单一类型的销售过程和稳定的分销渠道来实现。从人力资源管理的角度来看,企业可以更加轻松地为才华横溢的工程师建立起合作紧密的骨干团队,更加熟练地为研发部门招聘和培养新工程师。企业还可以更加顺畅地招聘和管理销售及现场服务人员。

基于个人经验和对众多技术型企业的间接观察,从自身深信不疑的想法出发来开展研究的方法具有一定的潜在危险性。尽管如此,我和我的研究生们在数据收集框架的开发和实际信息的收集与分析中极尽细心,以此验证我们的假设。

10.2　建立一种框架

技术型企业的新产品决策主要解决 4 类基本问题。

(1) 企业要用自身的产品和服务满足怎样的基本需求和用户功能?

(2) 这些需求和功能来自什么样的顾客群体? 产品和服务会卖给谁?

(3) 为了打造这些产品或提供这些服务,企业需要什么技术? 该技术的源泉在哪里?

(4) 应通过怎样的分销机制将成功开发的产品带入市场?

如果一家公司能对这些问题做出一以贯之的回答,加上相应的企业活动纪录的支持,就能为产品策略的实施打下坚实的基础。显而易见的是,产品策略包括 2 个关键维度:一是产品体现的技术,它同时反映了在某一特定产品中做到物理表现所需的个人技能和技术;二是产品的市场应用,它包括产品在用户心目中应有的功能和购买这些产品的具体客户群体。

要寻找一种框架来识别一家企业的产品策略,钱德勒提供的线索是非常有用的(Chandler,1962)。他跟踪关注来 70 家美国大型企业大约 20 年间的发展演变,重点突出了这些企业在战略和组织结构方面的转变。反过来,我的方法是跟踪关注高新技术企业整个生命周期的演进,重点关注它们开发和销售的产品的变化。为了研究产品的技术内涵,人们在特定企业连续开发与销售的产品之间划出了具体可辨的变化水平。作为其基础的概念是由约翰逊和琼斯(Johnson and Jones,1957)首先提出的。与此类似的是,为了研究市场的变化,我们在 3 项市场导向参数之间划出了具体变化。这 3 项参数是产品功能性、最终用户客户群体和分销渠道。

10.2.1 产品策略的技术维度

每一件制成产品都建立在一整套可识别工程技能组合——我们可以称之为技术——的基础之上。实际上,绝大多数的产品包含不止一项技术,它们有的是由企业内部研发机构打造的,有的是由外部源组织转让的,还有的是以组件的形式购入的。技术策略的评价离不开对产品蕴含的、由企业内部开发而来的技术的深入探究。这些技术会在企业内部逐步演进,并在企业连续推出的产品中找到自己的用武之地。随着每一项新产品的推出,企业技术经验的总体都在不断地积累和扩展。这种扩展的经验形成了下一项新产品所体现的技术"增量新度"(incremental newness)的评价基础。我把关注焦点放在了关键核心技术的变革上面。这些核心技术为企业带来了专属竞争优势,并把它们同制造相似产品或者替代性产品的企业区别开来。这通常可以与其他的"基础技术"区别得开,也就是那些同样被企业用在产品之中,但更多地以组件的形式普遍存在于市场之上、人人可用的技术。在以技术的飞速进步为特征的行业中,一家企业通常会一两项具体的核心技术,并且把它们的核心同多种多样的配套基础技术捆绑或者整合在一起,以此打造它们的最终产品。如此一来,关键核心技术就成了企业"附加价值"的基础。

我们在一家企业的产品中追根溯源,跟踪其技术的演变。这涉及对其技术逐步提升改进或者增加程度的评价。这一技术变革水平与一种在概念上连续不断的、范围不断扩展的资源与努力并驾齐驱。不过,在评价 26 家企业的 200 多种产品时,我们的研究使用了 4 种离散的变化水平,或称为新颖水平(levels of newness),来衡量产品技术。

第一种,也是"最小的"一种,技术变革水平是企业现有产品技术的"微小改进"(minor improvement)。这一变革水平可以通过一家打印机厂商的例子来说明。这家公司原本生产的是供微型计算机使用的 80 列点阵打印机系列产品,如今开发推出来的是 132 列打印机。这个项目只用了不到 6 个月的时间,而且相当容易地引入了公司的生产和销售运行之中。微小改进还包括看似更加微不足道的努力。例如,现有技术的重新包装或者某项产品针对顾客要求而作出的定制化等。比如,一家终端厂商开发出系列设备,加载新的通信与终端"模拟"功能,能够更加轻松地为计算机的使用实现定制化。又如,DEC、数据通用公司、Burroughs 公司(如今已变为优利公司,即 Unisys)等厂商生产的计算机。通常来说,仅作微小技术改进的产品仅仅是为了修正已知的问题。这在软件企业中无疑是一种常见的"新产品"类型。同货真价实的全新功能相比,这些企业总是不断地为基础产品线推出新版本,不断地"修正错误"(bug fixes)。

　　技术变革的第二个层次是现有产品技术的重大提高。在已经建成的专业领域，企业会在技术的改进或发展中投入重大力量。为了实现重大提高，企业可以为产品线增添新的基础技术。这常常需要在开发工作中付出相当大的努力。企业也可以通过增加新的组件或者子系统来把已有的关键技术用到新产品/市场领域中去。这样既能充分发挥已有技术的功效，又省去了为此开发新核心技术的功夫，能够不断地、成功地做到重大提高的企业通常都会成为一个行业的"标准制定者"（standard setters）。比如，一家照相排版系统开发企业在 20 世纪 70 年代开创性地推出了彩色影像技术应用，如今，这家企业成了尖端制作设备的龙头企业，每年向杂志社、报社和其他出版机构大量出售昂贵的机器设备。它的一种较新产品可以帮助用户定制包罗万象的图像"库"，有了它，数码照片可以得到"增强"（augmented）。比如，一艘帆船的照片可以添加上"预储存"（prestored）的美女数码形象，选择设计师最喜爱的泳衣和太阳镜，以及其他各种"物体"图形，如小狗、沙滩球，或是一瓶上好的霞多丽美酒。

　　就具体的产品线而言，重大提高的时间间隔一般为 3~5 年——尽管在近年来日益剧烈的国际竞争中，这一技术革新的步伐正在日渐加快。比如，一家专注于高速行式打印机的厂商，很多计算机厂商都在贴牌它的产品进行转售。在多年一贯的发展历程中，这家厂商不断地升级打印头技术，从 20 世纪 60 年代末的滚筒设备到 20 世纪 70 年代中期的链轮打印头，直到近年兴起的焊板技术。另一个例子来自终端厂商，它们开发出了高分辨率图形终端，并在近年加入了彩色显示功能，成为存在已久的字母数字显示技术的延伸。在这些重大提高中，没有一项离得开 9 个月以下的专门研发，有的甚至需要 2~3 年的集中攻关。但是同时，仔细观察那些完成了这 2 种层次技术变革的企业，我们会发现，它们都在不断演进的核心技术技能组合中拥有一支稳定的骨干工程师队伍，并且定期得到了入门级全新人才的不断加强。

　　第三种技术创新层次来自企业对全新核心技术的开发。这种技术会与企业的现有技术集成在一起，体现在公司的最终产品上面。试举一例。一家终端厂商生产一种银行柜员使用的交易处理终端设备。这种终端比平常的型号小巧，并且预装了通信软件。为了同时扩展技术范畴和顾客基础，这家公司打造了自动柜员机产品。虽然先前的终端显示屏和交易通信软件可以直接用于新的自动柜员机，但是这远远不够。公司的工程师们还要开发 2 项额外技术：一是用于现金提取和机器内部存款保险箱的机电技术，二是用于处理所有银行用户对话的应用软件。一开始，这家公司采用的是软件研发承包商提供的服务，后来发现这种方法太不可靠，所以不得不聘用了众多软件工程师。这些软件工程师在细微之处表现出了与该公司传统研发团队不同的文化和做派，这为管理者在团队整合与管控方面提出了新的挑战。当新技术与公司的现有技术通过这样的方式结合时，就会涉及第三个层面的技术变革，我们在这里称之为"新的相关技术"(new,related technology)。另一个例子来自一家软件企业。这家企业开发的核心产品技术是一种用于个人计算机的 Unix 版本操作系统。它后来推出了一项新产品:一套数据库管理系统,运行于它的 Unix 操作系统之上。同样的情况再次发生了,一部分最初开发操作系统的工程师被调入令数据库项目,1 年之内,这个项目又招聘了六七位新工程师。新人们带着专门技能加入了项目团队,如数据库存储、查询语言和用户屏幕界面等。显而易见的是,开发商业数据库管理系统与操作系统工作必备的技能是截然不同的。但是,由于这项产品的设计是为了用在先前的操作系统中的,所以,这家公司的数据库管理产品属于"新的相关技术"的工作范畴。

第四种技术变革层次涉及全新的核心技术,而且这种技术同企业已有的产品技术没有交集。这种"新的无关技术"(new,unrelated technology)企业技术演进中等级最高的变革,也是企业技术焦点的最大背离。为什么企业要为实现这样的多样性而甘冒风险?其中一个原因也许是为了生存。在我们的研究样本中,有些企业的首款产品遭遇了商业上的惨败。然而这些公司的管理者并没有就此偃旗息鼓,而是在不同的应用方向上推出了新的产品技术。举例来说,一家企业最初为一座本地城市提供有线电视网络。如今,有线电视网早已不复存在,但是这家企业成功转变为卡片扫描仪设备的龙头厂商,这种设备主要用于银行的自动柜员机,以及本地写字楼和住宅小区的门禁管理。有些工程导向管理的核心理念是"不断征服新高峰"(new hills to climb)。这种管理也有可能产生非聚焦型技术策略。一家照相排版企业(它的创始人也是几位 MIT 教授)专门面向报纸行业开发和销售一种光学字符辨识设备、一套基于电脑的摄像与图像合成系统和一套多用户文字排版系统。虽然前两项产品偶尔也会作为独立的系统销往报社,但是第三项才是真正意义上的独立产品,它让文字排版应用软件的新型核心技术成为必要。想让这些新产品成为现实,非要大批量地增加各种类型的工程师不可。

这 4 个层次的技术变革——现有企业核心技术的微小改进或者重大提高,以及新技术的开发(它又可以分为与现有技术有关和无关两种)——可以用来评价一项新产品的技术多样性。这一框架也可以用来勾画一家企业整个历程中的技术演进图景。很显然,通过衡量连续产品之间市场变化,我们同样也可以评价一家企业的产品市场历程。

10.2.2 产品战略的市场应用维度

如前所述,市场应用框架一共包含 3 项参数,它们在艾贝尔(Abell,1980)用来评价商业机会的产品应用与顾客群体向量的基础之上增添了对于分销的考量。

第一项标准是产品功能(product functionality),它指的是一项产品满足的一整套顾客需求。产品功能显然与产品体现的技术不同,功能是一项产品的目标,而技术是实现这一功能的工具和手段。同样的功能可以通过不同的技术来实现,也可能通过一个技术替代的过程来实现。反过来说,如果一项技术或者一组技术可以得到拓展,满足先前产品未能满足的用户需求,那么,早期的技术也可以扩展进入不同的功能之中。

用来衡量连续产品之间市场应用变化的第二项标准是最终用户群体(end-user customer groups)。行业分类编码、一般组织环境和用户体验层次都是用来把市场分为不同用户群体的标准。艾贝尔和哈蒙德(Abell and Hammond,1979)还提出了更多可以用来区分用户群体的因素:"用户可能在信息需求、保障、技术支持、服务……及许多其他'非产品'收益方面互不相同。而这些都是他们购买到的一部分。"(p.48)

市场应用维度的第三个标准是分销渠道(distribution channels)。技术型企业的分销渠道包括:①直销;②原始设备制造商(original equipment manufacturer,OEM)经销;③非制造加值经销(value-added reseller,VAR);④非制造非加值经销;⑤邮购。

第一种渠道即直销。它指的是企业通过自身的销售力量将产品直接卖给最终用户。企业通常会承担客户支持责任。这可能包括培训和设备维护在内,有时还要应最终用户的要求完成自身产品与其他厂商产品之间的集成工作。技术型企业往往需要采用列表中的下一项分销方式,即 OEM 渠道。微处理器、软件包、终端、打印机、外围存储设备,甚至成套计算机系统都常通过大型制造商来分销,以此实现与厂商自身产品线之间的整合。在第三种渠道,也就是 VAR 中,企业通过系统集成商销售自己制造的产品。这些集成企业往往专长于特定的垂直细分市场。VAR 企业将众多各不相同的组件集合在一起——来自某一家技术型企业的产品也许只有一项——然而按需定制,为最终用户带来完整的系统,或者也叫"交钥匙"(turn-key)系统。Electronic Data Systems(EDS)就是一个典型的例子(这家公司现在是通用汽车的一部分)。这家大型 VAR 企业定制外部厂商的软件和外围设备,同自身的软件包集成在一起,主要用于 IBM 的大型机环境。它通过这样的方式成功地进入了诸多细分市场,包括银行、保险和政府机构等。第四种分销渠道,也就是非制造非加值经销,更普遍地被称为销售商。它们提供的用户支持低于上述 3 种渠道,而且它们通常销售的是范围广泛的商品。这些商品来自多家厂商,以低端计算机产品为例,计算机商店就属于这一类经销商。独立销售代表是这种分销渠道的组成部分之一。第五种渠道,企业也可能决定采用邮购销售的方式——如在潜在客户经常阅读的报纸杂志上刊登广告,或者通过直邮的宣传方式。"直邮"和"直销"几乎处于销售手段的相对两极,二者涉及的企业资源投入和顾客接触/服务差别极大。

采用上述 5 种渠道中的任何一种,都不会妨碍其他渠道的使用。同样的道理,随着企业不断发展壮大,它们也许会改变先前产品使用的分销渠道,或者增添新渠道。

比如，米切尔·卡普尔(Mitch Kapor)最初开发过一种MIT使用的热门图形与统计软件包的微机版本，而且他开发的图形软件包能够与当时红极一时的Visicalc"电子表格"(Spread sheet)软件包兼容。这项被称为Visiplot的产品是作为OEM产品通过苹果公司销售的。在此之后，卡普尔和乔纳森·萨克斯(Jonathan Sachs)合作创办了莲花公司(Lotus Development Corporation)。这家公司通过一套集成系统的开发把图形软件、自有的"电子表格"一家简单的文本编辑软件结合在一起，带来了史无前例的"1-2-3"产品。它与一家大型非加值经销商签订了分销协议。后者把莲花"1-2-3"带入了几百家计算机卖场。后来，在取得了更多的资金之后，莲花公司进一步扩展了市场，并与零售商建立了直接联系，拿回了之前为分销而牺牲的那一部分利润。再后来，这家公司还采用了面向大型企业客户的直销方式。

如表10-1所示，运用这3种市场导向因素，我们可以建立一种用来衡量市场应用变化的矩阵。市场应用变化的第一个层次是没有变化。也就是说，从上一次产品发布算起，全部3种参数统统保持未变。如果3种参数中有1种发生了改变，无论是出现了新的用户功能或者新的用户群体，还是采用了新的销售渠道，我们会把这项产品的市场变化层次定为二级。同样的道理，任意2项参数的变化带来的是三级。最后，所有参数均发生变化的情况就是四级，也就是市场应用的"最高"新颖程度。

表 10-1　市场应用维度的变化层次

	客户群体	使用功效	分销渠道
第一层次	相同	相同	相同
第二层次	新客户群体	相同	相同
	相同	新功能	相同
	相同	相同	新渠道
第三层次	新客户群体	新功能	相同
	新客户群体	相同	新渠道
	相同	新功能	新渠道
第四层次	新客户群体	新渠道	新渠道

本章关于产品战略的引言中提到了3种不同的产品市场应用策略，它们在不同层次上与产品的市场变化相联系。第一种，聚焦型产品市场策略应用，它反映在一系列第一层次的产品上，它可以通过技术部分提到的高速行式打印机的例子说明。这家公司始终通过OEM渠道销售这种产品。它是专门为高速数据处理这一用途而设计的。第二种，新产品的杠杆型(leveraged)市场应用策略，它可以解决多个顾客群体的问题，但是它通常满足的根本需求是一样的，而且经常通过同一条渠道来分销。前面例子中的门禁控制厂商就属于这一种，我们在银行的ATM机上、大型企业的计算机设备上，

以及住宅区里都能见到它的磁卡读卡器产品。这家公司近年还开发了一套"上下班打卡"(time-in,time-out)管理应用软件系统,在它销售的交钥匙系统中,一台微型计算机可以附接几十台本公司的读卡器。这家公司最近还加强了它的直销渠道,把那些覆盖特定地理区域和垂直市场的销售代表都囊括进来,一网打尽。第三种,也是最后一种战略模式是多样化(diversified)市场应用。它的特点是三个维度全部发生变化。我们通过一项早期试点研究(即本章开篇提到的 CTI)说明了这一模式。

10.2.3　产品创新网格

新产品战略的两个维度可以整合成为"产品创新网格"(product innovation grid),如图 10-1 所示。"创新"一词反映的视角说明,新产品战略领域内的创新性活动并不仅限于技术开发本身,还包括产品市场应用维度。这个网格可以标记出一家企业的历史产品组合,并且通过技术和市场应用两个维度衡量每一种产品与前代开发产品相比的变化程度。后来,阿贝提和斯图亚特(Abetti and Stuart,1987)从概念上把这个二维网格修正为三维。他们把市场应用考量中的产品功能独立出来,成为第三条轴。

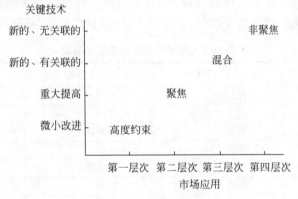

图 10-1　产品创新网格

图 10-1 给出了 4 种产品策略描述的一般类型。它们代表着一家企业整个产品序列所体现的技术与市场新颖性的"平均"水平。其中,"高度约束"(highly constrained)模式指的是:企业刻意选择仅对单一核心技术进行微小改进;仅向特定细分市场销售单一功能的单一产品,并且销售机制保持不变。"聚焦"(focused)模式的特点是技术的重大提高,它会被充分利用到多种产品当中,令多个顾客群体受益。企业会大刀阔斧地采用新的组件技术,为顾客带来更高层次的新功能。第三种模式被称为"混合"(mixed)型。根据它的策略,企业会开发新的核心技术,并把它与已有的核心技术整合起来,以此进军新的产品领域。新功能、不同的顾客群体和分销渠道都会因此而出现。

其他采用这一产品策略的企业也许曾经尝试过各种各样的产品开发路径,最终选择了这种更加聚焦的策略。第四种是"非聚焦"(unfocused)型策略。它代表着企业产品序列在技术和市场两个维度上的广泛多样性。

这里有一点需要特别留意:产品与产品之间的大幅变化并不等于总体的进步,甚至可能连技术的进步都算不上。仅在产品技术中展现出较低或者中等程度变化的聚焦型企业并不代表停滞不前。我们研究的企业表明,要在动态变化的技术领域保持竞争力,企业需要在研发中投入的力量丝毫不逊于进军新技术领域的必要付出,甚至需要投入更多。成功的技术聚焦型企业会把锐意进取同"实践智慧"(working smart)结合起来,打造特异能力,创造强有力的核心技术。

10.2.4　三种案例研究

在本章所述各项研究的开展过程中,在构思、展现和表示企业的产品历程时,我们获得非常有用的管理视角。由此而来的产品创新网格(Product Innovation Grid)能够随时提高企业产品活动的"快照"(snapshot)或全景。我们从数据库中选取了 3 家企业详加讨论,这样既扩展了用来评估产品的方法,又通过例子说明了聚焦型产品策略的观点。

1. Fast Print 公司

图 10-2 给出了一家打印机厂商的产品序列。这家公司的技术和市场焦点非常明确:它建立了强大的核心技术能力,开辟并巩固了主要的市场路径,卓有成效地与日本和美国的企业开展竞争。

我们姑且称这家企业为 Fast Print 公司。请注意,在图 10-2 中,网格里的最小值为 2。它代表的是企业的第二项产品。在这一方法中,企业的首项产品不在网格中计分,而是成为基准线,用来评价第二项产品和后续产品的新颖度。Fast Print 公司成立于 20 世纪 60 年代末,累计推出了 18 项产品。这家公司是由几位 MIT 教授合作创办的,它推出的首项产品是历史上最早的电子博彩系统之一,用在拉斯维加斯的赌场里面。博彩系统需要廉价打印站,但是他们在市面上根本找不到。就这样,这几位创业学者又自主开发了第一项小型点阵打印机,这是公司的第二款产品。这样一来,它就成了网格中的"产品 2"(product 2)。与"产品 1"相比,它具备"新的、有关联的"技术和第四层级的市场应用变化。也就是同时具备新的用户、新的用户功能和新的分销渠道。在图 10-2 的产品列表中,我们可以看到,产品 2 的"技术新颖性"评分为 3 分("新的、有关联的"),"市场应用新颖度"评分为 4 分。它的所有后续产品也都体现在这一网格中,并且使用同样的评分方式。

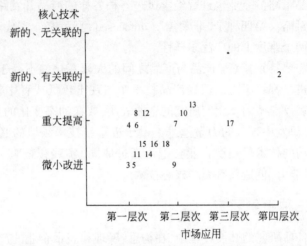

产品序号	技术评分	市场评分	产品描述
1			度假村用计算机博彩设备；直接销往拉斯维加斯赌场
2	3	4	首款点阵打印机；最初用于博彩设备；新用户：小型计算机用户；通用打印；OEM 渠道
3	1	1	首款改进型打印机；市场应用不变
4	2	1	为降低成本而重新设计的打印机；市场不变
5	1	1	先前型号的改进款；市场不变
6	2	1	速度更快的矩阵打印机；市场不变
7	2	2	授权并细化的行式打印机；应用不变；增加了新的销售代表
8	2	1	新一代点阵打印机；市场应用不变
9	1	2	改进型点阵打印机，平价版本；新用户：个人计算机拥有者
10	2	1	大幅再设计的桌面打印机；市场应用不变
11	1	1	更小巧、更低价的快速升级版本点阵打印机；市场不变
12	2	1	10 号产品的新桌面版本，进纸更快；市场不变
13	2	2	增加彩色功能的点阵打印机；新功能：呈现彩色图形
14	1	1	改进并重新包装的桌面行式打印机；市场不变
15	1	1	授权并加工的平价打印机；市场不变
16	1	1	另一款授权并加工的平价打印机；市场不变
17	2	2	带式打印机；新的核心技术，但是属于授权加工类型；新用户：数据处理机构
18	1	1	纸张处理与送纸设备：简单的外围技术开发；市场不变，与打印机搭配销售

图 10-2　Fast Print 公司产品：聚焦型策略

　　从这时起，Fast Print 公司的产品策略开始聚焦于打印技术及其在小型计算机(和后来的微型计算机)的应用上面。Fast Print 在发展中期取得了公司历史上最大的成功：它推出的首款桌面点阵打印机广受欢迎，与苹果公司推出的首款热门微机系统一起火遍了各大零售商店。接下来，这家公司在技术开发中锐意进取，不断地通过重大技术进步以更低的价格推出更好更快的点阵打印机。图 10-2 很好地说明了这一模式。为了给出恰如其分的评价，把微小改进和重大提高区别开来，我们与这家公司主管工程的副总裁合作，详细评价了公司为每种产品投入的时间和资源。一项产品中的重大提高常常会与随后推出的新产品中的微小改进合而为一，这样做可能是为了降低生产成本，也可能是为了重新包装。还有时候，为了进入全新的技术领域，如高速行式打印机，Fast Print 公司会取得其他公司的产品授权，并且加以细化、为我所用。图中的产品 6、15、16 和 17 都属于这种情况。

从市场的角度看，Fast Print 第一款打印机(也就是图中的"产品 2")的变化程度最高。它从博彩设备的直销变成了小型计算机打印及小型数据处理设备的分销——主要通过计算机厂商的 OEM 渠道。这家公司的后续产品表现出了对 OEM 渠道的一贯专注，偶尔进行一些市场应用方面的微小改进。举例来说：Fast Print 公司为产品 7 的分销渠道增加了独立的销售代表；产品 10 增加了新的用户群体——微型计算机拥有者；产品 13 多了彩色打印功能；而产品 17 不仅增加了新的用户群体，而且多了大规模数据处理能力。

一家企业能够同时在技术和市场两方面做到聚焦，Fast Print 就是一个非常明显的例子。多年以来，在一支比较稳定的工程师团队的努力下，这家公司建立了独一无二的核心技术。这是它在业内保持引领者地位的关键因素之一。它长期重视与 OEM 计算机厂商之间的关系，并通过它销售自己的产品，在相互了解与依赖的基础上建立了良好的客户关系，这也让两家公司更轻松地获得了大量的销售良机。

2. Techlabs 公司

与前文论述的聚焦型策略形成鲜明对比的是一家报纸排版系统企业。这家企业同时追求多种技术，尽管它始终以报业组织为自己的主要客户，但是这家企业一直试图满足各种个体的不同需求，而且经常使用多种不同的销售渠道。图 10-3 给出了这家公司的产品历程。

这家公司也是由一位 MIT 教授创办的，我们姑且称之为 Techlabs 公司。早在 20 世纪 60 年代末，它创造了最早的"光栅显示器"(raster display)图形终端之一，为分时小型计算机带来了图形显示功能。该公司的产品最初直接销往大学和科研院所等机构。但是好景不长，很快地，Tektronix 公司推出了自主研发的光栅显示图形终端(并且奠定了行业标准)，从此垄断了整个市场。对此，Techlabs 公司的对策并不是推出另一款

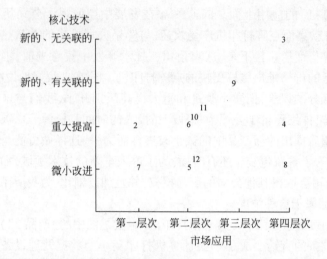

核心技术

新的、无关联的   3

新的、有关联的   9

    11

    10

重大提高   2   6   4

微小改进   7   12   5   8

第一层次   第二层次   第三层次   第四层次

市场应用

产品序号	技术评分	市场评分	产品描述
1			高分辨率图形"光栅"终端,最早之一;向学术用户直销
2	2	1	重大改进;市场不变
3	4	4	CAD 工作站用图形平板;新功能,通过 OEMCAD 公司销售给工程技术用户
4	2	4	图形编辑硬件及软件,授权改进;新用途;编辑;新用户;办公室;新渠道;新销售团队
5	1	2	文本编辑系统变成多用户;新用途
6	2	2	为编辑器购入并采用新的 16 比特芯片
7	1	1	新版 16 比特编辑工作站;市场应用不变
8	1	4	软件小修,报纸文本编辑;新用途、新用户、新渠道
9	2	3	发布新的硬件工作站;新用户;出版细分市场;新渠道;图片供应社
10	2	2	开发新闻通信服务套件;新用途
11	2	2	开发了通信套件;新用途:计算机间通信
12	1	2	开发分类官高套件;新用途

图 10-3   Techlabs 公司产品:非聚焦型策略

终端,而是打造了一款图形平板,它可以附加在工程师的工作台上。公司通过一家大型计算机辅助设计系统制造商来独家销售这种新型技术,由此而来的现金帮助 Techlabs 公司进入了又一个全新的技术领域。它在 20 世纪 70 年代中期开发出一款文本编辑工作站,还为它配备了硬件和应用软件。除了直接销售之外,这家公司还积极地与分销商签订协议,销售这一产品。在后续的产品历程中,Techlabs 公司开展了代价高昂的硬件项目。从某种意义上来说,这也是为它自身的文本编辑产品线探索开辟微型计算机架构。由于项目的结果不尽如人意,公司接下来又聚焦于文本编辑软件产品,专门针对小型报业公司推出了一系列的成套软件。比如,它的近期产品包括分类广告管理、新闻专线通信和文本编辑等各种用途的成套软件。在被各路竞争对手在国内市场全面赶超之后,Techlabs 公司最近正在欧洲各国积极探索包括图形供应企业在内的分销商,努力开发欧洲市场。

　　由于存在如此巨大的技术多样性(这需要硬件和软件同时实现重大提高),这家公司是无法用单一的核心技术来清晰定义的。无论是技能内涵还是工作重点,它的技术池都经历了多次重大变革。不仅如此,这家公司的多样化产品各自面向不同类型客户的不同需求。这产生了丰富多样的分销渠道和市场营销项目。在近期的访谈中,Techlabs 公司的管理者们明确谈到了这种复杂性——这家公司目前几乎没有增长,它的现金流无力支持目前的多线运营。

3. Best Screens 公司

　　一家公司的产品策略也可能发生剧变。曾经高度聚焦的成功企业有可能耗散它们的核心技术,同时丢失市场焦点,迅速陷入财务困境。第三个案例正好说明了这一点。Best Screens 公司主要提供完整系列的数字终端设备。这种产品能够有效地支持众多计算机厂商的协议,包括 DEC 和 Unisys 公司的产品协议。凭借这种既高度可靠又物美价廉的设备,Best Screens 公司迅速崛起,销售收入一度达到了 5000 万美元。这种产品的销售主要依靠 OEM 渠道和经销商。同时,Best Screens 公司还生产一种广受欢迎的图形终端,同时也可以当作数字终端使用。也就是说,它的产品策略属于典型的聚焦类型:针对单一技术开展重大提高,面向一系列彼此相关的顾客群体提供市场应用。

　　此后,出于雄心壮志(或者贪心不足)——而不是由于绝望的困境——Best Screens 公司的管理者们改变了公司的航向,想通过内部研发和外部并购变成一家全面的计算机企业。首先,Best Screens 公司收购了一家生产便携计算机的小型企业。管理者们还为这种新产品建立了规模有限的零售渠道。结果这项产品遭遇了失败,而且代价不菲,尤其是在 IBM 和康柏等众多公司推出类似产品之后。这时的 Best Screens 公司仍然保持着终端产品线长期以来的成功,所以,公司的管理层决心再度尝试多样化战略。Best Screens 公司开始在内部开发一种多用户桌面小型计算机,它的基础是当时刚刚上市的英特尔 80286 芯片。公司内部为这款新计算机的设计和生产分配了最优秀的硬件工程师,但是,为了完成与 Unix 操作系统的整合,它还需要聘请多位操作系统软件专家。当时,这家公司刚刚从 AT&T 公司获得该系统的技术许可。这款新计算机瞄准了加值经销渠道。同之前的产品相比,它还锁定了一系列的新应用。结果,同它的第一次尝试相比,这家公司第二次失败打击的影响更加明显。不到 2 年的时间,Best Screens 公司就陷入了寻求债权人法律保护的境地。

10.3　支持聚焦型产品策略的实证证据

前面 3 个例子说明了,无论是在技术维度上还是在市场应用维度上,产品的聚焦是如何影响高新技术企业成功的。那么,这些观察结果仅仅是"妙手偶得"的,还是代表着一种根本事实———一种普遍适用于技术型企业的深层原理呢? 为了回答这个问题,我们系统运用了"产品创新网格"框架,评价特定样本中的产品变化情况。该样本一共包括 262 项产品,它们来自新英格兰地区的 26 家企业。

10.3.1　关于战略焦点的假设

主要的假设是:假以时日,那些在产品创新中高度聚焦的企业会在业绩上胜过非聚焦企业。我们用图 10-4 来表示这一假设。审视该假设的极限,我们会发现一处改进。作为它的一个极端,图的右下角表示那些追求极致非聚焦战略的企业的失败。这些企业的每一种新产品都来自互不相干的新核心技术、追求新功能的应用,并通过不同的销售渠道触达不同的用户群体。库珀(Cooper,1979)的发现同样证明了这一推理。他提出的"高预算、多样化"的企业——也就是产品设计多种互不相干的技术、市场方向分散无序的企业——往往处于业绩最差的企业行列之中。这和我的预想完全一致。

而作为另一个极端,图 10-4 的左上角表示的是另一种类型企业的最大成功。它们对所有的产品仅仅进行微小改进,只依靠单一的初始核心技术,只通过一项具体的功能为特定的一群客户服务,并且长期稳定地依靠单一销售渠道。初看上去,这似乎是一种风险最小的策略,因为企业不会拿着自己的产品冒险去尝试新的技术领域或者市场应用。实则不然,事实证明,长久而僵硬地依赖单一技术/客户群体实际上是种非常

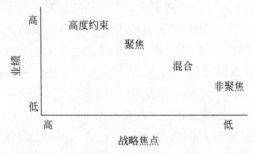

图 10-4　关于战略焦点的假设:聚焦 VS. 业绩

冒险的做法。我把它称为"高度约束"(highly constrained)的策略。我想通过这个标签表达的意思是"过高的束缚"(too highly constrained)。

事实上,有些原因表明,考虑到预期业绩,"聚焦型"策略应当被放在首要位置。飞速变革的技术环境决定了,企业必须对内部核心技术及时地作出重大提高,唯其如此,才有可能跟得上大势的脚步。同样的道理,一家企业往往无法在某项产品的整个生命周期内仅仅满足于单一一个顾客群体。随着时间的推移,特定的顾客群体可能遭遇规模的限制,或者受到更激烈竞争的影响。技术产品的新市场会朝着清晰分明的子群体(subgroups)方向演化,最初以此为目标的产品必然要实现"差异化",才能更好地满足方兴未艾的细分市场的需求。不仅如此,技术的新市场层出不穷,很有可能为企业带来诱人的新机会,让它们在新的功能应用或者用户群体中充分发挥原有核心技术的力量。

有些企业定期对自身的产品线作出重大改进,雄心勃勃地追求新客户;也有些企业长期依赖熟悉而单一顾客基础,连续不断地重新包装和定制旧有技术。这两类企业之间差别极大。当企业追求新的、有关联的发展机会时,这种"聚焦"策略可能(比"高度约束"策略)更加成功。这样一来,原来的假设就需要作出修改。也就是说,最行之有效的产品策略应该是,企业应在一定程度上聚焦于既定方向的变革,同时兼顾技术与市场应用两个维度。如图10-5所示,它应当呈现出一种稍偏向左的钟形曲线。

图 10-5　修正之后的战略焦点假设

10.3.2　方法与指标

在我们开展4项有关新英格兰企业的研究过程当中,企业样本演变聚集成为4个集群。这些集群规模不大,一致性强,并且都与计算机有关。它们包括:终端厂商、打印机厂商、制造报纸排版系统的系统厂商及软件企业。这些群组全部经历过高水平的、模式多样的复杂产品创新,当然它们可能无法代表其他技术领域可能出现的所有问题(谈到和技术型企业之间可能的差异,一个很好的例子是我们在第九章讨论生物医疗产品时提到的政府监管的重要性等)。面对几百家目标企业,我们没有选择电话或者邮件调查,因为那样只能得到关于产品策略信息的浮光掠影而已。我和学生们选择深入每一家企业,近距离地检视 262 项产品,其中包括 26 项初始产品。我们不断地探索证据,衡量这些产品的技术变革程度与市场变革程度。

这里的所有研究对象都是中小型企业。我们广泛收集了每家企业的产品和财务数据——涉及时间从企业成立时算起,直到访谈时为止。为我们带来这些信息的通常是每家企业的创始人/CEO 或者负责技术/市场的高管。每家企业的访谈时间至少要 4 个小时。不出我们的预料,在这些大起大落的行业领域,我们见证了企业的大喜大忧和业绩的大起大落。样本中既有销售收入达到 2 亿美元的最大企业,也有访谈后不久即告破产的小型企业。这一宽泛的范围与我在整个创业研究项目中对样本编排的做法是一致的。这些样本既包括成功企业,也包括失败的企业。这样才能更分明地看清有效策略与无效策略之间的区别。

在受访者的帮助下,依靠上文阐述过的 4 种类型,我们认真细致地为每一种产品的技术和市场应用新颖度打出了分数(从 1 分到 4 分不等)。在某一特定新产品发布之前,企业会衡量它与所有产品开发活动有关的新颖度水平。因此,用来衡量技术和市场新颖度的基准会随着连续产品的不断推出而持续提高。这样我们就可以计算每一家企业产品聚焦点的 3 种不同的量化指标:首先是技术聚焦点和市场应用聚焦点,在产品之间的变化当中,这两者在各自维度上似乎是彼此独立的;然后是整体聚焦点,它是通过整合前面 2 项指标得出的。这些指标的主要立足点首先是每家企业产品的平均变化水平,其次是对变化的一致性的衡量(一项简单的数学方差)。我们用企业的销售数据来评价它们的整体业绩。它不仅是最容易获得的现成指标,而且是与样本企业整个产品历程关系最密切的业绩指标。我们首先完成了相关数据的归一(得到现年销售收入的时间序列,从公司成立算起),而后按照企业的司龄得出平均值。

10.3.3　企业数据

我们加工处理了这 26 家企业的数据,并把它们体现在了表 10-2 中。它们包括了每家企业所有产品的排名情况,主要涉及技术聚焦点、市场聚焦点和整体聚焦点,以及销售业绩等诸多方面。企业成立的时间 4~17 年不等;数据收集前 1 年的销售收入低则 15 万美元,高则 1.67 亿美元,不一而足。

表 10-2　企业按照聚焦指标和业绩的排名情况

企业	描　述	技术聚焦点	市场聚焦点	产品整体聚焦点	销售业绩
A	航班预订终端	6	12	12	17
B	电子资金转账终端	12	19	16	19

企业	描 述	技术聚焦点	市场聚焦点	产品整体聚焦点	销售业绩
C	CAD/CAM 及医疗影像终端	11	11	10	10
D	红外工厂控制终端	24	26	26	26
E	手持过程控制终端	10	17	13	23
F	通用终端	1	14	3	4
G	彩票系统终端	18	4	4	6
H	通用终端	9	13	15	11
I	报纸排版系统	4	10	2	3
J	报纸排版系统	15	22	21	18
K	报纸排版系统	25	9	19	9
L	图片排版系统	21	24	22	16
M	图片扫描仪	13	25	23	21
N	彩色照相排版系统	16	15	17	5
O	点阵打印机	5	7	5	1
P	彩色喷墨打印机	20	18	18	13
Q	印刷级击打式打印机	23	21	24	14
R	高速行式打印机	22	5	14	8
S	点阵打印机	2	6	1	2
T	大型机电子表格程序	8	8	6	12
U	微型计算机图形程序	17	1	7	20
V	大型机数据库管理系统	7	3	8	7
W	Unix 数据库管理系统	26	23	25	25
X	大型机数据库管理系统	19	2	11	15
Y	语言编译器	14	20	20	24
Z	微型计算机 Unix 操作系统	3	16	9	22

图 10-6 反映了 26 家企业共计 236 项产品的技术和市场创新水平分布情况。其中第一等级市场变化的频率为 55%,几乎达到了第二等级变化(29.8%)的 2 倍。这和我们料想的比较接近。但是,从技术角度来看,重大提高的数量相对多于微小改进。这一点凸显了这些公司产品所体现的快速而巨大的技术变革。尽管研发与市场营销活动的战略焦点问题尚待探索,但是数据显示,在这两方面做到聚焦的企业同样在技术方面成就不俗。这些企业对自身首款产品技术成就水准的自我评价,加上这些产品上市时先进程度,同样反映了高涨的、昭彰的技术雄心。表 10-3 显示,绝大多数企业对自身首款产品的评价是"鹤立鸡群"。在这 26 家企业中,只有 3 家使用了"重大突破"。

毫无疑问,对很多创业者来说,这样的表达算是一种谦辞。实际上,图什曼和安德森(Tushman and Anderson,1986)指出,技术的"断裂"(discontinuities)破坏了已经行业的诸多能力,而这种断裂通常是新企业带来的。它们为潮水般涌入的新来者开辟了全新的产品类别。

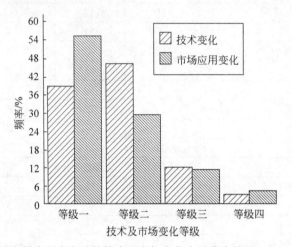

图 10-6　整个样本所有产品的技术及市场变化水平分布情况(n=236 项产品)

表 10-3　首项产品技术分布情况(n=26 家企业)

相比竞争对手的技术	频　率	比　例
无特色	2	8
具有一定特色	8	31
特色突出	13	50
重大突破	3	12

10.3.4　统计结果

与战略聚焦假设相关的主要统计结果已在表 10-2 的排名表格中给出。在这个表格中,企业排序的依据是销售增长表现。它可以直观地依照技术的、市场应用的及整体的产品聚焦水平关联对比。以 S 公司(一家点阵打印机制造商)为例。从整体产品聚焦的角度来看,这家公司名列榜首;它的业绩也在所有样本企业中排名第二(年销售收入超过了 2 亿美元)。I 公司(一家大型报社复杂排版系统)在产品聚焦水平中排名第二;它的业绩排在第三位。

反过来说,D 公司(一家红外工厂控制终端生产商)在产品的整体聚焦程度上排名最后;它同样在业绩排名中倒数第一。也许是对公司失败迫在眉睫的恐慌反应导致了惊慌失措、造成了产品焦点的缺失,而不是反过来。聚焦和业绩之间无疑存在着强有力的正反馈关系。表 10-2 中还列出了很多没有那么明显的匹配关系。虽然确切的排名配对令人难以置信,但是,这里明显出现了一种清晰可辨的模式。根据表 10-4(其中的 1.0 代表完全匹配)所示的斯皮尔曼(Spearman)等级相关系数,产品的整体聚焦程度与企业的全面增长业绩紧密相关。一项针对 42 家计算机企业的独立分析(Feeser and Willard,1990)也确证了产品聚焦对实现企业高增长的重要意义。

表 10-4 整体产品聚焦与业绩的相互关系:技术与市场应用(n = 26 家企业)

产品集群	企业数量	等级相关系数	统计显著性
编辑系统	7	0.913	0.05
打印设备	5	0.900	0.05
软件	7	0.750	0.05
终端产品	8	0.881	0.01
样本整体*	26	0.646	0.01

* 样本整体规模足够大,可以得出:Kendall 等级系数为 4.151、显著性为 0.0005。

把产品的整体聚焦指标按照它的两个维度要素一分为二,我们就可以看清每个产品变革方向的重要作用。一般认为,对规模较小的技术型企业来说,技术发展属于较易管理的资源,这是与市场应用资源相比较而论的。很多高新技术企业都实现了出众的技术特色,但是往往无法在行之有效的产品销售中展现出与之相称的能力。其中部分原因是我们在第三章中谈到过的——它也许是由于绝大多数的技术型企业创始人出身工程背景,加之创始人团队中市场人才的相对匮乏。与此类似的是,新技术的进步可能常常是相对少数的、富有才华的工程师做到的。但是,新产品市场应用销售项目的实施离不开大量的团队和团队中的每个人,其中不乏企业以外的人士。其中必备的活动五花八门,包括最终用户资料的纪录、营销材料和广告的开发、销售项目的实施与维护,以及高效产品支持机制的建立,等等。这就意味着,对小型技术企业而言,市场应用的多样性最难做到有效的管理。这一点甚至比开发多项核心技术的难度还要大。表 10-5 中的数据分析支持了这一假设。谈到与业绩之间的关联度,市场应用维度的产品聚焦要高于技术聚焦——4 个集群中有 3 个如此,而且产品样本整体亦如此。方差分析同样证明了,产品市场应用与业绩之间的关联度高于技术聚焦与业绩之间的关联度。

表 10-5 产品聚焦在技术与市场应用方面的比较情况(n = 26 家企业)

产品集群	技术等级系数	市场应用等级系数
编辑系统	0.028	0.886
打印设备	0.800	0.600

续表

产 品 集 群	技术等级系数	市场应用等级系数
软件	0.428	0.679
终端产品	0.429	0.786
样本整体*	1.986	3.828

*样本整体采用 Kendall 等级相关系数。

　　企业整体业绩与首款发布产品在技术上进取心之间缺乏统计显著的关系。这一缺失反而增强了产品战略聚焦的重要性(可以参考表 10-3 中的基础数据)。另外,企业业绩与其每年的新产品发布率也没有关联。这些领域中的每一个都曾进入过其他学者的视野,他们把这些领域当作技术型企业成功的关键决定要素之一来研究(费泽和威拉德确信,在作为样本的计算机企业中,技术的先驱性与企业的高增长之间并不存在关联)(Feeser and Willard,1990)。实际上,还有更多的分析从产品创新聚焦的角度为这一论断带来了具体的支持。比如,首款产品的技术野心与后续产品之间并不存在显著关联。这告诉我们,从技术跃进起步的企业完全可以通过不断的微小改进和适时的重大提高来充分发挥其优势的作用——它们大可不必强求不绝如缕的技术飞跃。就样本整体而言,产品策略的创新强度(innovation intensity)(它是通过企业每年推出的新产品所体现的平均技术变化率来衡量的)与销售业绩之间表现出了极其显著的负相关关系。这也证明了一个概念,即就一定程度而论,略低一些的技术变化年平均水平反而是可取的。

10.4　战 略 结 论

　　从长期业绩来看,产品战略长期聚焦的企业要比推进多种技术或/和追求多样化市场的企业表现好得多。对样本企业的快速电话跟进采访证明,这一假设仍是切中要害的。以产品聚焦度最高的 10 家企业为例,它们与产品相关的平均销售收入约为5600 万美元。与此形成鲜明对比的是产品聚焦度垫底的 10 家企业——它们与产品相关的平均销售收入只有大约 300 万美元。研究证明,至少对中小型技术企业来说,大范围产品多样性的管理是非常困难的。规模较大或者技术依赖度较低的企业也许能够更好地操控较高的产品线多样性,这一点不难理解,虽然很多研究也强调了大型企业保持专注的重要意义。例如,"专心做好自己擅长的事"(stickto your knitting)的战略建议(Peters and Waterman,1982),以及更早的多样化研究(Rumelt,1974)、并购策略研究(Ravenscraft and Scherer,1987)等。

　　不过,相关数据也说明了战略聚焦这一概念的"内在局限性"(inside limit)。从长期来看,那些在技术上没有丝毫进取之心,仅对核心技术做出微小改进的企业不如那些极大提高自身核心技术能力的企业。这一点毫无疑问。而且这一点同样适用于通过稳步推出新功能、拓展市场、实现更优业绩的企业,也适用于那些进入相关客户群体、增加分销渠道、充分发挥现有市场潜力等方式获得上佳业绩的企业。

参 考 文 献

D. F. Abell. *Defining the Business. The Starting Point of Strategic Planning*(Englewood Cliffs,NJ: Prentice-Hall,1980).

D. F. Abell & J. S. Hammond. *Strategic Market Planning*(Englewood Cliffs,NJ: Prentice-Hall,1979).

P. A. Abetti & R. W. Stuart. "Product Newness and Market Advantage",*High Technology Marketing Review*,1(2)(1987),29-40.

A. D. Chandler. *Strategy and Structure*(Cambridge,MA: MIT Press,1962)

R. G. Cooper. "The Dimensions of Industrial New Product success and Failure",*Journal of Marketing*,43(Summer 1979).

R. G. Cooper. "New Product Strategies: What Distinguishes the Top Performancers?"*Journal of Product Innovation Management*,1(September 1984),151-164.

R. G. Cooper. "Overall Corporate Strategies for New Product Programs",*Industrial Marketing Management*,14(August 1985),179-193.

H. R. Feeser & G. E. Willard. "Founding Strategy and Performance: A Comparison of High and Low Growth High Tech Firms",*Strategic Management Journal*,11(1990),87-98.

S. C. Johnson & C. Jones. "How to Organize for New Products",*Harvard Business Review*,May-June 1957,49-62.

J. Ketteringham & J. White. "Making Technology Work for Business", in R. Lamb (editor), *Competitive Strategic Management*(Englewood Cliffs,NJ: Prentice-Hall,1984).

M. H. Meyer & E. B. Roberts. "New Product Strategy in Small Technology-Based Firms: A Pilot Study",*Management Science*,32,7(July 1986),806-821.

M. H. Meyer & E. B. Roberts. "Focusing Product Technology for Corporate Growth",*Sloan Management Review*,29,4(Summer 1988),7-16.

T. J. Peters & R. H. Waterman. *In Search of Excellence*(New York: Harper & Row,1982).

D. J. Ravenscraft & F. M. Scherer. *Mergers, Sell-Offs, and Economic Efficiency*(Washington, D. C.: The Brookings Institution,1987).

R. P. Rumelt. *Strategy, Structure, and Economic Performance* (Boston: Division of Research, Harvard Business School,1974).

M. L. Tushman & P. Anderson. "Technological Discontinuities and Organizational Environments",*Administrative Science Quarterly*,31(1986),439-465.

第十一章

持 续 转 型

如何超越更好,成为最好? 小有成就的技术型企业如何更进一步,迈入"超级成功"(super-success)的境界? 本章旨在通过对大波士顿地区高新技术企业的广泛调查,找出超级成功必备的战略行动。这些企业都已成立至少 5 年时间,达到了相当水平的销售额。在很多人看来,它们就是成功企业。本章提出的证据证明了这样一种观点:想要获得超级成功,绝大多数的高新技术企业必须完成自我转型,转向以市场为中心的战略。

11.1　先前的战略研究视角

高新技术企业的战略也许是创业研究中最少人问津的领域。因此,第九章中讨论过的诸多与企业成功相关的研究就远远超出了其非战略性的一面:包括创业者的人口及个人特征、风险投资和其他融资考量,以及年轻企业的销售/市场营销活动,等等。再比如,第十章关于产品战略的分析恰好与这里的战略维度相吻合。近年以来,有关技术型创业企业战略的其他研究主要包括以下类型:企业整体战略或市场战略、组织架构、决策流程、高层管理者的影响。图什曼和罗马内利(Tushman and Romanelli,1985)作出的纵览非常有用,它把很多迥然不同的文献串联在了一起,如组织的演进、行政领导和战略的重新定向等。

罗马内利(Romanelli,1987),以及艾森哈特和斯洪霍芬(Eisenhardt and Schoonhoven,1989)都曾发现,早期战略会在技术型企业中长久地存在下去。桑德伯格(Sandberg,1986)发现,一个行业的早期进入者需要采取与后期进入者不同的战略。史密斯和弗莱克(Smith and Fleck,1987)发现,有些高新技术企业缺乏明确的长期计划,但是表现出高度专门化细分市场耕耘者的姿态。这些企业往往试图保有创始人的财务控制权。斯莱文和科文(Slevin and Covin, 1987)对比了高新技术行业和技术含量较低的行业,结果没有发现高绩效企业与低绩效企业在竞争策略方面的明显差异。他们因此得出结论:业绩的差异也许不能单凭策略本身来解释,而是要靠策略的有效实施。

米勒等人(Miller et al., 1984)在他们研究的大规模组织转型样本中标出了32%的"企业复兴"(entrepreneurial revitalization)。他们发现,这些企业的CEO们追求"新的市场机会……在应对竞争对手时变得更富进攻性和创新性,并在满足客户需求时变得更加富有想象力",他们会同时提高"积极主动性和产品及市场方面的创新"(pp. 133-134)。巴赫拉米和埃文斯(Bahrami and Evans, 1988)则指出,高新技术创业者想要设计的组织架构"突出强调流畅度和灵活性,同时在各个相互依存的职能部门和技术活动之间保持团结一致"(p. 3)。

艾森哈特和她的合作者们(Eisenhardt, 1989; Bourgeois and Eisenhardt, 1987, 1988; Eisenhardt and Bourgeois, 1988)探讨了"高速环境"(high velocity environment)下的决策风格及其后果;说明了对数据的良好利用及对各种可能做法的认真思考有助于企业的"快速决策"。图什曼和他的学生们发现,在同样面对多维度的战略变革时,新CEO(和其他的新高层管理者们)往往会为企业带来业绩的提升(Tushman, Virany and Romanelli, 1985; 1987)。不仅如此,顶层管理者的特征"会随着时间而转变——在开始的几年里,他们会聘用工程人才担任高管。这些人会达到相当高的比例。在此之后,他们招聘的重点会转向销售和市场出身的人才"(Virany and Tushman, 1986, p. 264)。图什曼及其同事的研究尤其与本章阐释的观点和发现不谋而合。

我在第六章里指出过,在公司成立的几年之内,许多技术型企业会开始自己的转型演进。它们最初主要属于内向型,重点关注内部的技术创造性;之后,这些企业会逐渐走向更加均衡的运营,越来越多地关注顾客和市场。我在这里提出的假设是,技术型企业要想取得超级成功,非要完成这一转型不可。它们不能再坐吃山空地汲取原始技术的收益,指望它带来源源不断的力量;而是要成为顾客需求的满足者,做顾客的仆从,要通过自身的行动变成别人眼里真正以市场为导向的管理者。这和彼得·德鲁克的经典论断如出一辙:"所谓的市场营销即是……从最终成果的视角看问题,也就是从顾客的视角看问题。"(Drucker, 1973)当然,对仍然较小的企业来说,技术创新仍将继续发挥关键的竞争作用,并在服务顾客优先需求、提供产品性能的过程中将小型企业同较大的竞争对手区分开来。这一宽泛的战略假设来自接下来的数据分析。

11.2   方法论及衡量指标

11.2.1   样本的建立

这项广泛的假设涉及面向市场的、完全的转型需求。为了进行必要的调查研究，我和我的研究生们为此精心建立了一项样本。它一共包括 21 家大波士顿地区企业，涵盖两项高新技术的标准行业分类代码(standard industrial code，SIC)：电子计算机设备(3573)、医疗器械(3811)。样本企业的经营年数为 5~20 年，销售收入超过 500 万美元。本章末尾给出了这 21 家样本企业的名字，同时列出的另外 13 家企业符合我们的研究标准，但是拒绝了我们的邀请[1]。我们组织了三人采访小组，到访这 21 家企业，通过结构化访谈的办法收集数据。坐在我们对面的企业人士通常有 4 人：公司 CEO、主管市场的副总裁、分管财务的副总裁和负责企业发展的副总裁(或者地位职责相当的高管)。

11.2.2   成功的程度

图 11-1 给出了这些企业的收入分布情况。截至研究进行时，这些企业(成立时间的中位数为 13 年)中有 6 家的当年销售收入超过了 1 亿美元。在 2 个不同的电子标准行业代码企业集群之间，此处没有发现任何其他主要变量间的明显差异。企业年龄与它们的销售收入之间不存在关联。而且企业规模本身并不足以成为成功与否的衡量标准。企业的整体价值(如有些企业的股票市值)可能成为成功的理想衡量指标，但是很遗憾，我们无法充分获得这些数据。

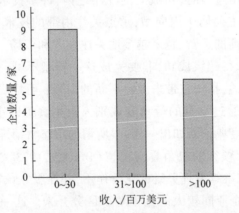

图 11-1   样本企业的收入分布情况(n=21 家企业)

　　调查之前的参与者和接受采访的企业高管一致认为,虽然技术创业者的个人动机不同,个人目标也千差万别,但是高新技术企业的财务目标大体只有 2 个:增长和盈利。两者都是实现股东短期及长期回报最大化不可或缺的。我们用销售收入的年平均符合增长来衡量增长维度;用年平均股权收益率(rate of return on common stackholder's equity,ROE)来衡量盈利维度。

　　成功是由增长和盈利能力构成的。用来衡量增长与盈利能力水平的"标准"对某些分析来说是不可缺少的。尽管有些企业渴望,甚至实现了较高的增长率,而另一些企业希望把增长率控制在较低水平上,但是,调查之前的参与者和接受采访的企业高管一致认同,30% 的增长率是个不错的目标。只要加以努力,这个增长目标是可管可控的。同样地,人们认为,15% 的股权收益率(ROE)可以作为多年一贯持续盈利能力的成功标准——虽然每一年的收益率都是不同的,而高通胀年份的收益率可能高出很多。

　　如图 11-2 所示,上述指标把样本企业分成 4 组。第一组包括 7 家最为成功的企业,它们既实现了高增长(平均达到了 60%),也做到了高回报(平均水平为 25%)。第二组和第三组共有 5 家企业,它们都比较成功,但都是某一个维度较强,而另一个维度较弱。单就此项关于超级成功的专门研究的标准而言,第四组的 7 家企业总体不算成功,它们的增长较慢(20%),而且平均回报率为负数(−9%)。样本中的 2 家未上市企业无法提供几年的充分平均财务时间序列,无法进入本矩阵,但是它们的缺失并没有为这里的数据带来任何额外的偏差。也就是说,尽管全部 21 家企业都达到了至少 500 万美元的销售收入,实现了增长率意义上的成功(它实际上是对未来潜在发展的一种

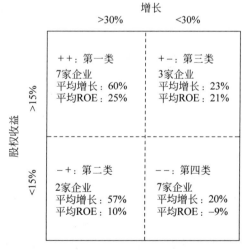

图 11-2　样本企业的成功矩阵($n=19$ 家企业)

预测),而且,它们的 ROE 也已达到成功的标准(这个指标既能衡量企业的财务稳固度,又能衡量股东的潜在收益),但是仍有 1/3 的企业看上去更像是"幸存者",而不是"胜利者"。对各企业销售收入与财务成功的对比数据分析说明,二者之间并不存在明显的关联。

要建立一种简单而唯一的成功衡量标准,合理的逻辑方法是把股权收益率(ROE)与增长率结合起来。如果只是简单地相加,二者截然不同的平均值会让增长率参数的权重变得过大。结合这些数据,我们将成功定义如下。

11.3　成功＝2 倍股权收益＋增长

此处的"股权收益(ROE)"和"增长"均用百分率表示。我们还另外试验了几种使用 ROE 与增长率的不同权重来衡量成功的等式,它们都证明了这种方法的有用性。为了更密切地检视这些企业,本章将通篇使用这一衡量指标。

11.3.1　追寻成功

在追求成功的道路上,高新技术创业者实现了连续不断的增长和变革。这是一个错综复杂的过程。他们制定并落实各项战略战术,影响着整个公司的方方面面。这些影响有时是有意为之的努力,有时也可能是无心插柳的结果。在这里,我们主要探讨高新技术样本企业在以下四大方面的行动:市场营销、技术、财务和人力资源。在本章的末尾,我们还会讨论几个特别的问题,它们主要关系到创始人/CEO 的罢免或辞职,以及相关关键事件对企业总体变革的影响。

11.3.2　技术型企业的市场一面

莱维特(Theodore Levitt)在《营销近视症》(*Marketing Myopia*)一文中提到,他发现"很多电子企业的科技-工程型制造导向其实是头重脚轻的,但它们好像表现得还算不错……因为这些企业的自我定位是填补市场,而不是寻找市场;它们并没有挖掘客户真正需要的和想要的,而是顾客主动找上门来"(Levitt,1960)。实际上,这样的情况也许还会在技术型企业成立的初期维持一段时间——也就是新企业为市场带来了新技术、满足新需求(或者更好地满足已有需求)的那一段时间。然而,随着销售收入的增长,最初细分市场需求的满足及竞争对手的涌现,企业往往发现,它们面对的市场似乎完全变了模样。我们采访过的那 21 家企业平均成立时间超过了 13 年,这些企业的 CEO 和副总裁们在采访中指出了几个至关重要的问题。这些问题都是在过去 10 年出现的,都对企业未来的成功形成了挑战。它们包括以下几个方面。

（1）产品的生命周期变短。

（2）国内外竞争加剧,国际竞争尤甚。

（3）很难在业务的各个方面始终站在技术最前沿。

（4）产品差异化变弱。

（5）向非工程客户群体过渡。

（6）难以在企业内部保持增长氛围。

为了评估这些高新技术企业的市场认识和行为,我们采访的几乎每家企业的 CEO 和/或主管市场营销/销售工作的副总裁都提供了大量数据。这些数据主要涉及企业目标与增长战略、市场规划与调研、市场变革及产品线结构等。我们会在下文用到这些数据。我从统计角度出发,依照上文提到的综合财务成功等式来评价每个领域,其中,ROE 变量和增长变量采用的是 5 年复合平均值。

11.3.3　企业目标与增长战略

企业目标定义了企业的业务范畴。它基本上是通过与市场相关的语汇来表达的,如市场份额、销售收入的增长或者盈利能力等。所有的研究对象企业（1 家除外）都把销售增长当作首要目标之一。增长的缺失会导致创业工程人才和管理人才的流失,为技术的陈旧落后打开大门。在我们采访的高管眼中,技术的落后是最令人恐惧的命运之一（其恐怖程度仅次于公司破产）。表 11-1 给出了这些公司通胀调整后的真实增长预估,其幅度从 0~50% 以上不等。这一增长目标与最终成功之间的关联非常明显（$r = 0.488, p = 0.05$）。

表 11-1　实质增长目标（$n = 21$ 家企业）

实质收入增长（%/年）	企业数量（家）
0~10	4
11~20	4
20~30	0
30~40	6
40~50	4
>50	3

这些企业（3 家除外）都通过某种形式努力追求一体化增长战略（见图 11-3）。一些企业采用"水平一体化战略"（horizontal integration strategy）,寻求占有或者更多地控制那些同在一条宽广产品线上的竞争对手,以此满足其日益增长的顾客需求。这 21

家企业中只有 6 家明确宣称自己制定了雄心勃勃的水平一体化战略,但是,这一战略的使用确实与企业的整体成功关系密切($p = 0.10$)。21 家企业当然都在通过产品线和/或市场的扩张来追求持续不断的增长。在为未来增长来源排序时,有 4 家估计未来的增长主要来自并购带来的新产品;有 8 家认为,未来的增长会来自内部开发的新产品;还有 9 家把重心放在现有市场的扩张上面。

　　还有更多数的企业选择了垂直一体化战略(vertical integration strategies),其中:后向一体化(backward integration)指的是对供应商的更多控制;前向一体化(forward integration)指的则是占有或控制分销体系。人们通常会武断地认为,市场份额较高的企业会更多地追求垂直一体化。因为它们要"生产"自己需要的部件,而不是去"购买"它们;同时,这些企业还想把控自身产品对客户的销售出口。然而在垂直一体化战略的采用上,样本企业清晰地分成了 2 个部分。在这 21 家企业中,只有 5 家采用了野心勃勃的后向一体化战略,另外还有 8 家大胆地追求前向一体化战略。这两条道路的方向不尽相同,可能产生的结果当然也各不相同。

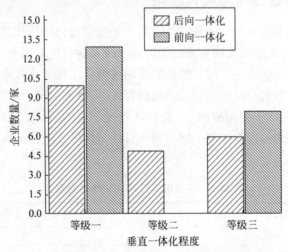

图 11-3　增长战略:垂直一体化战略($n = 21$ 家企业)
(等级一:无一体化;等级二:略具一体化;等级三:积极的一体化)

　　这一调查揭示了后向一体化的两种彼此联系的战略动机。有些企业感到,某种关键供应商的数量或质量正在下降;还有些公司感觉,某一种部件才是它们竞争优势的关键所在。后向一体化的益处包括更严格的质量控制和更轻松的供应商关系维护,这些都是比较容易感受到的。尤其是在计算机行业的很多领域,人们普遍认为,产品的最终性能取决于关键部件或半导体芯片的表现。因为这些组件的供应商越来越多地被海外的竞争对手垂直整合,所以本地企业对它们在未来的可用性和价格日益忧心忡忡。不过,从消极的一面来看,后向一体化把企业更多的资产绑定在实物上面,而且使之更多地依赖于某一项特定技术。厄特拜克(Utterback,1987)也曾经指出,在一个技术飞速变革的时代里,这样的依赖也许更多地意味着负担,而不是福佑。这种对后向一体化的负面看法也得到了统计分析的支持:后向一体化程度较低的企业往往比较成功(0.05)。

另一方面,前向一体化让企业更紧密地联系最终用户,借此帮助企业寻求附加值更高(相应地,利润率也更高)的产品。它要求企业把自身的产品同竞争对手的产品区别开来——无论是通过产品特性、服务还是通过形象。前向一体化反映了市场导向的观点,即尽可能地贴近顾客;而后向一体化往往专注于技术视角,力保一项产品的技术基础。而这样的对应关系并不仅仅是巧合那么简单。我之前提出过这样的总体假设:以市场为导向的转型最终会通向企业的超级成功。同这一假设一致的是,统计结果表明,大踏步的前向一体化与财务上的成功紧密相连(0.05)。

大多数企业认为,外部的战略环境正在经历剧变。举例来说,在这21家企业中:有13家企业认为,同5年前相比,竞争对手的数量和活动都在日益增加;只有4家企业认为竞争程度比5年前减弱了;还有4家认为保持不变。有趣的是,那些感觉竞争加剧的企业更有可能是比较成功的企业(0.05)。这意味着,竞争是和快速增长的市场机会紧密相连的。企业收入的增长与竞争带来的紧迫感同样紧密相连($r=0.539, p=0.02$),这也为上面的说法提供了支持。

与这一转变相一致的是,不断有人站出来证明:销售工作比过去困难得多。有些高管认为,这一变化的原因在于人们越来越多地购买全套解决方案,越来越强调成本效益关系。如图11-4所示:5年之前,企业大多相信,它们的竞争优势主要存在于技术创新和产品质量;5年之后,还是这些企业,如今它们大多认为,竞争优势已然转向了价格-业绩和客户服务方面。这并不应该被理解为高新技术的质量提升变得不再重要,恰恰相反,它说明如今的客户拥有广泛的产品可供选择,因此对价格和服务更加重视了。毫无疑问,这种对客户优先级的认识转变也反映了这些企业在过去5年间的成长和进步,它们走出了最初"拥有"的细分市场,大踏步地迈入了更加广阔的竞争环境当中。这种现象也标志着市场产品之间的差异化正在缩小,正如大多数产品步入生命周期的成熟阶段时所表现的那样。同过去几年相比,现在这样的现象才是高新技术企业更多面对的情况。有些企业不禁慨叹,自己的商品已经沦落成了大路货。

所有企业(1家除外)都制定了书面的战略规划。这些规划的覆盖面宽狭不一,而且规划周期长短差别巨大。这同史密斯和弗莱克(Smith and Fleck,1987)的观察形成

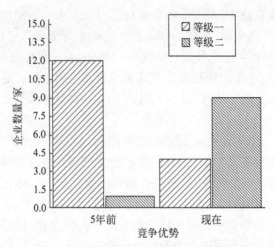

图 11-4　竞争优势的感知转变(等级一：技术创新、质量；等级二：价格/性能、服务)

了鲜明的对比。二人发现,英国的高新技术企业根本没有书面规划。这也许是总体上比较年轻、规模较小的缘故。在制定了规划的 20 家企业中,我们一共看到了 4 种长度的规划期：1 年(3 家企业)、3 年(7 家企业)、5 年(9 家企业)、10 年(1 家企业)。请高管们评价本企业规划的完整性和准确度殊为不易。在我们的一再敦请下,大约有一半的高管表示,他们的战略规划总体上是比较准确的。另外一半的高管平均分成了两部分,一部分认为自身的规划总体上不够完备,坦承企业的业绩远远超过了他们当初最乐观的估计；另一部分干脆三缄其口、不置一词。这 20 份战略规划的质量未经独立评测,我们也没有在企业的规划期与成功指标之间发现任何关联。不过,我曾做过一个另外 8 家技术型企业战略规划的纵向试点研究,它也是我整体研究项目的一部分。这项研究表明,在新技术企业的整个生命周期中,最初的预期与实际发生的情况之间并无联系；规划质量与企业后来的成功之间同样不存在关联。不过第七章曾经指出,一份优质的初始商业计划确实有助于企业提高风险资金的筹措能力。

11.3.4　市场规划与调研

具体来说,样本领域中的技术型企业,诸如半导体、计算机和生物医疗器械等,早已广泛接受了产品生命周期的概念,并在描述自身产品销售历程的独有变化时使用了这个概念。除了半导体等少数产品之外,我们采访中谈到的多数产品的生命周期都是极短的。它们的衰退期来得很快,产品销量会大幅下滑。按理来说,这样的产品变化环境理应引起企业对市场规划的极大重视。这个过程包括了面向市场的目标设定、竞争对手分析、战略定位、市场/产品机会分析,以及与此相关的项目、预算和管控。采访结果表明,在市场规划的采用方面,样本企业一体分成了 3 类。

（1）非正式形式,由高级管理团队内部讨论决定。

（2）正式规划体系,配有销售预测和预算。

（3）正式规划体系,与企业的战略规划流程合一,其正式程度可以粗略地按照是否诉诸文字来判断。

图 11-5 中引人注意的一点是,市场活动遵循战略规划流程的企业只有不到一半。和我们预料的一样,产品生命周期较短的企业,其市场与战略的一体化也比较差。但是这一点并没有表现得特别明显。

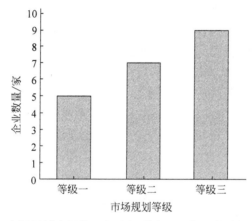

图 11-5　市场规划流程的正式程度(等级一：非正式讨论；等级二：
捆绑于销售预测的正式规划；等级三：融入战略规划之中的正式体系)

在市场规划等级为一的 5 家企业中,CEO 往往是规划意见的唯一提出者。采访表明,他们的一贯态度是"只有我们最懂,顾客哪里知道他们想要什么"。至于为什么从不制订书面计划,这些公司给出的理由是：它们要做最前沿技术风口浪尖上的弄潮儿,怎么能被死板教条的计划捆住手脚。等级二的企业会从员工处收集关于未来产品需求的数据,并且整理这些数据。总体来说,等级二企业高管的论调是：规划事大,事关公司里的每个人,上到高管,下到普通员工。然而,实际上,这些市场规划常常是一个人完成的。这个人通常是主管销售的副总裁,信息来源仅限于寥寥几位关键销售人员。没有证据表明,研发、工程或者生产人员参与这一过程。等级二企业的规划通常每年制定一次,且不具备正式的临时更新机制,及时反映新的竞争数据或经济趋势。

与前 2 种情况相反,等级三企业的规划过程通常囊括了每个关键职能领域的代表：研发、工程、生产、市场/销售、财务和人事部门等。它们的规划是一个为期 3~5 年的完整整体,每年更新一次。正式的体系——如专门的表格/报告、部门会议等——鼓励全公司的员工参与其中,每个月或者每个季度,公司会召开例会,检讨新的材料或者修改之后的信息。按照我的"成功"指标衡量,具备正式市场规划的企业(其顶点体现为上述等级三企业行为)要比无规划企业的业绩好得多($p = 0.10$)。也许是因为受到了市场变革压力的推动,产品生命周期衰退的企业明显更重视市场规划(0.10)。

企业对市场规划的采用与市场调研的规范化密切相关($r = 0.725$)。这一点很好理解。然而,大多数企业并没有全心全意地投入精力,通过一丝不苟的行动了解自己的顾客是谁、他们需要什么。有 6 家企业根本没有做过市场调研,或者只有非正式的调研。事实上,无论这些企业是否年轻、规模大小,它们都或多或少地认为,高人一等的技术产品自己会说话,根本不需要叫卖。另有 10 家企业(占样本一半)会购买外部数据,包括市场规模、增长潜力和/或者行业趋势等。有些这样的企业声称,这些买来的数据只是第一步,只要财力允许,它们后续还会建立更加精细市场调研计划;其他企业表示,它们购买这些数据只是为了了解竞争对手在设定目标时依据怎样的信息。只有 4 家企业成立了内部市场研究部门。它们认为,只有自己的人马才是帮助公司跟上飞速变化的技术和市场环境的最适宜人选。有些企业提出,买来的报告往往在一发表时就已经陈旧过时了。总而言之,市场调研越正式,企业就越成功(0.10)。

与这些具体方面相一致的是一个更加宽泛的问题:企业是否清醒地认识到市场营销与销售之间的区别。为了探明这个问题,采访人员重点考察了 2 个问题:企业的组织架构中有没有市场营销部门?企业有没有为市场营销单列预算——与销售预算截然分开的市场预算?样本企业因此被分为了 3 个等级:有 8 家企业没有可供辨识的市场活动——只有销售活动;有 9 家企业的销售活动和营销活动属于同一个职能部门,市场人员和预算不独立;还有 4 家企业成立了各自独立的市场和销售部门,它们通常向同一位副总裁汇报工作。企业越是把市场营销的作用独立出来,就会越多地投入市场规划和调研中来(0.01),更重要的是,企业就会因此而变得越成功($r = 0.417, p = 0.10$)。这和我们的预料大致相同。那么,究竟是这些市场视角的表征帮助企业实现了成功,还是说,它们仅仅是企业成功带来的结果。这个问题目前还无法回答。随着组织规模的不断扩大,一些职能分立的因素也许纯粹是作为更大型企业管理更多专家的一种手段出现的。它也许与管理者的态度毫无瓜葛。我曾亲耳听过成功的技术创业者对市场营销人员在本企业不断攀升的情况大放厥词——他们似乎对改变这种情况无能为力。

所有这些正式市场营销的维度——独立组织、正式规划、规范的市场调研等——都与日益增长的竞争强度息息相关(0.05)。也许竞争本身正是企业增强市场营销努力的背后驱动力。

11.3.5 市场变化与产品线结构

随着高新技术企业的成长壮大,其中的绝大多数都会选择服务不同的细分市场,满足截然不同的市场需求。正如第十章所述,这就为年轻的技术型企业带来了严峻的难题,因为它们通常能够更好地吸收技术的变革,却很难适应市场的莫测变幻。图 11-6 显示了 21 家样本企业的市场细分范围。多数销售额低于 1.5 亿美元企业集中在少数几个细分市场上,每家的年销售收入在 500 万~2000 万美元之间。这些企业时时抱着千篇一律的希望: 狭小的细分市场可以让"大佬级的竞争对手离我们远远的"。

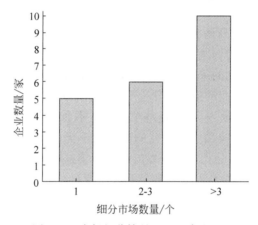

图 11-6 市场细分情况(n=21 家企业)

从逻辑上来说,人们通常认为,企业服务细分市场的数量在一定程度上与它们生产的主要产品线的数量息息相关。一条主要的产品线是由一个拥有共同技术基础的产品族群组成的。这些产品的基本功能相同,有所不同的也许仅限于个别用途或者用户群体。比如,为分析实验室(一种细分市场)而设计的语言处理器与为办公室职员(另一种细分市场)设计的文字处理器属于同一条产品线。如果把主要产品线的定义收窄——存在 1 年以上,占公司收入 5% 以上,那么,拥有 3 条以上主要生产线的企业只有 5 家,拥有 2~3 条的有 11 家,还有 5 家仍然只拥有 1 条主要生产线。出乎我意料,产品数量与市场数量居然不存在统计学上的关联性。实际上,与产品数量关联最密切的反而是企业的存在时间($p=0.05$)。也就是说,企业越是年深日久,产品线就会越丰富多样。这也涉及我们上一章谈到的聚焦问题。

随着企业的日渐成熟,经常会发生客户基础的变化。创业之初,这些企业中绝大多数的收入来源基本被 OEM 垄断。但是,这种情况会逐渐改变,客户基础会慢慢地转向最终用户。在我们的样本企业中,仍有 8 家主要依赖 OEM,还有 4 家已经完全走向了另一个极端——直接专注于最终用户。剩下的 9 家(占样本的大多数)采用的是兼顾 OEM 和最终用户的混合方式。这一转变要求全然不同的销售技能(不再是工程师卖给工程师),并且提高了质量控制问题的重视程度,如故障的排除(新客户对设备操作出现的问题容忍度较低)。有几家公司提出,这些变化加在一起,共同推高了企业的销售成本和研发开支,后者还称,这一说法得到了数据的有力支撑(0.05)。

本节阐释的各个要素——无论是细分市场的数量、产品线数量,还是客户基础——同企业的财务成功之间均不存在统计学意义上的关联。

11.3.6　技术和产品开发

这里的样本企业均为高新技术产品的开发者和生产者,它们的根基都是技术性的,正如绝大多数创始人的训练和工作经验基础属于技术范畴一样。为了更多地从技术方面了解这些企业,我们的采访人员掌握了它们的技术研发开支数据和新产品开发流程的情况。由于各家企业的报告操作差别很大,所以研发数据用起来非常困难。而且有些企业从事政府合约研发项目,这些项目往往不会出现在公司年报引用的研发数字当中。这些公司界定领域和生产研究的做法也不无隐忧。最后剩下的唯一有用的指标是:在过去的 5 年里,公司用于研发的绝对开支是增加了(13 家企业)还是减少了(8 家企业)。最后得出的分析结果让我感到心满意足:研发开支增加的企业同时也是最成功的企业($r = 0.66$,$p = 0.01$)。不过这里的因果困境(即区分哪个是原因、哪个是结果的困境)同样极为明显。

研发开支一般集中在以下三大方面。

(1) 现有产品的重新设计(如物理属性的微小改变等)。

(2) 现有产品的不同版本(技术上的改动,如技术规格的扩大或改变,使之适用于新的细分市场等)。

(3) 全新的产品概念(发挥公司专业能力、推出全新技术。例如,从计算机图形到机器人技术的转变)。

图 11-7 显示了样本企业在不同研发开支情形间的分布情况。根据第十章的阐述,我们应该会作出这样的估计:这一研发开支的导向本身与企业的整体财务业绩本身并无关联。第十章论述的是战略性产品聚焦对年轻企业持续增长的重要意义,而不是较高的研发开支的作用。来自这 21 家成熟且成功企业的新数据进一步打破了这样一种假设:技术型企业应该使用全新产品淘汰其基础业务。那些以新产品为中心的企业会服务多得多的细分市场,而且它们的前向一体化程度也更高。这两点都有赖于新的产品来满足新客户的需求。

对那些看上去具有战略意义的产品开发来说,最后一种要素是方向与管控来自何处？即由谁来决定公司开发什么样的产品。只要把目光从企业的组织架构图上移开，集中到非正式过程中来，我们就会发现两大关键控制点：①掌控新产品创意的人或团队；②管控新产品开发过程的人。这两大控制点必定掌握在以下 3 类人物手中：最高领导者，通常指公司 CEO，有时还要加上他的一位得力助手；关键的工程决策者；还有关键市场决策者。

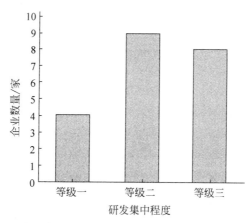

图 11-7　研发开支的主要去向（$n=21$ 家企业）（层次一：原有功能的重新包装；层次二：相同产品的不同版本；层次三：全新产品）

在有的公司里，关键决策者不一定是副总裁或者部门经理，反而可能是"老前辈"们（oldtimers）。"创意管理"（idea control）维度指的是控制新产品创意从内部及外部向公司流动的闸门。而"过程管控"（process control）维度强调的则是解决冲突的源泉，用来解开部门之间关于产品开发的谈判僵局。这两个阶段的作用都是非正式的，只能通过与被采访者之间开诚布公的讨论才能发现。我曾提出过企业必须面向市场完成转型的总体假设。与这一假设相一致的是，这些概念按照一种定义比较宽松的六阶段进程记录了样本企业的转型分布情况：从彻底技术导向的产品开发（阶段一）直到完全市场导向的产品开发（阶段六）。表 11-2 描述的就是这一进程以及样本企业的详细情况。

半数左右的企业仍然处于第一或第二阶段，即新产品的开发周期完全由 CEO 个人控制，或者 CEO 与工程部门共同控制。其余企业反馈，新产品的创意和流程是由工程部门和市场部门共同负责的。探究这种非正式结构能够引出真正的主导力量所在。第一阶段和第二阶段的企业明白地把主导权交给了企业 CEO（并且丝毫不以为意），由 CEO 来行使强有力的管控。无论是对创意产生过程的影响来说（$p=0.05$），还是就产品开发的过程而论（$p=0.01$），市场导向更强的企业往往更加成功。

表 11-2　新产品控制的各个阶段(*n*=21 家企业)

阶　　段	创意管理	过程管控	企业数量
Ⅰ	首席执行官	首席执行官	3
Ⅱ	首席执行官	工程	8
Ⅲ	工程	工程	3
Ⅳ	工程	市场	3
Ⅴ	市场	工程	2
Ⅵ	市场	市场	2

11.3.7　财务管理

为了分析这些企业的整体资本结构,我们首先算出了所有企业财务比率的平均数,然后按照图 11-2 给出的 4 种业绩类型算出这些企业的平均值。表 11-3 列明了这19 家样本企业的数据,同时还给出了 25 家电子企业的平均加权的行业平均水平(这25 家企业的数据来自 Compustat Annual Industrial Tape)。

表 11-3　高新技术企业的财务比率

	第一类 (++)	第二类 (+G,−ROE)	第三类 (−G,+ROE)	第四类 (−−)	高新技术企业样本整体	电子行业平均水平
销售增长(发展)	0.60	0.57	0.23	0.20	0.39	
ROE	0.25	0.10	0.21	−0.09	0.10	0.05
标准偏差 ROE	0.17	0.21	0.26	97.18	35.93	
长期负债/股权	0.77	0.48	1.30	0.19	0.60	0.50
总负债/股权	2.2	1.5	2.6	2.6	2.3	1.07
流动比率	2.5	2.1	2.8	2.4	2.5	3.17
已获利息倍数(TIE)	17.7	10.3	6.4	4.0	10.1	5.22
资产收益率(ROA)	0.20	0.15	0.20	0.11	0.16	0.04
收入/销售额	0.07	0.04	0.07	0.00	0.04	0.01

用整个样本对比行业平均水平,我们可以得到两种总体趋势。大波士顿区高新技术企业样本的财务杠杆水平明显高于同业。这一点在表 11-3 的全部 3 种杠杆指标中都有体现:长期负债/长期权益、总负债/总权益、流动比率。这与人们的普遍印象正好相反——通常认为,年轻的技术型企业应该主要是通过股权来融资的(Brealey and Myers, 1981, p. 394)。我们观察到的第二种趋势也许可以解决这一明显的矛盾:波士顿高新技术样本企业的运营

盈利远远高过同业水平——无论是按照已获利息倍数来衡量,还是按照资产收益率或者收入/销售额来衡量,都是如此,就连 7 家已被判定为不成功的样本企业也是如此。如此居高不下的盈利为投资者带来了高涨的信心,他们会考虑把资金带给这些企业。

　　净资产收益率较高的企业尤其可能通过贷款获得更高的杠杆作用。表 11-4 把高新技术样本企业按照不同的净资产收益率分开。不过,哪个是因、哪个是果,现在还不够明朗。是债权比更高的企业通过更高的杠杆来提高股东收益?还是盈利更高的企业更加容易获得贷款?企业管理者在讨论中笃定地告诉我们,这实际上是一个迭代过程。一开始,高新技术企业实际上是依靠股权获得融资的。在这些企业积累了一些利润纪录之后,投资者变得愿意为它们提供贷款,这让企业以进一步提高销售收入和利润为目标的、基于贷款的投资成为可能。

表 11-4　ROE 及贷款的使用

	高 ROE		低 ROE	
	第一类	第三类	第二类	第四类
长期负债/股权	0.77	1.3	0.48	0.19
总负债/股权	2.2	2.6	1.5	2.6

　　这些高管还透露,资本结构的选择并不是单纯地建立在公司的财务能力基础之上的。实际上,它往往反映的是个人信念和一种对所谓现代财务理论的对立。这种理论主张,所有管理者的实用功能都是一样的,都要为了股东获得回报而承担足够的风险。有些创业者就是不要任何贷款,他们认为,业务本身的风险已然很高,这不允许他们接受金融杠杆带来的更高的风险。

　　有些人,如第一章提到的尼尔·帕帕拉多,认为不要借贷或者只要短期贷款的政策是一种符合道德的政策,它会迫使企业建立起一种量入为出的环境,在这样的环境中,现任管理者无法妨害未来管理者的行动或责任。其余的创业者和理论预期的一样,尽力寻求杠杆的最大化,从而实现股权所有者潜在回报的最大化。需要注意,史密斯和弗莱克(Smith and Fleck,1987)发现,英国的创业者追求外部股权的最小化,以便保持对企业的控制权。这种情况在美国的技术创业领域也很常见。

　　在 21 家硬件制造商中,只有 1 家派发过股息。它们把全部收入用于再投资,寄希望于未来增长和股票增值带来资本收益。然而成功的软件企业和服务型企业(我们的样本没有包含这两种类型的企业)常常会产生很高的现金流,因为它们没有类似的设备和库存投资需要。因此,这两类企业采用的财务政策也大为不同。资本收益优惠政策的废除发生在此处数据收集之后,因此没有体现在此处记录的行为中。

　　令人遗憾的是,尽管我们在技术型样本企业和电子产业整体的资本结构之间看到了那么多有趣的差异,但是并没有发现资本结构变量和企业的整体成功之间存在一以贯之的关联——除了前文提到过的那些显而易见的联系以外。即财务的成功与 ROE、资产收益率、收益/销售收入比,以及已获利息倍数等密切相关。而它们或多或少地又和我的成功指标定义相一致。财务变量与成功之间最密切的关系体现为一种负相关性,即 ROE 标准偏差($r=-0.71, p=0.01$)。但是这对管理来说却不太妙:多年来看,较不成功的企业变动幅度较大,不同的年份的收益或正或负。相比之下,成功企业的收益每一年都是正的,由此而来的变化幅度和计算标准差也要低得多。

11.3.8　企业的整体发展:人的一面

对关键成功因素的不断探寻为我们带来了一系列的软性维度。它们都属于企业人的一面:包括董事会的作用、人力资源的整体管理、CEO 和整个高管团队的演变发展等等。几乎每一位接受采访的企业界人士都谈到了董事会对企业成功的重要作用。学术界刚刚开始认识到董事会对高新技术企业的重要意义(Rosenstein, 1988)。采访者收集了很多与此相关的数据,如董事会的规模、构成、作用和变化等。董事会一般由六七位成员组成,而且包括内部成员和外部成员。如表 11-5 所示,董事会的外部成员大部分来自金融领域,其余席位基本上由来自咨询界、学术界和法律界的人士占据。尽管各个公司董事会成员背景的多样性基本相同,但是,外部董事与内部董事之间的比例差别极大。这个比例大约把所有的企业分成了三等份:30% ~ 50%、50% ~ 80%,以及 80% 以上。这是创业 CEO 事后大多提出,他们认为本企业的董事会是成功的,因为董事们始终非常活跃积极,而且影响力很大。但是,我们的关键发现再一次指出,董事会相关变量和企业的成功之间并不存在统计学意义上的明显联系。

表 11-5　董事会成员的代表职业

职　　业	企业数量(家)
公司内部	18
金融界	
风险投资	11
银行	5
个人投资者	3
保险	1
企业界	
相关企业	8
常规企业	5
咨询界	12
学术界	6
法律界	2

尽管 20%~25% 的工程和管理人才流动率被认为是正常的,虽然各个组织都在高调宣称对创意和创业人才关键作用的重视,但是,我并没有在 21 家样本企业中发现成功与人力资源相关因素之间的联系。它们的权力范围体现出来多方面的不同,它们的绩效考核与奖励体系表现出了各不相同的特质,它们对新员工的指引方式反映了不同程度的正规性。尽管如此,这些因素中没有一项与企业的财务成功之间存在可以量化的联系。

11.3.9 "创始人病"(founders'disease)

在创业圈的传说里,有一种广为人知的"创始人病"。它指的是:经"诊断",公司的创始 CEO 无法提高自身的领导和管理能力,跟上企业规模和进一步潜在增长的飞快步伐。很多企业"治愈"了这种"痼疾"——它们至少治愈了企业本身——方法是创始人辞职或者被董事会开除。董事会必定用新人取代创始 CEO,而新人通常是"外来的和尚"。我的一位同事曾经指出,每当发生这种驱逐事件时,企业的股价总是会不可避免地上涨,但是我没有发现任何证明这一说法的证据。艾森哈特(Eisenhardt,1989)通过她的样本(8 家微型计算机企业)提供了几个 CEO 变更的例子。图什曼等人(Tushman et al.,1985,p.308)指出,在 16 家高绩效小型计算机企业中,有 10 家经历过高管更替的情况,不过他们的叙述中还包括了(CEO 之外)其他高管更替的情况。我的 21 家样本企业同样包含了大量证据,可以证明高新技术企业最高领导岗位的不稳定性。截至数据收集时,只有 8 位创始人仍然在位,而且他们主要分布在成立时间较长的企业中,原因不明。有 10 家公司更换过一次 CEO;还有 3 家公司的 CEO 更换过不止 1 次。

这个样本和我对高新技术创业者的整个研究,加上我在过去 25 年间的经历——尤其是在涉足风险投资工作之后,让我目睹了各式各样的"创始人病"。不过它们都会在外部认识掌控董事会时终结,甚至在多位共同创始人对创始领导者大失所望时就终结了。在高新技术创业者群体中,这个问题最早的表现是技术出身的创始人不懂得怎样运营企业。在这种比较明显的例子中,有些人创办了公司,因此成了公司的总裁,但是,他们的能力仅够领导一个技术开发项目。而这个项目本身往往要耗费新公司 1 年左右的时间。即使开发出了最前沿的技术,最初的产品开发工作甚至常常是被误导的,这主要因为公司缺少恰当的市场信息。最初的产品开发一旦完成,新公司面临的问题就会纷至沓来,让创始人根本无力招架。

这种"创始人病"更常见的表现是,创始人的能力只够领导公司的早期经营,不够引领企业的后期发展。仅仅企业的规模本身就足以造成这样的问题。对有些创始人来说,有效的领导仅限于所有的人和企业的所有活动都处于自己亲身触及范围的情况。然而,随着企业不断地发展壮大,势必需要借助信息系统来完成衡量和管控,这会让一部分创始团队高管一筹莫展。这种"顽疾"还有另一种变化形式,那就是创始人不肯放权。对这些创始人来说,与其权力和职责交给别人,还不如干脆要了他们的命。我们在第九章讨论创始人性格时提到过这种权力需要过高的问题。在企业规模相对较小时,一应事务都在创始人的个人掌控之内,他们此时的管理可能是行之有效的;但是,一旦企业的规模大到创始人无力独揽的程度,崩溃可能会随时出现。还有一种可能:有些创始总裁可能对按部就班的、程序化的工作应付裕如,甚至表现上佳,而这一类工作往往是创业企业最初的主导工作,如撰写商业计划书、系统落实募资项目、推进产品开发工作、首款产品上市等。但是,在面对突发的、无章可循的决策需求时,这些领导者可能表现得脆弱不堪。例如,应对竞争、管理效率低下的员工,力挽狂澜地扭转危局,等等。这些情况往往都发生在企业发展成长的后期。

如果这种"疾病"源于创始人观点与外部董事会期望之间的重大差异,那么它的"症状"可能会截然不同,并且影响广泛。这种情况经常发生在企业业绩不够理想,或者没有按照预定计划前进的时候。当然,在公司成立之后,这样的分歧想要出现,想要被人们觉察到并且采取相应的对策,都需要一段时间。为了挽救"他们的"公司,董事会可能辞退创始人,用他原来的下属(更多地是用一位外人)取而代之。随着这些行动而来的企业"疾病"决定了补救措施的具体特性。比如:比较彪悍的高管会推动更快的增长;以市场为导向的管理者会力主从"技术推动"向"市场拉动"的路径转变;管控严格的领导者会削减冗余成本;等等。实际上,戈尔曼和萨尔曼(Gorman and Sahlman,1989,p. 240)发现,在风险投资人看来,这算得上是家常便饭:"平均而言,每位风险投资人在职业生涯中要开除 3 位 CEO/总裁,或者说,平均每增长 2.4 年的风险投资工作经验,他们就要开除一位 CEO/总裁。"

对 21 家马萨诸塞州高增长企业的统计分析表明,企业在发展期间的 CEO 数量与其整体财务表现之间毫无关联。整体而论,留到最后的最初创始人和后来居上的替代者们一样,都有可能表现上佳,甚至带领企业走向超级成功。至于留下来的创始人们是怎样带领企业走向成功的,现有的数据无法回答这个问题。但是"创始人病"这个传说显然需要改一改了。我们知道,为了谋求持续不断的业绩,苹果公司曾用约翰·斯卡利(John Scully)取代了史蒂夫·乔布斯。我们还知道,从创业到走向辉煌的顶点,肯尼斯·奥尔森一直担任创始人兼 CEO。数据告诉我们,每发生一次乔布斯式的情况,就会出现一次奥尔森式的故事。

仔细研究高级管理者的演变和规模,我们会看到很多有趣的故事,但是,它们与企业的成功不存在可以量化的变量和关系。

11.3.10 "关键事件"与企业转型

在分析这些数据时,我注意到一种出乎意料的现象,这里称之为"关键事件"(critical event)。它指的是在一段时期之内发生的一连串行动。这些行动会在管理架构、财务、市场营销和规划过程等各个方面带来全面变革,并最终影响很多企业的成败。企业如何筚路蓝缕地发展到今天?在追述和讨论这个历程时,我们发现了"关键事件"。所以说,它并不是直接发现的。关键事件的特别在于它是外界刺激的结果,如外部董事、因并购而空降企业的外来管理者、天灾人祸(act of god)等。有几种形式的关键事件相当常见,其中最常发生的是,在一两位外部董事的煽动下,董事会驱逐了现任 CEO,并且引进一位经验丰富的管理者取而代之。举个例子,这种情况就发生在了阿瑟·罗森伯格身上,我们在第一章讨论泰科实验室时提到过他。在另外的 5 个例子中,是并购触发了变革——要么是公司收购了别的企业,要么是公司本身成了被收购的对象,还包括 1 次自身重购的例子。还有一家企业的关键事件是不可抗力造成的——它的创始人兼 CEO 在一次意外中不幸离世。让人兴味盎然的是,图什曼等人(Tushman et al., 1985)也发现了一种"环境的不连续性"(environmental discontinuities)。这种由外力造成的不连续性在一些小型计算机企业中引发了高管的更迭和公司战略的重新定向。

我们把这一定义用在了收集来的数据中,结果发现,在这 21 家企业中,有 16 家发生过关键事件。在关键事件发生之前,各家企业的情况可谓五花八门,各不相同:有的企业销售收入稳步增长,有的收入不太稳定(甚至诡异),有的原地踏步,还有的平稳下滑。总而言之,它们和从未发生过"关键事件"企业的情况并没有什么不同。至于发生关键事件企业的年龄,图 11-8 给出了事件发生时间在企业现今总年龄中的百分比分布情况。它们基本集中在 30%~80% 这个区域。

在我们的样本中:6 家最大企业的销售收入都超过了 1 亿美元。其中有 3 家经历过"关键事件";5 家最小企业的销售收入都低于 1000 万美元,它们全部经历过"关键事件"。而在 5 家成立事件最久(都超过了 15 年)的企业中,只有 1 家经历过"关键事件"。5 家从未经历过"关键事件"的企业仍由其创始人担任公司CEO;同样的情况还发生在 16 家发生过关键事件企业的 3 家中。新任 CEO 来自企业外部,其中大部分具备市场营销经验;而大多数被取代的 CEO 都有较深厚的技术背景。

在关键事件发生之后的 1~3 年之间,企业会完成管理结构上的巨大转变。在我们研究的 16 家发生过关键事件的企业里,随之发生了大约 100 个关键管理岗位的变更,

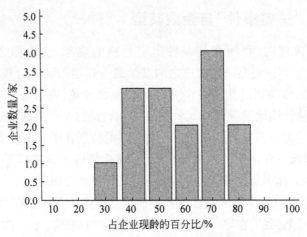

图 11-8　相对公司现龄而言的关键事件时间

其中仅有 7 个岗位是通过内部人员的提拔来填补的。其中的部分原因无疑来自新 CEO 走马上任之后引发更多管理人员和技术人员的出走。

战略规划流程往往出现在"关键事件"发生之前不存在该流程的地方,随后再逐渐扩展到整个规划层面。对于之前已经存在规划流程的企业来说,变化会通过各种各样的方式发生。例如,扩大底层参与,演唱预报期的时长,进一步提高细节水平,更加频繁的监控和更新,等等。战略转型通常会带来更加频繁的产品变革或者增长策略的变更,常常还会包括更多的横向一体化。

在发生"关键事件"之前和之后,以及受到随之而来的变革的影响,企业会表现出许多典型的特征。我们粗略总结了这些特征,并通过表 11-6 罗列如下。随后通常会发生广泛的重组和重新定向,这在很多方面反映了企业的战略视角从更加以技术为中心朝着更加以市场为中心的巨大转变。这恰好与米勒和弗里森(Miller and Friesen,1984,p. 133)"创业复兴"(entrepreneurial revitalization)式转型的提法不谋而合。他们指出:"新任 CEO 会努力重整旗鼓,他们的方法包括增加创新、追求新的市场机会,以及设计更具适应力的新策略,等等。"最重要的是,关键事件的发生把样本企业分成了两组,其中 16 家发生关键事件的企业在财务方面明显更加成功($r = 0.399, p = 0.10$)。另外几项发现同样支持这一关联,包括整体成功与事后新管理团队的建立之间的紧密关联($p = 0.05$),以及整体成功与新高级管理人员的聘用之间的密切联系($p = 0.02$)。接下来,我即将阐释"关键事件为企业带来成功"的内在含义。

表 11-6　典型关键事件现象

因　　素	发 生 之 前	发 生 之 后
增长策略	无/后向一体化	水平/前向一体化
市场规划	不存在	正规化、纳入企业战略规划之中
市场调研	无/购买后束之高阁	成立内部专门部门
新产品开发管控	由 CEO 或者工程部门把控	由市场部门或者市场部门会同工程部门管控
销售和市场营销职能的独立	无市场营销团队或者市场与销售团队一体	建制独立的市场营销和销售职能部门
研发焦点	再设计、新产品开发、流程优化	新产品开发
竞争强度	一个市场,1~3 个竞争对手	多个市场,每个市场上有一到多个竞争对手
市场细分	未细分或很少细分	细分/分层
产品生命周期	高达 10 年	3~5 年
产品数目	1~3 条主要产品线	3 条以上的主要产品线
后向一体化	常见	无/很少
研发支出	变化模式多样	逐渐递增
客户群体	OEM	分销商和最终用户
规划期	1~5 年	3~10 年
内外部领导者比例	1：1	1：5
管理团队	创始人	外聘管理者
CEO	创始人	拥有市场经验的管理者

　　很多接受采访的管理者表示,企业往往会经历 2 个截然不同的组织发展阶段。有的人认为,它指的是组织从创业阶段向组织有序阶段的过渡。事后分析,这 2 个阶段似乎更多地反映了组织发展过程中的技术阶段和市场阶段。其中,技术阶段(the technical phase)指的是企业努力开发一项或者多项核心技术的阶段。它从企业成立之日算起(我们在第四章讨论过这个阶段),直到产品获得初步成功、企业获得初步成长(我们在第十章里讨论过这个阶段)为止。在这个时期中,企业不断地获得新的能力(包括技术方面、应用方面),了解自身的优势和劣势。其探索发现的视野主要集中在企业内部。

　　对大多数企业来说,市场阶段(marketing phase)一般开始于一次"关键事件"发生之后。这次事件一定是震动整个公司的,或者迫使公司作出改变的。关键事件不一定导致企业技术创新的丧失;恰恰相反,它有可能在某种意义上打破企业对某些前沿技术的单纯强调,使其将市场的重要意义纳入考虑。在所有的关键事件样本企业中,新产品创意与新产品开发流程的控制都转向了市场方向,没有一家企业的产品线转向新的基础技术。在这个阶段中,企业探索发现的视野首先集中在外部,其次才是企业内部。不过,产品开发流程管控的转变却成了企业技术竞争力日渐销蚀的一个杠杆支点。如表 11-6 所示,其特点主要表现为对流程优化等诸多因素的研发聚焦缺少重视,尽管几乎所有企业一开始都会清一色地增加研发开支。多次更换 CEO 的样本企业少而又少,我们无从考证第一次关键事件之后发生的问题,以及因它而发生的焦点转移,究竟是第二次关键事件的原因还是后果。

我们对这 16 家发生过关键事件的企业开展了统计分析,试图把更加成功的企业同较不成功的企业区分开来。它们主要是再次确证了本章前文提到的各项因素,还为之前的发现提供了更多的支持。在这个关键事件子样本中,我们找到了几种与更成功企业之间的新关联,它们是面向最终用户的,具有更加鲜明的用户导向(0.05)和更短的产品生命周期(0.10),它们都反映了更高的市场敏感度。此外还包括拥有市场营销背景的 CEO(0.10),这也许是更高市场敏感度的原因。

在这 16 家发生过关键事件的企业子样本中,有 13 家更换过 CEO。我们重复分析了这 13 家企业,并没有得到太多重要的发现。只有一个关键的例外在于,拥有市场背景的 CEO 在这里不再显示出统计学意义上重要性。这说明了,新任 CEO 不一定非要拥有市场背景才能获得成功。

把这一新发现同先前由总体样本而得结果——即总体而论 8 位始终在任的创始CEO(其中大部分是技术出身)的业绩和新任 CEO 的业绩一样好——结合起来,我们可以更清晰地提出这个战略问题:关键事件确乎是实现超级成功所不可或缺的吗?显而易见,关键事件为一部分企业带来的是失败,或者至少是没那么辉煌灿烂的成功。但是对另一部分企业来说,它们的超级成功确实是在关键事件发生之后才出现的。还有一些企业明显是在没有外部介入的关键事件,或者没有发生上述任何一种变革维度的情况下实现了财务上的成功。也许有 2/3 的发生过关键事件的企业并没有经历重大变革,却实现了令人瞩目的成功,不过我们永远无法确知这一点。

关于自生式成功(self-generated success),即在没有经历关键事件的情况下实现的成功,下面列举 4 种比较合理的战略性解释。

(1)有些技术型企业可能从第一天起就树立了适宜的市场导向,所以无须改变。

(2)有些企业可能会通过原始团队渐进式的内部演进朝着我们假设的、必要的市场方向转变。第六章用清晰明白的证据告诉我们,很多公司从最早阶段就开始这种演进了。这些公司的 CEO 会戮力实现自身的成长与发展,领导公司从初建一路走向辉煌,成为稳坐钓鱼船的少数例外之一。还有些 CEO 可能意识到了自身的局限性,他们会吸纳和培养称职的、强有力的下属,通过他们完成公司的战略转型,与此同时,创始CEO 会调整自己在高管团队中的扮演的角色。我从未说过,也没有暗示过,自己的咨询公司——皮尤-罗伯茨联合公司——是一家超级成功的企业。不过我确实亲眼见证了亨利·韦伊(Henry Weil)完成了这样的转变。他从这家公司的第一名员工最终成长为总裁,而我一直担任公司 CEO 一职,直到我们被 PA 咨询集团(PA Consulting Group)收购,成为它的一个部门为止。这件事足以成为有目的的、渐进式内部变革的明证。相信还有很多一直在位的创始 CEO 们也会主动地通过授权和发展完成公司的转型。

(3)还有一部分创始人也许从最初就选定了技术导向。他们可能主要面向 OEM客户销售尖端技术成果。在这种单一不变的战略引导下,他们会建立不断发展、不断盈利的企业。实际上,如果恰如其分地考虑到每家 OEM 企业彼此迥异的需求,有的人也许会为这样的战略贴上市场导向的标签。

(4)除此之外,维拉尼和图什曼(Virany and Tushman,1986)还曾证实,那些在微型计算机领域执掌卓越业绩企业的、"尤其富有远见卓识的高层管理者"从未遭到过罢黜。他们把企业发展与成功必不可少的内部变革落到了实处。他们深谋远虑的领导本身也许和技术或者市场导向本身并无关联。正如斯莱文和科文(Slevin and Covin,1987,p.94)指出的,企业的杰出业绩反映的也许是"把事做对",而不是"做对的事"(doing the right things)。但是,令人遗憾,无论是维拉尼和图什曼的数据集,还是 8 家没有更换过 CEO 的企业,又或者是 5 家没有经历过"关键事件"的样本企业,其规模都不够大,不足以对企业的表现给出进一步的解释,也无法为更大企业成功的上述替代路径提供实际经验的支持。

11.4　总结与启示

本章纵向考察了一个由 21 家大波士顿地区企业组成的样本集。这些企业至少成立了 5 年时间,销售收入至少达到了 500 万美元。通过对这个样本的研究,我们希望进一步加深自己对高新技术企业在战略层面的理解。我们的总体假设是,以市场为导向的战略转型是实现超级成功的必要条件。这一假设促使我们对管理变革作出了诸多维度的深入探究。我们发现,自我供给各种要件的后向一体化基本上有损成功的企业业绩;而同时,面向最终用户的、大张旗鼓的前向一体化与企业的成功关系密切。长期以来,竞争优势已经从技术独特性转向了价格/业绩和客户服务维度。毫无疑问,这也反映了企业的成长和成熟,反映了企业的市场和它们的核心技术。融入企业战略的正式市场规划、正规的市场调研及市场营销组织的正规化,这些都是企业走向成功的重要因素。绝大多数企业都走在从 OEM 为客户到直接服务最终用户的转型之路上。随之而来的是销售、服务,乃至工程工作的复杂化。对这些企业来说,新的产品事关生死存亡。因此,更高的研发费用、以市场为指挥棒的新产品创意管理,以及紧随其后的新产品开发过程都是企业实现财务成功的重要因素。

相对于电子行业的比较对象而言,这些样本企业的财务管理者实现了更高的财务杠杆。这也许是样本企业盈利能力更强的缘故。这些硬件企业几乎从不分红。这些收入被企业重新投资,谋求更进一步的发展。无论从哪个方面来看,资本结构都无法对企业的总体成功作出解释。

在这 21 位创始 CEO 中,有 13 位已被新任 CEO 取代。而且这些继任者大多是在外部引发的"关键事件"发生之后走上台面的。但是,总体而言,新人不必胜旧人——8位留任 CEO 的业绩和新任 CEO 群体的业绩一样优秀。与第一代 CEO 通常的技术出身相比,新一代 CEO 大多具备市场背景。新 CEO 们大刀阔斧地推行改革,朝着市场导向突进。这样的改革通常能为企业带来成功。尽管如此,为什么相对数量较少的创始人 CEO 依然能够取得足以与之媲美的超级成功? 这一创业成就是我们现在无法解释的,期待未来的研究者能够解开这个谜题。

注释

1. 一些在大波士顿地区声望卓著的高新技术企业并未进入我们的样本,这主要是因为它们的正式 SIC 既不是 3573,也不是 3811;或者因为它们过于年深日久,如 DEC。作为 MIT 的衍生企业,DEC 是本人整体创业研究中的重要企业,但它并未进入这一具体研究的对象之列,就是因为它早在本项研究开始的 20 多年之前就成立了。

A. 参加本次研究的企业包括:

Analog Devices	Dynatech Corporation
Analogic Corporation	GCA Corporation
Applicon, Inc.	GRI Computer Corporation
Block Research and Engineering Division, Bio-Rad Laboratories	Haemonetics Corporation
	Helix Technology Corporation
CL Systems, Inc.	Modicon, Division of Gould
Computer Devices, Inc.	Prime Computer, Inc.
Computervision Corporation	Semicon, Inc.
Damon Corporation	Silicon Transistor Corporation(BBF Inc.)
Data Printer Corporation	Xylogics, Inc.
Data Terminal Systems	
Datatrol, Inc.	

B. 谢绝参加本次研究的企业包括：

Alpha Industries	Entwistle Company
American Science and Engineering	Ionics
Cambex	Inforex
Centronics	Intertel, Inc.
Compugraphic	Micro Communications Corp.
CSP, Inc.	Sigma Instruments, Inc.
Data General	

参 考 文 献

H. Bahrami & S. Evans. "Stratocracy in High-Technology Firms", I. E. E. E. *Engineering Management Review*, 16, 4 (December 1988), 2-8.

L. G. Bourgeois & K. Eisenhardt. "Strategic Decision Processes in Silicon Valley. The Anatomy of a 'Living Dead'", *California Management Review*, 30 (1987), 143-159.

L. G. Bourgeois & K. Eisenhardt. "Strategic Decision Processes in High Velocity Environments: Four Cases in the Microcomputer Industry", *Management Science*, 34 (1988), 816-835.

R. Brealey & S. Myers. *Principles of Corporate Finance* (New York: McGraw Hill Book Company, 1981).

P. F. Drucker. Management: *Tasks, Responsibilities, Practices* (New York: Harper & Row, 1973).

K. M. Eisenhardt. "Making Fast Strategic Decisions in High Velocity Environments", *Academy of Management Journal*, 32 (1989).

K. M. Eisenhardt & L. G. Bourgeois. "The Politics of Strategic Decision Making in Top Management Teams: A Study in the Microcomputer Industry", *Academy of Management Journal*, 1988.

K. M. Eisenhardt & C. B. Schoonhoven. "Organizational Growth: Linking Founding Team, Strategy, Environment and Growth among U. S. Semiconductor Ventures (1978-1988)". Unpublished paper, June 1989.

M. Gorman & W. A. Sahlman. "What Do Venture Capitalists Do?", *Journal of Business Venturing*, 4, 4 (1989), 231-248.

T. J. Levitt. "Marketing Myopia", *Harvard Business Review*, October 1960.

D. Miller & P. H. Friesen with H Mintzberg. *Organizations: A Quantum View* (Englewood Cliffs, NJ: Prentice-Hall, 1984).

E. Romanelli. "New Venture Strategies in the Minicomputer Industry", *California Management Review*, Fall 1987, 160-175.

J. Rosenstein. "The Board and Strategy: Venture Capital and High Technology", *Journal of Business Venturing*, 3 (1988), 159-170.

W. R. Sandberg. New Venture Performance: *The Role of Strategy and Industry Structure* (Lexington, MA:

Lexington Books,1986).

D. P. Slevin & J. G. Covin. "The Competitive Tactics of Entrepreneurial Firms in High- and Low-Technology Industries",in N. C. Churchill et al. (editors), *Frontiers of Entrepreneurship Research,1987*(Wellesley, MA: Babson College,1987).

J. G. Smith & V. Fleck. "Business Strategies in Small High-Technology Companies",*Long Range Planning*, April 1987.

M. Tushman & E. Romanelli. "Organizational Evolution: A Metamorphosis Model of Convergence and Reorientation",*Research in Organizational Behavior*,7(1985),171-222.

M. L. Tushman,B. Virany & E. Romanelli. "Executive Succession,Strategic Reorientations,and Organization Evolution: The Minicomputer Industry as a Case in Point",*Technology in Society*,7(1985),297-313.

M. L. Tushman,B,Virany & E. Romanelli. "Effects of CEO and Executive Team Succession: A Longitudinal Analysis". Unpublished paper,July 1987.

J. M. Utterback. "Innovation and Industrial Evolution in Manufacturing Industries", in Guile & Brooks (editors),*Technology and Global Industry*(Washington D. C.: National Academy Press,1987).

B. Virany & M. L. Tushman. "Top Management Teams and Corporate Success in an Emerging Industry", *Journal of Business Venturing*,1(1986),261-274.

第十二章

技术创业： 诞生、成长与成功

本书旨在解释高新技术创业者的由来及其成功与失败的原因所在。相关数据来自 40 多项综合研究,历时超过 25 个春秋,涵盖了高新技术企业的方方面面。本章将对我的研究发现作一次回顾,明确仍需进一步了解的问题,并对技术创业的未来给出我的思考。

12.1 诞 生

技术型新企业是由立志成为创业者的工程师和科学工作者一手创办的。他们为自己的新企业开发或引进技术基础,并为公司的发展投入或筹措必要的财务资源。本书第二章到第五章讨论的就是这样的要素。

12.1.1 成为技术创业者

说到环绕大波士顿地区的 128 号公路,虽然第二章并没有从量化角度说明其所在地区的复杂环境,但它显然对很多人走上创业道路的决定产生了极其巨大的影响。在这个区域中,MIT 对其教师、实验室员工和校友的积极影响尤其值得我们注意,由此形成了 MIT 最早期的高新技术衍生企业。其周边地区日益增长的正反馈效应,影响了更多潜在的未来创业者。而风险投资人和消息灵通的银行家们,加上会计专家、律师,共同构成了高新技术创业的基础设施;同时,专门化的供应商、车间还有合约装配厂等共同组成了技术产业的配套结构,并且逐渐发展成了一个至关重要的方面,影响并吸引着有志者走上创业之路。

对技术创业者来说,最重要的前趋影响来自他们的家庭背景: 在父亲从事个体经营的家庭中,1/2 到 2/3 的子女继承了所谓的"创业香火"。即使在第一章叙述的逸闻趣事中,这一点同样表现得极其明显。同普通人群相比,更重要的是,与"对照人群"——也就是那些就职于"源实验室"(source labs)的工程师和科学工作者——相比之下,这些研究发现它对创业道路选择的某项或者多项影响,包括家庭环境、父母对孩子的培养、血脉里"对独立自主的需要",以及对创办企业较少的畏惧感,等等。虽然大多数创业者都是家中的长子,但这并不能说明问题,因为创业者中的长子比例和先前工作单位技术人员中的长子比例是旗鼓相当的。如果创业者不是出自个体经营家庭,那么,家庭背景中的其他因素就会对创业选择产生较为显著的影响,尤其是崇尚成就的宗教因素。这也是高新技术创业者中犹太人相对较多,而天主教徒较少的缘故。

整体而言,技术创业者在创办第一家企业时比较年轻,平均年龄在 35 岁上下,但是我们的数据显示,这一年龄范围上下分布较宽,最年轻的首次创业者 20 岁出头、最资深的达到了 65 岁。创业者比留在原单位的技术同僚更年轻。在创办第一家企业时,几乎没有人超过 40 岁——第一章提到的例子除外。这一相对而言的年轻化反映的是一种折中:一方面是成为合格创业者的"准备阶段"——包括大学教育、研究生教育、10 年以上的工作经验等,还包括 1 年左右的时间成立公司、走上正轨;另一方面是对自己做老板的"饥渴感",这种迫切的心情旷日持久、表露无遗,有些人甚至在孩童时期就表现得非常明显。基本上,最低限度是完成 4 年的学习,取得理工科学士学位;一般来说,通常的创业者还要加上一个硕士学位,其中工科较多、理科相对较少。

工作经历百花齐放也是 MIT 及其周边高新技术创业群体的一大特点。他们的平均工作经验时长为 13 年,而且这些经验主要由一类关键及时组织主导。我把它称为"源组织"。在先前的工作活动中,大多数创业者从事实用开发工作,而不是研究工作。也就是说,他们集中自身的创造才能和技术专长来解决现实的前沿问题。这也反映了前面提到的一种倾向性,即潜在创业者往往从事实际工作,而不是纯粹的理论工作;它同时反映了一种积极的影响,即从事这类工作可以产生走上创业之路的可能性。创业者通常在源组织工作期间就是表现优异的工程师,这一点令人印象深刻。数据清楚地证明,他们在很多方面远远领先自己的技术同僚,包括发表论文数量、申请或被授予专利数量,还有前主管做出的工作考核结果,等等。很多人在下海之前已经晋升到了主管级别。我很好奇的问题是,假如源组织的反应再积极一些、周边环境没有那么有利,这些年富力强的技术人员会不会在组织里获得高级领导职务,而不是选择离开、走上创业道路?

如果抛开创业者公开的、长期的自主创业愿望(第一章提到过,莫里斯甚至发现了孩童期的创业渴望)不论,我们对创业者性格和动机的探究可以说是无功而返。我们可以确证的是,创业者都非常强烈地追求独立自主,而且都在不断地寻找和征服各式各样的挑战。公司成立之初,大多数创业者对财务回报看得很平淡;在公司成立多年之后,他们会越来越重视财务问题。心理测试显示,创业者在成就需要、权力需要和归属需要等方面表现出的动机千差万别。虽然创业者比他们性格内向的前技术同事们更加外向,但是,高新技术创业者们看上去仍然比任何从事其他职业的人们更像发明家。

12.1.2　初始技术

大波士顿高新技术企业最初的技术根基主要来自创业者原来供职的源组织,尤其是他们产生创业想法时所在的原雇主单位。第一章里所有的例子都属于这种情况,但是并非所有高新技术初创企业都是如此。经过核查比对,我和我的助手们发现,有13%的新企业没有从先前组织转移技术——虽然这些新企业或许在技术上依赖其他源组织(这些研究有一处美中不足:我没有主动识别出每家企业的关键技术来源)。有一点需要特别注意:没有一位创业者是带着自己在源组织开发完成的产品离开的。他们带到新公司的技术主要是最前沿的知识。这些知识是他们在原单位掌握的,随时可以应用在新的环境中。

带来转移技术的先前工作主要是开发工作,而不是研究工作。这表明了一种双重过滤的效应:越是开发导向的个人,越容易成为创业者;越是开发导向的创业者,越会立即把技术转移到自己的企业中。创业者在实验室工作的时间越长,他们向新公司转移的技术就越多,尤其是在人们兼职创业的情况下——也就是创业者仍在原雇主单位全职工作时成立新公司的情况下。从离开源组织算起,到成立自己的新企业,如果这中间耽搁的时间过长,就会极大地降低技术的流动;如果耽搁达到4年时间,源组织的技术影响基本就消散殆尽了。

创业者的个人特质也会影响这一技术基础。较高的教育水平(但最好低于博士学位)会增进技术转移;但是较高的年龄水平会在某种程度上减弱这种转移。对原雇主的积极态度与更多的技术联系密切相关:肯尼斯·奥尔森对 MIT 林肯实验室的温情与敬意就是个经典的例子。实际上,那些清楚看到源组织技术商业应用良机的人们往往最快离开,往往向新公司转移最多的技术。

12.1.3　初始资本

众所周知,大波士顿地区的风险投资事业历史悠久,而且投资基金总量巨大。但是也许令人讶异的是,数据清楚地表明,这里大多数技术型企业的启动资金来自创业者本人(比例高达74%),而且普遍金额较小(将近50%企业的启动资金不足1万美元)。这种个人出资、较低金额的主导模式几乎保持了20年未变。几乎所有的技术创业者都是从小本经营做起的。一开始也会有更高金额的外部资金进入,但是,种子资金或者第一轮融资的提供者通常是人们常说的"天使投资人"——也就是非正式的个人投资者或者小团体,而不是正规的风险投资组织。

更多的资金来自人数更多的共同创始人团队的直接投资,此外还要算上他们从外部筹集来的资金。从统计学的角度来看,这种人数更多的创始团队通常与明确的创业计划紧密相连;它们从一开始就专注于一项产品,而不是从事咨询或者合约开发工作。

12.2　转变与成长

12.2.1　市场前景

高新技术企业最初的和早期的市场聚焦点好比丈二金刚——让人摸不着头脑。很多创始人证实,他们当初并不知道谁会成为其产品和服务的初始用户。因此,他们往往会在"正式营业"的前几个星期频繁地改变想法。有 40% 的企业一开始只提供个人技术能力和知识,为大型政府机构和行业组织提供咨询服务或者合约研发服务。还有 20% 的企业最初想把这种个人技术服务同某种形式的硬件或者软件产品结合起来。在这 60% 的企业中,有很大一部分希望在业务风生水起之后确立属于自己的新产品和市场,同时也为创始人创造一部分收入。只有 40% 的企业从一开始就专注于明确的产品/市场,而且这些企业用来评估市场的立足点仅限于过去的技术根基。第六章记述了这种初始市场导向(或者这一导向的缺失),以及技术型新企业向前发展并朝着这一方向的早期转变。第七章和第八章主要关注企业的财务增长维度。

在成立之初的几年里,22% 的企业不再把咨询或合约研发当作唯一的业务,转而打造起一定的产品根基。在经营至今的技术型企业中,只有 16% 的企业没有建立硬件或者软件产品导向。随着公司的发展,以市场为导向的活动变得越来越普遍,但是,尽管如此,在成立 5~7 年之后,仍然有 50% 以上的企业没有成立正式的市场营销部门。如前所述,拥有多位创始人的企业往往更加以产品为导向、拥有更多启动资金,也会更多地从一开始就确立市场导向。这也部分反映了这样一种倾向性:人数更多的创始团队更有可能包括那些拥有市场和营销经验的管理者。与单一创始人相比,多人创业团队会在销售和市场营销工作中投入更多的创始人时间。同样地,他们投入工程工作中的时间相对较少。多人创业团队还会更快地建立直接销售团队,纳入创始人以外的人手;他们还会开展正式的销售预测和潜在市场分析。这从多个方面表明了,他们对客户的专注度要高于其他企业。

12.2.2　后续融资

在完成初始融资之后，有 2/3 的高新技术初创企业进行了一轮或多轮的后续融资，这丝毫不足为奇。但是，令人遗憾的是，我们的数据并未表明，还有多少家企业想要获得后续融资但是未能如愿。这些数据也没有告诉我们，那些已经获得后续资金的企业原本想要筹集多少资金。很显然，无论是从投入精力的总量上来说，还是从旷日持久的过程而论，筹措资金都需要耗费大量的时间。一般来说，这一番努力的结果少则几十万美元，多则几百万美元。从资金来源看，后续融资和初始融资大不相同。创业者的个人积蓄、家人朋友的资金是初始融资的主要来源。但是在后续融资阶段，它们的作用变得微乎其微，反而是个人投资者在投资频率和金额等方面再领风骚。不过，更重要的是，风险投资企业此时也加入了投资行列，和它们一同出现的还有公众股票市场、大型非金融企业等。我们通常很难在初始融资阶段见到这些机构的身影。

创业者广泛使用正式的商业计划书作为融资工具，尤其是在向金融机构融资的时候。尽管市面上的指南书籍不计基数，但是我们的研究指出，在我们调查的商业计划书中，缺陷几乎无处不在，其中市场营销计划和财务计划尤其糟糕，它们不仅疲弱无力，而且缺少数据的支持。作为说服投资人的工具，商业计划书的力量是有确凿证据支持的，风险投资人的投资决策就是明证。然而后续研究表明，高新技术企业的最初计划和后期业绩之间并不存在关联。

至于投资标准，不同的风险投资组织提法各异，涉及多种维度，包括企业成立年数、发展阶段、技术领域和目标市场等。几乎所有的风险投资组织都曾公开表示，相对个人创业者，他们更偏爱多人创业团队，而且几乎没有风险投资企业参与种子轮次，甚至是初创轮次的投资。在第一章的众多案例中，只有 DEC 在首轮获得过风险资本的注入，而且是在付出极高的股权代价的情况下做到的。对实际投资决策过程的研究告诉我们，风险投资者在这一点上"言不必信、行不必果"——就新企业的发展阶段而言，风险投资进入的时间远远晚于它们公开宣称的时间。这里的"漏斗效应"是非常明显的：在一开始的 1000 份投资申请中，只有 100~200 份能得到精心筛选，而最后能够得到审核调查的只有 10~20 家企业。不过，幸运的是，对那些有恒心毅力的创业者来说，一位投资者的拒绝可能意味着另一位投资者的欣然支持，前提是他所运营的地区存在足够多的投资人。

12.2.3　上市

只有很少一部分(大约 10%)的高新技术企业选择了公开发行股票作为特别的融资手段。这些为数不多的企业显然又分成了两个大类，各占半壁江山：第一类企业在成立时或者成立之初即选择上市,它们常常被称为"卖滋滋声的"企业;另一类企业在实现了实质性增长、长足业绩之后才上市,所以被称为"卖牛排的"企业。我们在第一章提到过泰科实验室的例子,为了保证自己独立于母公司,这家企业选择在发展初期上市。这显然是一个在旺市售卖"滋滋声"的例子。作为本书特别提到的例子,EG&G公司和 DEC 都是在公司发展后期阶段上市的。当时两家公司都已经实现了一定程度的成功。无论是从企业特质来说,还是就承销流程、承销成本而论,这两类公开发售都是截然不同的,但是这两类企业都从上市中获得了重要的整体收益。总体而言,年轻的小型企业较多地售卖"滋滋声"。这些企业有时无法确保找到承销商。就算找得到,它们通常也要向承销商支付不菲的费用,付出高得多的直接成本;不仅如此,因为要向承销商提供认股权证,所以这些小企业往往还要忍受股权的较大稀释。如果是非保证交易,股票的发行有时还会遇到售前撤销、条款修改或者部分出售等情况。相比之下,规模较大的高新技术企业往往能得到更完善的建议、准备得更加充分,并且有能力更好地把控自身的上市决策。它们大多拥有优质承销商,这些承销商统统具备全国分销能力。

但是,等到公开发售之后,大型企业和小型企业间的差别就会变小很多,二者更长时期的价格涨幅基本相似。对于规模较大的高新技术企业来说,上市带来的较大益处在于,它们能更轻松的收购其他企业,能够为创始人和拥有股票期权的员工带来经济利益。对于规模较小的企业来说,上市融资常常被看作一条活下去的出路。这一益处因此被赋予了很高的价值。

12.3　成功与失败

最后三章深入探讨了对高新技术企业成功或失败的各种可能的解释。成功的创始人和他们的企业具备怎样的关键特点? 以下是我的研究发现。

12.3.1　成功的创始人

从某些方面来说,我们对技术创业者本身最重要的发现是,在他们的身上,与创业成功有关的、可以量化的个人特征少而又少。这一点丝毫不足为奇。说到底,究竟哪一类人群的哪些特质可以准确预示未来的成功呢? 不过,浅显易懂的数据否定了年龄、家庭背景、宗教教养、父母职业——甚至是"创业香火"——与创业者后期成功之间的任何统计学意义上的关联。成功的创业者是后天造就的,而不是先天生成的。

一般来说,"寻常"的创业者会在某个工程领域获得理科硕士学位,而后创办业绩

"寻常"的企业。需要肯定的是，相比于非技术型企业，这样的"寻常"并不等于糟糕。第九章告诉我们，高新技术企业在创办前 5 年的倒闭率只有 15%～30%。和非技术型企业通常的失败率比起来，这个比例只能算是一小部分。除了一部分特殊情况外，比硕士学位更高的博士学位带来的并不是更多的成功，而是更少。和学历没那么高的创始人相比，博士创办的公司通常不大一样，也不大成功：博士们的企业通常只有一位创始人；它们一般专注于研究或咨询工作；而且初始资本较少。这些因素都与不那么成功的结果有关，并且实际上影响着这些结果。一个特别明显的例外是生物医疗领域，现在还要加上生物技术企业。在这些领域，博士创始人比任何其他群体的业绩都出色得多。

创业者在什么年纪创办企业同样与成功与否没有关联，工作经验的多寡也是一样。这说明了，从统计学意义上来看，较为年轻的创业者和稍微年长的创业者做得一样好（反之亦然）。我在前文提到过，晋升至主管级别的工程师更有可能选择创业道路。需要在这里进一步指出的是，那些曾在创办企业之前做过技术主管的高新技术创业者确实在创业之路上获得了更大的成功。这证明了两种可能性：或者他们拥有更高的才华，而且这种才华很有可能同他们成为管理者的倾向性结合起来，这帮助他们首先晋升到了主管级别；或者他们从主管工作中汲取了有用的人力/市场/技术知识。也可能二者兼而有之。

推动技术型创业者不断进取的动力多种多样，尽管如此，最成功的创业者都表现出了一种比别人高出很多的心理需要，即对成就的需要。同样是创业企业，成就需要较高的增长速度比一般企业平均快出 2.5 倍。业绩最为卓著的高新技术创业者会把较高的成就需要同适当的权力需要结合起来。他们当然要领导企业，但是他们会运用兼容并包的领导风格，让每个人都能为企业的成功贡献自己的力量。权力需要较高的技术创业者往往成为单一创业者，而且他们很可能"乾纲独断"地管理整个公司，容不得自己的下属在帮助公司发展的过程中实现自身的抱负。关于高新技术创业者地管理风格，以及这些风格为企业造成的结果，还需要更多的、更有针对性的研究。

最后一点，也是最重要的一点，成功的高新技术创业者并不是单打独斗的，他们会共同创办新企业，而且共同创始人多多益善。如果创始人团队的技术能力能得到销售和市场能力的平衡，那么，这种团队创业、走向成功的组织形式将会发挥出最佳效果。团队创业与个人创业的行为方式存在极大的不同，这既体现在最初阶段（更多的启动资金、硬件产品导向的确立），也体现在整个发展过程之中（从多个角度更早、更有力地树立市场导向，获得更多的后续融资等）。所有这些差异各自与企业的成功密切相关，而且，在我看来，它们都对企业的成功至关重要。

12.3.2　成功的企业

除了创始人的特质以外,成功的高新技术企业从初创到成熟都呈现出了至关重要的差异。

1. 成立之初

在高新技术领域,技术可能在企业刚刚成立的时候为它带来独一无二的潜在竞争优势。先进的技术可以是技术创业者创造的,或者由创业者从原工作单位转入新公司,后一种方式更常见,也更容易。这使得新企业在进入市场时具备了某种比较优势,足以面对成熟的竞争对手,甚至面对规模大出很多的竞争对手。相比之下,技术型新企业很难在其他方面树立竞争优势,如市场营销、财务、生产能力,或者其他非技术性资源。因此,我们不难理解,为什么新企业从源组织或者孵化组织转移技术的程度会与企业后期的成功如此关系密切。如果创业者出身的源组织是一家先进的技术实验室,那么,最前沿的创意和技术就非常有可能快速进入商用市场。我们研究的很多创业者来自 MIT 的实验室和各大院系。他们确实在公司刚刚成立时就完成了大量成熟技术的转移工作。类似的快速转移还发生在波士顿地区的很多政府研发实验室和数量众多的大型企业技术部门。不过,再引人入胜的前沿技术也经不起耽搁,这会严重地影响企业的业绩。耽搁的时间越长,最终的业绩就越差。

另外一种可以在初创时预示成功的标志是同企业一道建立的产品导向。是否已有现成的(或者正在开发的)软件或硬件产品? 这个问题足以把成功的高新技术初创企业同较不成功的企业区分开来。后者一开始单纯从事合约研发或者咨询业务。我的研究基础不具备足够多的服务-产品企业,无法确认它同企业后期成败的关系。但是,直觉和个人经历告诉我,技术型服务企业的业绩同样比单纯出卖个人技术能力的企业好得多。

比较成功的企业通常具有较高的初始资金,而我在这里比较关心的是另一个可能令人迷惑的问题: 更多的初始资金与更大的成功,二者孰为因、孰为果? 几位未来企业创始人,加上他们的最初创意和计划,这就构成了潜在投资者的评估基础。投资可能在创始人投入自有资金之前到位,我们在第一章提到的 DEC 和 Meditech 都是先例。极其正面的评价可能帮助企业筹集到更多的初始资金。创始人富有吸引力的特质能够带来更多的资金,那么,它们能带来最终的成功吗? 能带来更高的初始融资吗? 统计研究证明,这两种影响力显然各有其独特的重要性。

一些严密监管的领域属于特殊情况,例如医疗器械行业和制药行业等。这一点不能不提及。早在产品带来收入之前,(美国)FDA 的相关监管条例从企业成立之初就规定了其重要技术创新所能达到的程度。这严重减缓了企业的发展，并产生了高昂的成本。因此，为了收获最终成果，创新型生物医疗企业敏于从一开始获取极其充分的初创资本，以便熬过产品获批的漫长过程，最终将产品带入市场。这一发现同样适用于其他处于严密监管与控制的企业。

事实证明，企业从一开始就树立的市场导向不仅是一种初创企业特质的复合体，它更是一项至关重要的成功要素。这一点表现在很多方面，包括这样一种事实：创始人团队具备更多销售经验的高新技术企业的业绩比其他企业的业绩高出很多。在创业之初的前几个月，创业者的行为会反映出他们重视客户意见、留意竞争对手行动的态度。这种态度与早期的成长和后期的成功关系密切。企业初期和早期成立的市场营销部门同样预示了企业未来的成功。

最后一点，成功的技术型企业最早会很明显地表现出一种管理导向。它有时反映在创始团队先前担任主管、经理或者其他的商务经历之中，有时还会反映在平衡新公司技术、销售、生产和行政管理方面的努力之中。留意公司的成本结构，及早招聘高级管理者，满足重要的管理需求，这些也都是企业业绩高人一等的重要特征。

2. 后期的战略演进

随着高新技术企业不断前进、不断远离初创阶段，更多的战略导向因素开始发挥作用，成为企业成功的决定因素。从后续产品和业务的发展来说，最关键的是企业必须保持"战略聚焦"。成功的企业当然会保持适当的技术进取性，但是它们不会泛泛地开发和应用过分多样的技术，当然更要避免过大的市场多样性。产品线发展的重大成功来自企业核心技术的稳步发展；来自产品新功能的定期推出，以便扩张并充分消化市场；来自相关客户群体的扩大；来自销售渠道的逐步增加。

"超级成功"的企业会始终不断地增强自身的市场导向。它们会通过正式的市场营销部门迅速地、极大地增强市场营销技能，如销售预测和市场分析等。更重要的是，它们会面向最终客户大刀阔斧地开展前向一体化，从主要以 OEM 为销售对象变成为最终用户提供服务。随着公司的不断成长，它们的竞争优势也从最初的技术独特性转向价格/性能和客户服务等维度。成功的高新技术企业能够认识到持续不断推出新产品的重要性，因此，它们会在研发方面投入充足的资源，不过它们对创意流的管控，以及随之而来的对开发流程的控制也清楚表明了它们强有力的市场导向。超级成功本身已经从最初的技术主导策略变成了持续不断的市场导向战略。后者有效地发挥技术的作用，使之成为自己坚实的基石。

在技术型企业实现超级成功的发展和演变过程中，多达2/3的创始CEO会沦为外部事件和压力的牺牲品。在通常情况下，在这些一心谋求发展的企业中，外部投资者们会把创始人扫地出门,再用外人取而代之。而后者常常成为上文提到的市场化改革的实施者。在两种非常特殊的情况下,作为创始人的技术创业者通常会一直留任。在没那么成功的高新技术企业中,创始人通常会站稳脚跟,并且始终保持控制权,直到厌倦、退休或者企业被并购。也就是说,在很多时候,创业者的留任与企业的存活(但不太成功)是相伴而生的。

另外还有一种常青树式的技术型创始人或 CEO。他们在超级成功的高新技术企业里占比 1/3。本书提到过不少这样的人物——如 Analogic 公司的伯尼·戈登(Bernie Gordon)、Apollo 公司的比尔·波杜斯卡(Bill Poduska, 即威廉·波杜斯卡)、Computervision 公司的菲利普·维勒斯,还有 DEC 的肯·奥尔森(Ken Olsen)等。从公司成立的第一天起,他们就一直担任领导者的角色。从统计学的角度来看,这些公司的业绩和那些由技术专家创办、市场专家结合的企业业绩一样出色。不过,限于数据,我们无法进一步总结这些高新技术企业独一无二的创始人或 CEO 身上的更多特质。也许他们一开始就突破了自身技术背景的限制,确立了恰到好处的市场导向,也许他们和自己的企业一道成长,完成了自身的蜕变,又或者他们在高新技术企业面向市场的战略转型之外找到了一条通向成功的道路。这个问题只能留待别的学者和创业者来回答了。

12.4　技术创业的未来

到底怎么了?美国经济正在走向疲软和衰退,而日本、新加坡、中国台湾和韩国正在迅速成为技术产业的中心。欧洲正在迎来日益增长的政治与经济一体化,未来可能会提高外来企业的进入壁垒。这一切是否意味着高新技术创业的终结?证据表明,答案恰恰相反。

12.4.1　接着奏乐接着舞

尽管成功程度不一、规模不等,但是第一章中提到的案例企业都在沿着它们的生命周期顺利发展着。从很多方面来看,它们的未来是确定的,或者至少是有章可循的。这些企业立足于各种各样的前沿技术基础之上,其范围之广,包含了光学、计算机、材料、软件和电子等等。最高最新的技术型企业还很年轻,很多还只是刚刚起步。对它们来说,未来是完全不确定的。但是我感到,对技术创业者最重要的事情都已经在本书前文论及了。为了说明这一点,现在让我们来看一个新公司的例子。这家名叫 PerSeptive Biosystems 的公司刚刚成立 3 年,专注于目前最新的前沿技术领域:生物技术。它实在太过年轻，所以无法"证明"什么，但是它的形成期再次告诉我们，在初创企业找到方向、不断前进的同时，会伴随着怎样的不确定性，甚至是动荡混乱。而这些不确定和混乱是需要解决办法的。

12.4.2　努巴·阿费扬与 PerSeptive Biosystems 公司

这个故事要从黎巴嫩的贝鲁特讲起。1962 年，努巴·阿费扬（Noubar Afeyan）出生在贝鲁特的亚美尼亚区。阿费扬家有 3 个儿子，努巴是最小的那一个。他的父亲在保加利亚接受过建筑学教育。在黎巴嫩，父亲平日以此为业。在努巴出生的 2 年前，父亲兼职创办了一家进出口公司，每天夜里打理生意。随着努巴慢慢长大，这家公司变成了父亲的全职工作，并且慢慢发展壮大。它给努巴留下的童年印象极其深刻，他到现在还清楚地记得那些仓库、码头、船只卸货的样子，还有装满日班工人的卡车。黎巴嫩不断爆发的暴力事件影响了人们的生活质量，努巴的童年过得丝毫不像我们想象中未来生物技术创业者应有的样子。不过，在那个多种语言并存的环境中，努巴受到了良好的教育。他不仅能说一口流利的阿拉伯语、亚美尼亚语、英语和法语，而且培养了练达的"街头智慧"（street smart）。1975 年，黎巴嫩再度爆发内战，努巴的父母决定举家移民。他们搬到了蒙特利尔，因为有表亲已经移居到了那里。就在阿费扬一家离开的 2 天之后，贝鲁特机场就关闭了。这一关就是 4 年。这也从一个侧面说明了努巴一家曾经经历过怎样的创痛。

来到蒙特利尔的第一年，努巴和他的哥哥们进入了耶稣会学校就读，他们的爸爸努力尝试，想要开一家加工厂。经过了几个月的挫败，老阿费扬决定重操旧业，又做起了进出口生意。直到 5 年之后的 1981 年，老阿费扬的加工厂终于开了起来。它主要生产包塑家具和相关产品。每当工厂需要帮忙时，努巴和他的妈妈、哥哥都会跑过来干活。

临近高中毕业时，努巴曾经考虑果申请报考 MIT。但是他离不开自己的姥姥，努巴的整个孩童时代都是和姥姥一起度过的，那时她已经 86 岁了，努巴不放心离开她。最后他选择了麦吉尔大学（McGill University）——那里离努巴家还不到 1 站地。在父亲的鼓励下，努巴选择了化学——而不是电子工程——作为自己的本科专业。父亲认为，化学至少有可能和家里的塑料生意有些关系。努巴经常和本科同学戴夫·里奇（Dave Rich）讨论创办公司的想法，那是他第一次半开玩笑半正经地讨论创业：他们要成立一家公司，开展各种各样充满新奇创业的业务，名字就叫阿里公司——阿费扬里奇公司（Afeyan-Rich Company，ARC）的简称。不过他们的讨论仅仅止于讨论，阿里公司并没有成真。努巴有一位很了不起的姑姥姥，她在 1990 年时已经 97 岁了。姑姥姥说，努巴从小就喜欢谈论创业，想要自己做老板。

1983 年,努巴婉拒了陶氏化学公司(Dow Chemical)诱人的工作机会,申请并考入了 MIT 新创办的生物技术程序工程博士项目。他最早师从王义翘(Daniel Wang)和查尔斯·库尼(Charles Cooney)两位教授。这让他有机会大量接触他们日益壮大的咨询业务关系网络,熟识美国和海外各地的大小企业和风险投资机构。努巴提出了很多想法和令人印象深刻的实验发现,他还和多位 MIT 教师合作发表了多篇论文。不过,他对当教授完全不感兴趣;很显然,他的目标始终锁定在企业里。他要成为企业里的关键人物,那才是他大展身手的舞台。MIT 教师雷蒙德·巴杜尔(Raymond Baddour)举办过一次专题研讨会,讨论 MIT 化学工程系所有获得卓越成功的杰出校友(他们中有几位与巴杜尔的系列创业关系密切)。这让努巴欣喜若狂。努巴也要成为他们中的一分子。

1986 年,努巴·阿费扬选修了 MIT 斯隆管理学院的"创办新企业"(New Enterprise)课程。这门课要求每位学生准备一份商业计划书。努巴的商业计划只有半份(没有财务部分)。这份计划围绕他的一项关于蛋白质纯化系统的创意展开——努巴称之为 CARE(Continuous Affinity Recycle Extraction,意为"连续亲和循环提取")。不仅如此,他是独自一人完成这项作业的,因为他担心别人会窃取他的创意,然后溜之大吉。努巴后来告诉我们,当时他感觉自己在斯隆管理学院是个彻头彻尾的外人——商学院学生的口吻、穿着打扮和抱负,这一切都让他这名工科生感到格格不入。那一年的下半年,努巴开始和瑞典的两家巨无霸企业谈判——阿法拉伐(Alfa-Laval)和法玛西亚(Pharmacia)——准备把他对 CARE 的构思变成现实的企业。结果两家大公司吵得不亦乐乎,这项交易无果而终。不过,这次谈判也不是没有产生长久的成果——努巴和阿法拉伐派到 MIT 谈判的一位女代表由此结缘,共同成立了家庭。

1987 年春天,在他即将完成博士论文时,努巴过来找我。他想加入我的"新业务拓展的公司战略"(Corporate Strategiesfor New Business Development)课堂,希望我能接收他。他显然没有学过正式的选修课程,所以我一开始拒绝了他。我对他说,因为他没有受过斯隆管理学院大量的基础训练,所以,如果他选了这门课,我不知道他能不能写出合格的期末论文。努巴的坚韧打消了我的固执。他最终走进了我的课堂,并且写出了那门课有史以来最优秀的期末论文之一。他在那篇论文中比较研究了几家大型化学企业进入生物技术领域的不同策略。

这时的努巴有些厌倦,他不想尝试在自己想法的基础上创办公司了。他勉为其难地接受了人们的说法。当时似乎每个人都在对他说:你太年轻了,缺少经验,应当到企业里好好锻炼锻炼。就在努巴即将接受一家企业的工作机会时,他的论文导师王义翘教授偶然间为他介绍了一个人。这个人年纪不小、经验丰富、曾创办过多家企业。当时他刚刚被投资人从自己最近创办的企业里驱逐出来。那一年努巴 24 岁,那位老企业家 60 岁,创办多家企业的经历让他变得更加睿智。结果两个人一拍即合,紧锣密鼓地谈了一天,初步作出了合作创业、进军生物加工领域的决定。紧接着的第二天,有人告诫努巴说,他们的关系不可能有好结果;他的合伙人个性刻板,而且对合作伙伴出了名地苛刻。努巴却坚信,他们形成了良好的互补,是难得的好搭档。他终于有机会把自己的很多绝佳创意变成实实在在的业务了。如今回想起那个时候,努巴仍然若有所思,他回忆说:"我觉得他很清楚自己的局限性,所以我们是可以融洽相处的。我负责创造和推广工作;而他可以很好地管理技术开发工作。"

1987 年 8 月,努巴·阿费扬完成了学业。他是 MIT 生物过程工程研究中心(MIT's Center for Bioprocess Engineering)的第一位博士毕业生,那时的他正在同合作伙伴一道奋力创办他们的新公司。同年 10 月,努巴带着他的第一份商业计划书来找我。在那份方案中,努巴想把这家名叫"Synosys"的公司(Synosys Corporation)建成基因开发企业和生物技术处理设备的制造企业。努巴众多系统设想中的一项成了他们的第一款产品。他还邀请我成为 Synosys 公司的董事会成员和原始股东,但是我读完商业计划之后拒绝了他。他们想借助一系列的战略联盟关系来吸纳大型企业,作为公司主要的出资人和合作伙伴。当时的时机和这份商业计划一样不容乐观;在我会见努巴的一个礼拜之后,股票市场发生了"黑色星期一"(Black Monday)事件。在市场崩溃的种种影响之下,风险投资机构变得日益保守。它们对那些专注于资产设备市场的新企业尤其充满了戒心,如 Synosys 公司。尽管有那么多显而易见的问题,Synosys 公司还是在当年的 11 月底注册成立了。两位合伙人各占一半股份。用来支付经营费用的借款来自努巴合伙人之前创办的公司。

在几个月的时间里,他们向不计其数的企业和潜在投资人推介自己的方案。同时,他们聘请了普渡大学的佛瑞德·雷尼埃(Fred Regnier)教授担任 Synosys 公司的顾问。雷尼埃教授是全球分离技术的顶尖专家之一,他和努巴一道研究多孔材料制备的新路径,用于生物技术分离过程。1988 年 1 月,努巴还接受了 MIT 的一份兼职工作,担任生物过程工程研究中心(MIT's Center for Bioprocess Engineering)的技术转让主管,在王义翘教授的领导下开展工作。当时,充分的资金和业务的腾飞似乎还遥遥无期,Synosys 公司至少可以靠努巴这份工作的收入和人脉撑下去。他们还在 American Twine Office Park 租了一间小小的办公室。它就坐落在剑桥市的东部、MIT 的后身。在改建之前,那个挤满了 MIT 衍生企业的繁忙所在原是一座破落的旧磨坊。

努巴的第一份商业计划收到了很多关键的反馈意见。根据这些意见,他又在 3 月撰写了一份新计划。计划锁定的潜在出资人从大型企业变成了风险投资机构,而且是按照杰夫·蒂蒙斯(Jeff Timmons)的教科书《新企业的创办》(New Venture Creation)(1985 年)中的指导原则编写的。该计划设定了 2 个重点:多孔分离材料和生物技术处理硬件系统。目标客户锁定在新产品开发企业身上。努巴忙着四处寄送自己的新计划，拜会风险投资机构。我也在 1988 年 4 月收到了一份。读完了这份计划，我决定登门拜访两位创始人。一进门，有人招呼我坐在了一条板凳上。王义翘老师家的儿子当时正在努巴的公司里兼职。那条板凳是小王刚刚打好的。我和两位创始人谈了许久。我们重点谈论了我的观感：材料业务很好，充满了吸引力；而硬件系统业务令人困惑，会分散公司的精力。我们还谈到了两位创始人的角色，以及他们是否愿意引进一位经验更丰富的合作伙伴，担任公司 CEO 或者执行副总裁（这让人不禁联想到了 AR&D 公司投资 DEC 时的犹疑不决）。尽管不无疑惑，我还是一回到办公室就打电话联系了 FirstStage Capital 的生物技术专员——这是一家我共同创办并且担任一般合伙人的风险投资企业。我请那位专员深入研究一下 Synosys 这家公司。就这样，FirstStage 开始和 Synosys 公司密切接触。它不只对 Synosys 公司商业计划的多个方面提出了批评意见，而且对它的整体工作给予了鼓励。

王义翘教授越来越多地参与进来。公司在多孔材料方面取得了技术上的进步。但是融资的决定始终悬而未决。到了 6 月份，FirstStage 公司拒绝了 Synosys 公司，因为它不愿意为后者的硬件部分业务出资。努巴从他父亲那里借了些钱来支付公司的开销；他的合伙人耗尽了资金，准备到学术界另谋出路。8 月，王义翘教授和几位朋友投资了 20 万美元，情况似乎立刻就明朗了许多。到了 9 月，与努巴父亲关系较好的加拿大政府某机构宣布，如果 Synosys 公司把硬件业务迁移到加拿大，他们会为公司投资 200 万美元。且不论公司应不应该、愿不愿意接受加拿大政府的资金，这一变化本身已经足够让 FirstStage 公司刷新自己对投资其材料业务的兴趣了。

到了 11 月，在公司仍然没有得到大笔资金注入、保证其决定性进步的情况下，Synosys 团队和它的顾问们开发出了"灌注层析"法（perfusion chromatography）。这种蛋白质纯化方式比当时市面上的技术快 10 倍，占据了绝对的速度优势。1989 年 1 月，Synosys 公司终于（或者说，似乎终于）和 First Stage 达成了一致，努巴签订了一份详细的风险投资协议。然而，短短 2 天之后，努巴那位年长的创始人伙伴突然宣布，迫于家庭压力，他必须退出。随之而来的是关于股份、职权和赔偿金的争斗，时间长达几个月。随后，来自罗斯柴尔德风险投资基金（Rothschild Ventures）的特里·劳克斯（Terry Loucks）同意加入努巴的公司，全职担任董事长和 CEO，努巴改任总裁和首席技术官。他们是在努巴筹措资金时认识的。4 月 1 日（这个日子之所以值得纪念，希望不只因为它是愚人节），努巴的公司用 1/3 的股权换来了 100 万美元的支票。同 FirstStage 一起完成这笔投资的还有雷神风险投资（Raytheon Ventures）和 3i 公司。后者是一家大型英国风险投资基金，在波士顿建有分支机构。为了把 Synosys 时代的种种创痛留在过去，让自己变得焕然一新，这家公司重新注册为 PerSeptive Biosystems。那时距离努巴和他那位年长的合作者决定创业已经过去了 2 年的时间。新的管理团队由努巴·阿费扬、特里·劳克斯(Terry Loucks)和来自普渡大学的佛瑞德·雷尼埃(Fred Regnier)组成。

公司开始招兵买马,包括几位来自 MIT 和普渡大学的博士毕业生。公司还为全新处理设备的概念、材料和设计注册了专利。这种新材料被正式命名为"波洛斯"(Poros),它的实验室测试结果令人欣喜。11 月,在费城的一场专题技术研讨会上,PerSeptive 团队大放异彩。他们呈现了多篇论文、展示了"波洛斯"材料的出色性能,当场收到了多家大企业的样品订单。

到 1990 年 9 月时,PerSeptive 公司已有 26 名员工。他们的客户群体热情高涨,数量日益增长。公司收获了 300 万美元的第二轮风险投资。投资方包括首轮风险投资组织加上 Venrock 公司和贝西默证券公司(Bessemer Securities)。这笔资金就像一场及时雨,它满足了公司扩大规模、开发第二条产品线的需要。这条产品线是一种仪器系统,主要用来实现"波洛斯"材料在各种开发应用中的自动化施用。我问努巴,他如今的目标是什么。28 岁的努巴·阿费扬告诉我:"我想建造一个像惠普那样的公司。我要为一种全新类型的工程师打造工具,他们就是生物过程工程师。如果这个行业的增长速度能够达到预期水平,我们应该在 5~6 年内实现 4000 万~5000 万美元的销售收入。公司有钱是件好事。推动我们走向成功的最大动力在于,有了资金,我们就不用指望别人的钱袋子来开始自己的事业了。"

同全书其他例子相比,努巴·阿费扬明显继承和发扬了一种老派作风。努巴的父亲既是一名雇员,也是一位创业者。在努巴长大成人的过程中,他从父亲企业不断发展扩张的过程中收获了很多经验。获得 MIT 学位之后,努巴仅仅在 MIT 的实验室中工作了一段时间,就成了一名青年创业者,创办了自己的公司。实际上,他是兼职创办 PerSeptive 公司的,当时他在 MIT 的研究生院工作。努巴的创业兴趣可以一直追溯到他的孩提时代。公司的技术直接转移自努巴接受的 MIT 教育和他在 MIT 实验室的工作经历,还有佛瑞德·雷尼埃在普渡大学的工作经历。公司的启动资金来自那位年长合作伙伴的积蓄,然后是家人朋友,再然后才是来自风险投资机构的两轮大额投资。一开始,这家公司主要专注于内部产品开发。除了这些背景特征之外,这家初创企业和之前大多数的高新技术企业是如此的相似。努巴和 PerSeptive 公司的未来就像一幅崭新的画卷,充满了无限的可能。

12.4.3 草根生长

接下来,我们来看看近年来的发展趋势,就从最草根的基层谈起。学生群体对创业课程和俱乐部活动的兴趣日益高涨。在 MIT 斯隆管理学院,在 MIT 技术转移办公室(MIT Technology Transfer Office)的帮助下,学生们建立了各种各样的项目,努力实现

MIT 各项技术的商业化。由斯隆管理学院研究生组成的创业联合会(New Venture Association)联手 MIT 创业俱乐部(MIT Entrepreneurs Club,主要由工程专业本科生组成)筹集资金,为商业计划大奖赛的优胜学生团队提供奖金。哈佛商学院推出的多门选修课涉及创业管理、金融和市场营销,覆盖了全院学生群体的 25%。这也打破了该学院一直以来专注为大型企业培养人才的传统。学生创业兴趣的增长和各创业学科招生规模的扩大是一种全国现象,这和全国学术会议活动集中于创业主题的情况同生共长、相得益彰。仿佛一夜之间,全美国的企业和工科院校都在为创业主题的论文和研究成果创立奖项,这进一步培养了人们的创业兴趣,增加了创业人群的曝光度。

　　美国越来越多的州和地区加入了这一行列,争夺高新技术创业的制高点。马萨诸塞州无疑是最早的州。早在很久以前,该州就成立了专门的风险投资机构,帮扶新企业的建立和成长。这家机构成果辉煌,而且还在不断发展壮大——它就是马萨诸塞州技术发展公司(Massachusetts Technology Development Corporation)。很快地,其他各州纷起效仿,并且为此投入了更大的政治与经济支持。宾夕法尼亚州的本·富兰克林集团(Ben Franklin Partners)招募了 4 家风险投资机构,在该州各地开展工作。这 4 家机构就包括宾夕法尼亚州的 ZeroStage 公司在内。它与宾夕法尼亚州立大学(Penn State University)主校区合作开展技术转移,创办新企业,推动地区的经济发展。全国范围的工作也在如火如荼地展开,包括促进州基金和州养老基金投资本地风险投资企业,在多个城市和院校建立新的创业孵化组织,推动税收立法,激励新企业、年轻企业和它们的投资者,等等。

　　事实上,高新技术企业的创办速度正在日益加快。举例来说,波士顿银行发现,在过去的 10 年间,MIT 创办的新企业比过去任何时间都多(Bank of Boston,1989)。仅在生物科技领域,他们就建立了 20 家新企业。几年之前,约翰·加尔布雷斯(John Kenneth Galbraith)之类的作者提出,美国的创业时代早已消亡殆尽,只有超大型企业能在当前这个时代生存下来(Galbraith,1985)。这样的看法是错误的。同样错误的还有现在流行的另一种论调:美国的创业潮流太过流行;这对美国在全球范围的竞争能力有损无益。这些现代卢德分子(Luddites)主张:政府的政策应当改弦更张,压制新企业的迅猛增长。他们再次宣称,只有巨无霸级的超大企业才能有效地开展竞争(Ferguson,1988)。这些人幼稚得令人发笑。他们完全忽略的是,在过去的几百年间,创业者一直是美国创新与经济发展的源泉之一,而且堪称独步天下(Gilder,1988)。本书通过有力的证据说明,是高新技术创业者把各式各样的理论迅速推出了院校和企业的研发实验室,推向了市场,在造福社会的同时也让自己受益。相比之下,很多大型企业确实在打造新技术方面首屈一指,却在推动技术商业化、充分发挥其作用的道路上连连失败。谈到政府的政府,真正需要我们重视的问题并不是如何扼杀那些独立自主的创业者，而是怎样激发企业内部创业，使之与独立创业并驾齐驱、相得益彰。

我们看到了一种令人担忧的发展趋势：美国的新风险投资基金明显在20世纪80年代中期达到了顶峰。Venture Economics公司指出：投入美国风险投资机构的新资金从1987年的40多亿美元降到了1989年的大约25亿美元；而且这些资金大多投向了新企业的后期发展阶段，而不是种子阶段或者初期发展阶段。尽管如此，从长远来看，即使是近在眼前的1980年，风险投资机构的新投资也只有5亿美元而已。在我看来，在1983—1988年这6年的时间中，总体而言的投资"过火"造成了很多不合时宜的风险投资，甚至造成了相当不负责任的过高估值。资金追逐交易，在其他时代不可能得到投资的企业纷纷收到大笔投资（与此形成鲜明对比的是DEC用78%的新公司股权筹集7万美元的例子）。除了近几年的几个例外，目前风险投资的数量级别仍与过去相当。不仅如此，大多数风险投资人偏爱投资后期阶段，近些年来，它们还开始对公开股票市场上的杠杆收购与杠杆回购偏爱有加。作为种子阶段投资的一名亲身参与者，我并没有看到该阶段投资大环境的显著变化。它在过去的20年中都没有明显的变化，只是风险投资领域的竞争和挤压变得更激烈了。从另一个角度来看，美国风险投资行业显而易见的机构化也许意味着，它终将走出IPO和股票市场的总体周期。不过，风险资本周期会持续多久？现在下结论恐怕为时过早。

关于融资，还有3个方面需要作进一步的说明。

（1）正如第五章和第七章所述，几乎所有的高新技术新企业的初始资金都来自创始人的个人积蓄、家人朋友的借款及非正式投资人的投入。随后阶段的融资主要仍来自非正式投资人，无论他们是单独投资还是小规模合作投资。没有证据能够表明，这些资金来源如今不如过去那样方便可用。

（2）与过去几年相比，大型企业在高新技术创业融资中的作用正在变得越来越重要，尤其是海外企业。日本企业的投资活动尤其抢眼，它们为美国的高新技术企业提供早期融资。这种"行家里手的赌注"（smart money）式资金触手可及，不仅产生了有利的短期影响，还带来了额外的附带益处——企业得以直接获得提成，或者更快地进军海外市场。从长期来看，这种活力四射的外国直接投资势必会进一步增强外国企业的技术基础——无论是通过学习、授权转让、建立联盟还是直接并购的方式。如此一来，对于那些没有与新型高科技企业积极建立联系的本地大型企业而言，这必定会损害竞争能力、造成竞争问题。

（3）从其他趋势来看，全球成立的风险投资机构日益增多。它们的资金来自海外的充裕资金。它们的目标一半在于本区域的经济发展，另一半直指美国。另外，尽管高新技术企业的新股发行市场暂时不温不火，但是据我估计，高新技术初创企业和早期企业的整体融资形势是相当不错的。

　　独立技术创业的激增并不限于美国,整个世界的变化态势都非常明显。《科学》(*Science*)杂志一篇题为《英国的象牙塔走向高新技术》(*Britain's Ivory Tower Goes High Tech*)的文章报道了英国近年兴起的"硅沼"(Silicon Fen),它也被称为"剑桥大学现象"(Cambridge phenomenon)。报道称:"英国的剑桥大学……在过去几年催生了大批高新技术企业的快速成长。俨然已在欧洲成功复制了美国加利福尼亚州的硅谷或者波士顿的 128 号公路圈。"(Dickson,1985,p. 1560)4 年之后,这位作者看到,这一轰轰烈烈的运动已经扩展到了整个欧洲(Dickson,1989)。作者指出:"虽然欧洲的科学工作者数量不如美国多,但是他们正在越来越多地离开学术科研机构,创办自己的新企业……欧洲的创业阻碍巨大,令人望而生畏。比如,大学里根深蒂固的轻商主义传统压抑了学术领域里的创业思维。大型私营企业和公共科研组织为人们提供了牢靠的、没有风险的工作机会,这无疑会对科学工作者和工程师们创办企业的意愿带来强大的不利影响。事实上,很多人认为,欧洲缺乏个人创业精神,这主要应当归咎于文化传统。它不鼓励人们冒险……但是……无论人们对技术创业的日益发展怎样争吵不休,有一点是毫无疑问的——高新技术创业已经成了欧洲产业版图不可分割的一部分。"如今,欧洲风险投资的增长速度已经超越了美国(E V C A/McLintock,1990)。同样的情况也发生在亚洲。虽然那里的高新技术创业者还属于凤毛麟角,但是他们在很多方面都表现出了与美国前辈之间的相似之处(Ray and Turpin,1987)。

　　不揣冒昧地说一句:无论是在美国还是在美国之外,我看到高新技术创业正在进入阔步发展的模式。在美国,它从几个创业聚集点燃起,先是波士顿的 128 号公路,然后是硅谷,迅速扩展到了安娜堡(Ann Arbor)、博尔德(Boulder)、明尼阿波利斯、奥斯汀、亚特兰大、西雅图和数之不尽的地区,连成了一片燎原之势。每个地区各有独特的初始力量,并非单一地依赖大学和它的实验室作为母体。每个地区都要走过自己的创业时代,实现一定程度的成功,创造知名度,成为别人的表率,逐渐积累财务和产业基础设施,打造越来越多的正向反馈环路,积极主动地成立越来越多的新企业。它还在全美各地继续上演,并且得到了全国性媒体的支持。它们把这一经历塑造成了整个国家形象的一部分,形成其他国家和地区对美国的认识和钦慕。不过,高新技术创业的发展仍属于一种本地现象,欧洲和亚洲仅仅显示出了这一模式的最初端倪。它们前面还有漫长的路要走。本书记叙了大波士顿地区的创业发展,而这一切足足用了 40 多个春秋。在接下来的 40 年里,我们会在全球范围看到更多的技术型创业企业。确信无疑的是,尽管未来永远无法确知,虽然技术企业的某些方面难免雨云密布,但是高新技术创业始终是美国梦想和现实的一部分,而且会发挥日益重要的作用。随着全球越来越多才华横溢、抱负远大的年轻一代技术创业者的成长,它势必也将成为全球梦想和现实的重要组成部分。

参 考 文 献

Bank of Boston. *MIT*：*Growing Business for the Future*（Boston：Economics Department，Bank of Boston，1989）.

D. Dickson. "Britain's Ivory Tower Goes High Tech"，*Science*，227，March 29，1985，1560-1562.

D. Dickson. "An Entrepreneurial Tree Sprouts in Europe"，*Science*，245，September 8，1989，1038-1040.

European Venture Capital Association/Peat Marwick McLintock. *Venture Capital in Europe*，*1990 EVCA Handbook*（London：E. V. C. A./Peat Marwick McLintock，1990）.

C. H. Ferguson. "From the People Who Brought You Voodoo Economics"，*Harvard Business Review*，May-June 1988，55-62.

J. K. Galbraith. *The New Industrial State*，fourth edition（Boston：Houghton Mifflin，1985）.

G. Gilder. "The Revitalization of Everything：The Law of the Microcosm"，Harvard Business Review，March-April 1988，49-61.

D. M. Ray & D. V. Turpin. "Factors Influencing Entrepreneurial Events in Japanese High Technology Venture Business"，in N. C. Churchill et al.（editors），*Frontiers of Entrepreneurship Research*，*1987*（Wellesley，MA：Babson College，1987），557-572.